Christina Caprez
Die illegale Pfarrerin
Das Leben von
Greti Caprez-Roffler
1906–1994

Herausgegeben vom
Institut für Kulturforschung Graubünden

Limmat Verlag
Zürich

Für Flavia

7 1906–1931 Igis, Zürich und São Paulo

- 10 Schwanger über den Ozean
- 22 Zwei Liebhaber
- 36 Genese einer Feministin
- 52 Examen oder #MeToo 1930
- 64 Warten
- 76 Pfarrerstochter
- 88 Flammenkrankheit
- 98 Einsame Geburt
- 112 Gehversuche

125 1931–1934 Furna

- 128 Pfarrersuche mit Misstönen
- 136 Gewählt! Die erste vollamtliche Pfarrerin der Schweiz
- 146 Ein anarchischer Amtsantritt
- 160 Frau Pfarrer in Skihosen
- 170 Vermeintliche Verbündete
- 182 Die Volksabstimmung. Eine Europapremiere
- 196 Der Kirchenrat dreht den Geldhahn zu
- 208 Karl Barth und Marianne Beth
- 220 Feine Risse
- 230 Neue Ufer

243 1935–1946 Zürich, Flerden und Chur
1947–1994 Kilchberg, Rheinwald und wieder Furna

- 246 Bekehrung
- 256 Gefährten in Liebe und Beruf
- 266 Seelsorge bei den *liederlichen* Frauen
- 280 Vaters langer Schatten
- 290 Pfarrfrau. Zurück an den Herd

312 Endlich! Die Ordination im Grossmünster
328 Kinderstimmen
346 Heimkehr
364 Grossmutter

371 Nachwort
375 Chronologie
377 Literatur- und Quellenverzeichnis

1906–1931
Igis, Zürich und São Paulo

Hand in Hand in die Weite hinausziehen. Wir brauchen nicht einmal zu heiraten, denn ich kann mich selber durchbringen.

Greti Roffler an Gian Caprez, 1. Januar 1928

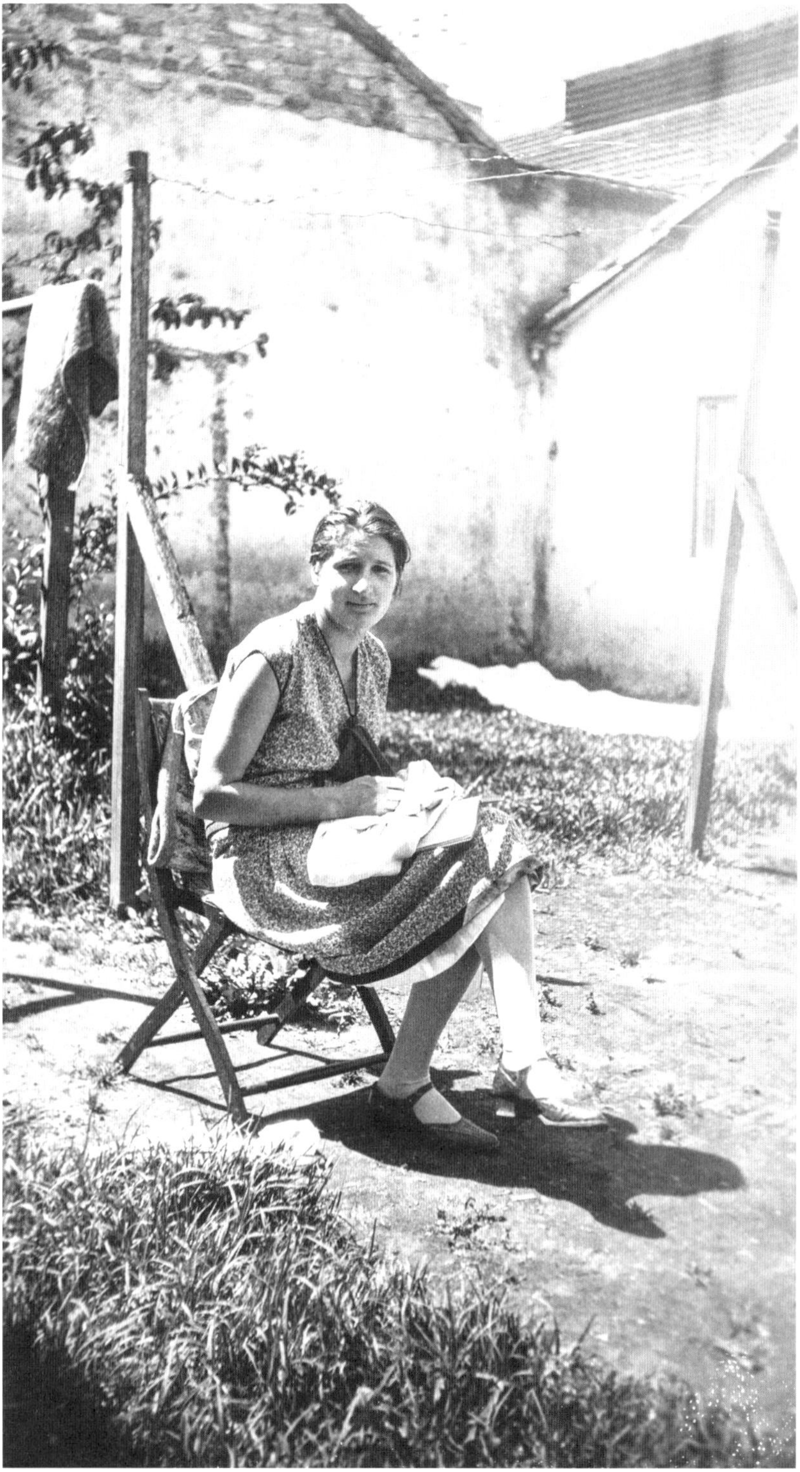

São Paulo,
Sommer 1930

Nackte Wände, der Boden festgetreten und kahl. Niemand kümmert sich um Blumenbeete in diesem Hinterhof im Zentrum von São Paulo. Lediglich eine improvisierte Wäscheleine und ein Holzklappstuhl. Darauf sitzt Greti Caprez, geborene Roffler, Theologiestudentin aus Igis in Graubünden, 24 Jahre alt. Hinter der Kamera? Vermutlich Gian Caprez, Ingenieur aus Pontresina, 25-jährig. Mit ihm, den sie ihren *Ehekameraden* nennt, ist sie vor zehn Monaten nach São Paulo gekommen. Er hat eine Stelle am Polytechnikum angetreten, sie lernt für ihr Schlussexamen und führt den gemeinsamen Haushalt. Das Bild ist im Hof der Pension Helvetia entstanden, wo die beiden unter der Woche zu Mittag essen. Sie sitzt etwas gebeugt auf der vorderen Stuhlkante. Auf ihrem Schoss? Möglicherweise ein Hemd von ihm, das sie flicken will, und ein Heft mit Notizen aus dem Studium. Auf jeden Fall würde es zu ihr passen, zwei Dinge gleichzeitig zu tun. Arme und Wangen wirken nicht so schmal wie auf früheren Fotos: Sie ist schwanger. In wenigen Tagen wird sie allein auf einen Ozeandampfer in Richtung Europa steigen, um in Zürich ihr Schlussexamen abzulegen und danach bei ihren Eltern im Pfarrhaus von Igis ihr erstes Kind zur Welt zu bringen. Ihr Mann bleibt bei seiner Arbeit am Polytechnikum in São Paulo.

Schwanger über den Ozean

Ein Koloss, diese *Conte Rosso!* Aus den zwei haushohen Schornsteinen des Luxusdampfers strömte Rauch, und die Turbinen dröhnten. Im Schiffsbauch mit den vier Flügeln hätte die ganze Bevölkerung von Igis Platz gefunden, sogar mit den Arbeitern des rasch wachsenden Dorfteils Landquart. Stünde umgekehrt die *Conte Rosso* in Igis, so verstopfte sie die Gasse, vom Pfarrhaus bis zum Dorfplatz, und risse nebenbei noch ein paar Häuser ein, denn die Gasse war eng und das Schiff breit. Das prunkvolle Innenleben, gestaltet von Künstlern aus Florenz, hatte allein vierhunderttausend Dollar gekostet. Kristallleuchter verströmten ein dezentes Licht, schwere Teppiche dämpften die Schritte, und zwischen handgeschnitztem Täfer aus Eiche und Mahagoni, an dem Ölbilder hingen, flanierten die Passagiere wie in einem italienischen Schloss. Pfarrerstochter Greti Caprez-Roffler mochte ein ähnliches Ambiente als Kind in Marschlins gesehen haben, das etwas abseits vom Dorf Igis lag. Schlossherr Ludwig Rudolf von Salis-Maienfeld, jahrelang Kirchgemeindepräsident, pflegte einen guten Kontakt zum Ortspfarrer und empfing die Pfarrfamilie ab und zu.

Greti Caprez-Roffler interessierte sich jedoch weniger für pompöse Dekorationen als für die feudalen Mahlzeiten und ihren Platz im Liegestuhl auf dem Deck der zweiten Klasse. *Essen mag ich fürchterlich, und arbeiten kann ich auch gut,* berichtete sie der Mutter. Die täglichen Menus kamen ihrem Appetit entgegen: Hors d'œuvre, Austern, Ragout und Kartoffeln, Wurst und Kartoffelbrei, Emmentaler Käse, Aprikosenkompott, Orangen und Äpfel, Kaffee oder Tee. *Ein feudaler, glänzender Frass,* spottete sie im Brief nach Igis. Nach dem Mittagessen spielte im Salon eine Musikkapelle auf, doch sie verkroch sich in den Liegestuhl hinter ihre

Bücher und hoffte, es möge niemand das Gespräch mit ihr suchen. In den zwei Wochen bis zur Ankunft in Genua musste sie vier Jahre Theologiestudium vergegenwärtigen, Altes Testament, Neues Testament, Dogmatik, Ethik, praktische Theologie, Pädagogik und Psychologie.

Jeden Tag stellte Greti die Uhr eine Viertel- bis eine halbe Stunde vorwärts. Wie sich der Zeiger nach vorne drehte, so rückte Gian weiter weg. Es war Ende September 1930, seit der Hochzeit vor einem Jahr waren sie nie mehr als ein paar Stunden getrennt gewesen. Wann sie sich wiedersehen würden, war ungewiss. Und doch fühlte sich Greti innerlich gefasst. Die übliche Rastlosigkeit war einer Gelassenheit gewichen, über die sie sich selber wunderte und die sie dem Kind zuschrieb. Wer nichts davon wusste, konnte ihren Bauch auch jetzt noch übersehen. Sie selber spürte «es» jedoch genau und wandte sich im Tagebuch an ihr Kind: *Du geliebtes, kleines Wesen. An meines Mamis Geburtstag hast Du Dich zum ersten Mal ganz leise und sacht bewegt. Wie wenn ein Fisch mit der Schwanzflosse schlägt.*

Ursprünglich hatte Greti mit dem ersten Kind länger warten wollen. Während des Studiums hatte sie sich ausgemalt, zuerst den Abschluss zu machen und dann mit dem Liebsten die Welt zu entdecken. *Hand in Hand in die Weite hinausziehen, auf eigenen Füssen stehen und miteinander durch Not und Mangel, den Kampf ums Leben hindurchgehen. Und dann so nach fünf Jahren wiederkommen, im Herzen reich, mit der Menschen Not und Sehnen mitfühlend und innerlich frei geworden, dann sich einen festen Wohnsitz gründen und Kindern das Leben geben, denen unsere reiche Erfahrung und Wissen um die Weiten der Welt zugutekommen würde. Wir brauchen nicht einmal zu heiraten, denn ich kann mich selber durchbringen.* Doch bald war Greti klar geworden, dass die Eltern und Schwiegereltern dem jungen Paar niemals ihren Segen geben würden, wenn sie unverheiratet ins Ausland gehen wollten. Ohnehin hatte sie zäh um ihre Liebe kämpfen müssen. Ihr Vater, der Pfarrer, hatte sie zu seiner

Nachfolgerin bestimmt, und seit Gian am Horizont aufgetaucht war, sorgte er sich, die Tochter könnte die Theologie der Liebe opfern. Gians Mutter wollte keine Studierte als Schwiegertochter, und schon gar keine Frauenrechtlerin.

Doch das Paar setzte sich durch. Als Gian nach Abschluss seines Studiums die Stelle in Brasilien in Aussicht hatte, rang Greti Eltern und Schwiegereltern die Erlaubnis ab, ihn zu heiraten und nach São Paulo zu begleiten. Dort mieteten sie zwei Zimmer mitten im Stadtzentrum bei einer deutschen Familie. Die Rua Xavier de Toledo 9 lag eine Viertelstunde zu Fuss vom imposanten Bahnhof *Estação da Luz* entfernt, dem Symbol der Elite São Paulos, wo Kaffee und Zucker aus den armen Bundesstaaten des Nordens angeliefert wurden. Noch näher lagen zwei grosse Baustellen. Hier entstanden die neogotische *Catedral da Sé* und der *Martinellibau,* das erste Hochhaus Brasiliens. Die ersten zwölf Stockwerke waren soeben eingeweiht worden, auf dreissig Etagen sollte der Wolkenkratzer noch wachsen. Ingenieur Büchi, ein Schweizer, der mit Greti und Gian in der Pension Helvetia ass, baute für die Firma Schindler den Lift ein, der allein eine Million Schweizerfranken kostete. An einem Feiertag führte Büchi sie durch das Bauwerk. Während Gian seinen Ausführungen zu den technischen Details zuhörte, setzte sich Greti auf eine Kiste und vertiefte sich in ihr Psychologiebuch. Ihre Lust, die Welt zu entdecken, schwand, und plötzlich war ihr mehr nach Nestbau als nach Abenteuer. *Gianin hatte eine Zeit lang die fixe Idee, in einer fremden Stadt hätte man abends die Stadt zu besehen,* berichtete Greti den Eltern. *Wir haben es dann auch versucht, es war aber schrecklich langweilig. Und nun finden wir es am schönsten daheim.* Nach dem Abendessen schnitten sie eine Papaya auf, die Greti auf dem grossen Samstagsmarkt gekauft hatte. Solche Früchte hatten die beiden weder in Graubünden noch in Zürich je gesehen. Während sie abwusch, sass er auf dem *Gutschi* (Couch) in der Stube, las ihr vor oder spielte Handorgel. Wenn sie nicht zu müde waren, fragten sie einander Portugiesischwörter ab.

Einmal pro Woche setzte sich Greti an die Schreibmaschine. Den

Schwiegereltern schickte sie das Original, den Eltern den Durchschlag, das war praktisch. Sie inszenierte sich als gewissenhafte Hausfrau. *Am Montag habe ich gewöhnlich ziemlich aufzuräumen und Kleider und Schuhe zu putzen. (...) Am Dienstag habe ich dann die Wäsche. Am Mittwoch ist (...) ein kleinerer Markt, mehr in der Nähe. Der Weg dahin geht stets durch einen wunderschönen Park. Am Donnerstag muss ich flicken, am Freitag Briefe schreiben (...).* Sonntags besuchten sie den Gottesdienst, danach kochte Greti auf ihrer nur halbwegs funktionierenden Platte das Mittagessen. Vermutlich vor allem an den Vater gewandt, berichtete sie, dass sie *trotz allem* jeden Tag etwa fünf Stunden auf das Schlussexamen lerne: *Ich habe schon ein Kolleghheft und eine Ethik durchgearbeitet.*

Die deutschsprachige Exilgemeinschaft in São Paulo – Kaufleute, Bankiers, Ingenieure und Dienstmädchen aus der Schweiz, Deutschland und Österreich – wuchs rasch, so dass sie eine eigene evangelische Kirche betrieb. Dort war Greti mit offenen Armen empfangen worden. Die Gemeinde hatte gerade einen zweiten Pastor eingestellt, den jungen Deutschen Martin Begrich, der zur gleichen Zeit wie Gian und Greti mit seiner Frau in São Paulo angekommen war. Die beiden Pastoren hatten der Schweizer Studentin nicht nur die *Kinderlehre,* sondern sogar einen Gottesdienst anvertraut. Am 27. April 1930 trat Greti erstmals vor die versammelten Auswanderer. Ihre Predigt verankerte sie im Alltag der brasilianischen Grossstadt, sie sprach von den zur Arbeit hastenden Menschen, vom Anblick menschlicher Schaffenskraft angesichts des Martinelliwolkenkratzers, von den Ablenkungen des Nachtlebens. *So viele Kirchen stehen in dieser Stadt, wo aber bleibt das Christentum? Wir finden es am Morgen nicht, da jeder ohne Freude an seine Arbeit geht, am Mittag nicht, da der Mensch nur seine eigene Grösse sucht, und nachts nicht, da unsere Brüder und Schwestern Gottes Wege verkehren. (...) Und nun stehen wir an dem Punkt, an dem es ganz deutlich wird, was es heisst, ein evangelischer Christ zu sein, dem die Kirche nicht sagt, dies und das musst Du tun (...). Der evangelische Christ steht allein vor Gott und seinem Wort und hat selber zu entscheiden.*

In den Kirchenbänken hörten die beiden Pastoren Greti zu. Nach dem Gottesdienst schallte ihr aus der Gemeinde der Wunsch entgegen, sie möchte doch öfter Predigt halten. Voller Begeisterung schrieb sie ihren Eltern: *Ich bin überzeugt, dass ich hier sehr oft predigen kann, wenn ich will. Auch meiner übrigen Mitarbeit wird kaum etwas in den Weg gelegt werden. Dass ich einen Rock anhabe, das spielt hier deshalb keine Rolle, weil sie keine Tradition haben. Deshalb sind hier viel mehr Dinge möglich als drüben. Sie beziehen ihre Kultur von drüben, und da braucht nur einer, in meinem Fall also einer der Pastoren, zu kommen und zu sagen, das hätte man drüben, dann haben sie nichts dagegen. Dass ich verheiratet bin, spielt vollends keine Rolle. (...) Seht ihr, dies ist es, dass ich eigentlich das Gefühl habe, ich von mir aus sollte eigentlich hier bleiben, für immer, hier kann ich voraussichtlich viel freier arbeiten als drüben.* In Igis freute sich der Vater über Gretis Brief, und er zeigte sich tief beeindruckt über ihre Predigt: *Sie war sehr textgemäss, dazu praktisch, d.h. aus dem Leben. Fahr nur so weiter. Ich habe diese Art nicht so bald los gehabt wie Du. Heute aber erkenne ich darin doch meine Tochter.*

Während sich Greti und Gian in ihren neuen Alltag einlebten, wuchs in ihr der Wunsch nach einem Kind. Sie fing an zu rechnen. Ihre Mutter zog sie als erstes ins Vertrauen.

são paulo, 19. dezember 1929
Mein liebes Mami
Heute komme ich nur zu Dir. Ich möchte nämlich vieles wissen, das die anderen nichts angeht. (...) Ich hätte gerne das Rezept von Dir, Punkto Buben oder Mädchen. (...) Es wird für Dich nicht sehr leicht sein, aber Deiner eigenen Tochter, die Du selber unter dem Herzen getragen, solltest Du es doch schreiben können. Du kannst ja die Geschlechtsorgane mit den lateinischen Namen bezeichnen, wenn es Dir dann leichter zu sagen geht.

IGIS, 15. JANUAR 1930

Mein liebes Gretulein!
Das Rezept zu schreiben wird mir eigentlich fast leichter als es Dir zu sagen. Wie Du aufgeklärtes Menschenkind ja weisst, hat der Mann zwei Hoden und nach der Aussage des Schierser Apothekers sollen im rechten die männlichen und im linken die weiblichen Samen sein. Die Zeugung solle nach einer Pause im Geschlechtsverkehr, also am besten nach der Periode geschehen. Damit sich nun die rechte Hode entleere, müsse der Mann bei dem Akt, so bald er spüre, dass der Samen komme, schnell das rechte Bein aufziehen so fest er könne. Das ist also der ganze Witz. Ob's bei uns nun tatsächlich half oder ob's nur Zufall war, kann ich nicht sagen.

SÃO PAULO, 16. FEBRUAR 1930

Liebes Mami,
Gianin glaubt, es sei deshalb nicht möglich, weil die Samen gar nicht direkt aus der Hode kommen, sondern von dort zuerst auf ziemlich langem Wege in die Samenbläschen gelangen und von dort abgegeben werden. Anders ist es nur, wenn zwei, drei mal ein Coitus nach dem andern kam, so dass die Abschiebung aus der Hode in die Samenbläschen nicht nachkommt. Dies sind dann aber viel weniger oder gar nicht lebensfähige Keime. Deshalb die Impotenz derer, die es zu oft tun.

Stärker noch als die Bestimmung des Geschlechts interessierte sie der optimale Zeitpunkt für die Zeugung. Schritt für Schritt tastete sie sich bei der Mutter vor.

Greti: *Wir erwägen ernsthaft den Gedanken, ob wir nicht Ende Januar 1931 ein Kind haben könnten. D.h. wir sehnen uns beide danach, und zwar möchten wir beide einen Buben. Eine Geburt muss hier sehr unangenehm sein, in der Klinik sehr teuer, und mit den Hebammen ist es so eine Sache. Mein Plan wäre dann folgender:*

Anfang Mai Zeugung (es wird dann schon grad gehen, wie wir wollen!) Anfang Oktober Reise, Ende Oktober Examen.
Dann würde ich November, Dezember und Januar bei Euch sein und bei Dir mein Kind bekommen, mit Annas Schwester. Ende Februar würde ich dann reisen. Das Kind muss man dann vorher nur tüchtig wiegen, damit ihm die Meerfahrt gefällt, als fortwährendes Wiegen erscheint.

Mutter: *Es ist dann eben noch sehr die Frage, ob's dann grad so eintrifft, wie Du rechnest. (…) Ich hatte auch schreckliche Sehnsucht nach einem Pöpsli. (…) Trotzdem ging es bis in den November hinein, bis ich empfing. Wenn es nun bei euch auch so geht, macht's Euch eben einen Strich durch die Rechnung.*

Greti: *Du solltest mir nun auch schreiben, wie man dran ist, wenn man im sechsten Monat ein Kind erwartet, ob es ausgeschlossen ist, dann ein Theologieschlussexamen zu machen. Ich denke doch nicht. Unsere Frauen müssen im sechsten Monat noch heuen etc. Schreibe mir, liebes Mami, wie dies ist. Sag es aber niemandem. Und verbrenne meinen Brief.*

Mutter: *Wenn Du nicht mehr Beschwerden hast als ich während der Erwartung (das Wort «schwanger» mag ich nicht ausstehen, trotzdem es der gewöhnliche Ausdruck der Ärzte ist, weil es mir so roh und ordinär vorkommt), wird es Dich gar nicht hemmen. (…) Aber Du könntest die Geschichte auch umkehren. Du machst das Examen nach der Geburt. Nur müsstest Du (…) das Kleine mitnehmen, um es in den Pausen stillen zu können. Ich oder ein anderes von uns könnten ja mit nach Zürich kommen um zum Kleinen zu sehen. (…) Das wäre sicher gescheiter; meinst nicht auch?*

Greti: *Das Kind zuerst und dann das Examen, dies gibt es für mich nicht. Wenn das Kind dann schon da ist, dann langt mir dann weder die Energie noch die Zeit für eine intensive Examensarbeit.*

Mutter: *Also Papa sagt, das sei unmöglich. Wenn's etwa mit drei Monaten wäre, würde es noch besser gehen, dann wäre es weniger auffällig.*

Greti: *Dass eine schwangere Frau doch nicht ein Examen machen könne, ästhetisch oder sittlich oder weiss ich was nicht, rührt mich gar nicht. Das geht die Professoren dann nichts an, ob ich als schwangere Frau Examen machen will oder nicht. Darüber gibt es zum Glück keinen Paragraphen. So was gibt es einfach nicht. Das ist noch nie da gewesen. Es würde mich aber schrecklich reizen. Die Frau «mit ihrem hohen, hehren Mutterberuf» macht just während der Schwangerschaft Schlussexamen. Welche Schändung «der göttlichen Schöpfungsordnung». (...) Wenn es nicht geht, verzichte ich lieber auf das Kind als auf das Examen.*

Greti musste auf nichts verzichten. Genau wie geplant wurde sie im Mai 1930 schwanger. Sie meldete sich sofort zum Schlussexamen an und kaufte für Mitte September eine Karte für die Überfahrt nach Europa. Und nun also lag sie mit ihren Büchern im Liegestuhl auf Deck. Während sie sich die grossen Theologen der Geschichte einzuprägen versuchte, brütete Gian in seinem Büro an der Escola Politecnica in São Paulo über der Frage, ob Eukalyptus als Baumaterial tauge. *Liebes, Du,* hatte er ihr am Tag nach ihrer Abreise geschrieben, wohl wissend, dass sein Brief sie erst Wochen später erreichen würde. *Weisst Du, dass ich zum ersten Mal meiner Frau schreibe? Hast Du das mündliche Examen schon hinter Dir, die Überfahrt, den Zoll und das anvertraute Gut? Und «es», war es auch lieb zu Dir? Sag ihm, es soll so lieb zu Dir bleiben, wie Du es zu mir warst. Heute konnte ich gut arbeiten, und ich war so frisch, als hättest Du die «ganze Bürde meiner Jahre» mitgenommen und die grosse Verantwortung der Holzmesserei. Vielleicht ist es die Freude an Dir, dass Du nun dies alles unternimmst und Dich so glänzend gehalten hast.*

Zu ihrem 24. Geburtstag hatte Gian ihr ein besonderes Buch geschenkt, nicht etwa eine Prestigebibel, wie es sich für eine angehende Theologin geziemt hätte, sondern das Aufklärungsbuch der britischen Biologin und Frauenrechtlerin Marie Stopes *Glückhafte*

Mutterschaft. Ein Buch für alle, die an der Zukunft schaffen. Stopes verband die neusten wissenschaftlichen Erkenntnisse zu Schwangerschaft und Geburt mit einer feministischen Forderung. *Die erwachte Frau unserer Zeit nimmt die Dinge nicht mehr blind und mit geduldiger Resignation hin; sie glaubt nicht mehr an die Inferiorität des Weibes, was unseren Grossmüttern geholfen haben mag, ihre Schmerzen schweigend zu ertragen.*

In solchen Sätzen erkannte sich Greti wieder. Kürzlich hatte sie einen Artikel von Hugo Sellheim gelesen, einem der renommiertesten Gynäkologen ihrer Zeit und Leiter der Frauenuniversitätsklinik Leipzig. Zwar war Sellheim kein Feminist wie Marie Stopes. Angesichts einer 24-jährigen Schwangeren wie Greti hätte er nur den Kopf geschüttelt, denn für ihn sollte jede Frau mit achtzehn oder spätestens zwanzig Jahren ein Kind gebären. *Die Frau wird in unserem heutigen Leben zu alt für die erste Entbindung, weil sie selbst mit ihrer Ausbildung für einen Beruf zu viel zu tun hat und kein Mann da ist, der sie rechtzeitig heiraten und unterhalten könnte,* schrieb der Leipziger Gynäkologe. *Es bleibt also die Frauenkraft in Richtung ihrer natürlichen Verwendung für die Fortpflanzung brach liegen, oder sie wird in einer anderen Richtung – der Erwerbsarbeit – verwendet, also im Sinne der natürlichen Bestimmung «missbraucht».* Dennoch wollte Sellheim den medizinischen Fortschritt in den Dienst werdender Mütter stellen. Gebärenden empfahl er eine Mischung aus Zuckerlikör und dem Schmerzmittel Scopan. Die Aussicht auf eine schmerzfreie Geburt faszinierte Greti so sehr, dass sie ihren Eltern verkündete: *Ihr werdet Euch wundern, aber ich möchte (...) das Kind ohne Schmerzen kriegen, nicht weil ich mich fürchtete, dazu habe ich vorläufig noch keine Zeit, aber weil ich das von der Medizin als eine Selbstverständlichkeit verlange.* Sie nahm sich vor, in der Schweiz einen Arzt zu suchen, der die neue Methode praktizierte. Wenn es bei ihr glückte, wollte sie anderen jungen Frauen davon erzählen, die es dann ihrerseits ausprobieren und weitersagen würden.

Zuerst galt es jedoch, in engem Zeitrahmen das Examen hinter sich zu bringen. *Voraussichtlich werden wir am 5. Oktober elf Uhr in Genua sein, werden den folgenden Nachmittag und am 6. Oktober vormittags in Genua bleiben, am 6. Oktober mit dem direkten Zug 11.55 Uhr in Genua abreisen und am 6. Oktober abends 8.53 Uhr in Zürich anlangen, dann habe ich in Zürich noch zwei Tage vor dem Examen, was langen sollte, um ein Kleid zu kaufen und die Haare zu schneiden. Und ein bisschen auszuruhen,* schrieb Greti ihrer Freundin und Studienkollegin Verena Stadler. *Wenn ich nun weder am 6. noch 7. noch 8. Oktober anlangen sollte, läute bitte Brunner an und sag ihm, es müsse etwas passiert sein, er solle doch bitte Geduld haben. Passieren kann natürlich allerlei, nebst der Dummheit, in Santos oder in Rio das Schiff ohne uns abfahren zu lassen, kann dieses selber wegen Sturm nicht richtig anlangen oder untergehen, item lieber nicht. Wenn alles nach Plan geht, werde ich Dir also nicht mehr telegraphieren (…).*

Das Telegramm an die Freundin konnte Greti Caprez-Roffler sich sparen: Die Conte Rosso erreichte Genua pünktlich. Die junge Frau leistete sich eine Spazierfahrt im Taxi durch die Stadt, die historischen Palazzi schaute sie jedoch kaum an. Ihr Unterleib spannte im rüttelnden Auto. *Du kleines Wesen unter meinem Herzen (…). Ich sehne mich nach Dir, aber ich fürchte mich auch. Du kleines Wesen, gell, Du plagst mich nicht zu sehr, nicht mehr, als Du es jetzt schon tust. Du musst mit mir tapfer und brav sein. Und dann, wenn Du von mir gegangen bist, dann werden wir beide wieder warten, warten, dass Dein Vater komme und Dich in seine Arme nehme. Du kleines Wesen, gell du nimmst mir nicht das Leben, ich kann nicht von Deinem Vater weggehen. Ich habe ihn so lieb. Wir können nicht ohne einander sein. Unsere Herzen sind verwachsen, und nichts steht zwischen ihm und mir. Ich kann Dir nicht von unserem Miteinandersein erzählen, es ist zu tief und schön. Du weisst es vielleicht so schon, dass wir immer noch zu wenig an Dich und zu sehr an uns und unsere Liebe denken, weisst es unwillig und zornig.*

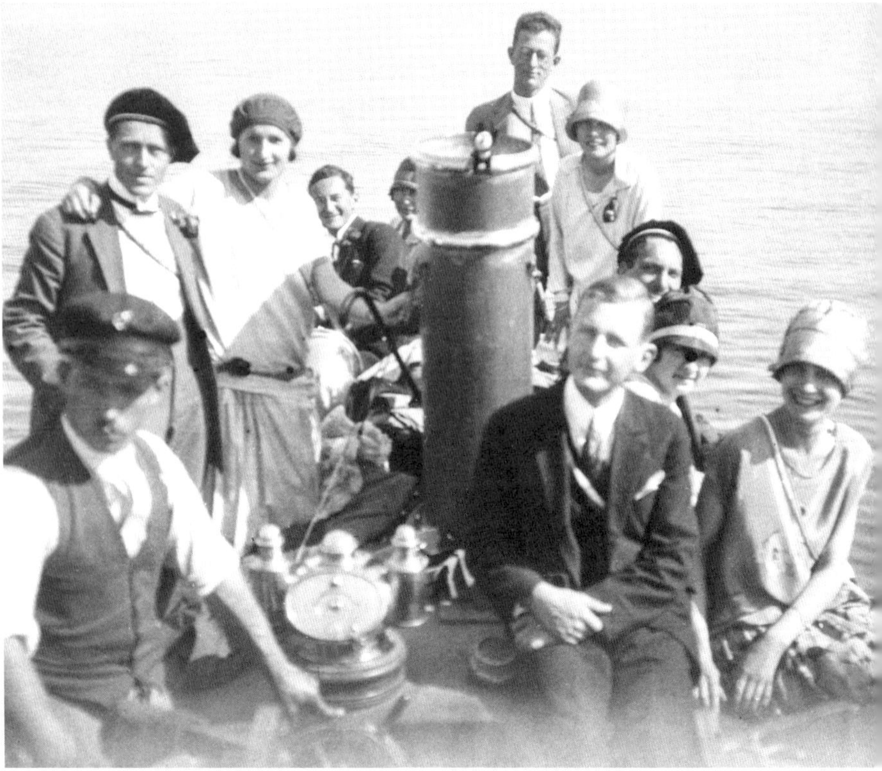

Zürich,
12. Mai 1926

Ein junges Liebespaar auf einem Schiff. Keinem Ozeandampfer wie der *Conte Rosso:* Dieses Motorboot ist schon mit zwölf jungen Männern und Frauen ausgelastet. Fürs Foto sind sie zusammengerückt. Prominent und raumgreifend: Gian Caprez und Greti Roffler. Im Gegensatz zu den anderen Paaren stehen sie aufrecht im Boot und umschlingen sich, wobei sie grösser wirkt als er.

Anlass ist der *Maibummel* der angehenden Ingenieure auf dem Zürichsee zur Halbinsel Au. Die Gesellschaft hat sich herausgeputzt, es sieht aus, als ob die Frauen um den schönsten Damenhut wetteiferten. Nur Greti hat sich für ein Unisex-Beret entschieden, kombiniert mit einem weiten, luftigen Sommerkleid mit tief liegendem Gürtel. Gian trägt ebenfalls ein Beret, einen Anzug und ein weisses Hemd. Für eine simple Bootsfahrt hätte man sich vermutlich nicht so schön gemacht, aber der *Maibummel* ist ein besonderes Ereignis. Vor nicht einmal vier Monaten haben sich Greti und Gian ineinander verliebt, auf der Au küssen sie sich zum ersten Mal. Im Tagebuch schwärmt sie kurz nach dem Ausflug: *Alle Worte sind zu plump für das Verhältnis des Gianin und mir. Noch bei keinem Menschen hatte ich so deutlich das Gefühl vom Vorhandensein seiner Seele, liebte so sehr seine Seele getrennt vom Körper.*

Zwei Liebhaber

Schon bei der ersten Begegnung am Abend des 26. Januar 1926 in Zürich hatte Greti Roffler das starke Gefühl einer Schicksalshaftigkeit. Sie war neunzehn, studierte im ersten Semester an der Universität und fühlte sich in der Stadt verloren. Welch ein Verkehr, was für eine Betriebsamkeit! Die leuchtenden Schaufenster, die eleganten Herren und geschminkten Damen, die Prostituierten im Niederdorf – all das befremdete sie. Selbst Chur, wo sie die Kantonsschule besucht hatte, wirkte im Vergleich wie ein beschauliches Dorf, das Strassenbild geprägt durch Pferdekutschen. Sie hatte kaum je ein Automobil gesehen – die lärmenden Gefährte waren in Graubünden erst vor wenigen Monate zugelassen worden. Mehr noch wunderte sie sich über die Anonymität in der Grossstadt. *Von den vielen Menschen, die mir begegnen, kenne ich fast nie einen*, klagte sie einer Freundin. *Ich habe mich dran gewöhnt, sie überhaupt nicht mehr zu sehen.* Um sie in Zürich in guten Händen zu wissen, hatte ihr Vater sie bei seinem Kollegen Paul Schmid, dem Pfarrer am St. Peter, einquartiert. Von dessen Wohnung am Talacker wanderte sie jeden Morgen zur Hochschule hinauf. Der Austausch mit ihrer Cousine Gretly Puorger, die hier Medizin studierte, linderte das Heimweh.

Sie war es, die Greti bat, sie an den *Bündnerball* ins Restaurant Kaufleuten zu begleiten. Doch Greti zögerte: Sie habe sich am Finger verletzt und ausserdem gar kein passendes Kleid. Womöglich war sie aber auch einfach schüchtern, fühlte sich zu wenig schön für den Ball und fand in der Verletzung eine willkommene Ausrede. Am Ende sagte sie doch zu. Ihre Studentenbude lag nur einen Katzensprung vom Kaufleuten weg, so dass sie jederzeit nach Hause gehen konnte. Im repräsentativen Saal mit dem Parkett, der Kassettendecke und den Balkonen, von denen aus man das Geschehen auf der Tanzfläche verfolgen konnte, trafen sich Studierende aus allen Fachrichtungen und allen Ecken Graubündens. Das Gefühl, weit weg von der vertrauten Umgebung zu sein, einte die jungen Frauen und Männer. Auf der Tanzfläche drehten sich immer neu zusammengewürfelte Paare, eine Tombola versprach Preise. Greti zog das grosse Los: eine Flasche Cherry Brandy, die sie mit allen am Tisch teilte. In der Runde sass auch Gian Caprez, Sohn eines Baumeisters aus Pontresina und Ingenieursstudent. Sie kannten sich flüchtig von der Kantonsschule in Chur, wo er die Klasse über ihr besucht hatte. Nun begegneten sie einander das erste Mal von Angesicht zu Angesicht. *In dieser Nacht aber wurde daraus eine Liebe, die nicht mehr aufhörte,* erinnerte sich Greti Jahrzehnte später, mit über siebzig Jahren, in ihren Memoiren.

Nach dem Bündnerball wanderten Gretis Gedanken immer wieder zu Gian. Eigentlich kam ihr die Begegnung mit ihm ganz und gar nicht gelegen. Sie hatte schon an der Kantonsschule den einen oder anderen Schwarm gehabt, hatte geschmachtet und gelitten. Nun wollte sie sich auf das Studium konzentrieren und wehrte sich dagegen, wieder dem Strudel der Leidenschaft ausgeliefert zu sein. Gegen den Willen des Vaters hatte sie sich für Alte Sprachen und nicht für Theologie entschieden, denn sie litt an Selbstzweifeln und konnte sich nicht vorstellen, jemals auf einer Kanzel zu stehen. Statt dessen stellte sie sich vor, später Lehrerin an einem Töchtergymnasium zu werden. Doch schon im Lauf des ersten Semesters stellte sie ihre Wahl in Frage. Sie fand es öde, stundenlang über Griechisch- und Lateintexten zu brüten und nach der genauen Bedeutung eines Wortes zu suchen. Unter der Woche verirrte sie sich darum immer öfter in die Räume der theologischen Fakultät gleich neben den Altphilologen, wo über Fragen diskutiert wurde, die Greti brennend interessierten: Was war der Sinn von Leben und Tod? Worin bestand die menschliche Existenz? Fragen, die sich ihr in der Einsamkeit noch drängender stellten. Abends nahm ihr Zimmerwirt Paul Schmid sie zu religiösen Gesprächsabenden für junge Frauen mit, und sonntags hörte sie gebannt seinen Predigten zu. Die Religion wurde in der Grossstadt zur Nische, in der sie sich aufgehoben fühlte – und immer öfter fragte sie sich, ob sie nicht doch zur Theologie wechseln sollte. Um kein Semester zu verlieren, müsste sie ihre ganze Freizeit in das versäumte Hebräisch stecken. Doch ausgerechnet jetzt tauchte dieser Gian Caprez auf und stellte ihre Pläne in Frage.

TAGEBUCH, 2. FEBRUAR 1926

Es geht mir so viel im Kopf herum und doch weiss ich nicht, was oder auch wie schreiben, am allerwenigsten aber was tun.

Was soll ich zur Theologie umsatteln, denn ich will nicht ledig bleiben. Und wenn ich auch umsatteln würde, was wird später mein Los sein? Pfarrhelferin, wie ich auch ohne Uni werden könnte, denn predigen kann und will ich nicht.

Dann darf ich aber nicht mehr tanzen, auch nicht mehr lieben und werde zu einer versauerten alten Jungfer, oder bringe es höchstens noch zu einer Pfarrfrau, wovon mir keines passt. Wenn ich aber heiraten würde, wie könnte ich es verantworten, andere Menschen, meine Nachkommen in den gleichen Wirrwarr, die gleiche Not, in denen ich bin, hineinzufallen. Könnte ich es dann ertragen, wenn sie mir eines Tages sagen würden: Warum nur hast du uns geboren?

Und was ist schuld an der Geschichte? Der Bündnerball! Er hat uns beide verrückt gemacht! Ich war vorher so ruhig, hatte mit allem abgeschlossen und mich ganz auf zukünftiges Altjungferntum eingestellt. Und da muss mir dieser Gianin in den Weg laufen.

Der Konflikt, der sie ein Leben lang begleiten sollte, zeigte sich ihr jetzt, im Februar 1926, zum ersten Mal in aller Deutlichkeit. Noch versuchte sie ihn kleinzuhalten, indem sie ihre Liebeswünsche als unrealistisch abtat.

TAGEBUCH, 14. FEBRUAR 1926

In zwei Wochen bin ich hoffentlich zu Hause. Er wird auch heimreisen, später, nach mir, und wir werden uns nie mehr sehen. Denn Architekten, stud. ing., bauen doch gern Luftschlösser, und wer auf Luftschlösser traut und hofft, ist ein Narr! (...) Ich werde überhaupt nicht heiraten; ich weiss, dass dies in meinem Schicksal liegt. Wie ich mich dann durchs Leben schlage, weiss ich noch nicht, vielleicht alt und vergrämt, vielleicht froh und glücklich (...). Wer weiss? Wo bin ich in zwanzig Jahren?

NACHTS

Himmlischer Herre hilf mir aus meiner Not und Verzweiflung (...). Hilf mir das Rechte zu wählen, den Weg zu gehen, den Du willst. Sag mir, ob ich Theologie studieren solle. Herr führe mich, Herr erlöse mich!

In den ersten Monaten ihrer Bekanntschaft gab sich Gian Caprez tatsächlich gar reserviert. Zwar traf er sich mit ihr, doch er war weitaus distanzierter als andere junge Männer, denen sie begegnete, versuchte nicht, sie zu küssen, sondern legte höchstens scheu seinen Arm um sie. Sie interpretierte es als mangelndes Interesse – schliesslich war er mit seinen Mitstudenten überaus gesellig und humorvoll. Wie viel forscher trat da ein zweiter Student auf, den sie zur gleichen Zeit kennenlernte. Ernst Bener, angehender Maschinenbauer, ebenfalls aus Graubünden, machte ihr richtiggehend den Hof, und Greti, neugierig auf das Leben und hungrig nach Erfahrung, liess sich mit beiden ein. Jeder der Männer weckte ihr Interesse auf ganz unterschiedliche Weise: Gian berührte sie tief in der Seele, Ernst sprach ihr erwachendes Begehren an. Wie es sich für eine Theologiestudentin gehörte, wehrte sie Ernsts Avancen jedoch zunächst ab und versteckte das eigene Verlangen hinter der Konvention.

TAGEBUCH, 4. APRIL 1926 (OSTERN)

Obwohl ich in dem Augenblick, da du dich niederbeugtest, von heissester Angst erfüllt war, du solltest mich nicht gleich auf die Lippen küssen, und obwohl ich dich nachher hasste und mit gar bittern, bösen Gedanken neben dir schritt, war ich in diesem Augenblick Dein und bin jetzt noch Dein.

Den ersten Kuss mit Gian auf der Halbinsel Au erlebte sie ganz anders. Schon die Kulisse – der Zürichsee – war ganz nach Gretis Geschmack. Nach den Vorlesungen mietete sie ab und zu ein Boot und ruderte in die Dämmerung hinaus, manchmal zusammen mit Gian. Am Maibummel der Ingenieure waren die beiden in ihrem Element und holten beim Ruderwettbewerb der Paare den ersten Platz. Nach dem Essen im Landgasthof auf der Au tanzten sie in die Nacht hinein. Um zwei Uhr nachts, als die Musik aufhörte zu spielen und die jungen Männer und Frauen paarweise den Saal verliessen, verschwanden auch Gian und Greti Hand in Hand in der Dunkelheit des Wäldchens am See. Am Landungssteg fanden sie eine Bank unter dem ausladenden Blätterdach einer Kastanie, die sie vor dem aufkommenden Regen schützte. Wie schon bei Ernst war Greti hin- und hergerissen zwischen ihrer Lust und dem, was sie zu wollen hatte. Doch nun ergriff sie selber die Initiative. Sie nahm Gian in ihre Arme und liebkoste sein Gesicht. Als sie sich dann küssten, gestand er ihr, dass dies sein erster Kuss sei, er aber schon ahne, dass sie *keine Philisterin,* keine Spiessbürgerin sei.

Greti spürte, dass sie beide etwas Besonderes verband. *Vielleicht biegen hier unsere Wege auseinander, vielleicht aber werden wir zu wirklichen Freunden, die einander alles bringen können ohne Hinterhalt, ohne dass immer dieser ekelhafte Unterschied da ist, um dessentwillen die nettesten Dinge nicht getan werden dürfen.* Seit ihrer Jugend störte sie sich an der Kluft zwischen Mädchen und Jungen. Als Kind hatte sie unbeschwert mit den Nachbarsbuben gespielt, doch mit zwölf war die Leichtigkeit verflogen. Mit dem Wechsel auf die Sekundarstufe liefen die Kinder nach Geschlechtern getrennt zur

Schule. Greti wäre am liebsten ein Neutrum geblieben, doch es gab keinen Raum für ein verbindendes Dazwischen. Nun aber, mit Gian, hoffte sie, die Grenze zwischen ihm, dem Mann, und ihr, der Frau, aufzulösen.

TAGEBUCH, ZÜRICH, 16. MAI 1926

Aber gibt es denn wirkliche Freundschaft zwischen Buben und Mädchen? Ich (...) glaube, hier, zwischen uns beiden ist es möglich, denn er ist noch viel stärker und sicher auch viel besser als ich, wenn wir nur ehrlich sein wollten, uns immer sagen würden, was dem einen am andern missfällt und damit den reichen Segen einer Freundschaft einheimsen wollten!

Trotz ihres Vertrauens in Gian fürchtete Greti, er und Ernst könnten sich abgesprochen und ihr eine Falle gestellt haben: Die beiden Männer wüssten ganz genau, wie weit der andere mit ihr gegangen sei, und stellten Gretis Tugendhaftigkeit bewusst auf die Probe. Die Angst, keine ehrbare Frau zu sein, sass tief und überschattete die Erkundung des eigenen Begehrens. *Wenn sie küssen, verachte ich mich nachher immer mehr oder minder, weil ich das Gefühl habe, irgendwie «gebraucht» worden zu sein.* Und doch – da war dieses Verlangen, und da waren auch die Gefühle, die sie für beide Männer hatte. Emotionen, die sie verwirrten, weil sie sie nicht einordnen konnte. *Man kann doch nicht beide mit seinem ganzen Sein lieben. Es geht, solange ich vor keine Entscheidung gestellt werde. Was aber dann?,* fragte sie ihr stummes Tagebuch. Dann beschwichtigte sie die kritische Stimme in sich. *Wenn sie beide an mir etwas lieb haben, wenn ich beiden etwas sein könnte, warum sollte ich dann nicht mit beiden gehen? Von mir aus wäre es ja keine Lüge.* Und als der Sommer begann und die doppelte Liason mittlerweile fünf Monate andauerte, hatte sie mit ihren Gefühlen Frieden geschlossen. *Ich bin ganz wahnsinnig zufrieden und glücklich, freue mich zu leben, studieren zu dürfen und die Liebe zweier Menschen in meinen Händen tragen zu dürfen. Sie glauben beide an mich, haben mich beide lieb. Was brauche ich danach zu fragen, dass es zwei sind! Ich habe sie ja auch beide lieb.*

Ihre Freundinnen verfolgten Gretis Liebesabenteuer mit Anteilnahme und verurteilten sie nicht. Emmy Sonderegger, die sie in der Haushaltungsschule kennengelernt hatte, sprach ihr Mut zu. *Man soll lieber recht viele kennenlernen, um dann später nicht hineinzufallen.* Auch Cousine Gretly Puorger, die Medizinstudentin, ermutigte Greti. *Du erlebst dabei eigentlich doppelt viel Schönes, lebst eigentlich zweifach.* Die experimentierfreudige Hildi Hügli, Freundin aus der Kantonsschule, hatte erst recht keine moralischen Bedenken. Sie war mit ihrem Liebsten schon viel weitergegangen – was kümmerte sie da, dass Greti zwei Männer küsste. Wenn sie der Freundin dennoch riet, sich von Gian zu trennen, dann tat sie dies aus anderen Motiven: Sie fand den Ingenieursstudenten *zu streng, zu geradlinig und ernsthaft,* kurz: zu farblos für Greti. Die verteidigte ihre Liebe: Mit Gian verbinde sie vielleicht nicht die grosse Leidenschaft, aber: *Er ist doch der Einzige, den ich je liebte. (...) Er ist der Einzige, der einigermassen dem Fragen nach mir selbst Antwort gab.* Sie, Greti, könne nur einen wie ihn heiraten: *In ihm hätte ich einen Menschen, der meiner Unruhe die Ruhe, der meiner Furcht vor dem Morgen die Sicherheit im Jetzt, meiner unzuverlässigen Toleranz die unbedingte Zuverlässigkeit und Treue entgegenzusetzen hätte.*

Eine vergleichbare Nähe spürte sie zu ihrem zweiten Liebhaber, Ernst Bener, nicht. Dem Frauenstudium stand er skeptisch gegenüber, und als Greti in den Herbstferien der Grossmutter in Furna im Haushalt und im Stall half, spottete er über die *Haus-, Schwein- und Hühnermutter.* Dies seien eben keine Arbeiten für einen Mann! Greti spürte immer deutlicher, dass es mit Ernst nicht das Rechte war. Bei ihm war sie froh, *einen* zu haben, während sie bei Gian glücklich war, *ihn* zu haben. Doch Gianins Liebe schien ihr alles andere als gewiss. Er hielt sich immer noch bedeckt über seine Gefühle für sie und genoss einfach das Zusammensein mit ihr. Sie hingegen wünschte sich immer drängender ein Bekenntnis. Schliesslich stand für sie viel mehr auf dem Spiel als für ihn.

Sie wünschte sich Kinder und brauchte dazu einen zuverlässigen Mann. Zugleich war es unausweichlich, dass sie die Theologie der Familie würde opfern müssen – und wenn sie gezwungen war, dieses Opfer zu erbringen, so wollte sie sich ihrer Sache zu hundert Prozent sicher sein. In ihrer Not schrieb sie ihm kurzerhand, ihr scheine es, ihre Beziehung habe ihr Ende erreicht. Diese Intervention provozierte ein offenes Gespräch zwischen den beiden, bei dem sie einander ihr Seelenleben offenbarten. Es stellte sich heraus: Auch er hatte sie als distanziert wahrgenommen.

TAGEBUCH, 3. DEZEMBER 1926
«Nun wirst du nicht mehr so kalt sein», sagtest Du. Du Giannin fühltest Du denn die ganze lange Zeit nicht, dass hinter der Maske meiner Kälte ein zages, schwaches Herz in heissestem Sehnen Dich rief? Weisst Du denn nicht, dass ich auch nur ein Weib bin mit einem kleinen, zitternden Herzen?

ZÜRICH, 7. DEZEMBER 1926, GIAN AN GRETI
Du liebes Greti,
Ich finde gerade auch in diesem Scheusein, das meinerseits gewiss ebensogross war, etwas Feines. Nun ist etwas geschehen, etwas Grosses, dass diese böse «Maske der Kälte» genommen hat (...).

Nun, da die Verhältnisse zwischen ihr und Gian geklärt waren, wollte Greti ihn ihren Eltern vorstellen. Als der Vater davon erfuhr, reagierte er wutentbrannt. *Du sollst studieren, und ausser dem Studium hat weder jetzt noch später irgendwann irgendetwas zu existieren für Dich!*, herrschte er sie an und versagte ihr in seiner Eifersucht den üblichen Kuss vor dem Schlafengehen. Joos Roffler fürchtete, den ersten Platz im Gefühlsleben der Tochter zu verlieren, ihr nicht mehr Anker und Orientierungspunkt zu sein. Ausserdem sah er seine Ambitionen in Gefahr: Wenn sie heiratete, würde sie dereinst nicht in seine Fussstapfen treten.

Seine Frau Betty brachte der Tochter mehr Verständnis entgegen. Sie hatte selber als Jugendliche Schule und Liebe gegeneinander abgewogen. Ihr Vater Tobias Luk war Kantonsbuchhalter in Chur, ein fortschrittlich denkender Mann, der in jungen Jahren in Russland und Amerika sein Glück versucht hatte und die Tochter auf die Kantonsschule schicken wollte – Anfang der 1890er-Jahre ein unerhörtes Ansinnen, noch waren Mädchen nicht zur Matur zugelassen. Doch Betty, so erzählt es Greti später in der Familienchronik, mochte nicht stillsitzen und lernen. Lieber ging sie mit ihren Freundinnen zum Tanz. Die Liebeslust der eigenen Tochter konnte sie darum nachvollziehen.

Nicht so die Grosseltern in Furna, die sich um Gretis Ruf als ehrbare Jungfrau sorgten. Der Enkelin blieb neben dem Studium ohnehin zu wenig Zeit für die Entwicklung ihrer hausfraulichen Fähigkeiten.

Elsi Aliesch-Nett, geb. 1925, Gretis Cousine
zweiten Grades, aufgewachsen in Furna

Gretis Grossmutter maulte, ein Studium brauche eine Frau nicht, das gebe dann keine gute Hausfrau. Greti konterte, das wolle sie dann schauen, ob sie keine rechte Hausfrau sein könne. Sie hatte dann ja sechs Kinder. Sie hat schon bewiesen, dass man das alles kann!

Im Dezember 1926, fast ein Jahr nach dem Bündnerball, gelang es Greti dennoch, die Einwilligung des Vaters für den Antrittsbesuch des Liebsten in Igis zu erlangen. Zu Beginn der Weihnachtsferien, auf dem Weg nach Pontresina, besuchte Gian sie im elterlichen Pfarrhaus. Sie zeigte ihm das Dorf ihrer Kindheit und führte ihn ins leere Kirchenschiff, wo sich die beiden unter der Kanzel von Gretis Vater lange küssten. *Dies aber war der schönste Gottesdienst, den ich erlebt. Von der Wand winkte tröstlich der Spruch: «Du sollst deinen Nächsten lieben als dich selbst.» Und meine Augen entdeckten auf der andern Seite den Psalm: «Dein Wort ist meinem Mund süsser denn Honig», den er viel logischer las: «Dein Mund ist süsser denn Honig.»*

Was Wunder, dass wir lange hatten, die Kirche anzusehen! Siehe da: Mit seinem Charme und Humor eroberte Gian die Herzen sämtlicher Pfarrhausbewohner. Nur Joos Roffler hoffte insgeheim, die Flamme der Tochter werde bald erlöschen.

> Tina Münger, 1925–2017, Pflegekind bei Gretis Eltern
> vom ersten Lebensjahr bis zur Konfirmation

Meine Eltern litten beide unter Tuberkulose und starben bald nach meiner Geburt. Ich kam dann als Pflegekind ins Pfarrhaus von Igis. Die Pfarrerskinder waren schon gross, Greti studierte in Zürich, Christa, der jüngste, war zehn Jahre alt. Papa Roffler war ein hochintelligenter Mensch, er hatte ein grosses Wissen, und er konnte sehr charmant sein. Aber er war sehr jähzornig, und er führte ein strenges Regime. Man ist nicht an ihn herangekommen. Er hatte recht und damit basta. Punktum, hat er immer gesagt. Punktum. Ich war sehr empfindlich, laute Diskussionen waren für mich tödlich. Einmal fragte ich die Mama: Warum hast Du diesen Mann geheiratet? Der hat ja immer schlechte Laune, Tag für Tag schlechte Laune! Sie sagte dann: Weisst Du, er ist ja sonst ein Lieber. Erst später habe ich gemerkt, dass nicht überall so eine Atmosphäre herrscht wie bei uns. Non und Nona etwa, die Eltern von Gianin, die waren ganz andere Leute. Für mich war das wie ein Sonnenaufgang, wenn die kamen. Die brüllten und stritten nicht wie Rofflers. Sie waren immer ruhig und nahmen es gemächlich.

> Elsi Jenny-Roffler, 1911–1998, Schwester von Greti,
> in einem selbst verfassten Lebenslauf

Der Vater war ein strenger, aber sehr besorgter Patriarch, die Mutter war ein liebevolles Aufstehmännchen. Sie hatten sich sehr gut ergänzt.

Für Greti war der Vater die dominante Figur, Gian hatte zu seiner Mutter die engere Beziehung. Christina Lendi war in Celerina als

Tochter eines Hoteliers, Pferdefuhrhalters und Weinhändlers aufgewachsen. Vor Gians Geburt hatte es das Schicksal nicht gut gemeint mit ihr: Als sie drei Jahre alt war, starb ihre Mutter bei der Geburt eines jüngeren Geschwisters. Die zweite Ehe des Vaters war unglücklich, er begann zu trinken und nahm sich schliesslich im Inn das Leben. Christina hatte damals gerade den Baumeister Johann Caprez aus Pontresina geheiratet und ihr erstes Kind geboren. Kurze Zeit später wurde das Kind krank und starb ebenfalls. Voller Sorge war sie bald schwanger mit ihrem zweiten Kind. Der 5. Mai 1905 wurde zu ihrem Glückstag: Sie gebar Johann Rudolf, den alle nur rätoromanisch Gian nannten und der ihr Ein und Alles wurde.

Materiell hatten Gians Eltern keine Sorgen, das Baumeistergeschäft lief in Zeiten des boomenden Tourismus im Oberengadin prächtig, und Johann Caprez war ein geschickter Geschäftsmann, der durch Spekulation zu einem beachtlichen Vermögen kam. Nicht mit Geld zu kaufen war die Gesundheit. Kinderkrankheiten wurden lebensbedrohlich. In einer kritischen Nacht gaben ihn die Ärzte auf, doch das Kind war zäh. Allerdings verursachte ein Gelenkrheuma ein Herzleiden, das ihn sein Leben lang begleiten sollte. Trotz seiner zarten Konstitution und der überbehütenden Mutter war Gian kein vorsichtiges Kind. Auf dem Flachdach des Elternhauses ging er mit Freunden gefährliche Mutproben ein, sprang zwischen Kamin und Dachkännel hin und her oder wetteiferte darum, die Starkstromleitung zu berühren, ohne vom Schlag getroffen zu werden. Um sich ein Taschengeld zu verdienen, pflückte er auf dem Friedhof Edelweiss und verkaufte sie an Touristen. Bei Skirennen war er meist der Schnellste, und auch im Bergsteigen entwickelte er einen grossen Ehrgeiz und kletterte allein durch exponierte Felswände.

Als Greti später Gians Familiengeschichte erfuhr, meinte sie zu verstehen, wo seine Schüchternheit und Wohlanständigkeit, seine Selbstzweifel und Minderwertigkeitskomplexe herkamen. Schuld daran war in ihren Augen seine zu enge Mutterbindung.

In Tat und Wahrheit, so war Greti überzeugt, schlummerte in ihm ein wildes Kind, das von seinen Eltern beschnitten worden war. *Es wurde eingeschüchtert und eingeschlossen in die Nützlichkeits- und Anstandsregeln, die da Convention heissen. (...) Da ging er lieber unten auf dem festen Erdboden, lieber – Spatz in der Hand als die Taube auf dem Dach, lieber Knecht in Wohlbehütetheit als eigener Herr in Gefahr. (...) Er lernte ein Mädchen kennen, dessen Liebe voller Widersprüche und Heftigkeit und heissem Sehnen war. All das Wilde, das an ihm abgetan worden und das er selber abgetan, fand er in ihm wieder. Sie war auch wirklich nicht lebenstüchtig, für das Leben, wie er es bis jetzt verstanden. Denn sie sah zu viel, sagte zu viel, schwieg zu wenig und versuchte immer wieder, sich durchzusetzen. (...) Vielleicht dass er sie (...) von ihrer Masslosigkeit und Rohsein erlösen konnte, in ihrer Demut des liebenden Weibes und süssen Beugens unter seinen Willen, unter das Feine und Zarte, das neben seinem Herrentum sein Wesen ausmacht. Feine und zarte, selbstsichere und selbstbewusste Eigenwilligkeit – dies ist er. Und in Liebe zu ihm verfeinerte, ausgeglichene Eigenwilligkeit – dies ist sie: beide in ihrem anzustrebenden Ziel.*

Christian Caprez, geb. 1942, Sohn von Greti und Gian Caprez
Ich war als Kind oft in den Ferien bei meinen Grosseltern Johann und Christina Caprez-Lendi in Pontresina, die ich Non und Nona nannte. Der Zvieri hiess bei Nona Afternoon Tea, mit Biskuits, englischem Kuchen und Birnenbrot. Die Butter servierte Nona in einem schönen Geschirr mit einem Buttermesser. Manchmal kam ihre Cousine aus Celerina zu Besuch, und wenn Nona ihr das Buttergeschirr über den Tisch schob, machte die Cousine mit der Hand eine wegwerfende Bewegung, schob das Buttermesser zur Seite und nahm ihr eigenes Messer, um sich ein Stück Butter abzuschneiden. Nona sagte nichts, schob ihr aber Geschirr und Buttermesser noch einmal hinüber. So ging es hin und her, aber es wurde nie ein Wort gewechselt.

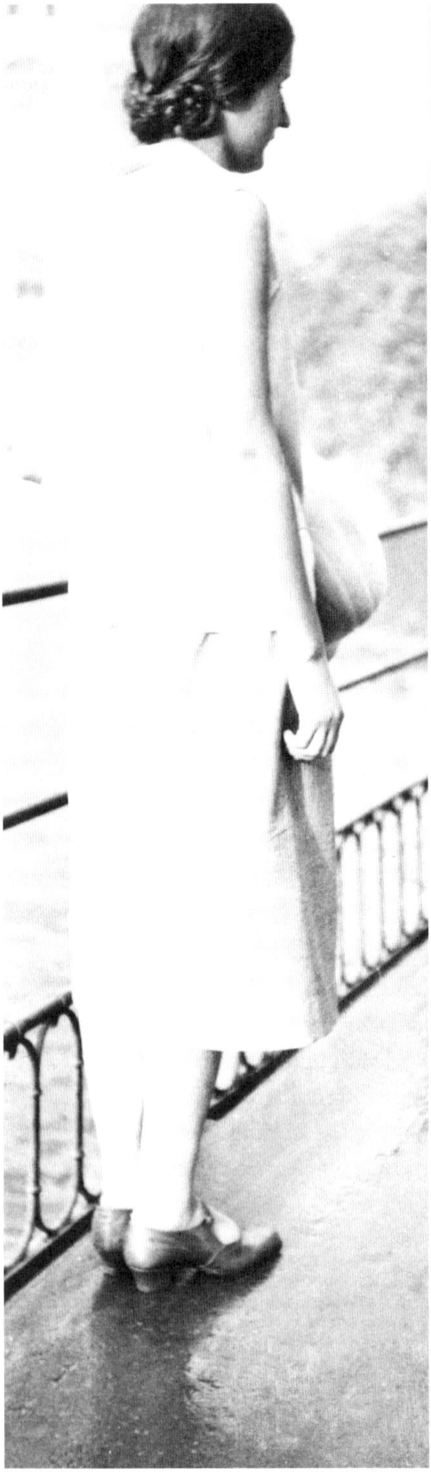

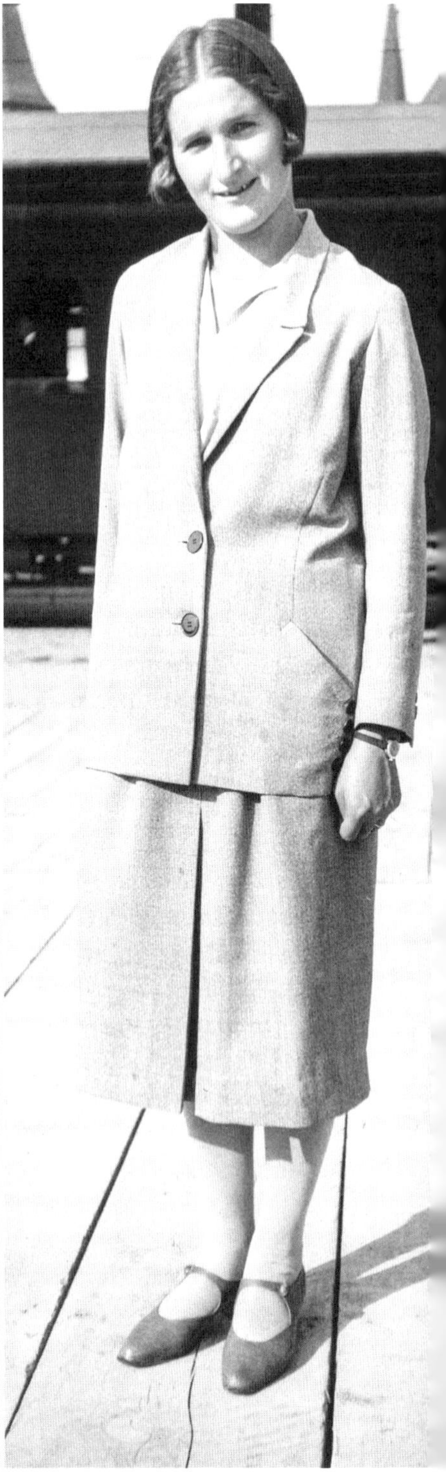

Zürich,
9. September 1929

Zwei Bilder. Greti trägt auf beiden ein sackartiges Kostüm, der Rock reicht bis weit über die Knie. Erst die Bildlegende erzählt von einem nahezu revolutionären Akt. *9. Sept. 1929 in Zürich vor dem Haarschnitt* steht links, *nach dem Haarschnitt* rechts. Eben noch, auf dem Mühlesteg beim Hauptbahnhof, trägt sie die schwarzen Strähnen kunstvoll in einem Zopf hochgesteckt. Geistesgegenwärtig macht ihr Begleiter, vermutlich Gian, einen Schnappschuss von ihr. Nach vollbrachter Tat posiert Greti mit der neuen Frisur am Bahnsteig. Die Haarspitzen kräuseln sich gleich bei den Ohren. *Die Haare sind gefallen: das äussere Symbol der inneren Selbständigkeit,* hat Verena der Freundin vor einem halben Jahr geschrieben. Auch Gians Schwester Elisabeth, die Pferdekutschen und sogar Autos lenken kann, trägt ihr Haar kurz.

Den Kopf neigt Greti leicht zur Seite – wie um zu relativieren: Gar so aufmüpfig bin ich doch nicht, wie es der Bubikopf signalisiert. Die Gesichtszüge wirken gelöst, die Augen blitzen voller Schalk dem Gegenüber direkt ins Gesicht. Einen Tag zuvor, am 8. September 1929, haben Greti und Gian in Igis geheiratet, im Kreis der engsten Verwandten. Von diesem Tag gibt es ein unprätentiöses Foto einer Gruppe auf einer Wiese, die Braut in einem schwarzen Kleid zwischen ihren Schwestern, der Bräutigam am Rand. Der Anlass liesse sich nicht erkennen, stünde da nicht das Datum. Wichtiger scheint es Greti, den Haarschnitt am Tag danach zu dokumentieren, kurz vor der Abreise nach Brasilien. Ihre linke Hand drückt den Daumen. Seit langem hat sie sich danach gesehnt, mit dem Liebsten in die Welt hinauszuziehen. Nun ist es so weit.

Genese
einer Feministin

Wie hatten sich Greti und Gian nacheinander verzehrt, damals in den Jahren ihrer Studentenliebe in Zürich! Oft war es ihnen schwer gefallen, ihr Begehren zurückzuhalten. Dass sie stark bleiben und das Letzte – den Koitus – erst in der Ehe tun würden, war beiden klar. Als sie darüber sprachen, äusserte Gian seine Angst, sie könnten sich in einem innigen Moment vergessen. Greti teilte seine Sorge, konterte aber gleichzeitig: *Für mich ist die Leidenschaft nicht etwas Schlechtes. Sie ist die Erlösung aus der Gefühlsarmut, der «Wohlanständigkeit» und kulturüberkleisterten Unechtheit. (...) Sie lässt uns die Welt in ihrer ganzen Farbigkeit und Schönheit empfinden und sehen.* Freilich war es für Greti ebenso wichtig, im rechten Augenblick Nein sagen zu können.

Ein Erlebnis mit dem Liebsten blieb Greti besonders im Gedächtnis. Es war das Jahr 1927, ein lauer Frühsommerabend, und Gian holte sie von einem Seminar an der Universität ab. Gemeinsam schritten sie in die sternenhelle Nacht hinaus, als er sie in seine Studentenbude einlud. Dort sassen sie eine Weile lang schweigend Schulter an Schulter nebeneinander. *Die Leidenschaft kam über uns. Wir lagen Hand in Hand, Mund auf Mund in dem dämmerartigen, guten, ausgleichenden Dunkel.* Was nun geschah, verschlüsselte Greti im Tagebuch mit griechischen Buchstaben. *«Du wäre es so schrecklich, wenn wir uns einmal ganz nackt umarmen würden?» Er fragte es leise und zaghaft. Was mochte es gebraucht haben, bis er es überhaupt sagen konnte! Meine Antwort war ein banges Fragen: «Können wir dann noch stark bleiben?» (...) In plötzlichem Entschluss streifte ich mir das Gewand von der Schulter und barg in heisser Scham meine nackte Brust an der seinen – und dann lagen wir Mann und Weib. Es war ganz anders als ich es je gedacht. Ein grosses, reines, ruhiges Stillsein erfüllte uns. Es war keuscher, als da wir uns je in Gewändern berührt. Selbst der Trieb schien ausgelöscht. Ein grosses Staunen über sein Gutsein über sein wundersames Stillesein erfüllte mich. Wenn ich mich auch einen Augenblick geschämt, so war das doch nur der Kampf gegen unsere Erziehung (...). Schämte ich mich denn vor meinen Schwestern, schämten wir uns denn vor einem Arzt, der uns doch ein ganz fremder Mensch? Hier aber war es das Wesen, das zu dem meinen gehörte, der Mensch, der meinem Sein, Sinnen und Fühlen am Engsten verbunden (...).*

Greti vertraute das Erlebnis Hildi Hügli an, ihrer besten Freundin aus der Kantonsschule, die in Bern studierte. Doch die konnte in der Entsagung kein höheres Ziel erkennen. *Wir mögen eines vom andern noch so tolles Zeug verlangen, keines kann nein sagen,* offenbarte sie Greti und spitzte deren Argumentation zu: Wenn Sinnlichkeit gut – ja, sogar göttlich – war, dann musste das doch auch für die Zeit vor der Ehe gelten. *Denn der Mensch ist Eines, er zerfällt nicht in einen verachteten gierigen Leib und in eine vergötternde, verachtende Seele.* Die Leidenschaft zu bekämpfen sei ein Vorurteil. Diesen Schritt konnte und wollte Greti jedoch nicht mitgehen. *Du hast den kostbaren, unendlich süssen Kern, der im Warten liegt, nicht erkannt,* verteidigte sie sich. Und dennoch brachten Hildis Worte sie ins Grübeln. *Ich suche schon lange zu finden, warum ich Deinen Weg verurteile, oder vielmehr, warum etwas in mir so gegen die Liebe ohne Papier weht. (...) Vielleicht wird es auch mit der Zeit anders. Als ich im Frühling bei Dir war, sah ich, wie just das, was ich verurteile, Dich geändert, liebwerter, menschlicher gemacht, Dein ganzes Wesen in frühlingshafter Lieblichkeit durchflutete. (...) Und als ich letzten Sonntag (...) beim Gianin in seiner Bude war, gab er mir ein Buch mit: «Das Liebesleben in der Ehe», und als ich es las, fragte ich mich: «Warum stemme ich mich eigentlich dagegen, dass dasselbe ohne Band getan??» Ich weiss nur das Eine, dass dadurch mein ganzes Wesen vernichtet würde und ich nie mehr aufstehen könnte.*

Unter dem Eindruck der innigen Zeit mit Gian fragte sich Greti schliesslich, ob sie das Studium an den Nagel hängen sollte. Wäre es nicht schön, bald zu heiraten, anstatt sich weiterhin mit Dogmengeschichte und Eschatologie abzumühen? Gegenüber einer Freundin, die vor kurzem geheiratet hatte, gab sie sich am Ende des vierten Semesters überzeugt: *Du und ich, wir werden unser Lebtag nichts Rechtes als studierte Frauenzimmer. Wohl stecken in uns zwei tüchtige Mütter und treue, starke Kameradinnen für einen Mann. Aber laut darf man solche Dinge nicht sagen, sonst werden gewisse Väter rabiat.* In den Sommerferien in Igis bei ihren Eltern, als sie das anderthalbjährige Tineli, die Pflegetochter, im Wagen herumschob, wuchs in ihr die Sehnsucht nach einem eigenen Kind. Doch als sie im Herbst wieder an die Universität zurückkehrte, erwachte die Leidenschaft für die Theologie wieder.

Inzwischen hatte Joos Roffler bei der Bündner Landeskirche den Stein ins Rollen gebracht, der seiner Tochter den Weg ins Pfarramt bahnen sollte. Am 13. Juli 1927 beantragte er beim kantonalen Kirchenrat, die Bündner Landeskirche solle künftig auch Frauen in die Synode (das kantonale Pfarrerparlament) aufnehmen. Ausserdem solle man Studentinnen zur Zwischenprüfung, dem Propädeutikum, zulassen, denn es waren nicht die Universitäten, sondern die Landeskirchen, die angehende Theologen prüften. Zwar hatte die Universität Zürich 1914 eigens Fakultätsexamen für Frauen eingerichtet, dieses berechtigte aber nicht zum Pfarramt. Joos Roffler begründete seinen Antrag rhetorisch geschickt mit dem angeblich typischen Bündner Pioniergeist. *Wenn unser Kanton (…) auf diesem Gebiete vorangeht, so würde ihm das sicher nicht zur Unehre gereichen. Er ist schon einmal, 1526, durch die Einführung der Glaubens- und Gewissensfreiheit, der ganzen Welt vorausgegangen, und wir freuen uns heute noch darüber.* Rofflers Forderung erregte derart grosses Aufsehen, dass in den Zeitungen tagelang hitzig debattiert wurde, ob eine Frau das Recht und die Fähigkeit habe, Pfarrerin zu sein. Das Wort ergriffen meist andere Pfarrer, jedoch anonym.

DER FREIE RÄTIER, 24. SEPTEMBER 1927
AUTOR: R. [PFARRER HEINRICH ROFFLER, VICOSOPRANO,
EIN NAMENSVETTER VON JOOS]

Ist die Frau rein physisch schon den Anforderungen des Pfarramts gewachsen? Man denke an unsere oft weit auseinander liegenden, zur selben Pfarrgemeinde gehörenden und nur durch lange und mühevolle Wege zu erreichenden Bündner Bergdörfer! Man denke an Sturm und Wetter, Eis und Schnee! Im ganzen darf wohl gesagt werden, dass das Pfarramt Kraft und Männlichkeit erfordert.

NEUE BÜNDNER ZEITUNG, 20. OKTOBER 1927
AUTOR: CU. [PFARRER PETER PAUL CADONAU, ARDEZ]

Nach evangelischer Auffassung soll die Predigt die Verkündigung des Wortes Gottes sein, also einer objektiven Grösse. Je klarer, ruhiger, sachgemässer das geschieht, desto besser ist die Predigt. Nun ist aber gerade die Objektivität nicht die Stärke der Frau. Wir haben im praktischen Leben ja oft Gelegenheit, uns darüber zu freuen, dass unsere Frauen die Dinge von der persönlichen, empfindsamen Seite betrachten, und dass sie gerade dadurch uns Männern vielfach überlegen sind. Nun ist aber das eine Eigenschaft, die gerade auf der Kanzel nicht an ihrem Platze ist.

NEUE BÜNDNER ZEITUNG, 24. OKTOBER 1927
AUTOR ODER AUTORIN: L.

Es mag dies in vielen Fällen richtig sein. Der Mann ist zumeist Verstandesmensch, während die Frau Gemütsmensch ist. Nun ist aber die Religion eine Sache des Gemütes in erster Linie. Und darum halte ich dafür, dass die Frau für das Predigeramt nicht so ganz ungeeignet ist, wie der verehrte Artikelschreiber es dartun will.

NEUE BÜNDNER ZEITUNG, 25. OKTOBER 1927
AUTORIN: EINE ALTE FRAU

Sitzen derzeit manchenorts in der Kirche nicht mehrheitlich ältere Frauen und Kinder, und die Männerstühle sind fast leer? Wir Frauen haben nun das kirchliche Stimmrecht. Freuen wollen wir uns, wenn eine oder mehrere Predigerinnen bündnerische Kanzeln besteigen.

NEUE BÜNDNER ZEITUNG, 3. NOVEMBER 1927
AUTOR ODER AUTORIN: D.

Der natürliche Frauenberuf ist eigentlich der Mutterberuf, und es ist nicht vom Guten, dass sich die Frauen immer mehr in die Männerberufe hineindrängen, auch in die sogenannten Gelehrtenberufe (...). Darunter hat die Familie schwer zu leiden.

Greti schnitt jeden einzelnen Artikel aus und klebte sie alle in ein graues Heft, das sie mit *Gehört die Frau auf die Kanzel?* beschriftete. Die Vehemenz, mit der die Gegner des Frauenpfarramts zum Kampf bliesen, weckte ihren Widerstandsgeist. Es war ihr bisher fern gelegen, sich als Frauenrechtlerin zu bezeichnen. Wie die meisten ihrer Freundinnen und Kollegen empfand sie nur Grauen, wenn sie die Stichworte *Frauenstimmrecht* und *Frauenbewegung* hörte. Eine Frauenrechtlerin war für sie nichts anderes als *ein Drachen, der nichts von Haushalt versteht, die Kinder und den Mann vernachlässigt, in Versammlungen läuft und Vorträge hält (...).* Doch angesichts der Debatten um ihren Wunsch, Theologin zu werden, angesichts der Distanz zwischen ihrem eigenen Selbstverständnis und dem, was andere ihr zugestehen wollten, und angesichts der Fremdheit, die sie empfand, wenn sie die Kommentare in den Zeitungen las, erkannte sie die Notwendigkeit zu kämpfen und für ihre Sache Begriffe zu finden. *Der Kampf der Theologin mit ihrem Weg liess die Frau in mir ihrer Gebundenheit, ihrem Sklaventum – trotz der Freiheit der Schweizer! – erkennen. Und ich sah verwundert dem Umschwung meiner Ansichten zu.* Erstaunt erzählte sie Gian davon, bange, wie er wohl reagieren würde. *Siehst Du, dass ich auf dem Weg zur Frauenrechtlerin bin? Kannst Du mich auch so noch lieb haben?* Er jedoch lachte, nahm sie in seine Arme und beruhigte sie: *Du hast ja recht!*

Greti war unendlich erleichtert über Gians Verständnis. Zu Beginn des Jahres 1928 drückte sie ihre Verwunderung und Dankbarkeit darüber aus, dass sie sich gefunden hatten. Sie erkannte sich in der Protagonistin eines Romans wieder, den sie gerade las. *Vor allem erfüllte mich eine tiefe Freude, dass Du schon das bist, wozu die Erna ihren Verlobten erst erziehen muss: dass er sie nicht als Weib, als Erholung und besseres Spielzeug, sondern als ganzen Menschen mit eigenem Selbst, als Kameraden und Freund werte. Aber frei zu werden aus der Bemutterung durch das Vaterhaus und die engere Heimat hatte auch ich, und dazu solltest Du mir helfen. Hinaus in die weite Welt und fremde Lande und Schicksale sehen!* Vielleicht war ihr Vater sogar allmählich bereit, sie loszulassen. Immerhin hatte er in seiner Weihnachtspredigt davon gesprochen, wie er einst an der Wiege seines ältesten Kindes gestanden hatte, voll Freude und Hoffnung, es möchte einmal grösser, stärker und freier als er selbst werden. War sie nicht auf dem besten Weg, diese Hoffnung zu erfüllen?

Wenn sie sich ihre Zukunft mit Gian ausmalte, dann hatte sie ein komplett anderes Bild vor sich als das, das ihre Eltern abgaben. Ihrer Schwester Elsi erklärte Greti: *Siehst Du, unsere Eltern bilden eine der glücklichsten Ehen, die es überhaupt gibt. Aber ich möchte sie doch nicht erleben, weil ich von einer Ehe noch mehr verlange.* Ihre Mutter sei dem Vater ein liebes und tüchtiges Weib, könne aber bei vielem nicht mitreden, weil sie zu wenig gebildet sei. *Aber siehst Du, unser Vater empfindet dies gar nicht (...). Dass eine Frau dem Manne aber Kameradin und Geistesgefährtin sein kann, die ihn auch in seinem wissenschaftlichen Streben versteht, weiss er gar nicht, und deshalb fehlt es ihm auch gar nicht. Unsere heutige Generation aber weiss dies alles.* Greti war sich sehr wohl bewusst, dass es auch in ihrer Generation viele Männer – und Frauen – gab, die anders dachten, und setzte ihre Hoffnung darum in die Zukunft: *Es wird die Zeit kom-*

men, da jeder Mann erkennen wird, dass er sich selbst erniedrigt, wenn er meint, ein ungleichwertiges Wesen zu seiner Liebsten zu machen.

Anfang Februar 1928 – seit der Begegnung am Bündnerball waren nun zwei Jahre vergangen – wollte Greti ihrer Liebe zu Gian eine Zukunftsperspektive geben. Da war die Erfahrung, von ihm mit all ihren Facetten, ihrem schroffen Charakter und ihrer neuen Identität als Frauenrechtlerin, geliebt zu werden, aber auch die Sehnsucht danach, endlich mit ihm zusammenzuleben und sich in der Sexualität nicht mehr zügeln zu müssen. Zwar hatte sie sich entschieden, weiter zu studieren, weswegen sie den Gedanken an eine baldige Familiengründung beiseiteschob. Dies schloss jedoch eine Heirat nicht aus. Sie fasste sich ein Herz und setzte ihren Eltern den Plan in einem Brief auseinander: *Giannin und ich werden in einem Jahre heiraten (…). Kinder werden wir dann ca. fünf Jahre noch keine haben (aber nicht nach altväterischer Verhütungsmethode, weil die zu unsicher ist und ich nicht jeweilen in der Luft hangen gelassen sein will.) Euch werden die Haare zu Berge stehen: horribile dictu, ist dies eine schamlose Jugend, dass sie solche Dinge so frei und frank heraus sagt. Reinheit im landläufigem Sinne heisst aber nichts anderes als Nichtwissen um Dinge, die nun einmal sind. Wirkliche Reinheit ist etwas ganz, ganz anderes. (…) Ich kann nicht aus meiner Haut und hoffe, dass Ihr mich nicht an dem hindern werdet, was ich für recht und notwendig, mir und Gott gegenüber erkannt habe.*

Gretis Brief löste im Igiser Pfarrhaus helles Entsetzen aus. *Glaubst Du etwa, dass Papa hocherfreut darüber ist?*, schalt Betty Roffler die Tochter. *Als ich ihm den Brief vorlas, ist er im Studierzimmer herumgereist und hat Euch nicht die sanftesten Namen gesagt. Dann meinte er aber, es hätte (…) gar keinen Wert, dass Du noch weiter studierest; das sei ja das Geld zum Fenster hinausgeschmissen. Da sei es am gescheitesten, Ihr verlobet Euch bald und nachher sage er dem Bündner Kirchenrat, er solle die ganze Motion ins Kamin hängen. Es habe doch keinen Wert, dass man solches Tam Tam mache um nichts. Auch das Examen im Frühling lässest Du dann gescheiter beiseite.* Erst kürzlich hatte der Kirchenrat Greti zum Propädeutikum, der kantonalen theologischen Zwischenprüfung, zugelassen, und sich dafür ausgesprochen, künftig auch Frauen in die Synode aufzunehmen. Nun lag der Ball bei den regionalen Pfarrerparlamenten, den Kolloquien, und auch dort liessen die Diskussionen hoffen. Nur in Prättigau-Herrschaft, wo auch Rofflers Heimatdorf Furna lag, hatte man seinen Antrag abgelehnt. Leider war von dort nichts anderes zu erwarten gewesen, schliesslich führte Jakob Rudolf Truog die Geschäfte, Pfarrer unten im Tal in Jenaz und vehementer Gegner des Frauenpfarramts. Truog liess keine Gelegenheit aus, im Kirchenrat gegen die Theologinnen zu wettern, und auch in den Zeitungen schoss er mit scharfer Munition. Von allen andern Kolloquien kamen aber positive Signale, und so sah Joos Roffler zuversichtlich der Synode entgegen, die die Sache im Sommer besiegeln sollte. Wenn Greti nun aber heiraten wollte, waren seine Bemühungen umsonst gewesen, denn die Debatten drehten sich nur um ledige Theologinnen.

Die Mutter wunderte sich mehr über Gretis Illusionen punkto Familienplanung. Die Tochter stellte sich das mit der Verhütung etwas gar einfach vor. *Und zuletzt kommt dann ungerufen ein Pöps nach dem andern.* Auch, dass Greti so offen über ihre Lust schrieb – dass sie nicht in der Luft hangen gelassen werden wollte, hiess ja nichts anderes als: Sie wollte nicht unbefriedigt bleiben –, missfiel Betty Roffler. Vermutlich hatte die Lektüre des feministischen Sexualratgebers von Marie Stopes, *Das Liebesleben in der Ehe,* der Tochter die Ehefreuden nähergebracht. *Von wem hast Du eigentlich das mir gegebene Buch? Ich habe es zwar noch nicht fertiggelesen, aber soviel habe ich doch daraus gesehn, dass mein Mann auch ohne Buch ein sehr rücksichtsvoller Gatte war, der nie etwas forderte, was ich nicht selbst wollte, oder ohne dass er mich dazu geneigt machte, ausgenommen freilich die alte Verhütungsmassregel.* Die Mutter bat Greti, das Buch ihren Schwestern nicht zu geben, besonders der unbesonnenen Elsi nicht, denn dadurch würde sie sich ihrer Regungen erst bewusst.

Greti gefiel weder Ton noch Inhalt der elterlichen Reaktion.

Ihr behandelt mich auch gar als naiven Gof, beklagte sie sich. Das Buch ermuntere nicht zum Sex, vielmehr diene es dazu, die eigenen Gefühle zu verstehen und einen Umgang damit zu finden, sei es, indem man sie sublimiere oder indem man heirate. *Oder meinst Du Mama, es sei besser, vor Elsi werde einfach alles totgeschwiegen, «es» komme dann einmal über sie und sie sei der Sache ausgeliefert?* Nein, das konnte die Mutter unmöglich wollen. *War Euer Jahrhundert denn so ganz anders als wir sind?* Greti weigerte sich, auf die Argumentation der Mutter einzusteigen und hielt an ihrer schonungslosen Offenheit fest. Sie offenbarte den Eltern gar, dass sie, als Gians Schlummermutter aus dem Haus war, einmal bei ihm übernachtet habe, beide keusch in Kleidern nebeneinander liegend. Diesmal versuchte Joos Roffler die Tochter nicht mit einer Standpauke, sondern mit rationalen Argumenten zur Vernunft zu bringen. *Ein unbeherrschter Augenblick, und es ist geschehen. Nein Greti, traue Dir nicht zu viel zu. Unverhofft ist schon oft über manchen Frommen die Versuchung kommen. Du bist nicht einmal fromm. Also arrangiere Dich anders.*

Zunächst blieb alles beim Alten: Greti studierte weiter, und die Heirat war vorerst kein Thema mehr. Unter den Augen des ganzen Kantons legte sie ihr Propädeutikum ab. Kurz zuvor spottete sie Gian gegenüber: *Wenn ich durchkomme, hast Du die berühmteste «Frau» in Graubünden zur Liebsten, und wenn ich fliege, die unmöglichste. Für mich ist es natürlich dann schon am schönsten, wenn ich einfach unter einem andern Namen verschwinde, d.h. das Greti Roffler aufhört zu existieren und daraus ein Greti Caprez wird. Nur der Ätti ist zu erbarmen, denn seine Tochter wird es immer sein, die durchgeflogen ist.* Der Vater brauchte sich nicht zu schämen: Seine Tochter bestand die Prüfung mit der Note *gut*. Sechs Wochen später trafen sich alle Pfarrer aus Graubünden in Klosters zur Synode, um über die Zulassung der Frau zum Pfarramt zu diskutieren. Nach den regionalen Kolloquien beschloss nun auch die Synode mit 51 zu 4 Stimmen, dem Volk eine Vorlage zur Abstimmung vorzulegen: Zulassung der (ledigen) Theologin zum Pfarramt.

Der Vater schöpfte Hoffnung, doch Greti fühlte sich eingeengt ob der Pläne, die er für sie schmiedete. Er habe kein Recht, stolz zu sein auf seine Tochter, hielt sie ihm vor: *Ich bin weder ein Genie noch sonst etwas Besonderes, sondern nur ein ganz, ganz mittelmässiger Mensch (...)*. Besonders regte sie sich darüber auf, dass er die Gesetzesvorlage in einem Artikel als *Lex Grete* bezeichnet hatte. Erstens heisse sie gar nicht so, und zweitens wolle sie keinesfalls mit dem Gesetz in Verbindung gebracht werden. *Mir ist diese ganze Komödie zum Davonlaufen verekelt. (...) Spotten werden sie sowieso, wenn sie erfahren, dass ich heirate, und es wird ihrer etliche geben, die es mir sehr, sehr verübeln, dass ich die ganze Aufregung für nichts verursacht habe.*

In den Weihnachtsferien 1928 kam es im Pfarrhaus in Igis zum Eklat. Nach dem Ende der Vorlesungen war das Liebespaar aus Zürich angereist. Gian, frisch gebackener ETH-Ingenieur, wollte zu den Festtagen weiter nach Pontresina zu seinen Eltern fahren. Beim Mittagessen am Pfarrhaustisch sprachen Greti und Gian davon, sich zum Jahresende verloben zu wollen. Joos Roffler stand abrupt auf und verliess den Raum mit den Worten: *Ich bin wenigstens noch nicht gefragt worden!* Gian, sich des Ernsts der Lage offensichtlich nicht bewusst, lief ihm nach und fragte, ob der Schwiegervater in spe einen offiziellen Briefbogen hätte, er wolle einen formellen Antrag stellen. Doch Joos Roffler ertrug keinen Spass. Er liess Gian stehen, ging zurück zur Tochter und bellte: *Wenn Du diesen heiratest, kommst Du mir nie mit ihm ins Haus und gebe ich Dir keinen roten Rappen.* Dann ging er aus dem Haus und liess den Rest der Familie konsterniert zurück.

Später redete Greti ihm ins Gewissen: Er könne doch nicht im Ernst erwarten, dass der Freund der Tochter, die er so frei erzogen habe, bei ihrem Vater um ihre Hand anhalte – ausser sie würde dasselbe bei seinem Vater tun! Gian seinerseits schickte Joos Roffler einen Brief, in dem er einen versöhnlichen, allerdings immer noch ironischen Ton anschlug. *Ich bin ein hochmütiges, freches Engadinerfrüchtlein, das ist doch Ihr Urteil über mich, und Sie haben vollkommen recht; denn was sich heute Mittag im Studierzimmer zugetragen hat, bestätigt es, und mich wundert, dass Sie mir nicht sofort die Türe gewiesen haben.* Nachdem der Zorn verraucht war, besann sich Gretis Vater. *Ich will gerne zugeben, dass ich noch in altväterischen Anschauungen befangen bin. (...) Dass Sie anders eingestellt sind, kommt wohl weniger von Ihnen als von Greti (...). Ich betrachte sie mit ihren modernen, der Frauenemanzipation entsprungenen Ideen als die intellektuelle Urheberin der ganzen Geschichte.* Schliesslich gab der Vater den beiden seinen Segen. Es nützte ja doch nichts, gegen den harten Schädel seiner Tochter kam er nicht an.

Auch Gians Eltern stimmten der Verlobung zu. Seine Mutter, die zu Beginn ihrer Beziehung noch grosse Vorbehalte gegenüber Greti geäussert hatte, sah in ihr nun *eine verständnisvolle liebe Gefährtin* für den einzigen Sohn. Um sie noch mehr für sich zu gewinnen, stellte sich Greti als beflissene Schwiegertochter dar. *Ich möchte noch viel von Ihnen lernen, um einmal Gianin eine tüchtige Hausfrau zu werden. Wir sind auf dem Wege, der uns zueinander führt, schon ein gut Stück gegangen. Wir müssen ihn aber doch zu Ende gehen, bis Sie mir auch zur Mutter werden (...).* Damit war das Eis endgültig gebrochen, und Gians Mutter trug ihr das Du an.

Vor der Verlobung überreichte Greti ihrem Liebsten ein blaues, liniertes Heft, das sie auf der ersten Seite mit *Illustration einer Studentenliebe. Gian Caprez zu Weihnachten 1928 in Liebe zugeeignet* beschriftete. In das Heft hatte sie 76 Ansichtskarten geklebt, die Schauplätze der ersten drei Jahre ihrer Liebe, von Zürich in diversen Perspektiven über die Halbinsel Au und den Säntis bis hin zu den Orten ihrer Kindheit, Igis und Pontresina. Am 30. Dezember 1928 verlobte sich das Paar in Pontresina. Anstelle eines grossen Festes zündeten sie nachts um zwei Uhr zwei rote Kerzen an und steckten einander zwei schmale, goldene Ringe an den Finger. Im Tagebuch prophezeite Greti: *Die Kerzlein sollen wieder brennen in unserer Hochzeitsnacht, dann wenn unsere Kinder getauft werden, und dann wenn wir sterben, sollen auch sie verlöschen.*

Nun stellte sich die Frage nach der gemeinsamen Zukunft

drängender. Gian zog es in die Ferne, und Greti wollte mit ihm gehen. Im Juli 1929 reiste er nach Paris, klopfte bei verschiedenen Schweizer Ingenieuren an und fragte nach einer Stelle. In der französischen Hauptstadt erhielt er dank einem Schweizer Kontakt ein Angebot, allerdings nicht in Paris, sondern im fernen São Paulo, als wissenschaftlicher Mitarbeiter am Polytechnikum. Aufgeregt berichtete er der Liebsten davon. Sie könnten heiraten und zusammen nach Brasilien reisen! Oder Greti würde zuerst in der Schweiz Examen machen und dann nachkommen. *Eigentlich tust Du mir leid, Du Liebes. Du solltest Deine Kräfte für das Examen brauchen, ohne Dich erst mit solchen Problemen zu plagen. (...) Nur davor fürchte ich mich, dass Du Dir und vielleicht im stillen auch mir Vorwürfe machen könntest, wenn Du nun abbrechen würdest. Überleg es Dir in aller Ruhe und arbeite so weiter wie bis jetzt, noch ist kein «fait accompli» da.*

    Greti faszinierte die Vorstellung, mit Gian nach São Paulo zu ziehen und ihr Eheleben fern von Eltern und Schwiegereltern zu beginnen. Auch ihre Freundin Hildi hatte kürzlich geheiratet, war mit ihrem Mann nach Amerika gegangen und fasste dort eine Laufbahn an der Universität ins Auge. Warum sollte Greti es ihr nicht gleichtun und in Brasilien das Examen vorbereiten? Natürlich hatte ihr Vater grosse Vorbehalte gegen diesen Plan. Die Tochter solle den Liebsten ziehen lassen und erst das Studium abschliessen, zumal es in Brasilien *Wilde* gebe. *Das heisst also, ich soll Dich allein hineingehen lassen, um zu sehen, ob sie Dich eventuell auffressen und wenn nicht, nachkommen! Da sollen sie mich lieber gleich mitfressen*, spottete Greti. Die Motivation des Vaters für solche Aussagen kannte sie nur zu gut. *Er möchte mich auch im Glaskästlein auf der Kommode seiner Studierstube haben. Wenn dies ginge! Mich zieht es mit tausend Fäden nach Brasilien oder Sibirien oder sonstwohin. Mit Dir allein sein, endlich Du und ich und sonst niemand, der immer alles zu wenig vernünftig und würdig, zu wenig bürgerlich und reserviert findet. Endlich «Haare abschneiden» und tun, was ich will und Du, was Du willst! Es sitzt mir ganz tief im Herzen. (...) Liebes, wir gehen, gell, wir gehen! (...) Besser, von Wilden gefressen zu werden als zu Hause mit einem Zopf und tausend weitern «Zöpfen» fast zu ersticken.*

Trotz Enthusiasmus fiel Greti die Entscheidung nicht leicht. Da war ihre Freundin Verena, die fand, sie müsse unbedingt vorher Examen machen. Da war Pfarrer Christian Lendi aus Ragaz, der sie einlud, bei ihm ihr Praktikumssemester zu absolvieren. (Ragaz war zwei Dörfer von Igis entfernt, lag aber im Kanton St. Gallen, und da man sich dort noch gar nicht mit der Zulassung von Pfarrerinnen befasst hatte, fühlte sich Lendi vermutlich unbelastet.) Und da war die geplante Abstimmung über die Zulassung lediger Theologinnen zum Pfarramt in Graubünden. Doch bis zum Urnengang konnte noch viel Zeit verstreichen – da konnte Gian noch dreimal nach Brasilien gehen und wieder zurückkommen. *Ach Du, ich bin doch wahrhaftig nicht schuld, dass die Andern es für so unendlich wichtig ansehen (...), ob nun ein Mensch eine Hose oder einen Rock anhat,* seufzte Greti. *Ich habe mich nun einmal in den «Glaskasten» gesetzt. Aber ich (...) habe in meiner Liebe für Dich entschieden und habe nun auch diesen Weg zu gehen.*

Gian konnte Greti gut verstehen. Er redete ihr zu, mit ihm zu kommen und die Examensliteratur mitzunehmen. *Ich begreife, dass Dir die Entscheidung schwerfällt, denn Du steckst nun mittendrin in Deiner Arbeit, Du hast das Examen als etwas Konkretes vor Dir und bist umkränzt oder umzingelt vom bündnerischen Kirchen- und Grossen Rat. Versuche Dich einmal nach Brasilien zu versetzen und lass dann dies alles auf Dich einwirken. Die Wichtigkeit und Tragweite der verschiedenen Räte wird dann wesentlich geschmälert (sag es bitte Deinem Ätti nicht) (...).*

Gians Worte überzeugten Greti, und nun ging alles Schlag auf Schlag. Er telegrafierte seine Zusage nach Brasilien, buchte die Überfahrt für den September, und die machtlosen Eltern und Schwiegereltern stimmten der Hochzeit zu. Am 8. September 1929 traute Josias Roffler Tochter und Schwiegersohn in seiner Kirche in Igis. Form und Inhalt der Feier bestimmte Greti. Sie setzte ihren Wunsch durch, die Ehe an einem Sonntag vor versammelter Gemeinde zu schliessen anstatt abseits des öffentlichen Interesses an einem Werktag, wie es der Vater lieber gehabt hätte. Und sie wehrte sich gegen seinen Vorschlag, als Trauspruch Ruth 1,16 *Wo Du hingehst, da gehe ich auch hin* zu verlesen. Den Vers fand sie abgedroschen, denn dass sie dem Liebsten folge, sei ihr selbstverständlich. Wichtiger schien ihr, nie zu vergessen, *dass unsere Liebe geschenkte Gnade Gottes ist, (...) dass uns unsere Ehe nicht das Letzte und das Höchste sein darf,* wie sie Gian einschärfte: *Wir dürfen nie in unserer Ehe aufgehen.* Die Verse 34 und 35 aus Lukas 20 passten da besser, denn sie war sich nun gewiss, dass sie der Theologie auch in der Ehe treubleiben wollte: *Und Jesus sprach zu ihnen: Die Kinder dieser Welt heiraten und lassen sich heiraten; welche aber gewürdigt werden, jene Welt zu erlangen und die Auferstehung von den Toten, die werden weder heiraten noch sich heiraten lassen.* Kurz vor der Hochzeit schrieb sie ihre Interpretation des Lukas-Wortes: *Ich nehme die Aufgabe meines Examens mit mir und die Aufgabe nie zu vergessen, dass ich Theologin bin. Wenn ich katholisch wäre, wäre ich Nonne, «Gottgeweihte». Aber als Protestantin habe ich die evangelische Freiheit, mich zu verehelichen.*

Am Hochzeitstag stiegen die beiden, wie Greti es vorgesehen hatte, in schlichten schwarzen Kleidern die Stufen zum Taufstein hinauf, *als zwei aufrechte, einfache Menschen, Kameraden, die sich vollkommen bewusst sind, dass ihre Ehe etwas Schweres und Ernsthaftes sein wird.* Mit zwei schwarzen Überseekoffern und zwei kleineren Koffern mit Gians Akkordeon und Gretis Handschreibmaschine setzten sie sich am darauffolgenden Tag in den Zug nach Zürich.

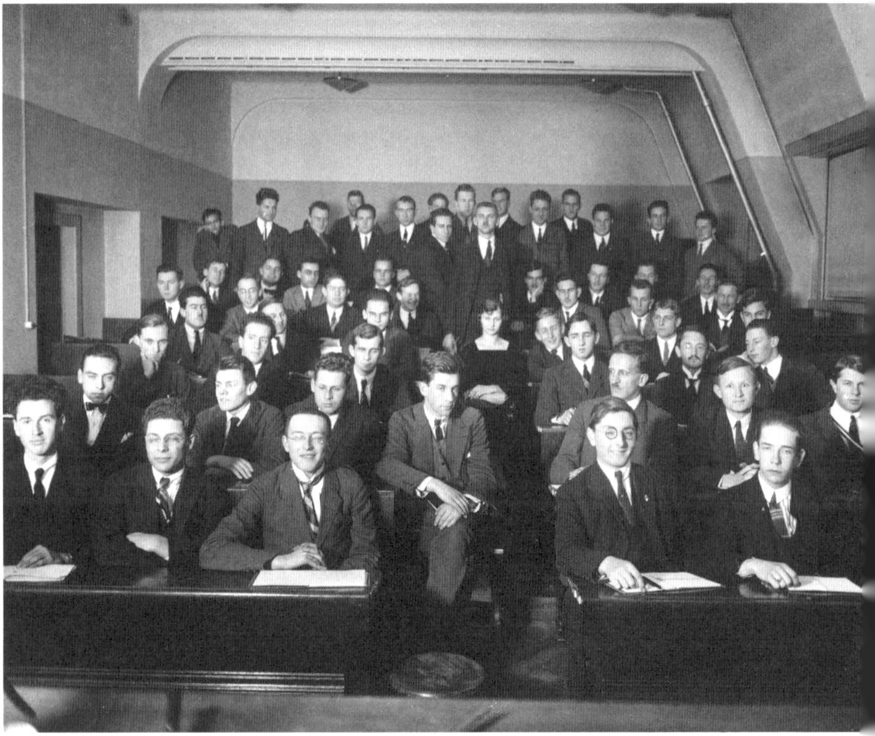

Zürich,
1916 / 1926

Ein Hörsaal voller Studenten. Mit einer Studentin. Wer diese jungen Menschen unterrichtet, wird die Frau unter ihnen immer im Blick haben, nicht nur ihrer Position in der Mitte wegen. Die Männer wirken uniformiert, ihre Anzüge zeichnen sie als Teil der Gruppe aus, während die Frau in ihrem dunklen Samtkleid sofort als Exotin sichtbar ist. Die Verhältnisse sind klar, es ist eine Welt der Männer, und auf den jovialen Beau mit dem gegelten Haar wie den freundlichen Musterschüler mit der runden Brille wartet nach dem Studium eine Position. Die Frau hingegen wird, egal wie sie auftritt, in dieser Gruppe immer zuerst als Vertreterin ihres Geschlechts wahrgenommen. Sie wird geduldet in der männlichen Übermacht, und ihre berufliche Zukunft ist wie ihre Anwesenheit im Hörsaal nicht vorgesehen.

Das Bild ist im Jahr 1916 an der ETH Zürich entstanden. So ähnlich muss es am theologischen Seminar Ende der 1920er-Jahre ausgesehen haben. 61 Studierende waren dort eingeschrieben, darunter zwei Frauen, eine von ihnen Greti Roffler aus Igis.

Examen
oder #MeToo 1930

Oktober 1930. Als Greti in Zürich ankam, war ihr, als sei sie nie weggewesen. Beinahe vergass sie, dass sie selbst sich sehr wohl verändert hatte. In gewohntem Tempo lief sie von Laden zu Laden auf der Suche nach einem passenden Kleid für das Schlussexamen. Doch sie spürte die Mühen der Schwangerschaft. Zwei Tage nach der Ankunft begannen die schriftlichen Prüfungen. Von den vorgegebenen Themen entschied sie sich für *Die Heiligkeit Gottes* anstelle von *Die Hauptsätze der liberalen Theologie.* Im Fach Ethik wählte sie *Die modernen Eheprobleme und christliche Ethik.* Hier hatte sie die Gelegenheit, ihre eigene Ethik der Ehe darzulegen, die sie in den vergangenen Jahren mehr aus dem Leben als aus dem Studium entwickelt hatte. Mit grossem Selbstbewusstsein und einer Nonchalance, die der nachgeborenen Leserin den Atem stocken lässt, gab sie ihren persönlichen Standpunkt in der Prüfung kurzerhand als *christliche Ethik* aus.

DIE MODERNEN EHEPROBLEME UND CHRISTLICHE ETHIK.
Als Gegenstand christlicher Ethik! Gibt es denn eine andere Ethik? Etwa eine philosophische oder eine rein praktische, spekulativ nicht begründete? Es gibt überhaupt keine andere. Jeder Versuch, die sittlichen Normen anderweitig abzuleiten als aus Gottes Willen bleibt ein Versuch, bleibt beim Warum. (...)

Die Hauptprobleme sind wohl die Fragen: 1. Ist die Monogamie die richtige und die einzige Form für die Ehe, 2. Ist die Form unseres heutigen Familienlebens die beste?

Zu der ersten Frage kann nur Eines gesagt werden. Es handelt sich nicht darum, ob der Mensch nun nur eine Frau oder einen Mann liebhat, sondern darum, wie ihre Herzen dabei stehen.

Denn wer will bestehen, wenn wir an die Forderung Jesu denken! Es gibt keine Sicherung dagegen, dass ein zweiter Mensch unserem Herzen ebenso lieb sein wird. Es gibt nur Eines: einander die Freiheit zu lassen und es miteinander zu tragen und erleben. Es geht allein um die Gesinnung und darum, die Verantwortung tragen zu wollen. Es ist genau dasselbe Wagnis, einen Menschen aus seinem Leben auszuschliessen, wie ihn daran teilnehmen zu lassen. (...)

Die Frage nach der Form unseres heutigen Familienlebens ist meiner Meinung nach heute falsch gelöst. Der Vater ausserhalb der Familie, die Mutter innerhalb der Familie ergibt eine ganz falsche Zusammensetzung. Dass der Vater seine Kinder oft überhaupt nicht kennt, weil er nur während der beiden Mahlzeiten mit ihnen zusammen ist, die Mutter – und vor allem unsere Schweizer und deutschen Mütter – vor lauter Flickkorb und Küche nichts anderes mehr sehen, dies bedeutet eine ungeheure Verarmung der Familie. Wenn unsere Zeit für die Frau Freiheit zum Beruf fordert, so ist dies nur die eine Seite, wenn auch eine ungeheuer wichtige, die andere ist: mehr Zeit dem Vater für seine Familie. Unsere Familien sind innerlich so aufgelöst, weil der Vater verlernt hat, in ihr, und die Mutter, ausser ihr zu leben. Die Mutter versteht die Probleme ihrer Kinder nicht, weil sie sich nur mehr in ihrer Stube auskennt und der Vater, weil er seinen Kindern ein Fremder ist.

Greti Caprez-Roffler.

Eine angehende Theologin stellt zwei Grundfesten des traditionellen Eheverständnisses in Frage: die Monogamie und die Rollenteilung zwischen Mann und Frau. Das musste auf Professor Emil Brunner, der die Arbeit korrigierte, wie ein Paukenschlag wirken. Ob ihr etwa erst nach der Abgabe die Sprengkraft ihrer Thesen bewusst wurde? Auf jeden Fall bröckelte ihr Mut, offenkundig schwanger vor die Professoren zu treten, je näher die mündliche Prüfung rückte. Sie nahm einen teuren Luftpostbogen und füllte ihn bis an den Rand mit engen Zeilen. *Liebes Brüderlein, schlafe gut, das kleine lieb. Habe mir einen unglaublich schönen Hut und Schirm erstanden, auch Kleid ordentlich. Hoffe, dass sie es nicht merken, trotzdem «es» schon gross und lebhaft. Bewegungen durch Kleider sichtbar. Ich Heimweh nach Dir.*

In Brasilien waren inzwischen soziale Revolten ausgebrochen, Greti las täglich auf der Frontseite der Neuen Zürcher Zeitung davon: Im Bundesstaat Rio Grande do Sul ganz im Süden des Landes rebellierte das Militär gegen den neu gewählten Präsidenten Julio Prestes, einen Vertreter der Oligarchie São Paulos. Seit dem Börsencrash vor einem Jahr waren die Kaffeepreise stetig gesunken, an manchen Orten litten die Menschen Hunger. Bald kam es auch zu gewaltsamen Protesten im Nachbarbundesstaat São Paulos, in Minas Gerais. Die Regierung schickte fünf Flugzeuge mit Bomben und liess die Vorräte in den Lagerhäusern beschlagnahmen, um Lebensmittelspekulationen zu verhindern. Nun drohten die Aufständischen, mit vierzigtausend Mann auf Rio und São Paulo zu marschieren, falls sich die beiden Städte der Revolte nicht anschliessen würden. Als die Regierung den Ausnahmezustand bis zum Ende des Jahres verhängte, versuchte das brasilianische Konsulat in Zürich die Angehörigen der Auslandschweizer im Land zu beschwichtigen: In São Paulo herrsche vollkommene Ruhe, und der Präsident werde auch in den andern Regionen für Ordnung sorgen. Auch Greti übte sich in Gelassenheit. *Ich habe nicht Angst um Dich,* liess sie ihren Liebsten wissen. *Wenn es nicht gutgeht, kommst.*

Zwischen den Prüfungen traf Greti ihre Freundinnen Verena Stadler und Henriette Schoch, die ebenfalls Theologie studiert, das Examen aber schon hinter sich hatten. Alle beschäftigte dieselbe Frage: Wo würden sie nach dem Studium einen Platz finden? Die Wirtschaftskrise traf das Pfarramt zwar nicht, denn an vielen Orten der Schweiz wurden Pfarrer fieberhaft gesucht. Aber eben keine Pfarrerinnen: Noch kein Kanton hatte das Amt für Frauen geöffnet. Im Aargau, in Basel-Stadt und Graubünden wurden intensive Debatten um die Zulassung von Frauen zum Pfarramt geführt. Zwölf Jahre zuvor hatten die ersten Theologinnen, Rosa Gutknecht und Elise Pfister, ihr Studium an der Universität Zürich abgeschlossen. Greti und ihre Freundinnen verfolgten den Weg der älteren Kolleginnen bang und hoffnungsvoll. Die warmherzige Rosa Gutknecht empfanden sie als Mutter, während ihnen Elise Pfister streng und kühl erschien. Vorbilder waren sie ihnen beide. Die Zürcher Landeskirche hatte sie sogar ordiniert, und beide hatten eine Anstellung als Pfarrhelferinnen in grossen Stadtzürcher Gemeinden gefunden, Rosa Gutknecht am Grossmünster und Elise Pfister am Neumünster. In dieser Funktion erhielten sie jedoch nur halb so viel Lohn wie die männlichen Kollegen, und sie hatten sich mit denjenigen Aufgaben zufriedenzugeben, die die Gemeinden ihnen zuwiesen. Während Elise Pfister am Neumünster Glück hatte und alle Amtshandlungen ausführen konnte, durfte Rosa Gutknecht jeweils nur dann predigen, wenn der Pfarrer ausfiel. Immerhin spürten beide viel Unterstützung in ihren Gemeinden; Männer wie Frauen sprachen sie als *Fräulein Pfarrer* an und nicht etwa als *Fräulein Pfarrhelferin.*

Gretis Freundinnen, Verena und Henriette, hatten schon erste Gehversuche als Aushilfspfarrerinnen gemacht. Henriette ging nun nach Zürich Wiedikon als Gemeindehelferin. Dafür wurde zwar kein Theologiestudium vorausgesetzt – die Vorgängerin war eine Art «Mädchen für alles» gewesen –, aber Henriette setzte darauf, mit der Zeit immer mehr theologische Aufgaben übernehmen zu können. Greti und Verena rechneten sich noch geringere Chancen auf eine Pfarrstelle aus, weil sie nicht mehr ledig waren. Verena suchte mit ihrem Verlobten, dem Theologen Walter Pfenninger, eine Gemeinde, die ihn als Pfarrer anstellen und ihr erlauben würde, mitzuarbeiten.

Seit dem ersten Tag an der Universität hatten die Freundinnen sich daran gewöhnt, ignoriert, argwöhnisch beäugt oder belächelt zu werden. Als Greti sich an der Theologischen Fakultät einschrieb, war sie neben Henriette die einzige Frau unter den Studierenden, Verena studierte damals gerade in Marburg. Die männlichen Kommilitonen hielten höfliche Distanz zu den beiden Exotinnen. *Unendlich viel Schönes lag brach,* erinnerte sich Greti später. *Ich fand mich in einer Luft, tat nichts dagegen, setzte ein möglichst ernstes, reserviertes Gesicht auf (...).* Mit der Zeit gewöhnten sich die Kollegen jedoch an sie. An der kleinen theologischen Fakultät kannten sich Studierende und Dozenten, manche Seminare fanden zu Hause bei einem Professor statt. Die Mitstudenten näherten sich Greti mit Witzen, sie nannten sie *Ruedi Roffler* und spekulierten, ob sie überhaupt weibliche Eigenschaften habe. Einer hatte ihr damals gar ein Gedicht gewidmet:

GRETLI THEOL.

Verliebt gar tief
Hut meist schief
Ob schwarz ob blau
Sie trägt zur Schau
zwei schöne Zöpfchen
geflochten ums Köpfchen
die Ohren verdeckend.
Und Liebe erweckend.
die Nase und Augen.

Sie könnte wohl taugen
Was nicht jede kann,
als Frau einem Mann.
Doch bleibt sie halt ledig,
s'ist wegen der Predigt;
doch eh' ichs vergesse
es bietet Int'resse,
dass nebenbei sie
studiert Theologie,
das ist ganz unverdreht
unsere liebe Gret.

Allmählich hatten die Studenten Greti in ihren Kreis aufgenommen. Sie baten sie sogar, für den Studentenrat zu kandidieren, und sie tat es mit Erfolg. Auch für die Professoren waren die Studentinnen etwas Besonderes, sie standen unter Beweisdruck. Manche Dozenten beäugten sie argwöhnisch, andere liessen ihnen besondere Aufmerksamkeit zuteil kommen. Kaum einer stand den Frauen an der Universität gleichgültig gegenüber.

Der liberale Theologe Ludwig Köhler gehörte zu den Förderern. Er hatte sich schon 1914 in der Synode, dem Parlament der Zürcher Landeskirche, für die Zulassung von Frauen zum Pfarramt eingesetzt. Greti kannte ihn seit ihrem zweiten Semester, als sie zur Theologie wechselte und er ihr Hebräisch-Privatstunden erteilte. *Ich habe ein Höllenrespekt vor ihm, denn er ist sehr streng, obwohl er manchmal den Arm um meine Schulter legt, mir die Haare aus der Stirne streicht oder mich am Ohr zieht.* Auch als sie später ein Semester in Marburg studierte, führte sie das Gespräch mit ihm fort. Fasziniert berichtete Greti ihm von einer Auseinandersetzung unter deutschen Theologinnen: Die Gemässigten trugen den Rock bis zu den Schuhen und das Haar lang und wollten sich mit einem Hilfspfarramt zufrieden geben, die Radikalen zeigten Bein und Bubikopf und forderten das volle Pfarramt. Diese mutigen Frauen wollten kämpfen und nicht warten, *ob ihnen die von anderen gebratenen Tauben ins Maul fliegen möchten.*

1930, als Greti Schlussexamen machte, war Ludwig Köhler nicht nur ein renommierter Wissenschaftler auf dem Gebiet des Alten Testaments, sondern seit wenigen Monaten auch Rektor der Universität Zürich. Zeitgenossen beschrieben ihn als *brillanten Rektor* und als *Lehrer aus Passion.* Fiel ihm ein Student auf, ob durch Fleiss oder weil er denselben Heimatort hatte, lud er ihn zu sich nach Hause zum Mittagessen ein. Ein Erstsemestriger erinnerte sich noch Jahre später an die Audienz: *Als man mich ins Studierzimmer führte, sass der Universitätsrektor barfuss und in Hemdsärmeln auf dem kleinen Balkon in der Sonne, rauchte die Pfeife und las noch rasch vor dem Essen die Zürich-Zeitung, nahm mir mit freundlichem Plaudern bald die Befangenheit und führte mich in den Kreis seiner Familie ein.* So jovial der Rektor seine Studierenden empfing, so heftig waren seine Standpauken: *Wer nicht sechzehn Stunden am Tag arbeitet, bringt es in der Theologie zu nichts!* Und wehe dem, der es wagte, ihn kurz vor Beginn einer Vorlesung anzusprechen, in diesen kostbaren Minuten der inneren Sammlung.

Der intellektuelle Austausch hatte Greti in Brasilien gefehlt, und so besuchte sie, kaum war sie zurück in Zürich, ihren Professor im Rektorat. Als sie an seine Tür klopfte, ahnte sie nicht, was auf sie zukam. Erst Wochen später, im November, als sie das Examen längst hinter sich hatte und in ihrem Elternhaus auf die Geburt ihres Kindes wartete, gelang es ihr, das Erlebte im Tagebuch in Worte zu fassen. *Wir sassen im Rektorat und sprachen über dies und das. Dann standen wir auf, wir wollten beide in die Stadt. Als wir zur Türe gingen, nahm er mich an sich und es geschah, dass seine Hoheit der Rektor in dem eleganten und hochlöblichen Rektoratszimmer zweimal meinen Mund küsste, was für mich so komisch war, dass ich das Lachen kaum verbergen konnte.* Doch das Lachen verging ihr schnell. Köhler insistierte dreimal, sie solle nachmittags zu ihm nach Hause kommen, er sei allein, Frau und Töchter seien fort. *Es gab für mich aber keine Möglichkeit zur Illusion, ich musste wissen, dass er viel mehr als nur einen Kuss wollte. Und ich ging nicht. Es gelang mir, dies alles und die Erregung darüber, die Angst vor ihm hinauszuschieben, auszulöschen, wenn auch mit Gewalt.* Um die Prüfungen erfolgreich zu überstehen, musste sie ihre Kräfte jetzt bündeln.

Am Tag des Examens – ein Kollege Köhlers sollte sie prüfen – wartete Greti im Korridor vor dem Examenszimmer. Seit der Begegnung im Rektoratsbüro hatte sie den Professor nicht mehr gesehen. Nun, unmittelbar vor der Prüfung, trat er zu ihr und wies sie an, am folgenden Tag um zwei Uhr nachmittags zu ihm zu kommen. Über das Examen verlor sie im Tagebuch kein Wort. Sie ging nur auf das Danach ein. *Als es vorbei war und ich abends die Strasse hinaufging, spürte ich doch, dass es zu viel gewesen war für das kleine Wesen. In meinem Unterleib trug ich ein schrecklich verzogenes, über-*

anstrengtes Gefühl, und ich schlief nicht bis vier Uhr. «Es» war sehr unruhig.

Tags darauf ging sie zu Professor Köhler, wie dieser sie geheissen hatte. Sie fürchtete sich vor der Begegnung und hoffte zugleich auf eine Aussprache. In ihrer Fantasie begegnete sie Köhler als Ebenbürtige, mit einer zärtlichen Geste, sah sich seinen Kopf in ihre Hände nehmen und ihm sagen, dass sie Gian liebe und ein Kind von ihm erwarte. Doch dazu kam es nicht. Als sie läutete, öffnete Köhler selbst und führte sie in sein verrauchtes Studierzimmer. *Kaum standen wir in seinem Zimmer, riss er mich an sich und es wäre wie ein Sturmwind über mich dahingebraust, wenn ich ihm nicht gewehrt. «Gib mir deinen Mund», bat er zweimal, und er nahm ihn sich. Ich riss mich los, und im selben Augenblick sprach er von etwas anderem, mir die Türe zur Aussprache verschliessend.* Stattdessen machten die beiden einen Spaziergang. Doch auch jetzt fand Greti keine Gelegenheit zu reden. *In grosser Beschämung* ging sie nach Hause. Was sie Köhler mitteilen wollte, fasste sie in einen Brief. Sie hoffte, die Sache damit ein für alle Mal zu klären. Weder der Brief noch eine Antwort sind überliefert.

Zehn Jahre vorher, Köhler war damals vierzigjährig und bereits Professor für Altes Testament, verfasste er *Sinnliche und sittliche Liebe,* einen Ratgeber für christliche Studierende. Darin stellte er die Sexualität zuerst als einen Kampf des Kulturwesens Mensch gegen den eigenen Geschlechtstrieb dar. *Irgendwie müssen wir alle mit unserer Sexualität fertig werden. Dieser Kampf ist ein ganz persönlicher Kampf und nur auf dem Wege der persönlichen Entscheidung lösbar.* Ganz nach protestantischer Lehre verteufelte er jedoch nicht die Sexualität per se, sondern stellte sie als heilig dar, sofern sie innerhalb der Ehe gelebt werde. *Alles Heilige verlangt, damit man es zu schützen, zu hegen und pflegen vermag, eine gewisse Reife.* Den jungen Männern empfahl er, die nötige Selbstbeherrschung mit Sport, Mässigung beim Essen und Frühaufstehen zu erlangen. Ausserdem redete er ihnen ins Gewissen, dass die Liebe für die

Frau *unendlich viel mehr* bedeute als für den Mann. *Wir Männer sind alle schuldig an der Frau. Die Frau ist angewiesen auf die Ritterlichkeit des Mannes. (...) Wer ein Weib aber bloss um seiner Sinne willen haben will, der begeht mehr als Mord; er zerbricht das Weib.*

Die klaren Worte, die Greti im Tagebuch fand, fehlten ihr im Brief an den Liebsten. Sie berichtete ihm nur verklausuliert von ihrem Besuch bei Ludwig Köhler. *Er war allein zu Hause und nach einem merkwürdigen, blödsinnigen Vorspiel wanderten wir miteinander zum Grabe seiner Mutter (!!).* Den Übergriff tat sie als *Spiel* ab, ja – eine freudsche Fehlleistung? –, gar als *Vorspiel*. Sie schilderte ihn wie einen bösen Traum, aus dem man erwacht und feststellt, dass alles gar nicht wahr ist. *Ach Lieber, dies alles war so unglaublich, so unwirklich, und so komisch. Schreiben kann ich es Dir natürlich nicht, trotzdem es sich schwieriger erzählen lässt.* Sie sorgte sich darum, was Gian von ihr denken mochte und wie er auf die Nachricht reagieren würde. Gleichzeitig appellierte sie an seinen Humor und sein Verständnis. *Wenn Du es aber nicht tragischer nimmst als ich, wird dies ein komischer Abend werden für uns.*

Kurz vor seiner Emeritierung befasste sich Ludwig Köhler in einem Seelsorgeratgeber mit einem Phänomen, das er die *Lebenskrise der Männer* nannte. *Männer, die im Berufsleben stehen, machen häufig um ihr fünfzigstes Lebensjahr herum eine ernstliche Störung durch und begehen dann leicht eine ganz grosse Dummheit. (...) Ein Generaldirektor brennt mit seiner blonden Sekretärin durch, es kommt zu Scheidungen, zu unvermitteltem Hausverkauf und Wohnungswechsel.* Das liege daran, dass ein Mann in diesem Alter alle seine Ziele – Ehe, Familiengründung, Beruf, öffentliche Stellung – erreicht habe. *Er ist am Ziel. (...) Das Leben ist langweilig und schal geworden.* Zur Überwindung der Lebenskrise hatte der Theologe einen einfachen Ratschlag: *Die Hoffnung auf das Reich Gottes.*

Als Greti die Prüfungsresultate erfuhr, war sie nicht zufrieden. Sie hatte zwar bestanden, aber statt der Bestnote Eins hatte sie lediglich eine Zwei erhalten. Vier der sechs Frauen, die vor Greti ins Examen gegangen waren, hatten eine glatte Eins erreicht, darunter auch ihre Freundin Verena. Die Theologinnen wussten, dass ihre Leistungen in der Debatte um die Zulassung zum Pfarramt in die Waagschale geworfen wurden. Nur zu gern hätten sich die Kritiker bestätigt gesehen in ihrer These, eine Frau sei intellektuell ohnehin nicht fähig zum Pfarramt. *Es war wirklich nicht glänzend*, schrieb Greti dem Liebsten ernüchtert. *Zuerst kam das Alte Testament bei Hausheer. Er prüfte schön, aber ich warf den Nebukadnezar und Pharao Necho durcheinander. Dann kam Dogmengeschichte, Gut fragte mich über Theologie des 19. Jahrhunderts, wovon er wusste, dass ich es nicht gearbeitet. Dann Brunner in praktischer Theologie: Verhältnis von Text und Thema in der Predigt. Dies war einfach schön. Dann eine Viertelstunde Pause. Es folgte Neues Testament bei Schenk, wo ich mich von vornherein auf eine Frage einstellte, die dann nicht kam.* Die hoffnungsfrohe Gelassenheit, die sie auf der Überfahrt noch erfüllt hatte, war verflogen.

Ein Jahr getreulich geleisteter Arbeit, siebzehn Jahre Lernen und immer ein Ziel vor Augen, und nun nichts mehr. Nun mässig abgeschlossen und vor mir lauter Fragen. Ich fand mich ohne Boden unter den Füssen.

Über drei Jahrzehnte später, im Alter von 55 Jahren, erinnerte sich Greti in einem Brief an eine Bekannte an ihre Studienzeit. Noch als Gymnasiastin habe sie einen riesigen Respekt vor Autoritäten gehabt. *Dann verlor ich als Studentin vor Lehrern die Achtung, als ich hinter die Kulissen sah.*

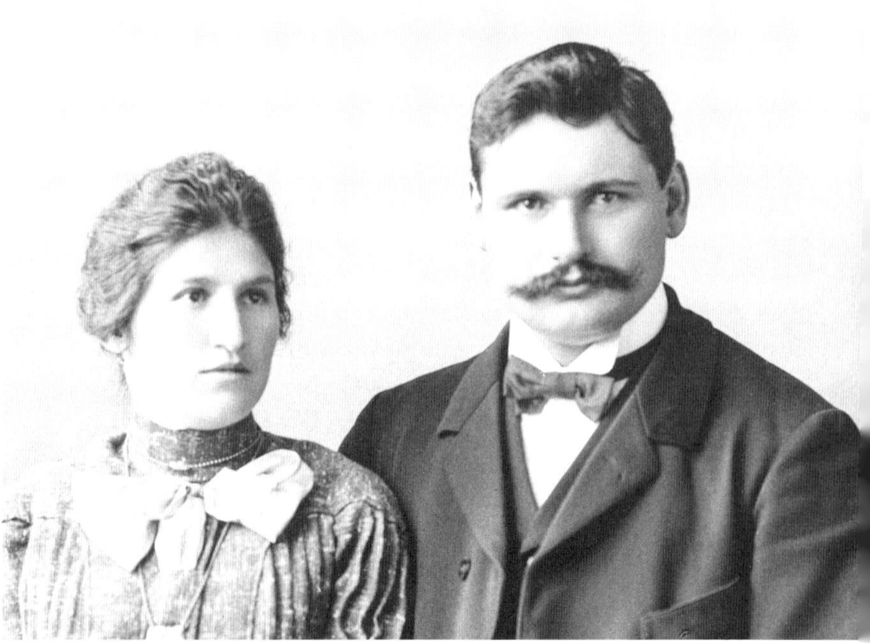

Landquart,
27. September 1904

Ein Hochzeitsbild: Josias und Elsbeth, genannt Joos und Betty Roffler-Luk. Sie ist 25, eine alte Braut für damalige Verhältnisse, er ein Jahr älter als sie. Er nimmt zwei Drittel des Bildes ein, sie hält die Arme eng an den Körper gezogen. Beide tragen hochgeschlossene Kragen und schauen ernst, dem Anlass und der Zeit angemessen. Sie wirkt in der Faltenbluse mit der grossen Taftschleife wie eine Praline, die krausen Haare bändigt sie nur mit Not hinter dem Kopf. Schiebt sie das Kinn etwas nach vorn? Er versucht unter seinem Schnauz ein Lächeln und richtet seinen durchdringenden Blick direkt in die Kamera, ihre Augen schweifen in die Ferne.

    Die jugendliche Betty in Chur liebte das Tanzen. Als der angehende Theologiestudent es ihr verbieten wollte, trennte sie sich von ihm. Überhaupt, der Städterin und Beamtentochter schien die Aussicht, als Pfarrfrau in einem Bergdorf zu leben, nicht sonderlich attraktiv. Drei Jahre lang gingen Joos und Betty getrennte Wege. Erst, als ein anderer um sie warb und ihr Herz nicht Feuer fing, kehrte sie zu ihm zurück. Das Paar verkündet die Eheschliessung auf einer Jugendstilkarte mit Schwalben und weissen Rosen. Das Hochzeitsmenu im Hotel Landquart: *Königin-Suppe, Salm mit Butter und Kartoffeln, Rindsbraten mit verschiedenen Gemüsen, Gefüllte Pastete, Französisches Poulet mit Salat und Compôte, Rahmtorte, Dessert – Früchte.*

Warten

Mitte Oktober 1930, nach dem letzten Examen, fuhr Greti Caprez-Roffler nach Igis zu ihren Eltern. Bis zur Geburt blieben ihr drei Monate. Sie quartierte sich im Pfarrhaus in ihrem Mädchenzimmer ein, dem geliebten blaugestrichenen Zimmer, in dem sie und Gian vor anderthalb Jahren die Hochzeitsnacht verbracht hatten. Wie viel war seither geschehen! Nun hiess es nur noch warten, bis das Kind kam.

Sie vertrieb sich die Zeit mit Hausarbeiten und Besuchen im Dorf, sie half der Mutter und den Schwestern Käti und Elsi bei der *Buchi* (Wäsche), und bei der *Metzg,* sie knackte Nüsse für das geliebte Birnbrot, strickte weisse Wollhöschen für das Kind und richtete ihm einen Korb. Im Dorf sprach man sie nun mit *Frau Pfarrer* oder *Frau Caprez* an. Die verheirateten Frauen nahmen sie in ihren Kreis auf und erzählten ihr von den Problemen mit ihren Männern, von sexueller Frustration, von Schwangerschaften und Geburten. Zu Hause geriet sie immer wieder mit ihrem Vater aneinander, sie stritten über theologische Fragen und über die Erziehung des Bruders Christa, der zehn Jahre jünger war als Greti.

Als Erstgeborene hatte Greti das Sagen unter den Geschwistern. Die dreieinhalb Jahre jüngere Käti besass zwar ebenfalls einen harten Schädel, doch der Älteren folgte sie ohne Murren. Elsi, fünf Jahre nach Greti geboren, war der Wildfang. Als die Mutter mit ihr schwanger war, wünschten sich alle in der Familie einen Jungen. Bei der Geburt schickte der Vater seinen Eltern eine Karte nach Furna: *Unser Bub ist angelangt, und es heisst Elsi.* Erst fünf Jahre später kam mit Christa der ersehnte Sohn zur Welt. Doch da hatten zwei der älteren Schwestern seinen Platz schon besetzt, jede auf ihre Art: Elsi, an der so gar nichts Mädchenhaftes war, und Greti, die durch ihre Intelligenz herausstach. Alle drei Mädchen hatten die Sekundarschule besucht, doch nur Greti auch das Gymnasium. Die musikalische Käti hatte ein Jahr am Konservatorium in Neuenburg Gesang studiert. Nun sass sie wieder zu Hause im Pfarrhaus und verbrachte die meiste Zeit mit Lesen. Tauchte ein Verehrer auf, verkündete sie, die Männer seien ihr so gleichgültig wie Telefonstangen. Elsi, gerade zurückgekehrt von einem Welschlandjahr an einem Töchterinstitut, wartete auf ihren zwanzigsten Geburtstag, das Mindesteintrittsalter für die soziale Frauenschule in Zürich. *Elsi ist fortwährend unzufrieden, reizbar,* ärgerte sich Greti in einem Brief an Gian. *Dass es für sie (...) nicht leicht ist, Haustochter zu sein, begreife ich gut. Ich wollte und könnte es nicht sein, Du auch nicht. Hausfrau ist schon etwas Anderes, Selbständigeres, Berufhafteres.*

Abends lasen die drei Schwestern mit ihrer Mutter *Eine Frau allein,* einen Roman der Amerikanerin Agnes Smedley. Begeistert berichtete Greti Gian davon. *Das musst Du auch einmal lesen. Eine Frau aus den untersten Volksschichten, die an nichts mehr glaubt, vor allem nicht an die Ehe, und nur um eines kämpft: Freiheit der Frau und aller Unterdrückten. Mir war dies ja alles, wenn auch ein bisschen in anderer Form, unser eigener Kampf. Siehst Du, wir wollen frei und unabhängig von Euch sein, weil unsere Liebe dann etwas ganz anderes ist. Wir dürfen Euch dann lieben, in Freiheit, einfach deshalb, weil wir Euch lieben, nicht aber weil wir abhängig und gebunden sind oder weil es unsere hausfrauliche Pflicht ist.*

In Brasilien konnten die Aufständischen die Revolution inzwischen für sich entscheiden: Ihr Anführer, Getulio Vargas, hatte die Macht übernommen und versprochen, der Misswirtschaft ein Ende zu setzen und Politiker, die sich an Staatsgeldern bereichert hatten, zu bestrafen. Als er am 30. Oktober in São Paulo eintraf, feierte ihn eine tobende Menschenmenge. *Viva a Revolução!,* tönte der Triumphgesang in den Strassen. Gian mischte sich unter die Jubelnden. In seinen Briefen hatte er sich bisher über die Ereignisse ausgeschwiegen (um die Liebste nicht zu beunruhigen?). Nun schickte er ein Foto in die Schweiz: Ein Demonstrationszug von Männern und Frauen mit lachenden Gesichtern, die ihre Hüte in die Luft warfen vor Freude. Die *Schweizer Illustrierte Zeitung* druckte das Foto in der Ausgabe vom 27. November ab, zusammen mit weiteren Bildern, auf denen die Verwüstungen zu sehen waren, die aufgebrachte Revolutionäre in den Redaktionen regierungstreuer Zeitungen angerichtet hatten. Jahre später erinnerte sich Gian in der Familienchronik daran, wie er und die Kollegen am Polytechnikum die Ereignisse erlebt hatten: *Wir sind heil davongekommen, wir gehören sogar zu den Siegern! Unser Direktor war selber Revolutionär.*

Als Zwölfjährige hatte Greti ebenfalls revolutionsähnliche Zustände erlebt, auf die sie sich damals keinen Reim hatte machen können. Die starke Teuerung und die schlechte Lebensmittelversorgung während des Ersten Weltkriegs hatten die Not der Arbeiterfamilien so gross werden lassen, dass es im November 1918 zu einem landesweiten Generalstreik kam, der schwersten politischen Krise seit der Gründung des Bundesstaates. In Graubünden streikten die Angestellten der Rhätischen Bahn, was die Pfarrerstochter direkt zu spüren bekam und im Tagebuch festhielt. *Heute morgen sagte Mama zu mir: «Greti, Du musst nach Chur laufen.» Ich antwortete: «Warum, ich kann doch mit dem Zug fahren, warum laufen?» «Es fährt eben keine Bahn, nur morgens und abends Militärzüge. Die Sozialisten streiken und die andern können allein auch nichts machen.» Also entschlossen sich Käti und ich, die Reise zu wagen. Als wir beide um Viertel nach zehn Uhr am «Znüni» sassen, – das Käti und mir das Mittagessen ersetzen sollte – , hörten wir plötzlich viele Fuhrwerke vorbeifahren. Wir eilten ans Fenster und sahen Wagen, auf denen viele Soldaten sassen. Wir fragten nun, ob wir auch mitfahren dürfen. Sie liessen uns auf dem hintersten aufsitzen. Jetzt ging's schnell nach Zizers hin. Dort wurde eine halbe Stunde Rast gemacht. Wir froren entsetzlich. Als sich der Zug wieder in Bewegung setzte, setzte sich auch noch ein betrunkener Mann auf die hintere Bank in unserem Wagen. (…) Als wir in Chur anlangten, stiegen wir ab und bedankten uns. Wir besorgten Papas Brief und Medizin und kauften uns zwei «Schilt» [vier helle Brötchen aneinander]. Dann begaben wir uns auf den Heimweg.*

Die Kinder sahen es als Abenteuer, für die Eltern war die Situation existenziell. Die Spanische Grippe raffte 1918 in der Schweiz fünfundzwanzigtausend Menschen dahin. Joos Roffler lag mit vierzig Grad Fieber im Bett, die Medizin, die die Töchter in Chur holten, rettete möglicherweise sein Leben. Doch der Pfarrherr dachte nicht an den Tod. Aus dem Krankenbett schrieb er einen Leitartikel für den *Graubündner General Anzeiger,* dessen Redaktion er neben dem Pfarramt führte, und bezog Stellung zu den nationalen Ereignissen. Dabei wetterte er gegen die Linken, die seiner Ansicht nach nicht versucht hätten, ihre Forderungen im Parlament durchzusetzen, und nun mit brutaler Gewalt agierten. *Ist das nicht ein frevelhaftes Spiel, das da zum Schaden des ganzen Volkes getrieben wird von Männern, die einer gläubigen Menge vorgaukeln, gute Demokraten zu sein und doch bis über die Ohren in anarchistischen Anschauungen drinstecken?* Die Methoden der Streikenden verurteilte er, ihre Forderungen hingegen unterstützte er. *Es sind teilweise Postulate, zu denen man mit ganzem Herzen stehen kann. Wir nennen nur die Alters- und Invalidenversicherung. Zu deren Durchführung soll aber der gesetzliche Weg betreten werden.* Zur Forderung nach dem Frauenstimmrecht schwieg er.

Dafür hatte er sich kurz zuvor dezidiert zum *kirchlichen* Frauenstimmrecht geäussert, über das in Graubünden am 13. Oktober 1918 abgestimmt worden war. Mit Verve hatte er die reformierten Männer dazu aufgerufen, ein Ja in die Urne zu legen. *Die Frau als die erste Pflegerin des erwachenden religiösen Lebens im Kinde und als der nach seiner Gemütsanlage ganz besonders empfängliche und zahlreichere Teil der Kirchenbesucher hat entschieden ein Recht darauf, in kirchlichen Dingen, wie z.B. bei Pfarrwahlen, bei Entscheidungen über die Ausgestaltung des kirchlichen Unterrichts und dergleichen auch gehört zu werden. Die Befürchtung, solche Mitarbeit könnte sie ihrem eigentlichen Berufe als Mutter, als Erzieherin der Kinder entziehen oder gar entfremden, hat sich in den Gebieten der Schweiz und anderer Länder, welche darüber zum Teil schon langjährige Erfahrungen besitzen, als unbegründet erwiesen.* Dass de facto erst Bern und Basel das kirchliche Frauenstimmrecht eingeführt hatten, und das auch erst vor wenigen Monaten, verschwieg er. Stattdessen stellte er das Stimmrecht als logische Konsequenz eines lang zuvor gefällten Entscheids dar. *Schon längst haben wir zur Gleichstellung der Frau den ersten Schritt getan mit Einführung der gleichen Schulpflicht für Knaben wie Mädchen. Das hat seinerzeit ganz ähnliche Bedenken gerufen wie jetzt die Forderung des Frauenstimmrechts.*

Für Joos Roffler waren die Weichen gestellt. Das Abstimmungsresultat schien ihm Recht zu geben: Die reformierten Männer Graubündens nahmen das Frauenstimmrecht in den Kirchgemeinden mit 56,4 Prozent Ja-Stimmen an. Ein klares Resultat, möglicherweise begünstigt durch den Umstand, dass kaum ein Wahlkampf stattgefunden hatte. Wegen der Spanischen Grippe waren Gottesdienste und Versammlungen teilweise verboten, und das Abstimmungsmaterial hatte die Stimmberechtigten erst wenige Tage vor dem Urnengang erreicht. Mit derlei Spitzfindigkeiten hielt sich Joos Roffler nicht auf. Er dachte weiter. *Es wird sicher eine Zeit kommen, wo man es ebenso selbstverständlich findet, dass die durch die Schule dem Manne ebenbürtig ausgebildete Frau diese Bildung auch gleich dem Manne frei betätigt.* So wie Schulpflicht und kirchliches Stimmrecht nun eine Tatsache waren, würde den Frauen auch bald das Recht auf Berufstätigkeit eingeräumt, und somit den Theologinnen auch das Recht, als Pfarrerinnen zu amten.

Zwölf Jahre später, als seine älteste Tochter ihr Studium erfolgreich abgeschlossen hatte und in ihrem Elternhaus der Geburt ihres ersten Kindes entgegensah, war Joos Rofflers Vision noch weit entfernt davon, Realität zu werden. Dass Theologinnen nach geltendem Recht kein Pfarramt übernehmen durften, war das Eine. Dass aber nicht einmal die Frauen sich eine Frau auf der Kanzel vorstellen konnten, war für Greti im Oktober 1930 eine bittere Erkenntnis. Hoffnungsvoll war sie von Igis nach Chur gefahren, froh um die Abwechslung von ihrem Alltag als werdende Mutter im Pfarrhaus bei den Eltern und Geschwistern. Ihre Freundin Verena sprach auf Einladung des Vereins *Junge Bündnerinnen* über die *Mithilfe der Frau in Kirche und Gemeindedienst.* Das Referat begeisterte Greti, doch die andern Frauen im Saal teilten ihren Enthusiasmus nicht. *Ich habe nicht gewusst, dass ich einem Verein angehöre, dessen eine Tendenz ist, die Frau ins Haus zurückzuführen!!*

In ihrer Wut sah sie sich die Koffer packen und nach Brasilien zurückkehren. Doch dann erwachte ihr Kampfgeist. Wo sogar die Frauen so rückwärtsgewandt dachten, war ihre Arbeit umso nötiger. Sie schrieb an Gian: *Zunächst gilt es, ihnen einfach die Möglichkeit, Frau und Mutter und Beruf zu vereinen, vorzuleben. Dass dazu vor allem ein ganz fabelhafter Mann gehört, daran wird nie gedacht, aber für mich bist Du deswegen doch der tragende Grund, ich weiss es doch. Der Mann wird von ihnen überhaupt nie zur Familie gerechnet. Die Mutter und Kinder mehr ins Haus!! Vom Vater wird nicht gesprochen, der hat das Geld zu bringen.*

Greti wusste wohl, wie unerhört ihre Ideen waren. Nachts im Traum holten ihre Ängste sie ein. *Ich hatte eine Mathematikklausur, lag aber auf einem Bett, in einem anderen lagen der Professor und ein paar Schüler, wir waren alle angekleidet. Ich hatte Mühe, mit der Arbeit zurechtzukommen: ein Kind kletterte zu mir ins Bett, ich warf es hinaus, es kletterte noch einmal herein, und ich warf es wieder hinaus. Dann erwachte ich und erschrak: was war dies anderes als der Konflikt zwischen meiner Arbeit und «ihm». Dass ich aber so unbereit für «es» sei, hatte ich nicht gedacht.*

Ihre Freundin Verena konnte Gretis Zwiespalt gut nachfühlen. *Ja, ja, mein Liebes, ich muss auch immer und immer wieder denken, ob es nicht Hybris ist, was wir uns da zumuten, ob wir es eigentlich eben doch nicht können. Aber: Das Wort ward Fleisch. Was nützt uns denn unser Glaube, wenn ein Leben von Gott her nur denen möglich ist, die sich doch mehr oder weniger gründlich vom Leben mit seinen Ansprüchen gerettet haben? Nein, im Leben und in unserem Beruf und in der*

Ehe stehend müssen wir verkünden, müssen gerade von den Dingen reden, über die man sonst gewöhnlich schweigt und die für gewöhnlich mit so viel Lügen umgeben sind, eben weil die, die von ihnen reden könnten, ihnen zu ferne stehen und daher auch schweigen: den Beziehungen zu den andern Menschen!

Zunächst galt es für Greti, die kommenden Wochen und die Geburt zu meistern. Sie war froh, nicht mehr im subtropischen Klima São Paulos zu sein. Husten, Augenprobleme, Blasenentzündung – während des Jahres in Brasilien war sie kaum je gesund gewesen. Zum Arzt ging sie nun nicht, weil sie krank war, sondern um ihn nach den Möglichkeiten einer schmerzfreien Geburt zu fragen. Auch Doktor Jeklin hatte vom Rezept des Leipziger Mediziners gelesen und war bereit, das Medikament an Greti auszuprobieren. Die Suche nach einer Hebamme gestaltete sich hingegen schwierig. Eine stand selber kurz vor der Niederkunft, eine andere musste ihren kranken Vater pflegen. Nach Chur ins Spital wollte Greti nicht. Der dortige Arzt, Doktor Müller, galt als unfein und grob. Er war Greti schon zum Vornherein so unsympathisch, dass sie sich vor ihm nicht einmal ausziehen mochte. *Ich kann doch nicht in einer Wut auf den Arzt Dein Kind gebären,* erklärte sie Gian. Dass er bei der Geburt nicht dabei sein würde, erfüllte sie mit Schmerz. *Dein Ätti hatte bei Elisabeths Geburt Dein Mami in seinen Armen gehalten. Es ist wohl unmöglich, dass Du in zwei Monaten bei mir bist! Wenn ich meinen Kopf an Deiner Brust bergen könnte, wollte ich am liebsten gar niemand sonst um mich haben. (...) Ihr beiden Caprez habt es los, mich warten zu machen, Du schon lange und das Kleine nun auch.*

Auch bei den Schwiegereltern in Pontresina verbrachte Greti einige Tage. Gians Mutter heizte ihr das Zimmer und bereitete ihr warme Bäder. Greti genoss es, umsorgt zu werden und bis neun Uhr zu schlafen. Noch dampfend vom Bad lag sie im Bett, das Fenster geöffnet, so dass sie den Brunnen hören konnte.

PONTRESINA, 8. NOVEMBER 1930

Geliebtes Du,
Ich schlafe im fünf, wo Du einmal eines Morgens früh auf meinem Bettrand gesessen. Zimmer vier ist zu einem gemütlichen Arbeitsstüblein geworden. Liebes, es war anfangs etwas merkwürdig für mich, hier in Deinem Elternhaus zu sein, ohne Dich, und überall Spuren von Dir zu finden. (...) Es ist alles so unglaublich gesichert, ruhig und ohne Sorgen. Sie haben sich vollkommen ausgesöhnt mit meiner Existenz. Wir haben auch nicht die kleinste Meinungsverschiedenheit. Geliebter, es ist ja gut so; dass sie im Grunde unmöglich das billigen können, was ich vertrete, darüber braucht man ja nicht zu sprechen.(...) Ich bin sonst das Nachgeben jetzt schon ordentlich gewöhnt oder tue wenigstens dergleichen.

Gians Vater war zwar so aufgeschlossen, seine Tochter in einen Fahrkurs zu schicken, so dass sie zu den ersten Autolenkern im ganzen Kanton gehörte. In Bezug auf Gretis Ambitionen jedoch schien er die Skepsis seiner Frau zu teilen.

Gians Verwandte und Bekannte wollten die Schwangere sehen. Für Greti waren es oft Höflichkeitsbesuche. Mit Grauen begegnete sie Tante Ghita, deren Begrüssungsküsse sie nicht ausstehen konnte. Als sie sich bei der Schwiegermutter beklagte, Gian müsse sich von ihrer Verwandtschaft auch nicht verküssen lassen, antwortete die, bei den Männern sei dies halt anders. Diesen Unterschied wollte Greti nicht akzeptieren. *Weisst Du,* fragte sie Gian rhetorisch, *warum man bei einer Frau eher das Recht hat, sein Maul an ihrer Gesichtshaut herumzuschmieren, als bei einem Mann?*

Während in Pontresina der erste Schnee fiel, traf aus São Paulo ein Brief von Gian ein, der beschrieb, wie er sich auf dem Dach in Badehosen in den Sommerregen stellte, um sich abzukühlen. Liebevoll wandte er sich an das Ungeborene im Bauch seiner Ehekameradin. *Gell Du liebes Kleines machst es ihr nicht allzu schwer, weisst, sie ist lieb gewesen mit Dir und tapfer. Du wirst einmal viel*

Freude haben an Deiner Mutter, die mit Dir allein übers weite Meer gefahren ist und mit Dir zusammen Examen machte. Schläfst Du am Abend schon früh? Kannst Du Mami auch ein wenig streicheln, so tue es am Morgen, wenn sie aufwacht, oder am Tage, wenn sie an Dich denkt, und sage ihr auch, dass ich sie sehr, sehr lieb hätte. Greti mochte nicht mehr warten. Sie, die es gewohnt war, ihr Leben zu planen, hielt die Ungewissheit kaum aus. Düstere Gedanken suchten sie heim, Vorahnungen, die sie nur ihrem Tagebuch anvertrauen mochte. *«Es» ist unterdessen sehr gross geworden und wird nun bald, bald von mir weggehen.*

Brüderlein, wenn ich dann sterbe, dann sind diese Zeilen für Dich. Ich habe Dich sehr lieb gehabt. (...) Unsere Liebe ist mir greifbarer, wirklich gewordenes Bild für Gottes Liebe. (...) Dann denke ich aber auch, dass Du sehr lieb und grosszügig warest mit mir, dass Du nie versucht hast, mir irgendwie meine Freiheit einzuschränken und dass Du sehr gut verstanden hast, dass es schwer für uns ist, Frau zu sein und auch schwer, Theologin zu sein. Du hast mich als Theologin, als Frau und als liebendes Weib verstanden. Dies muss oft sehr schwer gewesen sein für Dich, da für alle drei Fragegebiete Deine Familie und Deine Umgebung Dir das Verständnis in dieser meiner Richtung nicht gegeben hat. Du hattest gar nichts anderes als das Einfühlungsvermögen Deiner feinen Seele. Brüderlein, Du musst nun nicht traurig sein. Sieh, wenn ich am Leben geblieben wäre, wäre ich vielleicht in allen drei Richtungen gescheitert. Vielleicht wäre ich an meinem Beruf verzweifelt, ich wäre im Kampf für die Frauenbewegung verbittert und ich hätte unsere Ehe gebrochen, indem wir uns nicht mehr verstanden.

Mit 24 Jahren sorgte Greti Caprez-Roffler peinlich genau vor, was bei ihrem Ableben geschehen sollte.

TESTAMENT

Gültig für den Fall, dass ich an der Geburt des ersten Kindes, also im Januar 1931, sterbe.
1. Wenn das Kind auch stirbt.

1. Wäsche, Kleider, Strümpfe und Schuhe an meine Schwestern. Wobei Gianin das Recht hat, sich etwas z.B. den Hochzeitsrock zum Andenken auszuwählen, falls er dies will. Dazu hat er Anspruch auf siebzig Franken für Strümpfe und Schuhe, die vor Kurzem aus seinem Geld gekauft wurden. Auch die Schuhe, die er gerne tragen will, soll er behalten.

2. Tagebücher und alle andern Bücher, die Gianin wünscht, an Gianin.

3. Die übrigen Bücher an Christa oder Papa.

4. Verlobungs- und Hochzeitsgeschenke an Gianin.

5. Patensilber an Mami.

II. Wenn das Kind lebt

1. Wäsche, Kleider, Strümpfe und Schuhe an meine Schwestern, aber zu billigem Preis auszulösen und der Erlös dem Kinde ins Sparheft zu legen.

2. Tagebücher an Gianin.

3. Alle Bücher an das Kind.

4. Verlobungs- und Hochzeitsgeschenke an Gianin, mit ausschliesslichem Erbrecht meines Kindes.

5. Patensilber an das Kind.

Auch in Bezug auf die Trauerfeier hatte Greti klare Vorstellungen. Trübsal blasen sollte die Gesellschaft nicht.

Es soll weder jemand aus meiner noch jemand aus Gianins Familie in Trauerkleidern gehen.

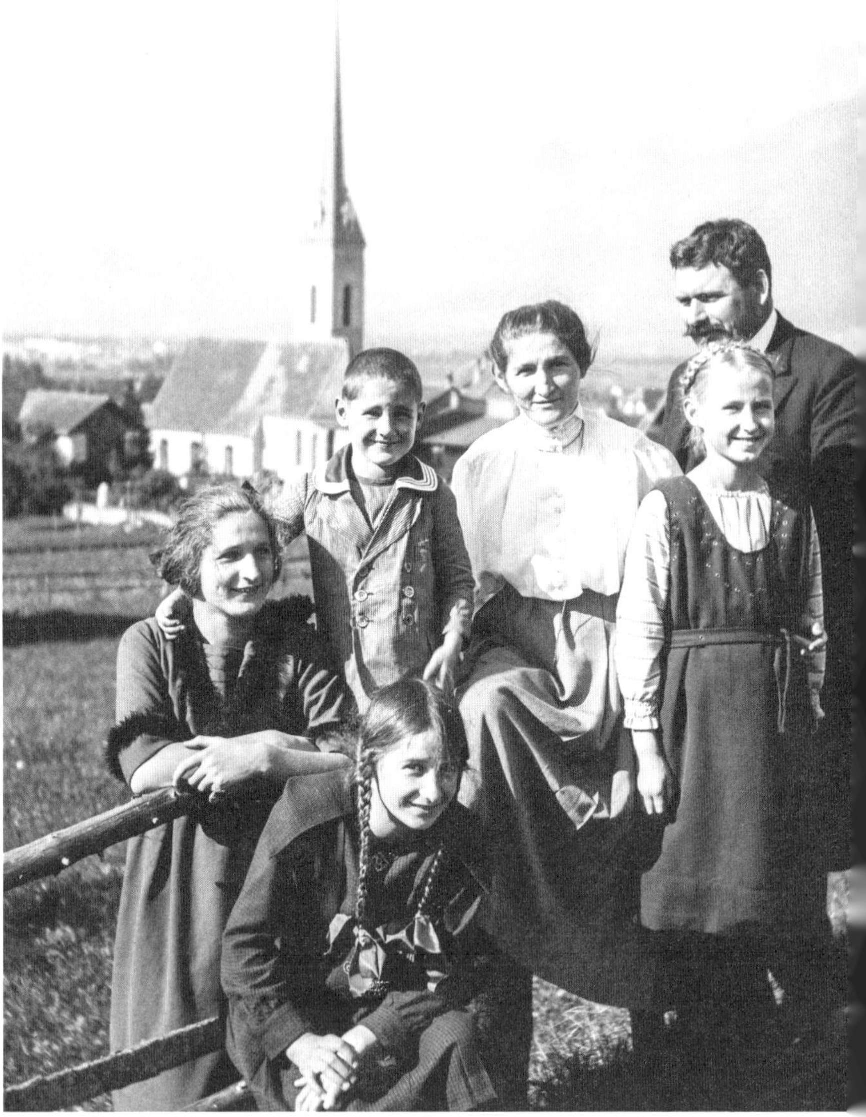

Igis,
Anfang der 1920er Jahre

Die Pfarrfamilie im Sonntagsstaat. Legende: *Familie Roffler-Luk (Josias ∞ Elsbeth) › Greti, Käti, Christa (Elsi fehlt) und deutsches Ferienkind Traudel.* Vermutlich hatten Gretis Eltern in jenen Nachkriegsjahren einem Kind aus Deutschland sorgenfreie Ferien ermöglichen wollen. Links der Kirche liegt das Pfarrhaus, dahinter blitzt weiss die Landquarter Industrie. Warum Elsi, das dritte Kind in der Geschwisterfolge, nicht auf dem Bild ist? Ob sie wie so oft mit den Nachbarsbuben spielt?

    Die Mutter wirkt entspannt im Herz der Familie. Der Vater scheint dem Hochzeitsbild entsprungen, gleiche Frisur, Schnurrbart, dunkler Anzug und weisses Hemd. Von oben blickt er auf seine älteste Tochter, an Frau und Sohn vorbei. Er und Greti hatten eine enge Beziehung, die spätere Pflegetochter meint gar: zu eng. Greti, mit locker zusammengebundenem Haar, schaut in die Ferne, vielleicht zum *Tritt,* dem halsbrecherischen Fussweg, der hinter Igis die Felswand hinauf nach Valzeina und Furna, dem Dorf der Grosseltern, führt. Furna, Gretis Sehnsuchtsort, von dem sie nicht ahnt, dass er wenige Jahre später ihr Schicksal werden wird.

Pfarrerstochter

Am 17. Januar 1931, um sechs Uhr abends platzte die Fruchtblase. Fast gleichzeitig begann es zu schneien. Wegen der Kälte schlief Greti nicht mehr im unbeheizten Hochzeitszimmer, sondern richtete sich stattdessen im holzgetäfelten Ofenzimmer ein. Nach dem Abendessen legte sie sich erwartungsvoll ins Bett. *Brüderlein, werden wir «es» morgen haben. Die ganze Familie planget darauf.* Es war Samstag, und die Nacht hindurch fielen dicke Flocken vom Himmel. Der Kachelofen verbreitete eine wohlige Wärme. Nachts um halb drei spürte sie ein leises Weh, doch am Morgen waren die Schmerzen wieder verklungen.

Um die Zeit zu vertreiben, liess sich Greti von ihrer Schwester Elsi die Skis anschnallen. Zusammen mit der Hebamme Anny, die zur Geburt angereist war, zogen sie los, pflügten im Pfarrhausgarten mühselig eine Spur durch das unberührte Weiss, zwischen den Zwetschgen- und Kirschbäumen hindurch, über den Kartoffelacker, vorbei am Hühnerhaus. Im Sommer watschelten hier Enten herum, Hühner scharrten und Schweine gruben ihre Rüssel in die Erde. *Es war schön, durch das Gestöber über den vielen, weichen Schnee hinauszuschleifen, aber jetzt bin ich reichlich müde.* Früher hatte sie sich hier tagelang mit den Nachbarskindern herumgetrieben. Im Winter kraxelten sie mit dem Schlitten auf die Hügel und sausten johlend hinunter. Im Sommer boten der Garten und der verwinkelte alte Dorfkern Verstecke.

Als sie mit neunzehn vor der Matura vom Deutschlehrer die Aufgabe erhielt, ein *Curriculum Vitae* zu verfassen, füllte sie zwei Schulhefte mit Kindheitserinnerungen und dachte darüber nach, wie sie zu der jungen Frau geworden war, die sie war. *Die Puppen langweilten mich. Es gefiel mir viel besser, über die Dorfkinder zu herr-*

schen, denn als Pfarrerskind hielten sie mich für etwas Besseres. Dazu war ich von einer wahren Herrschsucht beseelt und jedes, das nicht gehorchen wollte, wurde unbarmherzig aus unserm Kreise verbannt.

Wie Greti mit den Dorfkindern umsprang, so behandelte der Vater sie zu Hause. Später erinnerte sie sich an eine Familienkultur voll Streit und Strafen. *Ich fürchtete mich entsetzlich vor Schlägen. Obgleich wir wussten, dass unser Vater den Zank nicht leiden konnte, stritten wir Geschwister oft und hartnäckig.* Hörte der Vater Geschrei aus dem Kinderzimmer, befahl er den Töchtern, den Stecken zu bringen, der im Korridor auf dem Spiegeltisch lag. Manchmal versuchte Greti, ihn mit Argumenten von der Prügelstrafe abzubringen, in seltenen Fällen gelang ihr das auch. *Eines Morgens stritt ich mit meiner Schwester. Erbost versetzte ich ihr einen Hieb. Da rief uns der Vater aus dem Nebenzimmer. In den Hemdchen traten wir an sein Bett und erwarteten voll Angst eine Strafe. Er fragte nach der Ursache des Streits, und ich erzählte ihm alles und fügte hinzu: «Ich konnte nicht anders, es zuckte mir in der Hand, und ich musste sie schlagen. Es ist dasselbe, das Du in Dir hast, und von dir erbte ich es.» Wortlos schickte er uns weg.* Eine Gegenwelt zur strengen Herrschaft des Vaters fand Greti in der Fantasie. *Ich lebte in jenen Jahren überhaupt in einer eigenen Geschichten- und Märchenwelt. Wenn meine Mutter mich irgendwohin schickte, ging ich gerne allein, kümmerte mich nie darum, was auf der Strasse vorging, sondern ging träumend und Geschichten aussinnend dahin. Es kam öfters vor, dass ich laut vor mich hinsprach. Ich konnte auch lange Zeit am selben Fleck sitzen und an meinen nie endenwollenden Geschichten weiterspinnen.*

Mit neunzehn Jahren zog Greti Bilanz: Der Vater habe mit seiner strengen Erziehung sein eigentliches Ziel verfehlt. *Wenn ich bestraft wurde, wollte ich mir nie mein Unrecht gestehen, und voll Trotz dachte ich dann: «Warte Du nur, bis ich einmal gross sein werde.» Ich glaube, kluge Überredung hätte bei mir weit mehr ausgerichtet, denn ich fragte von jeher nach dem «Warum» und werde jetzt noch von vielen ausgelacht, weil ich immer frage: «Warum?» Diese Strafen mögen auch schuld sein an dem Mangel an Selbstvertrauen, unter dem ich leide.*

Der strenge Pfarrer versagte der Tochter auch die Vergnügungen der Dorfjugend. Verzweifelt schaute Greti vom Fenster aus den Paaren zu, die beschwingten Schrittes zum Gasthaus zogen. *War ich denn nicht jung und fröhlich! Wozu hatte ich denn heile Glieder, wenn ich sie nicht brauchen durfte? Sollte meine Jugend denn nur aus Lernen und Streben bestehen, und sollte ich das Beste, das ihr gegeben ist, die Fröhlichkeit, die Lebenslust und Lebensgier unterdrücken, nur weil ich in der menschlichen Gesellschaft den Rang einer Pfarrerstochter einnahm, den ich mir ja nicht einmal selbst gewählt. War ich denn «besser» als andere?* Heimlich zog sie los und mischte sich unter die Tanzenden. Im Säli drehte sie einige Runden in den Armen der jungen Burschen, mit denen sie noch wenige Jahre zuvor Verstecken gespielt hatte. Lange traute sie sich nicht wegzubleiben. Nach einer Dreiviertelstunde schlich sie zurück ins Pfarrhaus, doch ihr Ausflug blieb nicht unentdeckt. Das erwartete Donnerwetter ertrug sie geduldig. Nach einer Woche eisigen Schweigens bat sie den Vater, ihr nicht mehr böse zu sein. *Mit keinem Worte bat ich ihn um Verzeihung oder sprach von Reue, denn ich fühlte keine, und Reue heucheln konnte ich nicht. Ich wusste nur, dass ich es um des lieben Friedens und der Reputation meines Vaters willen nicht mehr tun würde.*

Tina Münger, 1925–2017, Pflegekind bei Gretis Eltern
vom ersten Lebensjahr bis zur Konfirmation

Ich durfte nie ins Dorf, nicht mal im Winter schlitteln mit andern Kindern. Sie hatten Angst, ich könnte etwas erzählen, das nicht zum Pfarrhaus hinaus darf. Ein Kind erzählt halt schnell mal etwas. Es hiess immer: Du gehörst nicht zu uns. Das tat unheimlich weh, das glaubt man gar nicht. Und doch – wenn es ums Helfen ging, da war ich ihnen recht. Ich musste es mir verdienen, dass ich dort sein durfte. Im Garten, das Pfarrhaus sauber halten, Fenster putzen, Böden putzen, Kästen rausputzen. Furchtbar! Weisst Du, man lebte ganz anders als heute. Nur allein ein Waschtag, da bist Du ja fast draufgegangen. Heute schmeisst Du das

Zeug in die Maschine. Damals musstest Du reiben und raspeln und machen.

Papa Roffler konnte mich plagen bis aufs Blut, wenn er kontrollierte, ob ich in meinem Zimmer Ordnung halte. Er war so rechthaberisch. Er hat einem alles vergönnt, irgendwie. Man ist nicht drausgekommen, ist es der Beruf, der ihm nicht passt – was passt ihm nicht? Ich hatte einfach das Gefühl, das ganze Leben passt ihm nicht.

Nach dem väterlichen Machtwort war klar: Als Pfarrerstochter würde Greti in Igis immer eine Aussenseiterin bleiben. Immer öfter sehnte sie sich nach Furna. In dem Zweihundertseelendorf hoch über dem Prättigau lebten ihre Grosseltern, bei denen sie fast alle Schulferien verbrachte. Wenn sie im Tal aus dem Zug stieg und die stündige Wanderung zum Dorf hoch unter die Füsse nahm, freute sie sich, von den Entgegenkommenden das vertraute Furnerdeutsch zu hören. *Schon beim Aufstieg wurde aus dem «Grüazi», das auf der zweiten Silbe betont kurz und fremd tönt und bei vornehmen Churerdamen zu einem bauchartigen «zi» wird, das vertraute, ein wenig naive «Grü-azi», das auf der ersten Silbe betont ist. Unbewusst glich ich meine Sprache der ihren an.* Während der Ferien ging Greti ganz im Bauernleben auf. *Ich machte meinem Grossvater jeden Abend den Stallknecht. Ich mistete den Stall aus, brachte den Tieren Wasser und Heu und melkte die Ziegen. Ich tauchte unter in dem Leben, dem Denken und Fühlen meiner Landsleute.*

In Furna fühlte sie sich frei und wiegte sich in der Illusion, endlich nicht mehr aussergewöhnlich zu sein. Fern der väterlichen Argusaugen ging sie mit den Bauernkindern zum Tanz. *Es wurde auf einem Bretterboden, in einem kleinen, nur von einer Petroleumlampe erhellten Raume getanzt, und es war sehr gemütlich.* Doch sie spürte bald, dass sie auch hier nicht dazu gehörte. *Ich denke und empfinde anders als sie, obwohl ich von ihnen abstamme und vom selben Holz bin wie sie.* Greti war überall fremd: als Pfarrerstocher an ihrem Wohnort Igis, als Auswärtige in ihrem Heimatdorf Furna. *Wo ich daheim bin und wo ich wurzle, werde ich als eine Fremde empfunden, und wo ich meinesgleichen finde, bin ich nicht daheim.*

Elsi Aliesch-Nett, geb. 1925, Gretis Cousine
zweiten Grades, aufgewachsen in Furna

Gretis Grosseltern waren Bauern im Bodenhaus in Furna, Joos war ein Einzelkind. Mir hat man erzählt, dass der Pfarrer und der Lehrer einmal ins Bodenhaus kamen und den Vater bearbeiteten, Joos nach Chur ins Gymnasium zu schicken, der sei doch so intelligent. Später war dann die Frage: Was jetzt? Eigentlich wollten die Eltern, dass der einzige Sohn den Bauernhof übernimmt, und sie hatten keinen Rappen, um ihn studieren und auswärts wohnen lassen. Wenn man Theologie studierte, bekam man Stipendien. Man musste dafür nach Abschluss des Studiums fünf Jahre im Kanton als Pfarrer arbeiten. Und der Christa, der Vater von Joos, war sehr, sehr fromm. Der freute sich, dass der Sohn Pfarrer studierte. Der Joos hätte eigentlich lieber Geschichte und Mathematik studiert. Das ging aber wegen des Geldes nicht.

Anna Bühler, geb. 1919, Hausangestellte
bei Gretis Eltern als 16- bis 20-Jährige

Ob er ein guter Pfarrer war? Ach, darüber möchte ich eigentlich nichts sagen. Man kann wohl kein guter Pfarrer sein, wenn man muss. Pfarrer Roffler musste ja Theologie studieren. Er hat mir mal gesagt, er habe eigentlich Jurist werden wollen, durfte aber nicht. Jurist wäre das Rechte gewesen für ihn, hatte ich den Eindruck. Aber das gab es halt früher, dass die Kinder das machen mussten, was die Eltern wollten.

Sein Talent für Zahlen und Gesetze lebte Joos Roffler im Nebenamt aus, als Präsident der Stiftung *Für das Alter,* einer Vorläuferin der AHV, seinem Interesse für Geschichte und Politik ging er als

Chefredaktor der Wochenzeitung *Graubündner General-Anzeiger* nach. Darüber lehrte er Bienenzucht an der kantonalen Landwirtschaftsschule *Plantahof*.

Maria Metz, geb. 1935,
Tochter von Gretis Schwester Käti

Der «Graubündner General-Anzeiger» war zu jener Zeit, vor allem im Ersten Weltkrieg, eine wichtige Informationsquelle. Mein Grossvater trug dazu Nachrichten aus der ganzen Schweiz und auch von sonstwo zusammen. Dieser General-Anzeiger beschäftigte die ganze Familie! Joos verlangte von seiner Frau Rezepte, um sie in der Zeitung abzudrucken, aber Betty war keine gute Köchin. Eine Leserin reklamierte darum, das könne man gar nicht kochen. Da setzte es ein Donnerwetter von Joos, doch Betty nahm alles leicht. Die Töchter mussten die Zeitung im Dorf austragen, was meine Mutter hasste.

Warum es Joos Roffler angesichts der eigenen unglücklichen Berufswahl wohl so wichtig war, eines seiner Kinder dereinst in seinen Fussstapfen zu sehen? Und woher er den Mut und den Horizont nahm, die Erstgeborene trotz ihres Geschlechts zu seiner Nachfolgerin zu bestimmen? Klar ist: Als Betty Roffler drei Töchter in Folge gebar und sich die älteste durch Wissbegierde und gute Schulleistungen auszeichnete, legte er all seine Hoffnungen in sie. Daran änderte auch die Geburt des Sohnes, als Greti zehn Jahre alt war, nichts mehr. Zwar sah der Vater auch ihn als Pfarrer, doch er wehrte sich erfolgreich gegen die väterlichen Pläne und studierte an der ETH Elektroingenieur. Greti hatte das Theologiestudium zu diesem Zeitpunkt längst abgeschlossen.

Als Kind sträubte sich die Älteste jedoch immer wieder gegen Vaters Willen. Im ersten Sekundarschuljahr fragte er sie, ob sie später die Kantonsschule besuchen wolle, doch sie wies diese Möglichkeit weit von sich. Ein Mädchen ging doch nicht auf die Kantonsschule! Tatsächlich waren Schülerinnen seit acht Jahren zur Kantonsschule Chur zugelassen, die erste hatte vor drei Jahren die Matur gemacht. Der Vater liess nicht locker und zerstreute Gretis Zweifel mit dem Argument, sie müsse ja nicht auf eine Kanzel steigen, es gebe genügend soziale Arbeit für weibliche Kräfte, vorderhand hätte sie nichts zu tun, als sich von ihm in Latein unterrichten zu lassen. Joos Roffler versteckte seine Ambitionen hinter einem bescheidenen *vorderhand* und verschleierte damit ihre Sprengkraft. Er übte sich in Zurückhaltung und überzeugte so seine Tochter. Zu Hause sitzen mochte sie nicht, und für ein Haushaltslehrjahr war es noch zu früh. *Ich zählte sowieso erst volle zwölf Jahre und musste irgendwohin an eine andere Schule; warum sollte es da nicht die Kantonsschule sein?* Als Maturandin bilanzierte sie: *Jetzt wollte ich nicht, ich hätte die Kantonsschule nicht besucht. Denn ihr verdanke ich unendlich vieles. Und wenn es auch nur ist, um das zu können, worüber die Prinzessin im Torquato Tasso froh ist, wenn sie sagt: «Ich freue mich, wenn kluge Männer sprechen, dass ich verstehen kann, wie sie es meinen.»*

Dass Schülerinnen am Gymnasium nicht vorgesehen waren, zeigte sich schon an der Kleidung auf Klassenfotos: Die Jungen trugen Schuluniform, die wenigen Mädchen Alltagskleidung, Röcke und Blusen. Neben Greti gab es nur eine weitere Schülerin in ihrer Klasse, die jedoch von der Pfarrerstochter nichts wissen wollte. In Hildi Hügli, einer Schülerin, die eine Klasse über ihr sass, fand Greti die langersehnte Freundin. Manche Leseeindrücke, die die Freundin ihr vermittelte, hielt Greti in ihrem Tagebuch unter dem Titel *Sentenzen von Hildi* fest.

Man kann Nietzsche überall bewundern, nur nicht, wenn er von Frauen spricht. Er kannte offenbar nur solche, die noch keine waren, oder solche die keine mehr waren.

Nietzsche proklamiert zwar – Übermenschen – aber wie sollte er von einem «Unterweib» geboren werden können?

Die beiden Freundinnen schrieben sich auch Briefe, in denen sie einander erzählten, was sie erlebten und wie sie sich nacheinander sehnten. Kurz vor der Matur schwärmte Greti: *Sie gab mir eigentlich erst das geistige Leben, wenigstens das kritische Denken. Ohne sie wäre ich ein einseitig unglückliches Wesen geworden.* Hildi ermutigte die Freundin, selbstbewusster zu sein, denn Greti war schüchtern und fand ihren Mund zu schmal, die Augen zu klein, die Nase zu gross. *Hildi hat mir drei Gebote gestellt: Ich solle mich so kämmen, dass meine schönen Haare zur Geltung kommen. Zweitens müsse ich tanzen lernen und drittens in Gesellschaften meine Scheu ablegen.* Dem Deutschlehrer in der Maturklasse fiel Gretis Schüchternheit ebenfalls auf. Nach einem Vortrag, den sie unter Zittern gehalten hatte, empfahl er ihr: *Wählen Sie ja nie einen Beruf, da Sie ein einziges Wort öffentlich sagen müssen.*

Weil sie so schüchtern war, traute sich Greti auch nicht, *Kinderlehre* zu halten, wie es sich der Vater gewünscht hätte. Nicht für hundert Franken würde sie die Kinder unterrichten, da konnte auch die gleichaltrige Cousine Gretly Puorger nichts bewirken, die in Winterthur Sonntagsschule erteilte und Greti ermunterte, es ihr gleichzutun. Doch Greti winkte ab: *Ich habe von Natur aus eine unüberwindliche Scheu davor, aus der Verborgenheit hervorzutreten. Schon in einer Gesellschaft mit mir unbekannten Menschen werde ich ganz still und verkrieche mich in mich selbst.* Ihre Schüchternheit sei nicht mit Furcht vor Menschen zu verwechseln, viel eher spüre sie eine grenzenlose Unsicherheit. *Alles scheint mir so verworren, das früher so einfach und selbstverständlich war. Je weiter ich in der Schule hinaufrücke, umso mehr sehe ich, dass ich nichts weiss, dass mein Wissen immer ein lückenhaftes sein wird. Hast Du nicht auch solche Zeiten? Ich weiss nicht, was ich noch werden soll, ich weiss nicht, wo die Grenze zwischen Gut und Böse liegt. Und nun sollte ich, die ich mit allem im Unklaren bin, andere belehren wollen? Oh nein, so vermessen bin ich nicht!*

Greti quälte sich mit existenziellen Fragen. Wozu war sie auf Erden? Was passierte nach dem Tod? Und: Existierte Gott? Wenn sie über solche Dinge nachdachte, stritten sich Glaube und Vernunft in ihr. *Mir scheint es das Wahrscheinlichste, dass es nach dem Tode kein Weiterleben gibt. Dagegen protestiert aber ein Gefühl in mir, das sich mich nicht als gar nicht mehr existierend vorstellen kann. Aber vor der Geburt fühlte und dachte, lebte man doch auch nicht. Aber wenn man an kein Fortleben glaubt, wozu dann dieses Leben? Und wenn es eines gibt, wozu dann; könnte man nicht sofort in das jenseitige kommen? Immer, immer fortzuleben, muss aber doch furchtbar langweilig werden.* Sie drehte sich im Kreis und landete immer wieder am selben Punkt. Und doch wollte, ja, musste sie Antworten finden. *Ich möchte einen Glauben, der sowohl das Herz als auch den Kopf befriedigt.*

An Hildi, die nicht an Gott glaubte, konnte Greti sich mit ihren Zweifeln nicht wenden, denn sie fürchtete, die Freundin könne ihr mit ihrer messerscharfen Argumentation den Glauben ganz nehmen. Umgekehrt irritierte Greti auch die Gewissheit überzeugter Gläubiger. Neidisch und zugleich befremdet begegnete sie einer Sonntagsschullehrerin, die gleichaltrig war wie sie und deren Selbstgerechtigkeit sie provozierte. Die Szene hielt sie in ihrem Lebenslauf vor der Matur fest, Adressat war ihr Deutschlehrer, der dem Glauben kritisch gegenüberstand.

Greti: *Sie sind Sonntagsschullehrerin? Aber doch nur bei den Kleinen?*

Sonntagsschullehrerin: *Nein, nein bei denen, die schon konfirmiert werden.*

Greti: *Ja, können Sie denn das, Sie sind ja noch so jung?*

Sonntagsschullehrerin: *Natürlich!*

Greti: *Das ist doch nicht natürlich; ich könnte das nicht, weil ich alles noch bei mir sondieren muss. Meine Freundin glaubt überhaupt nichts.*

Sonntagsschullehrerin: *Dann müssen Sie für sie beten!*

Greti: *Oh nein, das tu ich nicht, das ändert bei ihr doch nichts.*

Sonntagsschullehrerin: *Aber Sie als die Tochter eines Pfarrers sollten braver sein.*

Greti: *Ach was, mein Vater besetzt für die ganze Familie Platz im Himmel, das ist dann ein grosser Saal, und alle sitzen den Wänden entlang auf Bänken und langweilen sich.*

Doch der Spott half Greti nicht aus ihrem Zweifel, und so wandte sie sich an den Vater. Der wusste, dass er sie nicht mit simplen Ratschlägen für den Glauben gewinnen konnte und schlug ihr vor, sich das Leben mit und ohne Gott vorzustellen und sich dann zu entscheiden. Greti fand die Antwort des Vaters wunderbar. Sie war stolz, dass er in ihr nicht mehr das Kind sah, dem man irgend etwas einreden konnte. Die Zeit der Prügelstrafen war vorbei. Sie fasste Vertrauen. *Alles, was mich bewegte, brachte ich zu ihm, und er verstand mich immer. Er war mein bester Freund geworden.*

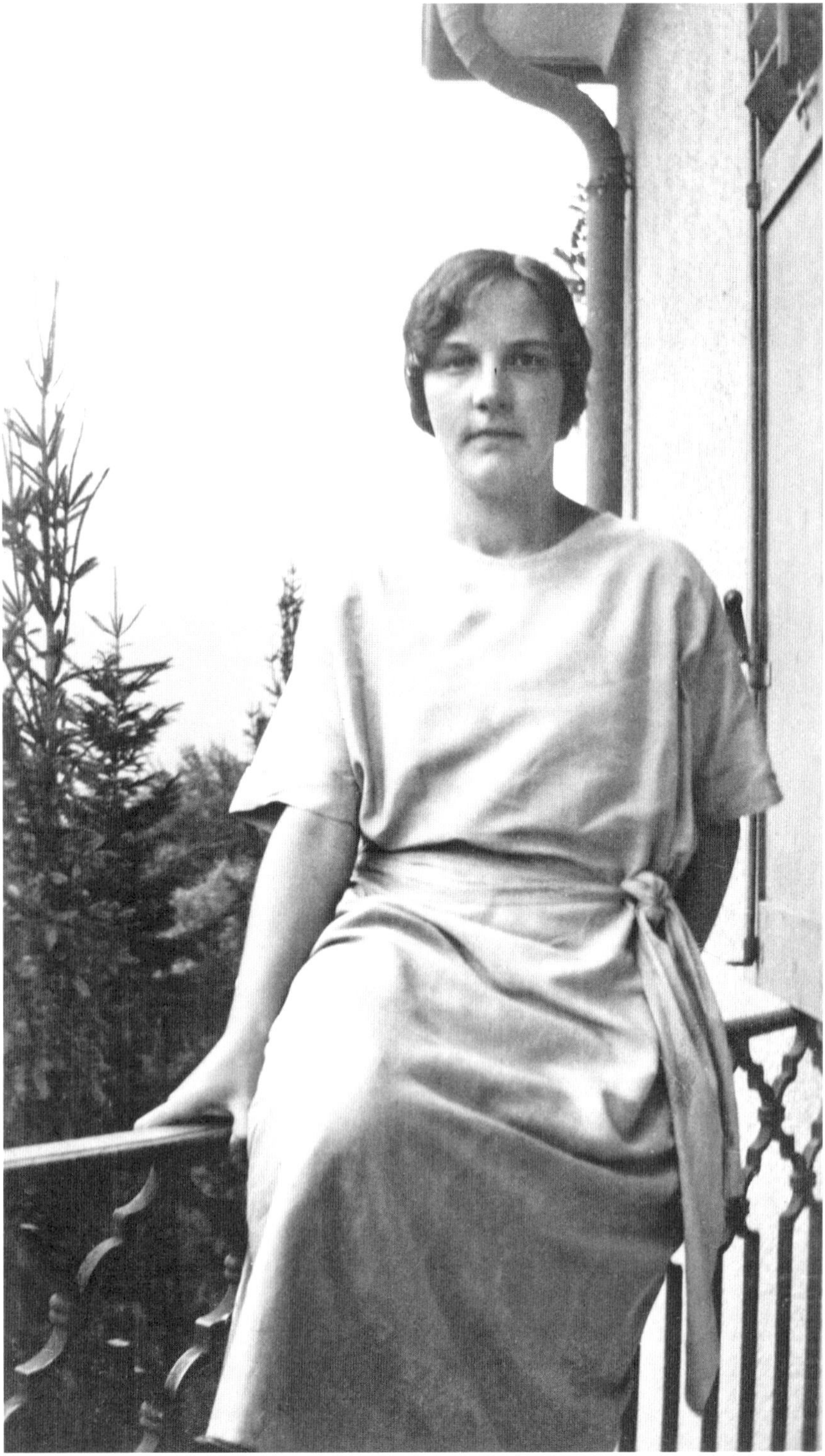

Chur,
Sommer 1924

An dieser jungen Frau ist alles weich: Nase, Kinn, Wangen, Unterarme und auch das helle Jerseykleid, das ihre Glieder umspielt. Die Sanftheit der Züge wirkt auf den ersten Blick kindlich, doch der konzentrierte Blick, der entschlossene Mund und das modische Kleid lassen einen anderen Schluss zu: Auf dem schmalen Geländer sitzt eine Jugendliche mit eigenem Geschmack und Willen, die, obschon sie in der Provinz lebt, die Modetendenzen der Welt verfolgt. Der industriell gefertigte Jerseystoff wird für Männerunterhosen verwendet, bis Coco Chanel in den 1920er-Jahren daraus schlichte, bequeme und dennoch elegante Frauenkleider nähen lässt: *Ich mache Mode, in der Frauen leben, atmen, sich wohlfühlen und jünger aussehen können.*

    Greti hat in ihr Fotoalbum lediglich die Initialen gesetzt: *H. H. – Bei Rektors (Chur).* Hildi Hügli ist die Freundin aus der Kantonsschule. Hildi, die Greti riet, ihre schönen Haare zu betonen und tanzen zu lernen. Ein Bild der Gastgeber hat Greti nicht eingeklebt. Rektor Paul Bühler und seine Frau haben Greti und Hildi eingeladen, womöglich, weil sie zu den wenigen Mädchen an der Schule gehören. Der Rektor hat drei Söhne und ein besonderes Faible für die Kultur der Antike und für klassische Schönheit. Es ist Sommer 1924, Hildi hat gerade die Matura bestanden. Ob sie sich für den Gastgeber so schön gemacht hat, für dessen Söhne – oder für ihre Begleiterin?

Flammenkrankheit

Den Sommer 1924 verbrachte Greti in einem Mädchenpensionat im Welschland, um Kochen, Haushalten und Französisch-Konversation zu lernen. Die Mitschülerinnen stammten aus England, Norwegen, Deutschland, Italien und der Schweiz, und waren zwischen sechzehn und achtzehn Jahre alt. Für die Bündnerin war es komplett neu, ausschliesslich unter jungen Frauen zu sein. *Ist das ein Leben unter diesen Mädchen! Schön sind sie die meisten, einige sogar bildschön. Bewegung ist unter ihnen. Sie küssen sich, lachen und machen einen ungeheuren Krach. Ich habe aber bereits gemerkt, dass sie hinten herum übereinander schimpfen. (...) Diese Mädchen sind ganz anders als ich, oder bin ich nur nicht gewöhnt, mit Mädchen zu verkehren?,* fragte sie sich. Verwundert beobachtete sie das *Anhimmeln, Küssen und Schmeicheln.* Beruhte die Zuneigung auf Gegenseitigkeit, dann gingen zwei junge Frauen eine Freundschaft ein, die exklusiv war. *Erika ist verliebt in Alice,* berichtete Greti ihrer Freundin Hildi. *Alice aber hatte schon, bevor Erika kam, eine Deutsche als Freundin, und sie kommt nun zu spät.* Immerhin erbarmte sich Alice und gab Erika abends einen Kuss, worüber Greti sich lustig machte: *Habt ihr euch Zucker dazwischen gelegt, damit es süss wurde?*

Die Verliebtheiten unter jungen Frauen bezeichnete Greti im Tagebuch spöttisch als *Flammenkrankheit.* Die Beziehungen zu Jungen und die zu Mädchen beschrieb sie in ähnlichen Worten, sie sprach von *Freundschaft, Verliebtheit* und *Liebe,* von *Küssen* und *Tränen,* von wilder Sehnsucht und *Eifersucht.* Immer gab es ein Gebot der Exklusivität: So wie es undenkbar war, mit zwei Jungen gleichzeitig zu gehen, so konnte ein Mädchen auch nicht zwei Freundinnen zugleich haben. Trat eine zweite auf den Plan, versicherte sich das ursprüngliche Freundinnenpaar gegenseitig ihrer Bedeutung füreinander. *Kannst Du Dich noch erinnern, dass ich zu Dir sagte: Wenn ich erfahren würde, dass ich Dich noch mit einem andern Mädchen teilen müsste, würde ich es nicht ertragen können?*, wollte Greti von Hildi wissen. Trotz Verwandtschaft in der Wortwahl störte die Freundschaft zu einem Jungen diejenige zu einem Mädchen jedoch nicht. Beide konnten nebeneinander bestehen.

In der spärlichen Freizeit im Mädchenpensionat widmete sich Greti lieber ihren Büchern anstatt einer Liebschaft. *Mich hat die grosse Lernwut ergriffen. Jeden Tag müssen zwanzig Seiten Rousseau gelesen werden.* Kein Wunder, galt sie zunächst als *richtige, brave Pfarrerstochter*. Doch seit sie bei einem Abendessen alle zum Lachen gebracht hatte, wurde sie scherzhaft nur noch die *missratene Pfarrerstochter* genannt. Und schliesslich fand auch Greti eine Flamme im Mädchenpensionat. *Wer hätte das geglaubt! Ich glaube ganz sicher, die Flammenkrankheit ist ansteckend. Ich habe nämlich eine Flamme für Trudy Gassmann. Ich liebe sie, weil sie so schneidig und stark ist.* Auch Trudy fand Gefallen an Greti. *Sie liebt alle Bündner. Und als sie heute Abend den letzten Tanz mit mir tanzte, sagte sie, sie liebe mich, weil ich so offen sei.* Doch Gretis *Flamme* überdauerte die Sommerferien nicht. Die *Flammenkrankheit* war ein Fieber, das im Internat besonders schnell entflammte, zum Ende der Pensionatszeit aber ebenso rasch wieder erlosch. Gretis wahre Liebe galt Hildi, der Schulfreundin aus Chur.

Im Nachlass finden sich nur noch einzelne Seiten aus Gretis beiden ersten Jugendtagebüchern. Vor ihrem Tod steckte sie die Fragmente in einen Umschlag, den sie ins dritte Tagebuch legte. Offenbar war es ihr wichtig, genau diese Bruchstücke aufzubewahren. Dazu gehörten die Aufzeichnungen zum Generalstreik und ein Gedicht, das Hildi der Freundin 1923, im letzten gemeinsamen Sommer, bevor sie aus Chur wegzog, ins Tagebuch schrieb.

DIE FREUNDIN

Deine Briefe haben goldenen Rand
Und steht viel Törichtes drin!
Doch über das weisse Linnen hin
Ging Deine schmale Hand.
Du ahnst nicht, wie glücklich ich bin,
Da heut Deinen Brief ich fand.
Ist doch Dein ganzes Herz darin
Vertrauens Unterpfand.

Deine Briefe haben goldenen Rand
Gleich wie Dein krausbraun Haar
Als die Sommersonne ihr Licht so klar
auf Dich herniedergesandt,
Damals, als Du am Flussesrand
schlank lagst im feuchten Sand,
Da Dich, halbnackt am wellgen Strand
Mein heisser Blick verschlang.

Deine Briefe haben goldenen Rand
Wie Dein Ringlein mit rotem Rubin,
Das du gleich einer Königin
Trägst an der schmalen Hand.

Du ahnst wohl nicht, wie schlecht ich bin,
Du Kind aus Märchenland!
Doch Dein schlanker Leib, Dein Herz, Deine Hand,
S'liegt all mein Glück darin.

AUG. 1923

Eigentlich war es nicht dazu bestimmt, in diesem Tagebuch zu stehen. Aber nun – basta.
  H. Hügli

1924, ein Jahr früher als Greti, machte Hildi Matur und zog zum Studium nach Bern. *Ich suche überall Hildi und sehe sie um jede Strassenecke biegen und bin doch allein,* schrieb Greti im Tagebuch, und an Hildi: *Im Nebenzimmer spielen Mama und Käti Klavier und Geige, und in jedem Ton liegt die Sehnsucht nach Dir.*

Doch die Freundschaft zu Hildi, die Greti so viel bedeutete, wurde jäh unterbrochen. Im Dezember 1924 verbot der Vater Greti jeden Verkehr mit der Freundin. Das Machtwort kam für sie aus heiterem Himmel. Hildi zu verlieren, war unvorstellbar. *Als ich ihn nach dem Grunde des Verbotes fragte, antwortete er, sie bedeute für mich die grösste Gefahr. Darauf verlangte ich zu wissen, wieso er so plötzlich dazu gekommen, nachdem er zwei Jahre lang unsere Freundschaft ruhig mitangesehen. Er antwortete, er könne mir die Quelle seiner Befürchtungen nicht nennen, worauf ich ihn beschuldigte, heimlich Hildis Briefe gelesen zu haben. Er verteidigte sich mit keinem Wort, sondern sagte nur: «Du lieferst damit ein Geständnis!» (...) Am meisten schmerzte mich, dass mein Vater nicht offen war und nicht einfach sagte: Sie soll das und das getan haben. Weisst Du davon und wie stellst Du Dich dazu?* Der Verdacht des Vaters, seine Tochter und Hildi hätten eine sexuelle Beziehung, war unaussprechlich, und auch Greti wagte es nicht, ihn beim Namen zu nennen. Statt dessen betonte sie, als sie sich später an Hildi erinnerte, den nicht körperlichen Charakter ihrer Freundschaft: *Wir gingen nie Arm in Arm, wie die Mädchen es sonst zu tun pflegen, und küssten uns auch nie.*

In ihrem Tagebuch liess Greti ihrer Wut auf den Vater freien Lauf. *Was soll Dein Verbot nützen?,* schrieb sie sich in Rage. *Gedanken sind zollfrei, und ich werde täglich, stündlich an sie denken müssen.* Was hatte ihn überhaupt auf seinen Verdacht gebracht? Diese Frage beschäftigte sie mindestens ebenso sehr wie das väterliche Verbot an sich. Nach der Standpauke kam der Vater nicht mehr auf das Thema zu sprechen. Greti war froh darum. Im Tagebuch hielt sie fest, was sie ihm hätte sagen wollen: *Siehst Du, unser Briefwechsel war so eine Art Beichte, und wir legten so alles Böse ab, nachdem wir es niedergeschrieben.* Zwischen Moral und Verderben, Fantasie und

Realität lag nur eine feine Linie. Eine trennscharfe Unterscheidung zwischen dem, was die Freundinnen dachten und dem, was sie taten, gab es nicht: *Meistens waren es nur Gedanken,* notierte Greti in ihrem Tagebuch. Meistens.

Erstaunlich offen beschrieb Greti die Episode in ihrem Curriculum Vitae zu Händen des Deutschlehrers vor der Matur. Womit auch immer der Vater ihr drohte, sie würde ihrer Freundin treu bleiben. Sie und der Vater seien schliesslich auch nicht frei von Sünde. *Ich muss zu ihr halten; denn ich verdanke ihr zu viel, und wenn wir uns die Mühe nehmen wollten, vor unserer eigenen Türe zu kehren, würden wir vielleicht dort genug Unrat finden und sie ihre Sachen allein «auskäsen» (lösen) lassen. Ich denke auch keinen Augenblick daran, ein Urteil zu fällen. Ich bin im Gegenteil dem Schicksal dankbar dafür, dass es mich nicht in Versuchung geführt (...).* Dem Vater zu gehorchen und den Kontakt zu Hildi abzubrechen, kam für sie so oder so nicht in Frage. *Ich hätte mich selbst verachten müssen, wenn ich jetzt abgebrochen hätte. Ja, ich liebte sie noch mehr als vorher, denn meine Liebe wurde angetan mit dem Märtyrerstrahlenkranz.*

Als Greti ein Jahr nach Hildi die Matura machte, wagte sie es allerdings nicht, den Vater zu fragen, ob sie wie die Freundin in Bern studieren dürfe. Aus der innigen Verbindung wurde eine Brieffreundschaft, die die beiden auch dann noch aufrecht erhielten, als Hildi einige Jahre später mit ihrem Mann nach Amerika zog und eine Familie gründete. Sie wurde Dozentin, er Professor an der Universität von Chatanooga (Tennessee). Bis ins hohe Alter schrieben sich die beiden Freundinnen.

Möglicherweise wäre Joos Roffler ebenso eifersüchtig gewesen, hätte er entdeckt, dass seine Tochter einen Mann liebt. Schliesslich reagierte er auch auf Gian, der kurze Zeit später in Gretis Leben trat, mit Eifersucht. Fest steht jedoch auch: Die Selbstverständlichkeit, mit der Greti und ihre Freundinnen Frauenbeziehungen lebten, teilte er nicht. Damit war er ganz Kind des zwanzigsten Jahrhunderts, während in der *Flammenkrankheit* der Internatsschülerinnen die Kultur romantischer Frauenfreundschaften des neunzehnten Jahrhunderts nachzuwirken scheint. Die österreichische Historikerin Hanna Hacker stellt fest, *dass innige Verhältnisse jedenfalls unter bürgerlichen und adeligen Frauen mindestens bis ins späte neunzehnte Jahrhundert kulturell nicht geächtet, sondern vielmehr unterstützt und gleichsam zelebriert wurden.*

Caroll Smith-Rosenberg, die Frauenbeziehungen im neunzehnte Jahrhundert in Nordamerika anhand von Briefen analysiert hat, schreibt: *Die wesentliche Frage ist nicht, ob diese Frauen Geschlechtsverkehr miteinander hatten und so als hetero- oder homosexuell definiert werden können. Die Tendenz des zwanzigsten Jahrhunderts, Liebe und Sexualität im Rahmen einer dichotomisierten Welt von abweichendem und normalem Verhalten, von genitaler und platonischer Liebe zu sehen, ist den Gefühlen und Einstellungen des 19. Jahrhunderts fremd und vermittelt ein von Grund auf verzerrtes Bild von den emotionalen Beziehungen dieser Frauen. Diese Briefe sind wichtig, weil sie uns zwingen, solche Liebesbeziehungen in einem bestimmten historischen Kontext zu situieren.* Ab Ende des 19. Jahrhunderts begannen sich Ärzte und Psychiater mit gleichgeschlechtlichen Beziehungen zu beschäftigen und entwickelten den Begriff *Homosexualität*. Diese neue öffentliche Aufmerksamkeit brachte betroffene Frauen – und Männer – in die Defensive.

Dreissig Jahre, bevor Greti ihre Freundschaft zu Hildi rechtfertigte, hatte sich eine andere Bündnerin gegen ähnliche Vorwürfe gewehrt: Meta von Salis, geboren 1855 im Schloss Marschlins in Igis, anderthalb Kilometer vom Pfarrhaus entfernt, in dem Greti später aufwuchs. Als junge Erwachsene pflegte die Adlige eine schwärmerische Freundschaft zur Deutschen Theo Schücking. Die beiden Frauen besiegelten ihre Beziehung mit Blut und einem Ring und malten sich ein gemeinsames Leben aus. Ihre Wege trennten sich allerdings bald. Kurz darauf begegnete Meta von Salis an der Universität Zürich, wo sie später als erste Frau in Geschichte promovierte, der Fotografin Hedwig Kym, Tochter des Professors Ludwig Kym. Meta und Hedwig wurden Freundinnen fürs Leben.

Sie unternahmen zahlreiche Reisen miteinander und waren in der Frauenbewegung aktiv. Auch andere ledige Akademikerinnen ihrer Generation lebten als Freundinnen zusammen, etwa die Ärztin Caroline Farner und ihre Lebensgefährtin Anna Pfrunder. Meta von Salis beschrieb die Frauenfreundschaft als Phänomen ihrer Zeit.

Solange die Frau eine abhängige, gänzlich von der Familie bestimmte, in ihr begrenzte Stellung einnahm, konnte Freundschaft in dem weiten und tiefen Sinn (...) bei Frauen gar nicht aufkommen. Sie entstand nicht, weil ihr die Lebensbedingungen, Handlungsfähigkeit und Handlungsfreiheit fehlten. Kaum waren diese durch die berufliche Ausbildung und um sich greifende Befreiung der Frauen von männlichen Vormündern, Brüdern und Schwägern gegeben, so zeitigten sie auch die köstliche Frucht der Freundschaft à toute épreuve zwischen Frauen.

Diese Freundinnenpaare waren gesellschaftlich respektiert – solange sie niemandem in die Quere kamen. Als Caroline Farner und Anna Pfrunder Mitte der 1880er-Jahre zwei Waisenkinder aus Pfrunders Verwandtschaft bei sich aufnahmen, zerrte sie ein Onkel der Kinder vor Gericht: Die Frauen hätten es nur auf das Vermögen der Waisen abgesehen. Im Prozess, der sogar in Deutschland wahrgenommen wurde, kam es zu einer Schlammschlacht gegen Caroline Farner. Der Kommentator der NZZ diffamierte die Ärztin aufgrund ihres Äusseren. *Dr. med. Karoline Farner erscheint mit Herrenkragen und weiter Krawatte, das kurzgeschnittene Haar in der Mitte gescheitelt und auf die Stirn vorfallend. (...) Ihr durchaus männlich gebildetes Gesicht zeigt dabei den Ausdruck gespanntester Aufmerksamkeit.* Meta von Salis verteidigte ihre Freundin in einer achtzigseitigen Broschüre mit dem Titel *Der Prozess Farner – Pfrunder*. Darin wehrte sie sich gegen den impliziten Vorwurf, die Frauen führten eine sexuelle Beziehung – und versuchte unausgesprochen auch sich und Hedwig Kym als *keusch* darzustellen.

Dass eines der entsetzlichen Entartungsgebilde der Hyperkultur auch den Namen Freundschaft trägt, ist zu bedauern, aber die beiden zu verwechseln, wird nur einem mit den raffiniertesten Lastern vertrau-

ten Gesellen gegeben sein. Das Giftgeschwür heftet sich an die Existenzen beschäftigungs- und interesseloser, überreizter Genussmenschen, die keusche Blume der Freundschaft entspringt dem Boden einer arbeitsfrohen, pflichttreuen Lebensführung.

Giftgeschwür, Entartungsgebilde, Hyperkultur: Meta von Salis bediente sich Begriffe, die die körperliche Liebe zwischen Frauen als entsetzliche Seuche, genetischen Defekt oder Zivilisationskrankheit darstellten. Ihr Vokabular erinnert an zeitgenössische rassistische und antisemitische Schriften. Tatsächlich las die Bündnerin die Bücher des französischen Rassentheoretikers Arthur de Gobineau. Mit den Rassentheorien untermalten Aristokratinnen wie Meta von Salis ihre Machtansprüche, die in der Demokratie an Legitimation verloren hatten.

1904 verkaufte Meta von Salis Schloss Marschlins ihrem Cousin, dem Rechtsprofessor Ludwig Rudolf von Salis-Maienfeld, und war nur noch sporadisch zu Besuch auf dem Anwesen. Sie liess sich und Hedwig Kym auf der italienischen Insel Capri eine Villa bauen. Meta von Salis war damals knapp fünfzig Jahre alt, Greti wurde erst zwei Jahre später geboren. Der neue Schlossbesitzer amtete lange Jahre als Kirchgemeindepräsident von Igis.

Maria Metz, geb. 1935, Tochter von Gretis Schwester Käti

Meine Mutter erzählte ab und zu von den Einladungen im Schloss Marschlins. Die Kinder (also Greti und ihre Geschwister) mussten sich in Gala stürzen und nobel tun. Sie gingen nicht gern dorthin, weil sie im Schloss nichts anfassen durften. Sie mussten ruhig dasitzen und darauf achten, dass sie richtig assen. Meta von Salis sass manchmal auch mit am Tisch. Die Kinder verstanden nicht, worüber die Erwachsenen sprachen. Was sie begriffen: Dass Meta von Salis eine hochgescheite Frau war.

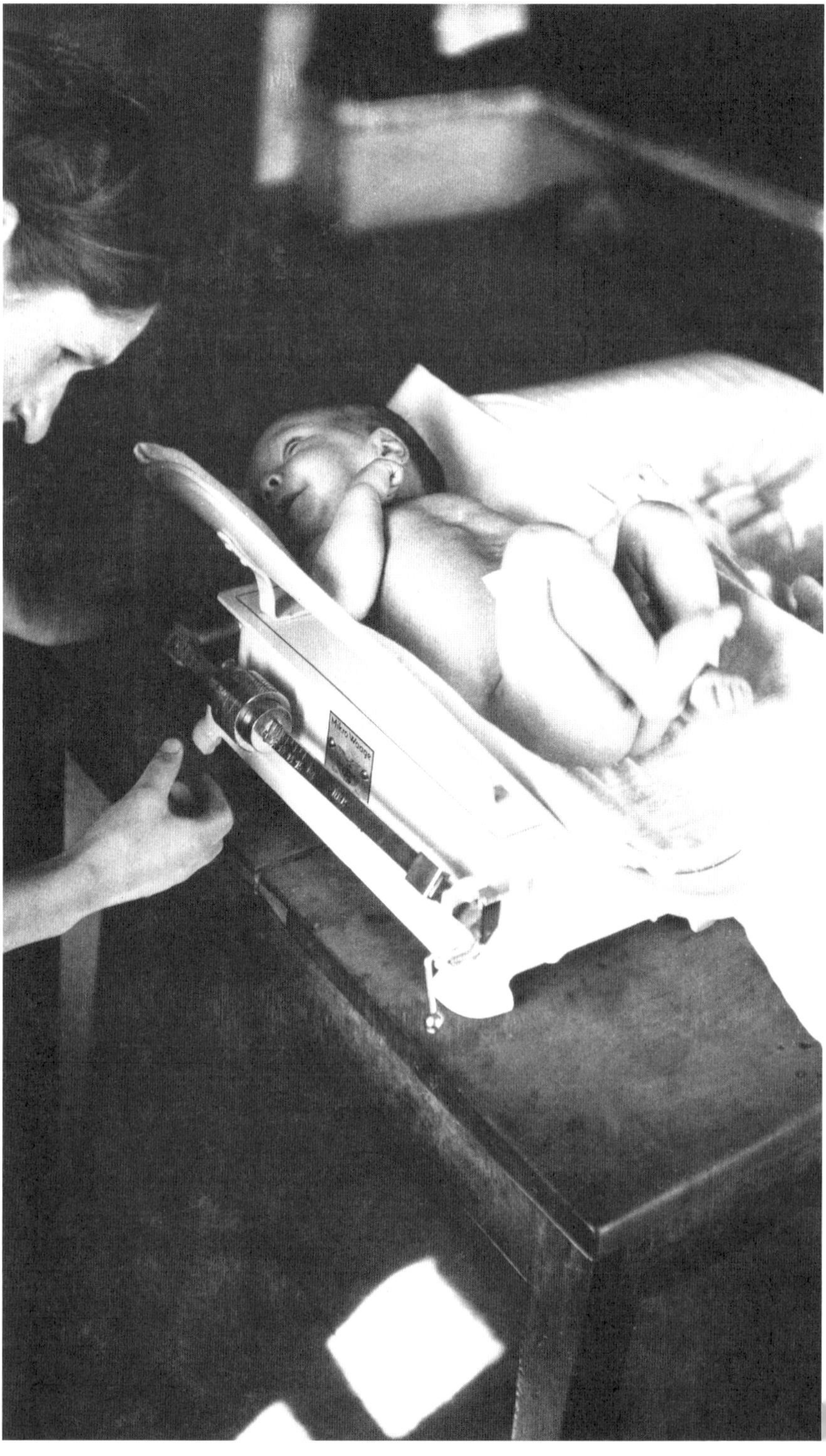

Igis,
Februar 1931

Ein Neugeborenes liegt nackt auf der Waage. Trotz der untergelegten Windel ist die Waagschale hart. Eben noch hat es auf dem weichen Kissen gelegen. Irritiert über den Vorgang, sucht es Kontakt zur Mutter, doch sie ist mit der Waage beschäftigt. Sechsmal am Tag legt sie das Kind auf die Schale, um sicherzugehen, dass es genug zunimmt. Kein Wunder, muss sie genau auf die Skala schauen, um die Gewichtszunahme von einer Wägung zur nächsten zu registrieren. Obschon das Kind reichlich Babyspeck hat – bei der Geburt ist es fast anderthalb mal so schwer wie ein durchschnittliches Neugeborenes –, sorgt sich die Mutter permanent um sein Gewicht und führt akribisch Buch über die Trinkmengen. Von Anfang an misst sie das Kind an vorgegebenen Normen. Entspricht es ihnen nicht, ist das für die Mutter ein Grund zur Beunruhigung. Ihre Sorge kann sie nicht unmittelbar mit dem Vater des Kindes teilen. Er ist noch in Brasilien, ihre Briefe dorthin sind mindestens zwei Wochen unterwegs. *Brüderlein, ich glaube, es ist niemand so ein Angsthase wie eine Mutter. Wenn ich keine Waage hätte, würde ich es ja gar nicht merken. Das wird dann etwas für Dich. Statt Holzklötzlein kannst Du dann Deinen Sohn wägen.*

Später wird sich Enkel Andres daran erinnern, wie er seinen Grosseltern Gian und Greti im Altersheim stolz seinen Erstgeborenen präsentierte, ihren dritten Urenkel. *Beide beugten sich über das Baby. Nani sagte nur: Nennt ihn ja nicht Dominic, er heisst Gian Domenic. Und Neni schaut das Kind an und beginnt gleich mit ihm zu spielen.*

Einsame Geburt

Igis, Pfarrhaus, Januar 1931. Tag um Tag verging, und jeden Tag verlor Greti Fruchtwasser. Immer wieder hatte sie Schmerzen in der Gebärmutter. Dr. Jeklin untersuchte sie und stellte fest, dass das Kind in Steisslage lag. Sie sehnte sich nach Gian und war doch froh, dass er sie in diesem Zustand nicht sah. *Liebes, sei Du froh, dass Du nicht hier bist. Es wäre schwer für Dich, untätig meine stumpfe Verzweiflung zu sehen. Tagsüber, im hellen Sonnenschein, geht es, aber wenn es anfängt zu dunkeln und ich immer müder werde, dann muss ich allein sein, stehe in der dunklen Stube und starre hinaus gegen die Berge, von denen noch ein mattes, blauweisses Licht fliesst.*

Sie mochte nicht müssig herumsitzen und nutzte die Zeit, um an einem Berufsbild für Theologinnen zu arbeiten. Darin wollte sie nicht nur begründen, warum sie Frauen für ebenso geeignet hielt wie Männer, um Gottes Wort zu verkünden, sondern auch einen Überblick über die Fortschritte in Sachen Pfarramt für Frauen geben. Sechs Tage nach dem Blasensprung spürte sie beim Erwachen Wasser zwischen den Beinen. *Am Freitag morgen fing es an so stark zu gehen, dass ich unserem Kleinen vier Windeln einweihte.*

Ungeduldig wartete Greti auf die Morgenpost, die die *Basler Nachrichten* brachte. Darin fand sie den ersehnten Bericht der Synode: *Verwendung der Frau im Kirchendienst* war der zweispaltige Artikel überschrieben, der die Debatte ausführlich wiedergab und auch die erwartungsvolle Stimmung unter den zahlreichen Frauen auf der Tribüne beschrieb. Die Voten waren überwiegend positiv, ebenso das Resultat: Die Basler Kirche schuf ein neues Hilfsamt, Theologinnen durften fortan als Pfarrhelferinnen seelsorgerisch tätig sein und aushilfsweise auch Predigten und alle weiteren kirchlichen Amtshandlungen – Trauungen, Beerdigungen und Taufen – vornehmen. Sie erhielten so einen ähnlichen Status wie ihre Kolleginnen in Zürich, mit dem symbolischen, aber nicht unwichtigen Unterschied, dass die Basler Kirche auch eine Ordination der Theologinnen vorsah.

Der Entscheid befriedigte Greti nicht ganz. Sie wollte sich nicht mit einem eingeschränkten Pfarramt zufriedengeben, sah aber auch, dass sie und ihre Mitstreiterinnen bei der politischen Grosswetterlage kaum auf mehr hoffen konnten. Sie arbeitete die Nachricht aus Basel in ihr Berufsbild ein. Mittags schlief sie zwei Stunden tief und fest. Dann setzte sie sich wieder an die Schreibmaschine und schrieb. *Als ich die Korrektur las, fingen die leisen ersten Schmerzen an, und zwischen den beiden ersten starken Wehen schrieb ich mit zittriger Hand die Adresse.* Sie war dankbar, dass das Kind so lange gewartet hatte. *Mehr Verständnis kann ich von ihm nie verlangen!*

Dann ging es endlich richtig los. Die Wehen wurden schnell heftiger, die Abstände dazwischen immer kürzer. Bei jeder Welle hielt sich Greti mit beiden Händen an einer Stuhllehne fest. Als sie nicht mehr stehen konnte, führte Anny, die Hebamme, sie ins Schlafzimmer und zog ihr ein Nachthemd und das weisse Bettjäckchen an, das die Schwiegermutter aus Pontresina geschickt hatte. Bei jeder Wehe stützte die Hebamme Greti im Rücken. Um halb zehn Uhr abends kam Dr. Jeklin und untersuchte sie. Der Kopf des Kindes sei zuvorderst, alles komme gut. *Wie es bei Sterbenden oft vorkommt, so trug ich heftiges Verlangen, aufzustehen, wegzugehen und alles zurückzulassen. Zum Ersatz richtete ich mich mühsam in die Knie auf und stemmte mit den Händen gegen die Bettstatt. Ich hörte den Arzt sagen: «Eine jede sucht sich anders zu helfen.» Nach einer Weile hiess er mich, mich wieder hinzulegen, weil er so keine Kontrolle habe. Ich wartete immer noch darauf, dass die Schmerzen nun so stark werden würden, dass ich schreien müsste.* Die Hebamme presste nun Gretis angezogenen Knie gegen ihren Leib. *Ganz unten hinaus, fest, so ist's recht, tief atmen und grad noch einmal,* redete sie der Gebärenden zu. Nach einer Weile merkte Greti, dass etwas nicht in Ordnung war. Sie hörte den Arzt sagen: *Es verhält irgendwo.* Er versuchte nachzuhelfen, drückte vom Darm und von der Blase her, doch ohne Erfolg.

Ich kämpfte weiter, das Schwierigste war wieder einmal das Warum in meinem Leben: warum ging es denn nicht vorwärts. Eine Narkose war vollkommen ausgeschlossen, da ich ja alles selber tun musste. Dazu waren die Schmerzen ja sehr leicht zu ertragen. Es verrann wieder eine Stunde, da plötzlich, ohne dass ich selber etwas Besonderes spürte, sagte der Arzt: Jetzt haben wir den Kopf und jetzt auch grad das Popeli. Es lag einfach plötzlich da und soll schon mit der Nase geschnuppert haben, bevor es brüllte. Ich sah zwei rosige Beinlein und zwei Ärmlein zwischen meinen Beinen in der Luft herumfahren und hörte zwei kräftige Kläpse klatschen, dann schrie ein hohes Stimmlein zweimal auf.

Sie fingen an, den Nabelstrang zu unterbinden, als ich unsern Sohn mit den Worten begrüsste: Könnt Ihr ihn nicht ein bisschen weiter wegnehmen? Er strampelte mit seinen Füsschen immer gegen meine wunde Stelle, so dass ich ihn von Herzen wegwünschte. Sie schnitten ihn ab und badeten ihn. Er wurde gewogen: Mami durfte ihn auf die Arme nehmen: Freudentränen rannen ihr über die Wangen. Sie wollte ihn mir bringen, ich schüttelte nur den Kopf, denn die wunde Stelle brannte mich entsetzlich, auch war die Nachgeburt noch bei mir. Nun kamen sie wieder zu mir. Dr. Jeklin machte ein paar Press- und Drückbewegungen auf meinem Bauch und plötzlich ging ein ungeheurer, warmer Blutkuchen ab, und sofort war mir «vögeliwohl». Ich hatte aber noch etwas vor mir: Der grosse Bub hatte mir drei Dammrisse gerissen, sie mussten noch vernäht werden, ich gab aber keinen Laut von mir. Und nun begann ein allgemeines Lob über meine Tapferkeit während der ganzen Nacht. Als ob sie denn wüssten, wie wenig oder wie sehr es wehgetan. Wenn ich kein einziges Mal geschrien, so war dies sicher nur, weil ich eben nicht musste. Als der Dr. sagte: «Es ist doch nicht, dass es ein Bub ist?», antwortete ich: «Ja, aber das nächste muss dann ein Mädchen sein!» Ich dachte also schon an das nächste!

In São Paulo wartete Gian schon seit Tagen auf eine Nachricht. Am 24. Januar frühmorgens war es soweit.

> CABOGRAMMA
> M. 1 LANDQUART 12 3.30 24 ZIR
> CAPREZ
> RUA 7 ABRIL 68 SPAULO
> SOHN SAMSTAG 3 UHR BEIDE WOHL
> GRETI

Auf dem Weg zum Polytechnikum ging er beim Telegrafenamt vorbei.

> GROSSE FREUDE
> WUENSCHE GUTE GENESUNG ERWARTE
> LETTERTELE JETZTIGES BEFINDEN
> FREUNDLICH WORT GIANIN

Im Büro behielt er die Neuigkeit für sich. Sie schien ihm zu kostbar, um sie mit jemandem zu teilen. Als er abends nach Hause kam, wartete die erbetene Antwort.

> NORMALER VORGANG BEGINN NEUNZEHN ENDE DREI UHR
> NEUN PFUND BEIDE MUNTER FREUDE
> GRETI

Immer wieder schaute sich Gian die beiden kleinen Fotos an, die Greti ihm vor einigen Wochen geschickt hatte von sich und dem leeren Korb. *Liebes, wie hast Du es überstanden, und «er», wie sieht denn «er» aus?,* erkundigte er sich. *Es ist schon so unrecht, dass ich hier wie ein Murmeltier schlafe und mich so wohl wie nur möglich fühle, währenddessen Du Dich in Schmerzen quälst. Wirst Du diese Nacht wohl schlafen können? Du musst mir dann jeden Abend erzählen, was Du alles erlebt und gefühlt hast, seitdem Du von mir fort bist, sonst ver-*

liere ich den Zusammenhang zwischen uns beiden und «ihm», und «es» soll mir doch nicht fremd vorkommen.

Während Gian diese Zeilen schrieb, brach fast zehntausend Kilometer weit weg in Igis der Morgen an. Greti erwachte nach der ersten kurzen Nacht als Mutter. Auf dem Tisch stand ein Strauss roter Nelken, den ihre Freundin Verena mitgebracht hatte. Greti fühlte sich sehr müde, aber gleichzeitig munter. Neben ihr lag das Kind im *Zainli* und schlief. *Komisches Gefühl, dass «es» nicht mehr bei uns ist und «selbständig» und so gross in seinem Korb.* Sie nahm den Brief zur Hand, den sie drei Tage zuvor angefangen hatte, als sie noch verzweifelt am Warten war, und fügte mit zittriger Schrift ein paar Zeilen hinzu.

SONNTAG, 25. JANUAR 1931

Brüderlein, hast Du mir einen «Gwaltgüggel» mitgegeben! Er ist sehr gross: neun Pfund. Durchschnitt eines Neugeborenen: 6,2 Pfund. Ich hatte nicht gewusst, dass so ein eintägiges Wesen so brüllen kann. Er hat die letzte, seine erste ganze, Nacht gebrüllt von zehn bis vier Uhr ohne Unterlass und von da an ein bisschen ergebener und mit Unterbruch. Brüderlein, wir werden beide fest zusammenstehen müssen, um seinen Starrkopf anheben zu mögen. Von der Geburt schreibe ich Dir morgen. Heute noch zu müde.

Zwei Wochen später hielt Gian den Brief mit dem ausführlichen Geburtsbericht in Händen. Als er ihn las, war er erleichtert und stolz zugleich. *Du gutes tapferes Greti, Liebste, weisst Du denn, welche Freude ich an Deinem Brief habe! Ich kauerte vor jedem Satz, las ihn langsam und gespannt und fand mich bald laut lachend, bald misstrauisch abwartend und ernst. Aber Du hast so glänzend geschildert, dass ich es miterlebte, als ob ich auch bei Dir gewesen wäre, dazu wusste ich ja auch, dass es nicht sehr schlimm kommen sollte, was ich, wenn ich bei Dir selbst gewesen, nicht hätte wissen können. Und wie das Kind in Nanis Arme gelegt wurde, da merkte ich, dass auch ich feuchte Augen hatte. Dass Du es von Dir weghaben wolltest, begreife ich gut, es freut mich «usinnig», wie Du Dich verhalten hast. Deine Sachlichkeit ist ganz glänzend.*

Noch immer konnte Greti kaum glauben, dass sie dieses Kind empfangen, ausgetragen und geboren hatte. In Gedanken nannte sie die Zeugung *das Wunder vom 14. April.* Dass sie den Zeitpunkt der Empfängnis genau geplant hatte, daran wollte sie sich mittlerweile nicht mehr erinnern. *Es ist zu mir gekommen aus Eigenwillen, da wir meinten, sein Dasein noch nicht verantworten zu können. Da «es» nun aber wider unseren Willen uns geworden war, konnte es nicht anders sein als dass «es» uns geschenkt worden.* Das Wunder hatte jetzt einen Namen: *Gian Andrea Caprez.* Gretis Vater bedauerte, dass der Enkel nicht Roffler hiess. Sie pflichtete ihm insgeheim bei, trauerte aber nicht um den Stammhalter, sondern um die Anerkennung ihres Beitrags an dem kleinen Wunder. *Ganz recht ist es nicht: die Mühen haben wir Frauen, aber unseren Namen dürfen wir dem Erfolg der Schmerzen nicht geben. Aber Name ist Schall und Rauch. Wie der Mensch ist, ist die Hauptsache.* Für beide Grosselternpaare war Gian Andrea das erste Enkelkind. Sie nannten es liebevoll *Hans-Hühnchen* und wussten sich nicht zu fassen vor Freude.

Die Erziehung war für Greti vom ersten Tag an ein Kampf. Gemäss der modernsten Säuglingspflege sollte eine Mutter ihr Kind alle vier Stunden stillen, angefangen um sechs Uhr früh. Um zehn Uhr abends gab sie ihm die letzte Mahlzeit, danach für acht Stunden nichts mehr. Hebamme Anny blieb die ersten drei Wochen nach der Geburt im Pfarrhaus und unterstützte Greti dabei, den Stillrhythmus einzuhalten. Die Grossmütter zeigten sich skeptisch, ein solch strenges Regime war ihnen fremd. Doch Greti wollte das Kind früh ans Durchschlafen gewöhnen. Es sei ja zum Besten für alle, rechtfertigte sie sich vor Gian. *Wenn die beiden Nanis erzählen, dass sie bei ihren Kindern ein ganzes Jahr jede Nacht fünf bis sechsmal aufgestanden seien, so will ich lieber jetzt noch ein paar Nächte das Geschrei und die Bächlein meiner Milch, dafür aber nachher Ruhe für mich, Dich und es.*

So leicht, wie Greti gehofft hatte, gewöhnte sich Gian Andrea allerdings nicht an die Stilldisziplin. *Hans-Hühnchen versucht es noch jede Nacht, unsere Herzen zu erweichen,* berichtete sie Gian am vierten Tag nach der Geburt. *Aber weder die «Gluggeri» noch die Mutter sind barmherzig. Sie schweigen, wenn sie auch nicht schlafen können. Freilich wenn man bedenkt, dass er von vier bis halb sechs brüllt, schmatzt und mit offenem Mäulchen in der Luft herumfährt, es an seinen Fäustchen und dem Kopfkissen versucht und unterdessen aus der übervollen Brust der Mutter zwei Bächlein rinnen, so ist dies viel geopfert für den Götzen Erziehung.* Sie fühlte sich ohnmächtig, und in ihr regten sich leise Zweifel, ob der eingeschlagene Weg der richtige sei. Doch dann riss sie sich zusammen. *Es muss werden, wir müssen es zum Durchschlafen, zu acht Stunden Ruhe bringen.*

Am sechsten Tag war Greti der Verzweiflung nah. Das Kind brüllte nachts immer noch zwei Stunden, obschon es tagsüber viel trank. Sie befürchtete, die Erziehung werde so nie gelingen. Die Nächte waren eine Qual, und auch tagsüber kam Greti nicht zur Ruhe. Der Besuch gab sich die Klinke in die Hand, Gians Mutter hatte sich gleich für mehrere Tage einquartiert. Sie sehnte sich danach, zwei Tage am Stück ganz allein zu sein mit dem Kind. Nur über den Besuch ihrer Freundin Verena freute sie sich. Verena, die Weggefährtin, mit der Greti alles besprechen konnte, was sie bewegte: die Arbeit als Theologin, Ehe und Mutterschaft und die Möglichkeit, alles miteinander zu verbinden.

Die beiden waren schon einen langen Weg zusammengegangen. Während des Studiums hatten sie es beide nicht für möglich gehalten, Pfarramt und Familie zu vereinbaren, und im Sommer 1928 hatten beide eine Entscheidung getroffen, die sie für definitiv hielten. Verena wählte die Berufung und trennte sich von ihrem Liebsten, Greti stand kurz davor, das Studium aufzugeben und zu heiraten. Jede bewunderte die andere für ihre Klarheit und versuchte, sie gleichzeitig für die eigene Überzeugung zu gewinnen. In ihren Briefen hielten sie Zwiesprache.

Greti: *Wovon träumst denn eigentlich Du, wenn Du träumst? (...) Verena, ich möchte Dich einmal lieben sehen, ganz und ehrlich. Es wäre auch Dir Erfüllung, nicht Erfüllung des demütig liebenden Weibes, aber Erfüllung Deines Menschen, wie es eben auch ein jedem Manne Erfüllung seines Menschen ist.*

Verena: *Ich glaube schon, dass die Ehe eine Erfüllung ist. Aber sie ist nicht die Erfüllung des Lebens. Ich denke, für den Christen wird das selbstverständlich sein. Die Ehe, die wirkliche Ehe, ist nichts Naturhaftes, sondern etwas Geistiges, und deshalb ist sie (...) auch irgendwie Berufung.*

Greti: *Was nützt es denn, dass wir diese Ideale haben, wenn der, den wir lieben, nicht so viel verdient, dass wir eine Magd haben können, denn zum Weibtum gehört das Putzen und Windelnwaschen. «Die Dinge sehen, wie sie sind.»*

Verena: *Du musst nicht denken, dass ich meinen Weg für eine Lösung der Frauenfrage halte. Das wäre eine höchst verzweifelte Lösung oder vielmehr der grundsätzliche Verzicht auf eine Lösung. (...) Die Lösung der Frauenfrage (...) kann meines Erachtens nur darin liegen, dass es immer mehr auch der im Beruf stehenden Frau ermöglicht wird, zu heiraten.*

Greti: *Dass es Dir schwer wird, Deine Kraft, die Du doch für so unendlich Wichtigeres und Grösseres einsetzen kannst, für solche Dinge zu brauchen, begreife ich wohl. Die Frage «Frau und Studium» löst sich mir eben so, dass ich mein Leben in die Hand Gottes gegeben.*

Verena: *Ich glaube, dass auch die Theologie noch weiter irgendwie einen Anspruch an Dich hat. Siehst Du, es ist doch etwas vom Allerwichtigsten, dass es innerhalb der Ehe, gerade unter den Hausfrauen, Menschen gibt, die nicht darin aufgeben. Dann werden die Grenzen, die Du Deiner Wirksamkeit als Frau steckst, schon nicht zu enge werden, auch wenn Du gar nichts Theologisches mehr treibst. Wir brauchen Dich, Dein Mitwissen, Deine Teilnahme, Dein Verständnis.*

Schliesslich hatten sie beide, jede für sich, gespürt, dass eine Beschränkung auf das Eine oder das Andere nicht das Richtige wäre. Verena war zu Walter zurückgekehrt, Greti hatte weiter studiert. Und irgendwann war in ihnen die Überzeugung gereift, dass Ehe und Beruf zu vereinen sein müssten, und dass, wenn andere es nicht für möglich hielten, sie es ihnen beweisen würden. Nun, da sie Abschluss und Trauschein besassen, standen sie vor der Frage, wie sie ihre Utopie verwirklichen konnten. Verena träumte davon, mit ihrem Mann zusammen ein Pfarramt zu übernehmen. Zusammen hatten sie sich in Hundwil im Hinterland des Kantons Appenzell Ausserrhoden beworben – er als Gemeindepfarrer, sie als seine Mitarbeiterin. Zunächst sah es eigentlich gut aus für sie. Der Kirchenvorstand zeigte sich offen, wollte aber vor der Zusage die Meinung der Kantonalkirche einholen. Der Kirchenrat und die Synode reagierten positiv, mahnten aber, die Theologin dürfe nicht zu oft predigen. Zu weit wollte man nicht gehen, *ein halbes Pfarramt* solle in Hundwil nicht entstehen. Trotz dieses verheissungsvollen Signals entschied sich die Kirchgemeinde schliesslich für einen Pfarrer, der im Dorf schon länger bekannt war. Zur Zeit versuchten es Verena und Walter im glarnerischen Mollis, wo die Pfarrstelle schon länger verwaist war. Grosse Chancen rechnete sich Verena jedoch nicht aus.

 Greti betrachtete Verena, die an ihrem Bett sass. *Sie war bis jetzt immer influenzakrank. Sie hat auch ganz magere Hände. Überhaupt ist sie müde und deprimiert.* Offensichtlich zermürbte der Kampf die Freundin. Doch sie war zäh. Den Kopf in den Sand zu stecken, kam für sie nicht in Frage, auch darin waren sich die beiden Frauen ähnlich. Verena liess keine Gelegenheit aus, für ihre Sache zu weibeln. Ihren Vortrag über die *Mithilfe der Frau in Kirche und Gemeindedienst* konnte sie an vielen Orten halten, und er stiess auf grosses Interesse. Diskutierte irgendein kirchliches Gremium über die

Zulassung von Pfarrerinnen, nahm Verena dazu Stellung, in einem direkten Brief an die Verantwortlichen oder einem Leserbrief. Ausserdem wollte sie den Austausch unter Kolleginnen fördern. Vor Kurzem hatte sie die Schweizer Theologinnen zusammengerufen, am Rand der Generalversammlung des Schweizerischen Verbands der Akademikerinnen in Zürich. Auch Greti war dabei gewesen, hochschwanger. Zu sehen, wie viele sie schon waren und wie jede an ihrem Ort für die gleiche Sache kämpfte, gab ihnen neuen Schwung.

Die Zahl der Theologinnen wuchs von Jahr zu Jahr. Zwar sassen die Studentinnen an den theologischen Fakultäten in Zürich, Bern und Basel immer noch allein oder höchstens zu zweit im Seminar. Doch zusammen mit den ausgebildeten Theologinnen waren sie nun schon über ein Dutzend, verstreut über die ganze Schweiz. Verena trug sich darum mit der Idee, einen Rundbrief zu initiieren, ein Forum für den Austausch zu praktischen Fragen, aber auch zum taktischen Vorgehen im Kampf für das Pfarramt.

Als Verena abgereist war, versank Greti wieder im Trübsinn. *Es geht uns beiden nicht sonderlich gut,* berichtete sie Gian niedergeschlagen. Das Kind schlief immer noch nicht durch, und es wollte partout nicht zunehmen. Sie hatte starke Blutungen und befürchtete, ein Teil der Nachgeburt stecke noch in der Gebärmutter. Drei Wochen nach der Geburt reiste auch Schwester Anny ab, unter deren Fittichen sich Greti einigermassen sicher gefühlt hatte. Sie kam sich verlassen und hilflos vor wie ein verlorenes Kind. Die gut gemeinten Ratschläge von Mutter und Schwiegermutter halfen ihr nicht weiter. *Die beiden Nani geben sich nun grosse Mühe, mir die Seligkeit des Kinderhabens und die Süssigkeit des Windelnwaschens klarzumachen und die Pflicht, das selber zu tun. Und ich habe es fast geglaubt. Abends, als ich dann allein war, hatte ich Moralischen und habe ein bisschen geheult, weil ich dachte, ich werde eine sehr schlechte Mutter werden.*

Mitten in ihrer Einsamkeit und Verzweiflung hatte Greti einen brutalen Traum. Gian und sie feierten in einem Hotelzimmer in

Zürich ihr Wiedersehen. *Es sah genauso aus wie das Zimmer, in dem Gian Andrea und ich jetzt hausen. Wir zogen uns aus und legten uns zu Bett, ich gegen die Wandseite. Mein Herz war voll gespannter Erwartung und heisser Freude, nun würde all das wieder kommen, was früher gewesen. Da merkte ich, dass Du zögertest, dass Du zwar auch wolltest, Dich aber etwas hinderte, und dass Du mir dies doch zugleich gerne verborgen hättest. Und plötzlich sah ich es: Dein rechtes Bein war verstümmelt, es endete beim Knie in einem schmerzenden, roten Stummel. Eine Welle heisser und echter Liebe durchflutete mich, und ich suchte Dir zu zeigen, dass ich Dich so nicht weniger lieb hätte, beugte mich über Dich und streichelte und tröstete Dich unablässig. Wir waren beide traurig, als ich plötzlich eine grosse Freude spürte, Du schautest verwundert in meine freudestrahlenden Augen. Ich sagte fast jubelnd: «Jetzt muss ich nie mehr Angst haben, dass Du ...», ich schwieg. Du verstandest sofort: «Dass ich auf einer verwageten Ski- oder Bergtour ums Leben komme und Dir so genommen werde.»*

Ich lag so halb auf Dir, als plötzlich die Türe aufging, das Zimmermädchen hereintrat und schrie, wenn wir so beieinander seien, hätten wir sofort das Zimmer zu räumen. Ich war mit einem Satz zum Bett hinaus und stand bebend vor Zorn vor ihr, weil sie uns gestört im Heiligsten, da wir uns doch eben erst wieder seelisch einander fürs Leben neu gewonnen und verbunden hatten. So schrie ich sie an, sie hätte hier gar nichts zu suchen, wir wären verheiratet, im Übrigen sei das egal und gehe sie nichts an. Sie öffnete den Kasten, um meinen Pass zu suchen und daraus meinen Civilstand zu ersehen. Ich wurde noch wütender, da sie offenbar so zu Dir stand, dass sie es wagen durfte, Dir über den Kasten zu gehen – Jäh erwachte Greti. Unvermittelt wurde ihr bewusst, wie sehr sie auf Gian angewiesen war. Gerade jetzt, in diesem Moment, wo sie sich mit dem Kind so furchtbar allein fühlte, hätte sie ihn nötig gehabt. Das Bild des verkrüppelten Mannes stimmte sie froh, denn es besänftigte ihre Angst: Seit der Geburt spürte sie das Kind wie einen Klotz am Bein, es machte sie unfrei und von Gian abhängig. Mit seinem schmerzenden roten Stummel musste nun auch er bei ihr bleiben.

Jahrzehnte später wird sich Gretis Traum auf schreckliche Weise bewahrheiten: Nicht ihr Mann, sondern ihr Sohn Gian Andrea, der jetzt an ihrer Brust liegt, wird bei einem Lawinenunglück ums Leben kommen, mit knapp über fünfzig Jahren.

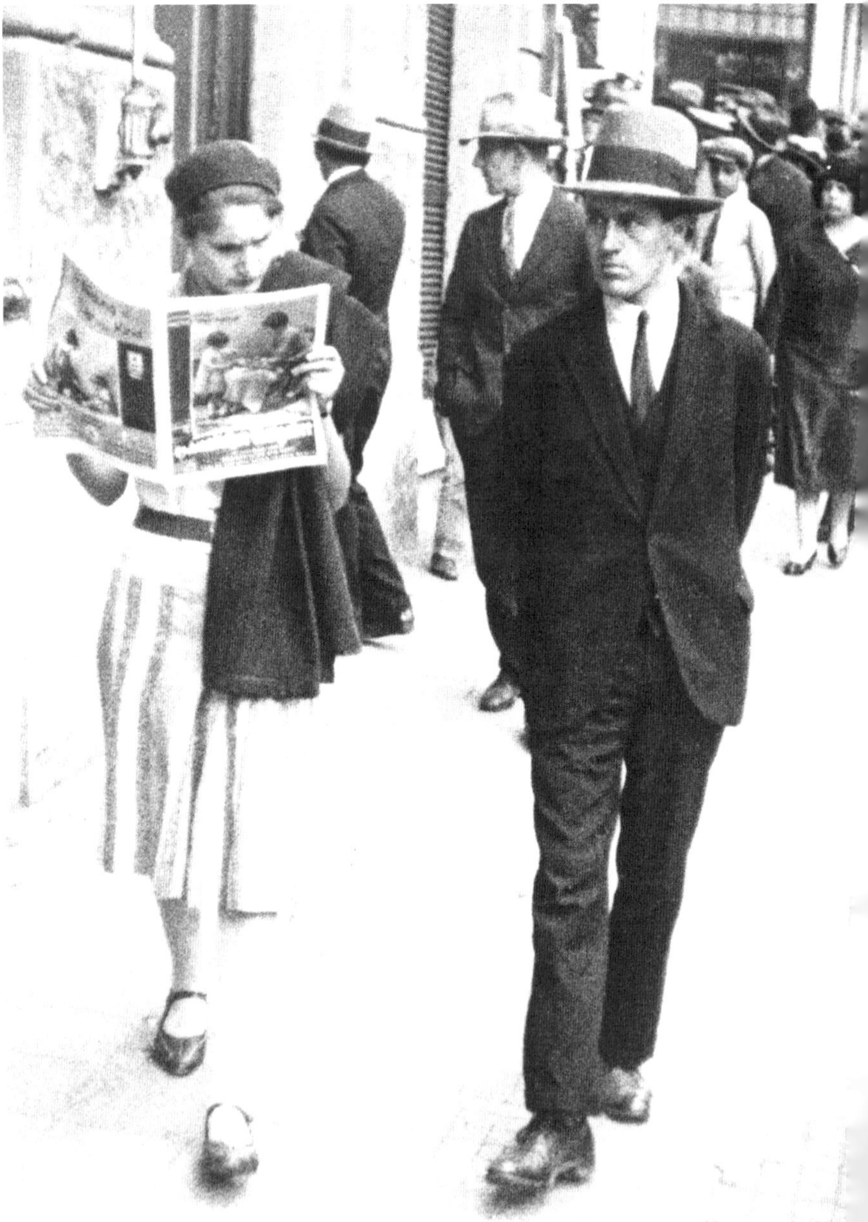

São Paulo, 1930

Ein ungewöhnliches Bild, inszeniert in den Strassen von São Paulo. Die Szene könnte auch irgendwo in Europa spielen: Die Architektur verrät nichts Ortsspezifisches, und schwarze Brasilianerinnen sucht man auf dem Bild vergeblich. Gretis schickes Beret und das figurbetonte Faltenkleid, Gians dunkler Anzug mit Krawatte und Hut – so elegant sieht man die beiden sonst kaum auf Fotos, nicht einmal sonntags. Vermutlich eine Konzession an die Umgebung. Statt zu flanieren wie die andern, liest Greti im Gehen eine Zeitschrift, den Mantel über die Schulter geworfen. Sie wirkt hoch konzentriert, aber skeptisch, Gian schreitet geduldig nebenher. *Sie war diejenige, die bestimmte, wo es langgeht,* sagen Verwandte und Bekannte bis heute unisono. Und er, gleichmütig und harmoniebedürftig, passte sich an. Im Gleichschritt zwar, aber nicht mit demselben Fuss voran, geht das Paar in der Menge. Ein Sinnbild für diese ersten Monate als frisch getrautes Ehepaar, das sich erst finden muss und immer wieder um das rechte Mass an Intimität und Autonomie ringt. Gekleidet wie die Paulistas, Schweizer Zeitungen lesend: Greti und Gian wollten sich alles offenhalten. Sie lernten die Landessprache fliessend (noch im hohen Alter benutzten sie Portugiesisch als Geheimsprache in einem Liebesbrief), und Greti arbeitete in der deutschsprachigen evangelischen Gemeinde mit. Ob sie bleiben oder in die Schweiz zurückkehren würden, war noch unklar.

Gehversuche

IGIS, 20. FEBRUAR 1931

Mein liebes Brüderlein,
Du stehst in Santos am Strand und wartest, dass der wuchtige Schiffskörper langsam in den Hafen fahre und Dich aufnehme. Ich liege auf dem Liegestuhl in «unserem» Zimmer. Hans-Hühnchen schnarcht in seinem Zainli.

Noch drei Wochen, bis sie Gian in ihre Arme schliessen konnte. Greti wollte Präservative besorgen, aber das war gar nicht so einfach. Gian würde unterwegs keine kaufen können, denn er reiste ab Barcelona in Begleitung seiner Eltern, die dem Sohn entgegenfuhren, um ein Stück Europa zu entdecken. In Chur wiederum kannte man ihn in der Apotheke. Also schrieb Greti ihrem gemeinsamen Studienfreund Paul Thürer und bat ihn, ihr zwei Packungen *Fromms Act* zu schicken. Als das Paket im Pfarrhaus ankam, war es an einer Ecke aufgerissen. Zwar glaubte Greti nicht, dass die Postangestellten in Igis den Inhalt der Sendung erkannten. Dennoch wollte sie sich die Kondome in Zukunft lieber von einer Apotheke schicken lassen, wie es ihr Verena geraten hatte. Ohnehin würden sie und Gian sich etwas anderes einfallen lassen müssen, denn die *Fromms Act* waren auf Dauer zu teuer. Ob ein chemisches Mittel günstiger wäre? Ein solches mit dem Namen *Patente für die Frau* hatte der Vertrauensarzt von Schwester Anny empfohlen. Doch Gretis Referenz in diesen Fragen, die englische Biologin und Frauenrechtlerin Marie Stopes, riet von chemischer Empfängnisverhütung ab und empfahl statt dessen ein Pessar, eine Kappe aus Gummi, mit der die Frau den Gebärmutterhals bedecken konnte. Wenn Greti das nächste Mal in Zürich war, würde sie

Frau Dr. Ostersetzer um Rat fragen, mit der Verena gute Erfahrungen gemacht hatte.

Den Moment des Wiedersehens wollte Greti nur mit dem Liebsten erleben. Niemand aus der Familie sollte die ersten Stunden mit ihm stören, nachdem sie ihn fast ein halbes Jahr hatte entbehren müssen. Sie malte sich aus, wie sie und Gian sich gemeinsam an ihrem Kind freuen würden. *Brüderlein, Du kannst Dir kaum vorstellen, wie ich darauf plange, dass Du allein zu uns in die Stube trittst. Hans-Hühnchen schläft selig und zufrieden, und wir treten an sein Zainli, nehmen ihm behutsam die Decke weg, er fängt sachte an, mit den Augenlidern zu zucken, runzelt die Stirne und streckt sich dann wie ein aufwachendes Kätzchen. Und dann schlägt er die Augen auf und schaut fragend ins Leere.* Vor Gians Ankunft wollte sie nach Furna reisen und dort mit dem Kind auf ihn warten. Seit dem Tod der Grossmutter stand das Furnerhaus leer. Der Schwiegervater wollte Greti verbieten, mit dem Enkel dorthin zu fahren, auf tausendvierhundert Meter über Meer, das sei wegen der Schneeschmelze zu gefährlich. Ihren Wunsch tat er als Sentimentalität ab, sie könne Gian doch in Igis treffen. *So? Mich und den Buben werden sie aber hier nicht finden. Brüderlein? Brüderlein, ich habe so Heimweh nach Dir.*

Wo sie sich schliesslich niederlassen würden, war noch nicht besiegelt. Gian wollte in der Schweiz Arbeit suchen, sich gleichzeitig aber Brasilien als Option offenhalten. Seinen Vorgesetzten liess er im Glauben, er mache bloss Urlaub. Greti wies er an, den Schweizplan nicht an die grosse Glocke zu hängen, Urlaub sei schliesslich ein dehnbarer Begriff. Sein Arbeitgeber am Polytechnikum in São Paulo schätzte ihn sehr und hatte ihm den Lohn im Lauf des Jahres verdoppelt. In der Schweiz könnte er als Angestellter weniger eigenständig arbeiten und verdiente nur ein Viertel des brasilianischen Lohns. Mit einer eigenen Firma hätte er als Neuling bei der derzeitigen Wirtschaftslage erst recht wenig Aussichten. Und, was vor allem Greti störte: wenn er bei seinem Vater im Ingenieurbüro in Pontresina mitarbeitete, stünde er wieder unter der Fuchtel der Familie.

Auch Greti konnte als Theologin in Brasilien auf bessere Arbeitschancen hoffen. Zwar hatte sie auch in der Schweiz, noch als Studentin, einige Male gepredigt – sie war stolz gewesen, dass sie den Verlobungsring für den Liebsten aus ihrem Predigtgeld bezahlen konnte –, doch unter ganz anderen Bedingungen als in Brasilien. Angesichts der laufenden Debatten in verschiedenen Schweizer Kantonen war jede Predigt ein Argument für oder gegen die Zulassung von Frauen zum Pfarramt gewesen.

Am 6. Juli 1928 war Greti als noch nicht 22-Jährige in Brütten bei Winterthur zum ersten Mal auf die Kanzel gestiegen. Sie hatte zwanzig Stunden am Text gefeilt und dann ebensolang gebraucht, bis sie ihn auswendig konnte. Gian fuhr sie im Auto hin, unterwegs klopfte ihr Herz bis zum Hals, doch in dem Augenblick, wo sie die Klinke der Kirchentür in der Hand hielt, wich alle Angst von ihr. Elf Männer und fünfzig Frauen lauschten ihrer Predigt über 1. Johannes 4,2. *Niemand hat Gott je gesehen. Aber wenn wir einander lieben, lebt Gott in uns. Dann hat seine Liebe bei uns ihr Ziel erreicht.* Schon drei Wochen später durfte Greti im benachbarten Seuzach wieder einen Gottesdienst halten. Die Predigttexte schickte sie ihrer Freundin Verena, die ihr dafür ein grosses Lob aussprach. *Was mich so sehr daran freut, ist, dass sie so wahr sind, so wirklich, so lebensnah, so ganz ohne unnötigen Pathos, so herrlich «unerbaulich». Die Theologen können das meistens nicht. Und ich kann es auch nicht so wie Du.* Auch der Vater zollte ihr Respekt: *Du bist ein Mordsmädel, dass Du schon im fünften Semester auf die Kanzel zu steigen wagst!*

Im selben Sommer hatte Greti erste Erfahrungen in Seelsorge gemacht. Der Vater bat sie, ihm Krankenbesuche im Dorf und ein Taufgespräch abzunehmen. Besonders beeindruckte sie das Gespräch mit einem Bauern, der eine schwere Zeit hinter sich hatte. Seine Frau sei länger krank gewesen, er und die Kinder hätten sehr darunter gelitten und nun seien sie unendlich froh und dankbar, dass seine Frau wieder gesund sei und er ihr drittes Kind zur Taufe anmelden konnte. Greti staunte: Da sass ein grosser, starker Mann vor ihr und erzählte ihr, der unerfahrenen Studentin, mit grosser Offenheit von seinen Seelennöten. Oft genug hatte sie gehört, dass sich kein Mann einer Pfarrerin anvertrauen würde. Der Bauer hatte ihr mit seiner Offenherzigkeit das Gegenteil bewiesen.

Während Greti die ersten Gehversuche als Pfarrerin unternahm, verschleppten die Kirchenoberen die Diskussion über das Frauenpfarramt. Nach der vielversprechenden Synode vom Juni 1928 sah es nicht danach aus, als ob die Theologinnenfrage rasch vors Volk kommen würde. In der komplexen Bündner Kirchenbürokratie, in der kirchliche und staatliche Institutionen eng miteinander verwoben waren, hatten zwei weitere Gremien das letzte Wort: Der *Evangelische Kleine Rat,* bestehend aus den evangelischen Mitgliedern der Kantonsregierung und der *Evangelische Grosse Rat,* dem die evangelischen Mitglieder des Kantonsparlaments angehörten. Die Gegner spielten auf Zeit.

Derweil schuf Greti Roffler Fakten. Ohne eine Genehmigung der Landeskirche einzuholen, trat sie am 7. Oktober 1928 in Furna auf die Kanzel. Die Predigt in ihrem Heimatdorf wurde für sie zum prägenden Erlebnis. Die Herbstferien an der Universität hatten gerade begonnen, es war Samstag und es dunkelte, als sie vom Tal ins Dorf hinaufstieg. Diesmal war sie allein, denn Gian steckte noch mitten in den Prüfungen an der ETH. *Den Bergspitzen nach lag der Nebel, weit nach Klosters leuchteten die Lichter. Unten im Tale, in Jenaz begann es zu läuten, Samstagabend.* Gleich würde Jakob Rudolf Truog auf die Kanzel steigen und die Abendpredigt halten. Ob er, einer der einflussreichsten Pfarrer im Kanton, der seit Jahren gegen die Zulassung von Frauen zum Amt kämpfte, wusste, dass Greti morgen in Furna predigen würde?

Die Tage davor hatte sie sich seltsam leidenschaftslos gefühlt. Alles war ihr unwirklich erschienen, ihre Gefühle für Gian, ihre Berufung zur Theologie, ihr Glaube. *Und da kam es über mich, dass ich beten musste, heftig und aufgewühlt. Ich legte all meine Unruhe, meine Wirrnis, meine Haltlosigkeit und Hochmut Gott zu Füssen. Die Gleichgültigkeit, die schon seit so langen Tagen über mir gelegen, war gebrochen, und all die Fragen: «Wozu denn unser Leben, wozu denn ich? Was ist Leben, was ist Glück? Wer bist Du Gott?» waren wieder da und in fast gewaltsamer Stärke.* Plötzlich erkannte sie: *Wir stehen als Persönlichkeit, als das, was nur wir sind, Gott gegenüber.* Die Gewissheit, dass sie auf einzigartige Weise mit Gott verbunden war, und dass dieses Band alle irdischen Beziehungen überdauern würde, erfüllte sie mit Ruhe. Mit einem Mal sah sie wieder einen Sinn hinter allem und spürte auch das Glück der Liebe und der Berufung wieder deutlich. Nun war sie dankbar, allein in Furna zu sein. Zweifelsohne war auch dies Gottes Wille gewesen.

Als sie tags darauf die Kanzel des Kirchleins betrat, konnte sie jedes einzelne Wort ihrer Predigt auswendig. Sie hatte sich für Matthäus 11, 28 – *Kommet her zu mir alle, die ihr mühselig und beladen seid; ich will euch erquicken* – entschieden. Nach dem Gottesdienst sagte man ihr, sie habe zu leise gesprochen. Sie war ebenfalls nicht zufrieden mit sich, gab aber der Akustik der Furner Kirche die Schuld, deren gewölbte Decke die Wörter schlucke. Beim Gedanken an den Kirchenrat schwankte sie zwischen geheimer Freude und leisem Bangen. Ob sie eine Busse bekommen würde, wenn er von ihrem Auftritt in Furna erführe? Stolz berichtete sie Gian von der Predigt und auch von ihrer Gotteserfahrung. Er freute sich über den Erfolg seiner Liebsten und scherzte: *Sieh' nur zu, dass die Furner Dich nicht mehr gehen lassen, trotz Kirchenrat und Dekan.*

Am Tag nach Gretis Predigt traf sich der Kirchenrat zu seiner Herbstsitzung in Chur. Auf dem Tisch lagen zwei Anfragen von Pfarrer Joos Roffler aus Igis, der seine Tochter und ihren Studienkollegen Albert Löschhorn bei sich predigen lassen wollte. Dem Mann erteilten die Kirchenräte die so genannte *kleine Lizenz* für Theologen, die nicht Mitglieder der Synode waren, ohne Zögern. Für eine Frau hingegen sahen sie keinen Spielraum.

Neun Monate später, im Frühling 1929, hielt Greti eine zweite Predigt in Graubünden. Die Igiser Dorffrauen hatten sie eingeladen, einen Gottesdienst zu gestalten. Den Kirchgemeindevorstand fragten sie nicht um Erlaubnis – Gretis Vater, der die Tochter schon lange gern auf seiner Kanzel hören wollte, unterstützte das Ansinnen ohnehin. Der Vorstand fühlte sich übergangen, und der Protokollführer konnte kaum verbergen, dass man über das Vorgehen der Frauen nicht sonderlich erfreut war. *Es wird auch hierseits Kenntnis genommen, dass Fräul. Greti Roffler, kand. Theol. auf Initiative von Frauen in Igis hier Sonntag, den 26. Mai, in unseren Kirchen gepredigt hat.*

Greti war sich bewusst, dass sie sich mit ihren Gastpredigten in Furna und Igis auf heikles Terrain begab. Gleichzeitig hatte sie durch diese ersten Gehversuche in Seelsorge und in der Predigt die Gewissheit erlangt, dass sie Pfarrerin werden wollte. Sie sah das Pfarramt nicht mehr lediglich als Erfüllung von Vaters Wunsch, sondern als ihre Berufung. Es gab nun Momente, in denen sie sogar ihre Heiratspläne infrage stellte. Sollte sie nicht doch *den ganzen angefangenen Rummel* in Graubünden zu Ende führen und irgendwo als ledige Pfarrerin – möglicherweise auch Pfarrhelferin – arbeiten? Dass Gian dann eine Andere heiraten könnte, diesen Gedanken ertrug sie allerdings nicht. *Dann musst Du mir versprechen, nicht zu heiraten, denn ganz entbehren kann ich Dich nimmer. Du musst dann immer von Zeit zu Zeit zu mir kommen. Stell Dir vor, wie das nett wäre, wenn wir in vierzig Jahren mit weissen Haaren in meinem Pfarrgarten auf- und abwandeln würden. Da würden sie sagen: «Die beiden hatten sich einmal lieb, aber sie blieb dann ihrem Beruf treu. Und er hat dann auch nicht geheiratet.» Wir würden ja zu Heiligen werden.*

Erstmals wandte sie sich nun selber an den Kirchenrat. Am 14. Juni 1929 schickte sie aus ihrer Zürcher Studentenbude einen Brief nach Chur mit der Bitte, sie zu Aushilfen zuzulassen. Sie berief sich dieses Mal nicht auf die Bündner Kirchenordnung, wie zuvor der Vater, sondern auf den Kanton Zürich, wo die Kolleginnen bereits aushilfsweise predigen durften. Postwendend kam die Antwort aus Chur: Dem Kirchenrat fehle jede gesetzliche Basis, um ihrem Gesuch entsprechen zu können. Die Zulassung von Frauen zum Pfarramt liege zur Behandlung beim Evangelischen Grossen Rat. Um die Sache nicht zu präjudizieren, könne man

Greti keine Sondergenehmigung erteilen. Fast ein Jahr zog ins Land, bis der Evangelische Grosse Rat im Mai 1930 zusammentrat, um über die Zulassung der Theologinnen zu beraten. Zu diesem Zeitpunkt war Greti längst verheiratet und lebte in São Paulo. Für die Ratsmitglieder war es deshalb sonnenklar, dass sie mit der Vorlage gar nicht mehr gemeint war. Durch ihre Heirat hatte sie sich selber aus dem Rennen genommen, eine verheiratete Pfarrerin lag nicht im Bereich des Vorstellbaren. Da eine andere Kandidatin nicht in Sicht war, beschloss man, auf die Vorlage gar nicht erst einzutreten. Mit der Begründung, es sei wertlos, wegen einer gegenstandslos gewordenen, nur noch theoretischen Frage eine Verfassungsänderung in die Wege zu leiten, wies der Evangelische Grosse Rat das Geschäft an den Kirchenrat zurück.

Im Frühjahr 1931, als Greti in Igis auf die Ankunft ihres Ehekameraden wartete, sprach also einiges dafür, bald zusammen nach Brasilien zurückzukehren. Hier in Graubünden konnte sie sich von der Landeskirche nichts mehr erhoffen. Dennoch war ihr mulmig beim Gedanken an eine Rückkehr nach São Paulo. Da war zum einen die politische Lage, die auch unter der neuen Regierung unsicher blieb, da waren die gesundheitlichen Probleme im brasilianischen feucht-heissen Klima. Mit dem Grossstadtleben konnte sie sich nicht anfreunden, und die brasilianische Mentalität blieb ihr fremd. Dazu kam das Heimweh nach der Natur und den ihr lieben Menschen in der Schweiz. Nein, Greti sah die Zukunft mit Gian und dem Kind in der Schweiz – wenn nicht in Graubünden, dann vielleicht anderswo? *In Deinen Zukunftsplänen musst Du auch die Möglichkeit berücksichtigen, dass wir beide in Zürich der Arbeit nachgingen, ein zuverlässiges Wesen zu Hans-Hühnchen nehmen oder ihn in die Kinderkrippe geben, wo wir ihn miteinander abends abholen, und uns so selber durchbringen. Ich würde dies sehr schön finden,* versuchte sie Gian für ihre Idee zu gewinnen. Wenn sie eine Stelle als Pfarrhelferin fände, reichte ihr Lohn gerade, um den eigenen Lebensunterhalt und die Haushälterin zu bezahlen. *Für die*

Bedürfnisse unseres kleinen Wesens aufzukommen würde Dir jedenfalls ganz bleiben, was natürlich nicht ganz richtig ist, aber es wird auch so für uns sehr schön kameradschaftlich werden.

Gretis grösster Wunsch blieb es jedoch, in Graubünden zu leben und zu arbeiten. Und so wagte sie, obschon die Signale aus Chur keinen Grund zur Hoffnung liessen, zusammen mit Verena einen weiteren Vorstoss beim Kirchenrat. Die beiden Theologinnen baten erneut darum, bis zu einer allfälligen Volksabstimmung wenigstens aushilfsweise amten zu dürfen, und wandten sich gegen die sogenannte *Zölibatsklausel,* die das Frauenpfarramt auf ledige Theologinnen beschränken wollte. Dabei beriefen sie sich auf Gott als ihren stärksten Verbündeten.

CHUR, IM JANUAR 1931

Sehr geehrter Herr Dekan
Im Bewusstsein, nicht nur für unser persönliches Recht zu kämpfen, sondern der Sache der Theologinnen überhaupt und damit auch der Sache der Kirche zu dienen, die ja gegenwärtig so sehr an Pfarrermangel leidet, haben wir auch das beiliegende Schreiben verfasst (...).

Theologische Gründe gegen die Ehe einer Theologin gibt es nicht, sonst müsste die Kirche auch den männlichen Theologen die Ehe verbieten. (...)

Hunderte von Lehrerinnen, Ärztinnen, Künstlerinnen, Juristinnen usw. sind heute zugleich Mutter und verstehen es, ihre Berufsarbeit auszuüben, ohne dass ihre Kinder deswegen verwahrlost sind oder der nötigen Liebe entbehren. (...)

Wir ersuchen daher die Synode des Kt.s Graubünden, 1.) die engherzige und ungerechte «Zölibatsklausel» in diesem Gesetze zu streichen und es mit der Weite christlicher Freiheit dem Verantwortungsgefühl der Theologinnen und der sie anstellenden Gemeinden selbst zu überlassen, ob und in welcher Form sie nach ihrer Verheiratung ihren Beruf noch weiter glauben ausführen zu können.

2) Wir möchten ferner an die Kirchenleitung des Kt.s Graubünden die Anfrage richten, ob es nicht, in ähnlicher Weise wie z.B. in den Kantonen Zürich und Basel, auch jetzt schon möglich ist, dass die Theologinnen wenigstens eine beschränkte kirchliche Tätigkeit ausüben. Die Möglichkeit kirchlicher Arbeit der Theologinnen gründet sich in den genannten Kantonen auf den Charakter unserer reformierter Kirchen als Laienkirchen, wonach die Kirche, getreu der reformatorischen Überzeugung, dass ein Pfarrer nichts anderes ist als ein gewöhnlicher Mensch, auch Laien, wo sie es für tunlich hält, jedwede Arbeit übertragen kann. Auf diese Weise ist es möglich, dass Theologinnen arbeiten, noch ehe die Gesetzgebung umgeändert ist, und die betreffenden Kantone haben den Vorteil, ihre Theologinnengesetzgebung erst machen zu müssen, nachdem den Theologinnen schon eine Gelegenheit gegeben wurde, durch praktische Arbeit den Erweis ihrer Tüchtigkeit zu bringen. (...)

Abschliessend möchten wir der Synode des Kt.s Graubünden die Frage nahe legen, ob es sich die Kirche, angesichts des Pfarrermangels, noch weiter leisten kann, Menschen, die danach brennen, ihr mit allen ihren Kräften zu dienen, einfach mit Gewalt zur Untätigkeit zu zwingen, ob sie es noch weiter wagt, Menschen, die sich von Gott in diese Arbeit gerufen glauben, durch ihre menschlichen Gesetze an ihrem Werke zu verhindern und so den Geist zu dämpfen, ob sie nicht vielleicht, in ihrem eigenen Interesse, besser täte, den Rat des weisen Gamaliel zu befolgen, der einst seine Volksgenossen ermahnte, ein Tun, das selbst den Anspruch erhebt, von Gott zu kommen, nicht zu verhindern.

Nun harrte Greti schon seit Wochen auf eine Antwort des Kirchenrats – aber der liess sich wieder einmal Zeit. Dabei hasste sie kaum etwas mehr als das Gefühl, anderen ausgeliefert zu sein.

In den Tagen vor Gians Ankunft aus Brasilien war es jedoch nicht nur der Kirchenrat, der ihre Geduld herausforderte. Sie fühlte sich auch von Eltern und Schwiegereltern in ihrer Freiheit beschnitten. Die ganzen letzten Jahre hatte sie um ihre Eigenständigkeit gerungen. Sie hatte sich durchgesetzt mit dem Wunsch, Gian zu heiraten, war mit ihm in die weite Welt gezogen, hatte innert kürzester Zeit Examen gemacht und ein Kind bekommen. Sie hatte dem Vater gezeigt, dass sie trotz Heirat Theologin sein konnte, und der Schwiegermutter, dass sie trotz Studium dem geliebten Sohn eine gute Gattin und Hausfrau war. Doch ausgerechnet jetzt, seit der Geburt, schalteten sich Eltern und Schwiegereltern wieder in ihr Leben ein. Sie sahen im ersten Enkel ihr eigen Fleisch und Blut, über das sie verfügen konnten.

Papa redete gestern von Prügelstrafe, und ich erklärte, Gian Andrea werde von Dir und mir erzogen und sonst hätte sich da gar niemand einzumischen. Und Deine Mama meinte heute wegen irgend etwas: das würden sie dann mit Gian Andrea schon nicht geschehen lassen, da hätten sie auch ein Wort mitzureden. Ich nahm mich fest zusammen und schwieg. Aber ich rege mich darüber auf, weil ich mich so fürchte vor dem Kampf. Brüderlein, da müssen wir von Anfang an fest zusammenstehen, damit sie gleich merken, es gibt dies einfach nicht. Dabei mussten die Eltern es doch besser wissen, schliesslich hatten sie die gleiche Erfahrung mit den eigenen Eltern gemacht. Greti erinnerte sich genau, wie ihr Vater einmal seiner Mutter gegenübergestanden und ihr strikt erklärt hatte, die Kindererziehung habe sie ihm zu überlassen. Sie hoffte, dass Gian den Eltern in Zukunft genau so entschieden entgegentreten würde wie damals ihr Vater. *Auf alle Fälle habe ich nun zum ersten Mal etwas von der Rabiatheit der Mutter um ihr selbstgeborenes Junges in mir gespürt.*

Von Anfang an hatte Greti gewusst, dass sie es anders machen wollte als die Eltern und Schwiegereltern. Das Kind sollte in einer komplett anderen Atmosphäre aufwachsen als sie und Gian. *In meiner Familie steht alle Augenblicke das Feuer im Dach, eines wütet gegen das andere. Und hier in diesem Orkan soll «es» nicht wachsen. In Deiner Familie aber wird es mich nie verstehen lernen, wird es in die ganze sichere, unaufgerüttelte Bürgerlichkeit hineinerzogen, aus der Du und ich schon so lange herausgefallen sind.* Jetzt, wo sie wieder im Pfarrhaus lebte, schien ihr, dass sie mit ihren Eltern doch sehr wenig verband. Äusserlich verstand sie sich mit ihnen zwar besser denn je, doch innerlich fühlte sie sich ihnen fremd. Sie hatte andere Vorstellungen von Familie, die sie Gian vor seiner Abreise aus Brasilien auseinandersetzte.

Die Mütter geben in Arbeit und Sorge ihr ganzes Leben dahin, und das Kind gehört kaum je zu ihr, es tut ihr in seltenen Fällen seine Seele auf, (...) sie hat seine Kameradschaft nie besessen. Die Väter tun tagaus, tagein ihre oft unbefriedigende Arbeit, um diese ihre Familie zu nähren und zu kleiden, Kamerad und Freund aber ist er niemand aus dieser Familie, sie kennt ihn kaum. (...) Siehst Du, daher kommt meine Verzweiflung an der Familie, deshalb glaube ich nicht mehr an die Familie. Und deshalb fürchte ich mich vor unsern Kindern. Deshalb möchte ich nicht, dass unser Leben sich in Hingabe für unsere Kinder erschöpft, einfach (...) weil sie selber es nicht wollen. Sie sollen uns nicht Lebensinhalt werden. Dies wäre ein Wahn. Denn sie wollen ihr eigenes, selbständiges Leben leben. Wohl aber sollen sie das Recht und die Gelegenheit haben, in unserem anderweitig reich erfüllten Leben einen Platz zu finden, uns immer bereit als Freund und Kamerad zu wissen. (...)

Geliebter, hier wollen wir uns wehren, so viel wir können, wir wollen versuchen, so viel Innerlichkeit als möglich in unsere Familie zu tragen, wenn unsere Kinder mit Fragen und Problemen zu uns kommen, immer für sie da zu sein, sobald als möglich versuchen mit ihnen zu lesen, wir alle zusammen abends. Und nie aufgehen in äusserlichen Dingen, auch zwischen uns nicht, zwischen Dir und mir. Auch wir wollen nie nur von Speck und Kartoffeln, Aktien und Regenwetter reden. Wenn wir jeden Abend nur eine halbe Stunde Zeit haben, um miteinander etwas zu lesen, irgend ein modernes Problem, das wird uns jung erhalten für unsere Kinder. Und Du sollst immer wieder eine Reise tun. Schliesslich müssten sie und Gian immer an sich selber arbeiten, um ihre Beziehung lebendig zu halten. *Wir müssen immer umeinander kämpfen, eines um die Liebe des andern, und eines um seine eigene Liebe zum andern. Sobald es uns selbstverständlich wird, wird es uns banal und bald auch gleichgültig. Wir müssen wollen, immer wieder wollen.*

Drei Tage vor Gians Ankunft machte sich Greti auf den Weg nach Furna, das Kind dick eingemummt, in Begleitung ihrer Mutter. Die Eisenbahn brachte sie von Landquart nach Furna Station, dem Bahnhof im Tal, wo ein Cousin ihres Vaters, *Öhi Matthji,* sie mit dem Schlitten abholte. Steil wanden sich die Kurven den Hang hinauf, die Pferde zogen schwer durch den tiefen Schnee. Greti genoss die Fahrt hoch ins Dorf. Mit jeder Windung weitete sich der Blick, und zuletzt lag der kleinen Reisegesellschaft das ganze Prättigau zu Füssen: Jenaz, Fideris, Saas, ja, in der Ferne liess sich sogar Klosters ausmachen, und von der anderen Talseite leuchteten die trotzigen Felszacken der Drusenfluh herüber. Von Schneeschmelze konnte noch keine Rede sein, vielmehr türmten sich auf tausendvierhundert Metern die weissen Massen. So übernachteten Mutter, Tochter und Enkel bei Verwandten, die neben der Kirche wohnten, und gelangten erst am nächsten Tag zum *Bodenhaus* der Grosseltern, das am nördlichen Ende der Streusiedlung lag. *Wir sind gut hier angelangt,* meldete Greti Gian auf einer Postkarte, die sie ihm nach Zürich ins Hotel Zentral schickte. Die Mutter machte sich sogleich wieder auf den Weg ins Tal und liess Greti und das Kind allein zurück. *Wir freuen uns nun sehr auf den Samstag.*

1931–1934
Furna

Wenn unser Herr keinen anderen Fehler hat, als dass er einen Rock trägt, so behalten wir ihn.

Furner Bergbauer, Anfang der 1930er-Jahre

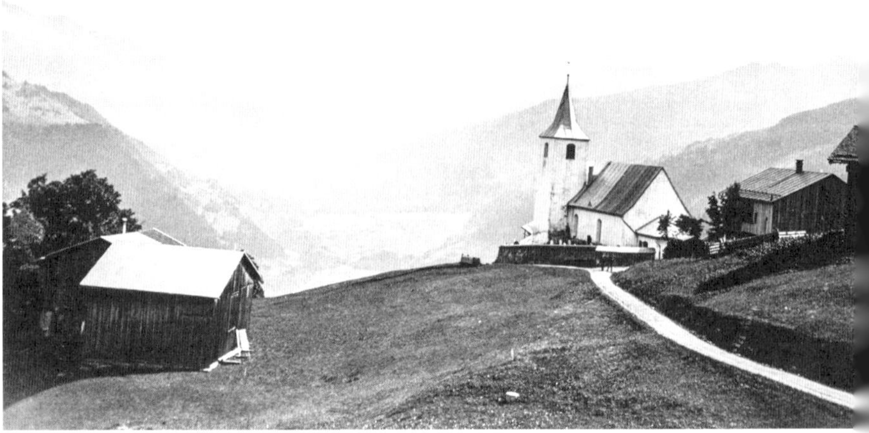

Furna,
Sommer 1931

Ein diesiger Nachmittag, am Himmel ziehen Wolken auf. Die Kirche thront auf einem Vorsprung über dem Tal. Unten zeichnen sich die Häuser von Fideris ab, der Rest verschwimmt im Dunst. Das schlichte Kirchlein wurde noch vor der Reformation gebaut und hat schon manchen Sturm überstanden. Das Pfarrhaus liegt unmittelbar dahinter. Auf der linken Seite des Weges ist die Wiese gemäht, rechts steht der erste Grasschnitt noch an. Zwei Gestalten sind an der Wegkreuzung vor der Kirche zu erkennen, ansonsten ist das Bild menschenleer. Vermutlich ist Ende Juni, bald wird ein Grossteil der 216 Frauen, Männer und Kinder, die hier in Furna leben, ihre Gerätschaften packen und auf die Alphänge oberhalb des Dorfes ziehen. Für den Blick ins Tal haben die Bäuerinnen und Bauern keine Zeit. Dabei ist er der schönste im ganzen Prättigau.

Die weisse Kirche und das mit Schindeln verkleidete Pfarrhaus bilden das Zentrum des Dorfes, vom Tal her kommt man hier an und biegt dann nach links oder rechts ab, je nachdem, ob man in Richtung Hinterberg oder zum Boden möchte. Furna ist ein typisches Walserdorf: Die Häuser verteilen sich über den ganzen Berg. Der Blick ins Tal ändert sich je nach Hof, aber überall ist da mehr Himmel als Erde. Später wird ein Furner Bauer sagen: *Wir wohnen hier schon so nah dem Himmel, dass es uns vollkommen genügt, wenn uns ein Femininum den Weg weist.*

Pfarrersuche
mit Misstönen

Im Jahr 1931 lebten die Furnerinnen und Furner in ihrer eigenen Welt. Postauto war noch keines bis hierher gelangt, und wer vom Dorf ins Tal hinunter wollte, hatte die Wahl zwischen einem stündigen Fussmarsch und der Pferdepost, die im Sommer zweimal täglich, im Winter einmal das Dorf mit der Station verband, sofern es die Schneeverhältnisse erlaubten. Neuerungen standen die Einheimischen erst einmal skeptisch gegenüber, dem Strom etwa, den andere Bündner Bergdörfer längst installiert hatten. Der Anschluss zu den weit verstreuten Höfen schien zu teuer, und mit den Petrollampen war man bisher ganz gut gefahren. Der nächste Arzt lebte im zwölf Kilometer entfernten Küblis, doch im Dorf verliess man sich ohnehin lieber auf die alten Hausmittel, die eine Generation der nächsten weitergab. Auch das kirchliche Frauenstimmrecht hatten die Furner Männer abgelehnt. Dass die Furnerinnen seit der Abstimmung von 1918 dennoch an Kirchgemeindeversammlungen teilnehmen und den Pfarrer wählen durften, hatten sie nicht ihren eigenen Männern zu verdanken, sondern der Mehrheit der reformierten Stimmbürger im Kanton.

Die Männer und Frauen in Furna hatten sich noch nie viel daraus gemacht, was man unten im Tal von ihnen sagte. Obrigkeiten gehorchte man hier von jeher nicht blindlings, den Respekt mussten sich die Mächtigen zuerst verdienen. Taten sie das nicht, griff man – und frau – in Furna auch mal zu unkonventionellen Mitteln. Nach einer Legende, die die Alten den Jungen seit Generationen überlieferten, wollte vor mehr als dreihundert Jahren ein Witwer eine entfernte Verwandte seiner verstorbenen Frau heiraten, doch der Pfarrer weigerte sich, diesem Wunsch zu entsprechen. Daraufhin jagten die Dorfbewohner ihn zum Teufel. Nach längerem Hin und Her kam man überein, dass er bleiben dürfe und der Gerichtsweibel das Paar verheirate. Der traute den Mann und die Frau am Sonntag nach der Predigt an derselben Stelle neben der Kanzel, wo der Pfarrer Ehen zu schliessen pflegte. Die erste Ziviltrauung der Schweiz, so erzählte man sich heute noch im Tal, habe folglich ausgerechnet in Furna stattgefunden.

Hanspeter Sonderegger-Roffler, geb. 1949,
Zivilstandsbeamter aus Furna

Eine gewisse Weltoffenheit ist dem Furner eigen. Er hat seine eigenständige Meinung, und eine bestimmte Sturheit kann man ihm nicht absprechen. Aber er stellt sich nicht verbohrt und konservativ gegen alles.

Anna Bühler, geb. 1919,
aufgewachsen im Prättigau unten im Tal

Wir sagten schon in der Schule, es gebe dreierlei Leute: Männer, Frauen und Furner. Die Furner seien andere Menschen als die gewöhnlichen.

Die meisten der 216 Bewohnerinnen und Bewohner waren schon hier geboren, nur hie und da stiess eine Braut aus einem benachbarten Ort zur Dorfgemeinschaft, die fast ausschliesslich aus reformierten Bauernfamilien bestand. Die Berglandwirtschaft machte zwar nicht reich, aber die Gemeindekasse war dank dem Holzverkauf aus den ausgedehnten Wäldern gut gefüllt. Die Gemeinde trat gar als Bank auf und gewährte ärmeren Talbewohnern Darlehen. Reich und knausrig seien die da oben, hiess es im Tal, und ganz von der Hand weisen liess sich der Vorwurf nicht. Steuern bezahlen musste in Furna niemand. Arbeiten wie der Bau eines Brunnens, einer Strasse oder die Renovation der Kirche nahmen die Dorfbewohner selber in Angriff, *Gmeinwerk* hiess der Frondienst für die Gemeinde. Die Männer werkten, die Frauen sorgten für die Verpflegung, das sparte Kosten und stärkte den Gemeinsinn. Die Einführung von Kirchensteuern, um den Pfarrer zu bezahlen, konnte man immer wieder verhindern, indem man den Lohn tief hielt und vom Kanton einen Zustupf aus einem Fonds für arme Gemeinden bezog.

Dies führte allerdings zu Unstimmigkeiten mit den kantonalen Kirchenbehörden. Im Oktober 1926 forderte der Kirchenrat die Gemeinde Furna auf, den Jahreslohn des Pfarrers von damals 3000 Franken deutlich zu erhöhen. Die Furner jedoch stellten sich taub, bis anderthalb Jahre später erneut ein Schreiben aus Chur eintraf. Die kantonale Behörde rechnete vor, das so genannte *Pfrundvermögen,* das Kapital in der Kirchenkasse, betrage 84 924 Franken, was 3800 Franken Zins pro Jahr ergebe. Der Pfarrerslohn müsse auf mindestens 3700 Franken erhöht werden. Selbst die ärmsten Gemeinden des Kantons brächten diesen Betrag auf. *Sollte da das reiche Furna nicht auch soviel für Kirche und Pfarrer zu leisten imstande sein?* Wenn die Gemeinde das Schreiben erneut ignoriere, werde der Kirchenrat den Evangelischen Kleinen Rat einschalten – den staatlichen Arm der Kirche, bestehend aus den reformierten Mitgliedern der Regierung.

Zähneknirschend beschloss die nächste Kirchgemeindeversammlung eine Erhöhung des Pfarrergehalts. Nach der Versammlung setzte sich Konrad Bärtsch, der Dorflehrer und Kirchgemeindepräsident, an seine Schreibmaschine und hackte den Beschluss zu Handen des Kirchenrats auf Papier. Mehr als 3400 Franken könne man nicht bezahlen, denn die wirtschaftliche Lage der Bergbauern erlaube es nicht, Steuern einzuführen. Auch Organist, Mesmer und Orgeltreter wollten bezahlt sein. Das Pfrundvermögen sei allein darum so gross, weil man die Mittel äusserst sparsam verwaltet habe. *Ohne das wären wir heute zweifellos so weit wie verschiedene andere Gemeinden auch und genötigt, die kantonale Kirchenkasse in weit höherem Masse in Anspruch zu nehmen.* Sowieso würde der Pfarrer selbst bei einem Lohn von 3000 Franken doppelt so viel verdienen wie ein Furner Bauer. *Jedenfalls kann keine Rede davon sein, einer Gemeinde vorschreiben zu wollen, wie sie ihren*

Pfarrer zu besolden hat. Dafür fehlt jede gesetzliche Grundlage. Schliesslich war man in der reformierten Kirche stolz auf den Föderalismus, mit dem man sich auch von der katholischen Konkurrenz abgrenzte. Die Entscheidungshoheit in allen Fragen, die das Gesetz nicht ausdrücklich regelte, lag bei den Gemeinden, und so blieben dem Kanton bei Meinungsverschiedenheiten nur wenig Sanktionsmöglichkeiten.

Nach der moderaten Lohnerhöhung liess der Kanton Furna zweieinhalb Jahre lang gewähren. Möglicherweise legte Joos Roffler, Gretis Vater, der ab 1929 selber Mitglied des Kirchenrats war, ein gutes Wort für sein Heimatdorf ein und verhinderte weitere Mahnbriefe. Im Herbst 1930 meldete sich der Kirchenratspräsident jedoch wieder und teilte der Gemeinde mit, der Kanton werde den Pfarrerslohn nicht mehr subventionieren, die Furner sollten das Gehalt aus eigenen Mitteln auf den kantonsüblichen Jahreslohn von mittlerweile wenigstens 4300 Franken erhöhen. Da der Pfarrer, Karl Brunner, vom Briefwechsel keine Kenntnis hatte, drängte für die Gemeinde die Zeit auch jetzt nicht.

Erst als Brunner im Mai 1931 einen Ruf nach Mailand erhielt und seine Kündigung einreichte, dämmerte es dem Vorstand, dass er für den bisherigen Lohn wohl kaum einen Nachfolger finden würde. Überhaupt könnte es schwierig werden, einen Pfarrer davon zu überzeugen, nach Furna zu ziehen, denn die einfachen Lebensumstände und der abgelegene Standort schreckten viele potenzielle Kandidaten ab. Der mangelnde intellektuelle Austausch hatte schon den Vorgänger des derzeitigen Pfarrers, Cesare Lardelli, zur Kündigung veranlasst. *Denn es ist unmöglich, besonders im vorgerückten Alter einen richtigen geistigen Verkehr mit den Kollegen im Tal zu pflegen, weil der Weg zu weit ist. Und in der Gemeinde selbst ist keine Anregung zu erwarten,* hatte Lardelli dem Kirchenvorstand beschieden und war mit seiner Familie nach Splügen gezogen. Wegen dieser Wettbewerbsnachteile hatte man in Furna seit jeher mit ganz jungen oder mit Pfarrern im Pensionsalter Vorlieb nehmen müssen. Junge kamen hierher, weil sie in attraktiveren Gemeinden ohne Erfahrung keine Chance hatten, und Alte, weil sie, um über die Runden zu kommen, bis zum Lebensende arbeiten mussten, eine grössere Gemeinde ihre Kräfte jedoch überstieg.

Schon bei der letzten Vakanz hatte sich der Vorstand an Joos Roffler gewandt mit der Bitte, seine Heimatgemeinde bei der Suche nach einem Pfarrer zu unterstützen. Auch jetzt sollte er seine einflussreiche Position und sein breites Netzwerk im Kanton für Furna einsetzen. Eine so genannte *Provision,* bei der eine kleine Gemeinde vom Pfarrer des Nachbarorts betreut wurde, lehnte man in Furna dezidiert ab. Es gingen Gerüchte, der Jenazer Pfarrherr Jakob Rudolf Truog wolle die Provision übernehmen, er habe es auf den zusätzlichen Verdienst abgesehen. Truog war schon in der eigenen Gemeinde unbeliebt, umso weniger wollten ihn die Furner bei sich haben. Aber auch eine Provision durch einen anderen Pfarrer begrüssten sie nicht: Bei der Distanz zu den benachbarten Gemeinden würden der Gottesdienst und der Religionsunterricht unweigerlich leiden, von der Seelsorge ganz zu schweigen.

Anfang Juli stimmte der Kirchgemeindepräsident – mittlerweile hatte Konrad Bärtsch das Zepter an Matthji Roffler, einen Cousin von Joos, weitergegeben – dennoch einem Provisionsvertrag zu. Der scheidende Pfarrer wollte schon früher nach Mailand ziehen und hatte für den Oktober und den November einen Ersatz gefunden: Pfarrer Valentin Jecklin aus dem zehn Kilometer entfernten Talort Schiers. Eine anspruchsvolle Aufgabe, schliesslich musste Jecklin schon die fünf Fraktionen der Gemeinde Schiers und seit kurzem auch noch das Bergdorf Fanas versehen, was seinen Predigtplan entsprechend dicht machte: Sonntag früh um halb neun begann er mit der Kinderlehre in Schiers, gefolgt vom Gottesdienst, aus dem er noch während des Schlussgesangs davoneilte, um dasselbe Programm in Fanas abzuhalten. Mittags, so der Plan, würde er sich unverzüglich auf den Weg nach Furna machen, wo er um zwei Uhr nachmittags eintreffen und zuerst

Gottesdienst und dann Kinderlehre halten sollte. Abends um sechs Uhr pfarramtliche Sprechstunde, Vorbereitung mit den Sonntagsschullehrerinnen und Übernachtung in Furna, Montag früh Religionsunterricht für die zwei Schulklassen und noch einmal Seelsorge bis um ein Uhr mittags. Dann würde er zurück ins Tal reisen, um erst sechs Tage später wieder in Furna zu erscheinen.

Matthji Roffler, der Kirchgemeindepräsident, fand diese Lösung äusserst unbefriedigend, dachte dabei allerdings weniger an den überlasteten Pfarrer als an die Bauern, die am Sonntagnachmittag das Vieh fütterten und keine Zeit für den Kirchgang hatten, und an die Kinder, denen die Religion doch bestimmt verleiden müsse, wenn sie am Montagvormittag die ganzen anderthalb Wochenlektionen am Stück hörten. Zudem könnte die Provision wie in anderen Gemeinden zur Dauerlösung werden, und Furna längerfristig ohne Seelsorger bleiben. Wohin sollten sich die Menschen bei einem Ehestreit, Erziehungskonflikten oder Alkoholproblemen denn wenden, wenn nicht an den Geistlichen? Auf den Pfarrer im Dorf konnte man keinesfalls verzichten. Und so hatte die Kirchgemeindeversammlung – unbesehen der geringen Chancen – schon beim letzten Wechsel beschlossen, nur einen Pfarrer mit Wohnsitz in der Gemeinde zu wählen. Dem scheidenden Pfarrer zuliebe setzte Matthji Roffler seine Unterschrift dennoch unter den Provisionsvertrag, liess ihn das Schriftstück aber handschriftlich durch die Klausel ergänzen, dass die Provision jederzeit ausfalle, wenn die Gemeinde einen Pfarrer finde. Der Kirchgemeindepräsident nahm sich fest vor, die Stelle bis im September zu besetzen, bevor der Vertrag in Kraft trat.

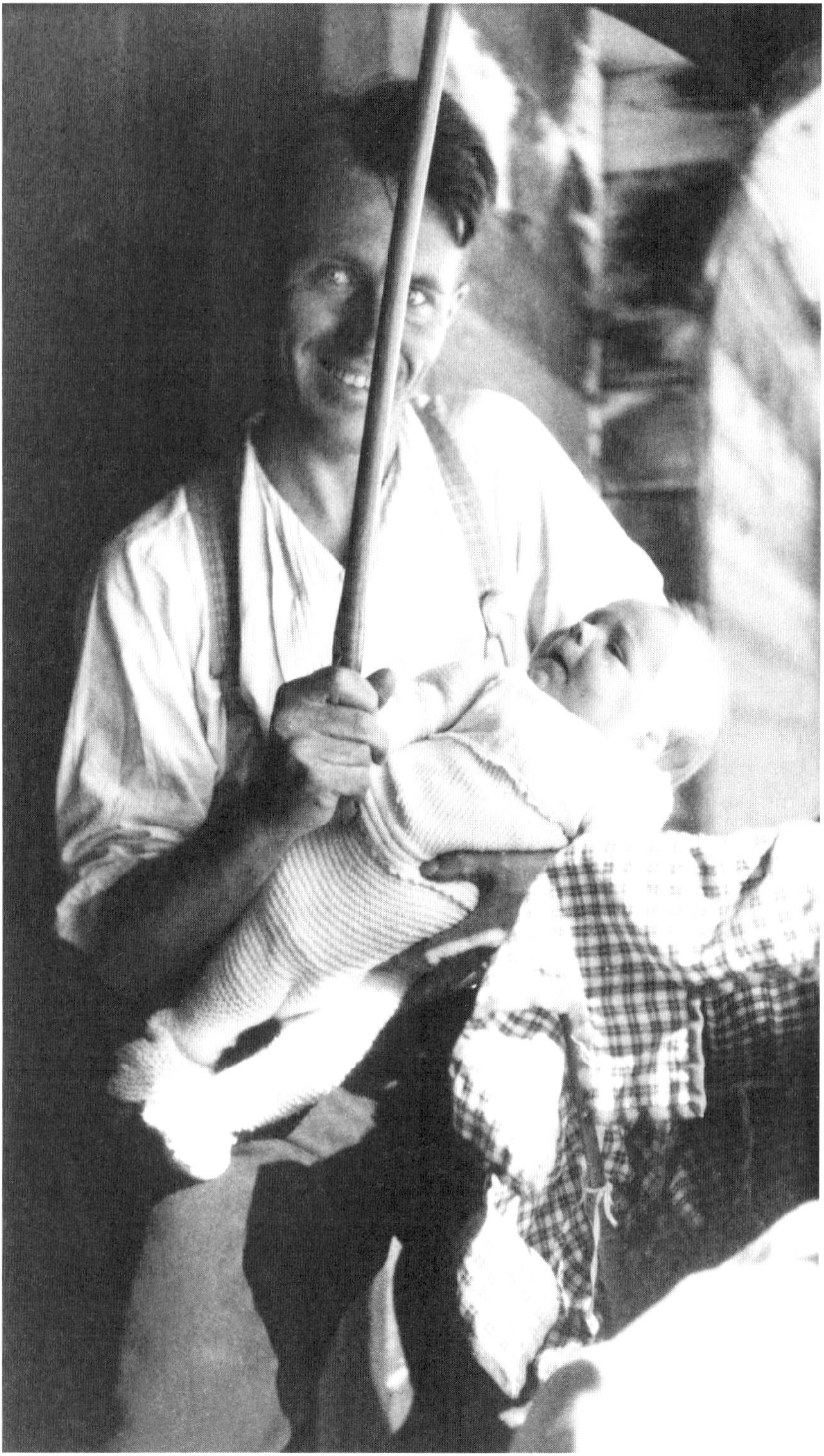

Furna,
Mitte März 1931

Endlich ist Gian da. Ein braun gebrannter 25-jähriger Mann mit blitzenden Augen und einem gelösten Lächeln auf den Lippen. Die sportliche Haltung, der sehnige Körper und das luftige Hemd unterstreichen den Eindruck von Jugendlichkeit. Mit der rechten Hand hält er den Schirm, der ihn und das Kind vor der Sonne schützen soll, der linke Arm umfasst den schlafenden Säugling. Der weisse Wollanzug hält das Kind warm, nur der kahle Kopf bekommt die frische Luft zu spüren.

Schauplatz ist der Balkon des Bodenhauses. Die sonnengegerbten Balken wahren die Wärme der Märzsonne, für den Mittagsschlaf des Kindes steht der Stubenwagen schon bereit. Der Frühling meint es gut mit der jungen Familie, Mutter, Vater und Kind verbringen die Nachmittage auf dem Balkon. Bis vor drei Wochen lebte Gian in einer aufstrebenden brasilianischen Grossstadt, ein beliebter Schweizer Ingenieur an der polytechnischen Hochschule. Hier gibt es keine Hochhäuser, die den Blick begrenzen, keine Menschenmengen, die Gian mit sich ziehen, und die Schneemassen um das Haus schlucken jeden Laut. Ob die äussere Ruhe auch mit einem inneren Frieden einher geht? Schöpfen sie aus dem Gefühl, einander wieder zu haben, genügend Kraft, den kommenden Unwägbarkeiten ins Auge zu sehen? Gretis berufliche Zukunft sieht düster aus. In Furna ist im März 1931 noch alles beim Alten, niemand ahnt, dass Pfarrer Brunner das Dorf in Kürze verlassen wird.

Gewählt! Die erste vollamtliche Pfarrerin der Schweiz

Wie sehr hatten Gian und Greti in den vergangenen sechs Monaten auf diesen Moment hingefiebert. Das Haus in Furna wurde zum vorübergehenden Liebesnest. Die beiden waren nun nicht mehr allein, denn da war das Kind, für das sie gemeinsam die Verantwortung trugen. Zum ersten Mal begegneten sie einander als Eltern. Zwei Wochen gönnten sie sich in Furna, dann reisten sie nach Pontresina zu den Schwiegereltern, wo er seine Arbeit im Geschäft des Vaters aufnahm, während sie sich um das Kind kümmerte. *Ich habe Freude an der Hausarbeit und an der Pflege «Fegerleins». Aber es dünkt uns beide, dass dies hier nicht lange Bestand haben könne, dass dies hier nicht «das Unsere» ist. Wir wissen freilich nicht, wie dieses Andere sich denn gestalten sollte,* notierte Greti in ihr Tagebuch.

Sie wusste schon, was sie wollte – aber sie ahnte, dass es aussichtslos war. Sie sehnte sich danach, auszubrechen aus ihrem Alltag zwischen Windelwäsche und Babywaage, endlich wieder einmal vor einer Gemeinde zu stehen. Doch der Kirchenrat hatte ihr immer noch nicht auf die Petition vom Januar geantwortet. Als der Pontresiner Pfarrer in die Ferien fuhr, bot sie an, für ihn zu predigen. Er aber liess den Gottesdienst lieber ausfallen, als sich von einer Frau vertreten zu lassen. In Celerina, dem Nachbarort, bewarb sie sich gar mutig um die vakante Pfarrstelle, als Stellvertreterin, bis man einen Pfarrer gefunden hätte, und erhielt eine freundliche Antwort vom Kirchenvorstand, die sie hoffen liess. Man wolle ihr Anliegen prüfen, vor der definitiven Antwort jedoch den Kirchenrat konsultieren.

Auch ihr sehnlichster Wunsch, ihr Kind selber zu taufen, liess sich nicht so leicht verwirklichen. Der Vater verweigerte ihr die

Zustimmung, denn er wollte seinen erstgeborenen Enkel selber taufen. Gian litt mit seiner Frau und legte beim Schwiegervater ein Wort für sie ein. *Wenn sie nicht einmal ihr eigenes Kind taufen kann, wie sollte sie dann irgendwann andere taufen dürfen? Und dass es ihr (...) daran gelegen ist, eben Gian Andrea selbst zu taufen, der mit ihr durchs theologische Examen gegangen, werdet ihr auch begreifen. Wozu durfte denn Greti eben Theologie studieren, wenn man sie bevormundet und ihr Fesseln anlegt, da sie doch ebendieselben Bedingungen erfüllt hat wie ihre männlichen Kollegen?* So an seine eigenen Ambitionen erinnert, liess sich Gretis Vater umstimmen.

Doch auch mit seinem Segen schien ihr Ansinnen aussichtslos: Auf der Suche nach einer Kirche liess man sie in Graubünden überall abblitzen, niemand wollte sich mit einer ungesetzlichen Taufe aufs Glatteis wagen. Schliesslich erklärte sich Pfarrer Christian Lendi aus Ragaz, zwei Dörfer von Igis entfernt, aber im Kanton St. Gallen gelegen, einverstanden, die kleine Taufgemeinschaft an einem Sonntagnachmittag bei sich zu empfangen. Lendi kannte das Schicksal von Akademikerinnen aus eigener Erfahrung: Seine Frau war eine begabte Mathematikerin und Physikerin aus Deutschland, arbeitete jedoch nur sporadisch als Lehrerin. Am 19. April 1931 taufte Greti ihr Kind im Pfarrhaus von Ragaz, Paten waren Gians Studienkollege Simon Stump, seine Schwester Elisabeth und Gretis Schwester Käti.

Am fünften Mai traf sich der Kirchenrat in Chur, um über die Eingabe von Greti und Verena zu diskutieren, die seit Januar auf dem Tisch lag: Zulassung von Theologinnen zu einer beschränkten kirchlichen Tätigkeit wie in Zürich und Basel. Wenn sich die Landeskirche zu diesem kleinen Schritt bewegen liesse, konnte Greti vielleicht in Celerina predigen. Sie setzte grosse Hoffnungen in die Sitzung, auch wenn die Tatsache, dass sich der Kirchenrat mit dem Traktandum fast vier Monate Zeit gelassen hatte, wenig Gutes erahnen liess. Ratsmitglied Roffler trat aufgrund seiner persönlichen Befangenheit in den Ausstand. In seiner Abwesenheit beschlossen die Kollegen, den Antrag der beiden Theologinnen fallenzulassen. Als Gretis Vater nach der Sitzung davon hörte, platzte ihm der Kragen. Seit über zwanzig Jahren sprach man in der Bündner Landeskirche über Arbeitsmöglichkeiten für Theologinnen, und fast ebenso lange kämpfte er persönlich dafür, dass Frauen in Graubünden als Pfarrerinnen zugelassen würden. Und nun, zwei Jahrzehnte später, war man keinen Schritt weiter. Am nächsten Tag las Joos Roffler seinen Kollegen die Leviten: Ihre rechtlichen Bedenken seien nur ein Vorwand, um dem Anliegen nicht stattgeben zu müssen. Ob sie wollten oder nicht, die Sache werde früher oder später kommen. *In hundert Jahren wird man es nicht verstehen, dass unsere Zeit so zurückhaltend war!*

Die Kirchenräte zeigten sich für Kollega Rofflers prophetische Worte wenig empfänglich. In ihrer Antwort an Greti und Verena fassten sie sich kurz und mahnten die beiden jungen Theologinnen zur Geduld. *Wie Ihnen bekannt ist, hat die Synode in Klosters 1928 die Frage des Frauenpfarramtes soweit erledigt, dass sie jetzt dem evangelischen Grossen Rat zur verfassungsrechtlichen Regelung vorliegt. Dieser wird aller Wahrscheinlichkeit nach die Frage in der kommenden Sitzung behandeln. Der Kirchenrat glaubt daran, dass irgendwelche Sonderaktionen im jetzigen Momente die Behandlung der Angelegenheit nur ungünstig beeinflussen würden.* Für Greti und Verena war es ein harter Schlag. *Irgendwelche Sonderaktionen!* Als ob der Kirchenrat ohne ihr stetes Nachfragen auch nur einen Schritt gemacht hätte. Auch jetzt war das Thema vermutlich nur dank ihrem Brief wieder auf die Traktandenliste des Evangelischen Grossen Rates gesetzt worden.

Doch nicht einmal jetzt hatten es die Herren eilig: Kurz darauf tagte der Rat erneut, ohne das Anliegen zu behandeln. Greti und Verena wunderten sich über die *durch nichts begründete Verschleppung.* Erneut baten sie darum, *es möchte den Theologinnen wenigstens gestattet werden, aushilfsweise im Dienste unserer Landeskirche tätig zu sein,* so wie es auch in anderen Kantonen üblich sei. Doch der Kirchenrat liess sich nicht erweichen. Die Wünsche der beiden Theologinnen seien selbst in Landeskirchen anderer Kantone nicht verwirklicht, belehrte er sie und spielte darauf an, dass sie beide verheiratet, die Pfarrhelferinnen in Zürich, Basel und Bern aber alle ledig waren.

Eine unüberwindbare Mauer richtete sich vor Greti auf. Was immer sie auch versuchte, man würde sie nicht predigen lassen. Ein letztes Mal bäumte sie sich auf und wies die Verantwortlichen trotzig darauf hin, dass in Genf sehr wohl zwei verheiratete Theologinnen im pfarramtlichen Dienst stünden, zwar nicht im Gemeindepfarramt, aber immerhin im Spital. *Und wenn auch nicht! Dass etwas noch nicht ist, ist doch kein Grund, es nicht einzuführen!* Äusserlich signalisierte sie Kampfesgeist, in ihrem Inneren war sie jedoch zutiefst enttäuscht. Ernüchtert konstatierte sie im Tagebuch: *Ich habe es zuvor vielleicht geahnt, aber noch nie mit so grausamer Deutlichkeit gewusst, erfahren müssen: dass es eine Schande ist, ein Weib zu sein. Es ist von grösserem Übel, ein Weib zu sein, als das Amt unwürdig zu übernehmen. Es handelt sich für den Kirchenrat nicht um die Berufung, Eignung und den Ernst der Auffassung vom Amt durch die Diener am Wort, sondern einzig und allein darum, dass dieselben Hosen anhaben und mit hochdenselben auf einer Universität herumgerutscht sind. Brüderlein, wenn ich jetzt Dich nicht hätte.*

In ihrer Verzweiflung wollte Greti alles hinwerfen. Doch ihre Freundin Verena redete ihr zu. Sie strebte zwar wie Greti ein Gemeindepfarramt an, sah aber auch die Möglichkeit – ja, sogar die Pflicht –, sich andere Wirkungsfelder als Theologin zu suchen, sollte das Amt unerreichbar bleiben. *Du hast vom Geld Deines Vaters studiert, aber Deinen Vater zahlt die Gemeinde. Es ist Gut des arbeitenden Volkes. Darum schuldest Du es diesem Volk, mit dem erworbenen Wissen ihm zu dienen.* Verena, die sich auch für soziale Fragen, für die Ungleichheit zwischen Arm und Reich interessierte, forderte Greti auf, sich in der Volksbildung zu engagieren. Sie erzählte der Freundin von einem Volkshochschulheim im Thurgauischen Neukirch, wo Mütter sich bilden konnten, während ihre Kinder betreut wurden. Die dort angebotenen Haushaltungskurse standen für Verena nicht im Fokus, sie wollte die Frauen politisch sensibilisieren. *Du könntest (...) unter Deinen Bündnerinnen lebendige und denkende Frauen heranziehen, die dann einmal bei der Abstimmung über die Theologinnenfrage nicht versagen werden. Und auch in andern Dingen nicht.*

In der Zwischenzeit erfuhr Greti von der Vakanz in Furna. Die Idee, sich selber zu bewerben, schien ihr angesichts der Haltung des Kirchenrats mehr als abwegig, weshalb sie versuchte, die Stelle einem Studienkollegen schmackhaft zu machen. Aber vergeblich. In Zeiten des Pfarrermangels hatte die Gemeinde besonders schlechte Karten. Alle Pfarrer, die Greti und ihr Vater der Gemeinde zu vermitteln suchten, sagten ab. In dieser Situation schrieb Gretis Mutter dem Furner Kirchenvorstand einen wegweisenden Brief. Unbekümmert von den Machtdemonstrationen der kantonalen Kirchenbehörden, fragte sie den Vorstand, wie sich Furna zur Wahl einer Pfarrerin stellen würde. Ihre Tochter, Frau Greti Caprez-Roffler, wäre nämlich geneigt, in ihrem Heimatdörfchen Furna, das sie sehr liebe, die Pfarrstelle zu übernehmen. Zur selben Zeit erhielt Greti das Angebot einer Stellvertretung in Bern. Furna oder die Landeshauptstadt? Eigenes Gemeindepfarramt oder ein Hilfspfarramt unter der Fuchtel eines männlichen Kollegen?

Sie überlegte hin und her. An beiden Orten wäre sie fern von Gian und müsste eine Betreuung für *Fegerlein* organisieren. In Bern würde sie sich innerhalb der geltenden Gesetze bewegen, in Furna musste sie mit Sanktionen der Landeskirche rechnen – falls die Furner denn überhaupt den Mut aufbrachten, sie zu wählen. *Plötzlich wusste ich es: Wenn es überhaupt in Frage kommt, dass ich von meinem Ehekameraden weggehe, dann kann es doch nur Furna sein,* erinnerte sie sich später in ihren Memoiren. *Wenn Furna will!!! Ich habe es so plötzlich gewusst, dass ich dies versuchen müsse. Und doch hoffte ich heimlich, weder der Gemeindevorstand noch die Gemeinde selber werden so etwas Gewagtes unternehmen. Denn ich fürchtete mich noch immer und nicht minder vor dem Amt.*

Am Sonntag, den 13. September 1931, rief der Kirchgemeindevorstand die Furner Männer und Frauen zur Versammlung in die

Kirche. Achtzehn von ihnen folgten der Einladung. Kirchgemeindepräsident Matthji Roffler informierte über die aussichtslose Pfarrersuche. Nun aber gebe es einen Lichtblick: Betty Roffler habe der Kirchgemeinde ihre Tochter zur Wahl vorgeschlagen. Die Idee sei ernsthaft in Erwägung zu ziehen. *Frau Greti Caprez-Roffler hat in Zürich das Examen als Theologin mit bestem Erfolg bestanden. Da die Lohnansprüche der Frau Caprez sehr bescheiden sind und tausend Franken nicht übersteigen, so sieht man, dass dieselbe nicht um des Geldes willen nach Furna zu kommen gedenkt. Dies kann leider von vielen Pfarrern von heute nicht gesagt werden. Der Kirchenvorstand beantragt der Versammlung, Frau Caprez-Roffler als Pfarrerin von Furna zu wählen, wenn man auch mit ziemlicher Sicherheit annehmen kann, dass wir mit deren Wahl bei einigen Mitgliedern des evangelischen Kirchenrats auf Schwierigkeiten stossen.* In der anschliessenden Diskussion unterstützten einflussreiche Männer den Vorschlag, darunter Landammann Andreas Bärtsch und sein Sohn Konrad, der Dorfschullehrer und frühere Kirchgemeindepräsident. Protokollführer Andreas Züst hielt fest: *In der Abstimmung wird Frau Caprez-Roffler mit achtzehn gegen keine Stimmen als Pfarrerin von Furna gewählt und hat als solche in unserer Gemeinde die gleichen Rechte und Pflichten, die einem Pfarrer zustehen.*

Ob den achtzehn Bergbauern, die an diesem Septembersonntag ihre Stimme einer Frau gaben, bewusst war, dass sie mit ihrer Wahl Geschichte schrieben? Vermutlich nicht, denn sonst wären mehr Kirchenmitglieder zur Versammlung erschienen. Möglicherweise war unter den achtzehn Furnern auch keine einzige Frau. Zwar durften die Furnerinnen seit 1918 ja in kirchlichen Fragen mitbestimmen, doch die alte Rollenverteilung sass tief, die Frauen hatten oft anderes zu tun, kein Interesse oder keinen Mut für ein politisches Engagement. Tatsache ist: Nie zuvor wählte eine Kirchgemeinde eine Frau zur Pfarrerin, weder in Graubünden noch in der restlichen Schweiz. Furna war die erste reformierte Gemeinde mit einer Pfarrerin, die alleinverantwortlich alle kirchlichen Handlungen versah.

Zwar durften Theologinnen mittlerweile in mehreren Kantonen arbeiten. Die Monate September und Oktober 1931 können sogar geradezu als heisser Herbst für die Schweizer Theologinnen gelten: Praktisch gleichzeitig mit Greti wurden drei ihrer Kolleginnen gewählt, Mathilde Merz nach Lenzburg, Marie Speiser nach Oberwil BL und Verena Pfenninger-Stadler nach Brig. Gretis Freundin hatte nach langer Suche endlich zusammen mit ihrem Mann Walter eine Stelle gefunden, er als Pfarrer in der reformierten Diaspora-Gemeinde des Oberwallis, sie als seine Mitarbeiterin, die alle Aufgaben eines Pfarrers ausübte, allerdings keinen eigenen Lohn erhielt. Die Kolleginnen Merz und Speiser durften als Pfarrhelferinnen nicht alle Amtshandlungen ausführen, Mathilde Merz waren die heiligsten Rituale, das Abendmahl und das Konfirmandengelübde, verboten, während Marie Speiser nur Aushilfspredigten zugestanden wurden.

Greti hingegen konnte als Gemeindepfarrerin schalten und walten, wie sie wollte, und ihr Amt war weder eine Stellvertretung noch zeitlich befristet. Die Furner Bevölkerung zeigte mit der Wahl nicht etwa ein besonderes Engagement für Frauenrechte, schliesslich hatten die Männer 1918 den Frauen das kirchliche Stimmrecht nicht zugestehen wollen. Gretis Geschlecht war jedoch auch kein Hinderungsgrund für ihre Wahl. Wenn die Umstände es erforderten, war man in Furna durchaus offen, sich von einer Frau das Evangelium verkünden zu lassen. Für Greti sprach, und das fiel ungleich mehr ins Gewicht, dass man sie von Kindesbeinen an kannte, dass schon ihr Grossvater als Gemeindepräsident eine wichtige Figur im Dorf war und ihr Vater es als Pfarrer und Kirchenrat im ganzen Kanton zu Ansehen gebracht hatte. Gretis Vorgänger, Pfarrer Brunner, stammte aus Zürich und stiess mit seinen neumodischen Ideen im Dorf oft auf Unverständnis. Einmal hatte er gar einen Versuch unternommen, die Bergbauern für die klassische Musik zu begeistern. *Die Furner verstanden nichts davon, sie schnürten die Gürtel ihrer Hosen enger über ihren knurrenden Mägen,* kommentierte Greti die Episode damals trocken. Dann schon lieber eine einheimische Frau, die die Sitten und Bräuche der Walser kannte und einen ähnlichen Dialekt sprach. Einen nicht ganz unbedeutenden Einfluss auf die Wahl hatten ausserdem Gretis bescheidene Lohnvorstellungen. Tausend Franken hatte sie genannt, die die Kirchgemeindeversammlung grosszügig auf zweitausendfünfhunder Franken erhöhte. Man sparte im Vergleich zum Vorgänger auch so neunhundert Franken und kam erst noch darum herum, Kirchensteuern einzuführen. Im Jahr 1931 war es in der Schweiz undenkbar, einer Frau denselben Lohn zu bezahlen wie einem Mann. Ledige Frauen hatten keine Familie zu ernähren, und verheiratete wurden von ihrem Mann versorgt. Sie mussten froh sein, wenn sie überhaupt arbeiten durften.

Valentin Züst-Kessler, 1923–2015, Bauer aus Furna

An der Gemeindeversammlung kam der Lohn zur Sprache. Damals gab man den Frauen nämlich keinen Lohn. Die einen waren dafür, der Frau Pfarrer einen Lohn zu geben, die andern dagegen. Ausgerechnet die Rofflers waren dagegen. Fast nicht zu verstehen, aber es war so. Mein Onkel war damals im Kirchenvorstand, und dank ihm kam es damals gut heraus. Er sagte, es wäre eine grosse Schande für das ganze Prättigau, wenn man der Frau Pfarrer keinen Lohn gäbe. Und dann wurde das angenommen.

Betti Willi-Bärtsch, geb. 1934, Hausfrau aus Furna

Alle im Kirchenvorstand haben zu ihr gehalten. Aber es war ein Heröxeln mit denen in Chur draussen. Da wollen wir jetzt mal schauen, wer wem den Meister mag. Die wollten sich nicht alles befehlen lassen.

Hans Flury-Kessler, 1924–2017, Säger und Bauer aus Furna

Sie hat es pickelhart durchgezogen. Und unten war Pfarrer Truog, das war ein grusiger Gegner, einer der ärgsten. Eine Frau Pfarrer gebe es nicht. Mit allen Mitteln hat er hintertrieben, der Pfarrer Truog.

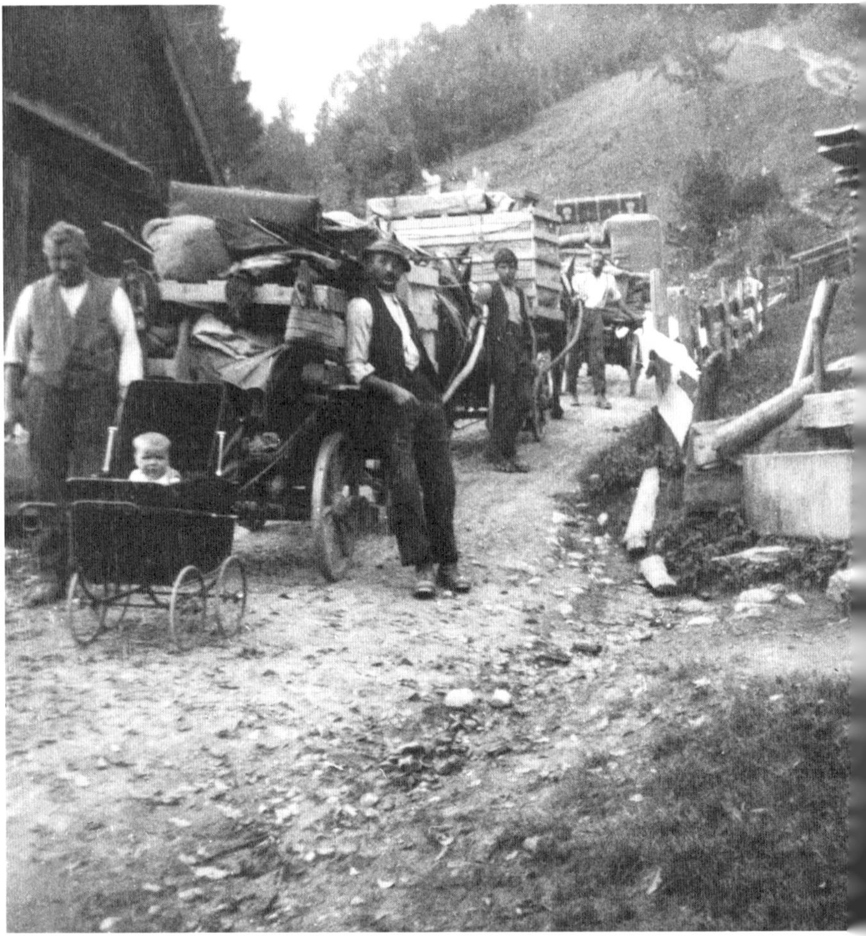

Furna,
3. Oktober 1931

Drei Pferdewagen, voll bepackt mit Möbeln. Bettstatt, Matratze, Kommode, Gutschi, Decken, alles fest angeschnallt, damit es auf dem Schotterweg nicht ins Rutschen gerät. Kirchgemeindepräsident Matthji Roffler, links im Bild, und seine Begleiter haben zur Feier des Tages ein weisses Hemd unter die Weste gezogen. Die Männer sind mit Pferden und Wagen ins Tal hinunter gestiegen, um ihre Pfarrerin von der Bahn abzuholen. Greti geht zu Fuss am Schluss des Umzugs, den Kinderwagen schiebend, auf der Strasse, die einst ihr Grossvater als Gemeindepräsident bauen liess. Zäh ziehen die Pferde ihre Ladung den Berg hoch. Auf halbem Weg rastet die Gruppe, und Greti zückt den Fotoapparat, um die Szenerie festzuhalten. Gian Andrea ist kein hilfloses *Poppi* mehr, er sitzt aufrecht da und schaut neugierig zu seiner Mutter. Greti hatte sich zunächst geweigert, ins Pfarrhaus zu ziehen. Zumindest vorläufig wollte sie lieber im weniger symbolträchtigen Haus der Grosseltern am Dorfrand leben. Doch die Furner wollten keine halben Sachen machen: Ihre Pfarrerin müsse im Pfarrhaus gleich neben der Kirche wohnen. Fast schon feierlich wirkt die Prozession. Vom Tal aus lässt sich beobachten, wie sich der Umzug Kurve um Kurve der Kirche annähert. In Jenaz kann Kirchenrat und Pfarrherr Jakob Rudolf Truog dem Schauspiel von seinem Fenster aus zuschauen, und der Anblick gefällt ihm überhaupt nicht. Die Furner meinen es tatsächlich ernst mit der Frau auf der Kanzel!

Ein anarchischer Amtsantritt

Noch am Abend der Wahl läutete in Pontresina bei Ingenieur Caprez das Telefon. Als Greti die Nachricht erfuhr, konnte sie es kaum glauben. Nur zwei Monate waren vergangen, seit sie sich das letzte Mal an den Kirchenrat gewandt und ihm ihr trotziges *Dass etwas noch nicht ist, ist doch kein Grund, es nicht einzuführen!* entgegengeschleudert hatte. Nun hatte Furna bewiesen, dass sie Recht hatte. *Sie haben es doch gewagt,* notierte sie in ihr Tagebuch, erfreut und schockiert zugleich. *Der Zwang steht wieder über meinem Leben und stärker als je. Nun gibt es wohl nichts anderes mehr als hindurch, und wenn es auch noch so schwer werden sollte.* Ein paar Tage später setzte sie sich an die Schreibmaschine.

PONTRESINA, 23. SEPTEMBER 1931

Sehr geehrter Herr Dekan,
Die Kirchgemeinde Furna hat mich einstimmig zum Pfarrer gewählt. Sie betrachtet mein Amt bis zur nächsten Synode als Provisorium und wünscht, dass ich dann in die Rhätische Synode aufgenommen werde. Ich möchte deshalb vorerst um die Erteilung der Lizenz für die Provision der Gemeinde Furna nachsuchen und auf Juni 1932 um die Aufnahme in die Synode bitten. Muss ich meine Zeugnisse einschicken und wie viele?
Achtungsvoll
Greti Caprez-Roffler

Dass Greti ihre Aufnahme in die Synode als Formalie behandelte, mochte angesichts der Vorgeschichte mit dem Kirchenrat wie ein bewusster Affront wirken. Dabei hätte sich die Landeskirche an den eigenen Worten messen können. Zwei Jahrzehnte früher, am

10. Mai 1911, hatte man nämlich den allerersten Antrag einer Theologin, ein Gemeindepfarramt übernehmen zu dürfen, mit der Antwort quittiert, man gedenke zu warten, *bis das Gesuch einer Gemeinde um die Wahlbestätigung für eine Theologin vorliegt und dann ohne Rücksicht auf das Geschlecht nach den gesetzlich geforderten Ausweisen zu entscheiden.* Damals war es eine Deutsche gewesen, die sich an die Bündner Landeskirche gewandt hatte – noch hatte keine Schweizerin auch nur das Studium begonnen.

Gertrud Petzold, eine preussische Adlige, hatte in Grossbritannien Theologie studiert und dort bei einer Freikirche als Pfarrerin gearbeitet. Ein Kollege schwärmte ihr von Graubünden vor, und so fragte sie den Bündner Kirchenrat, ob sie vertretungsweise eine Kirchgemeinde übernehmen dürfte. Daraufhin beschäftigte sich die Bündner Kirche zum ersten Mal mit der Zulassung von Frauen zum Pfarramt – als erste Landeskirche in ganz Europa. Es war der Sommer 1910, Greti war noch keine vier Jahre alt. Zunächst sah es so aus, als ob die Vorlage durchkäme: Die Theologinnen könnten angesichts des akuten Pfarrermangels im Bergkanton gute Dienste leisten, lautete der Tenor, und ausserdem sähen die Protestanten im Gegensatz zu den Katholiken die Frau nicht als minderwertig an. Doch dann setzten sich die Gegner mit einem geschickten Schachzug durch. Unter dem Einfluss des konservativen Dekans Jakob Rudolf Truog – der Jenazer Pfarrherr war damals schon höchster Bündner Pfarrer – beschloss die Synode zu warten, bis eine Gemeinde es wagen würde, eine Frau zu wählen. So vermied es das Pfarrerparlament, sich die Finger zu verbrennen, und der Ball blieb bei den Gemeinden liegen.

Tatsächlich fand Gertrud von Petzold keine Stelle in Graubünden, doch es gelang ihr, 1911 in Zürich, Basel und Pontresina einen Gottesdienst zu halten – als erste Frau auf Schweizer Kanzeln. Ausgerechnet in Pontresina, dem kleinen Dorf im Oberengadin, wo der sechsjährige Gian mit seiner Familie lebte! Der Ortspfarrer, Johann Georg Hosang, war ein engagierter Unterstützer der Theologinnensache und kannte Gertrud von Petzold persönlich. Als sie am

6. August 1911 auf die Kanzel der Dorfkirche trat, strömte das Publikum so zahlreich in die Kirche wie kaum sonst. Die rätoromanische Wochenzeitung *Fögl d'Engiadina* berichtete gar von ausländischen Pfarrern und Theologieprofessoren, die ins Engadin gereist seien, um der Sensation beizuwohnen, und verglich das Ereignis in seiner Bedeutung mit der Reformation.

Nun, zwanzig Jahre später, schickte sich Greti an, in die Fussstapfen Gertrud von Petzolds zu treten. Vermutlich wusste sie nicht einmal von ihrer Vorgängerin. Jakob Rudolf Truog, der immer noch im Kirchenrat sass, musste sich hingegen an die deutsche Theologin und an das damals abgegebene Versprechen erinnern. Überrumpelt schickte Kirchenratspräsident Peter Walser Greti eine Eingangsbestätigung ihres Schreibens und kündigte an, man werde in der Oktobersitzung zu ihrem Gesuch Stellung nehmen. Vorher erwarte man von der Gemeinde noch die übliche Wahlanzeige und von Greti sämtliche Zeugnisse. Postwendend schickte die Gemeinde das gewünschte Formular, das vorgedruckte *Herr* Pfarrer ersetzte man unkompliziert durch *Frau*. Ins Feld, wo der Lohn einzutragen war, setzte der Aktuar den Betrag von 2500 Franken, fügte aber vorausschauend an: *vorläufig!*

Am Sonntag, 27. September, zogen die Furner Dorfmädchen frühmorgens zum Kirchlein und hängten einen Tannenkranz an die Tür. Auch den Innenraum, die schlichten, weiss getünchten Wände, schmückten sie mit Kränzen, wie es der Brauch wollte. Der Duft des Tannengrüns mischte sich mit dem Geruch der Holzbänke. Bald füllte sich der Raum, die Frauen nahmen links Platz, die Männer rechts. In Furna waren alle neugierig darauf, Gretis Antrittspredigt zu hören. Die Gastpredigt, die sie hier vor drei Jahren als Studentin gehalten hatte, war vielen noch lebhaft im Gedächtnis. Es herrschte eine feierliche Stimmung. *Wir wussten alle, dass es schwer werden würde,* erinnerte sich Greti später.

Nach der Predigt sass sie allein in der Pfarrstube, neben sich die Blumentöpfe mit weissem und blauem Geranium, die sie zum Amtsantritt bekommen hatte. Direkt vor dem Fenster sah sie die

Kirche, dahinter öffnete sich die Weite des Prättigaus. Vor genau einem Jahr hatte sie noch mit ihren theologischen Wälzern auf Deck der *Conte Rosso* gesessen, schwanger und bang, was die Zukunft bringen würde. Nie hätte sie sich damals träumen lassen, dass sie so kurze Zeit später, mit zarten 25 Jahren, in der Kirche ihres geliebten Furna predigen und mit ihrem Kind im Pfarrhaus leben würde. Sie hatte mehr erreicht, als sie je zu hoffen gewagt hatte. Dennoch war ihr nicht nach Feiern zumute. Wieder war Gian weit weg von ihr, seine Arbeit hielt ihn in Pontresina, und er würde nur jeweils am Wochenende bei ihnen sein können. *Liebes kleines Brüderlein, (...) mir war zum Heulen, als ich von Dir wegging. (...) Es ist alles so merkwürdig, so unwirklich. Du bist so ganz nah bei mir. Warum denn das alles? Warum? Es ist so plötzlich gekommen. Ich kann es nicht begreifen.* Im P. S. bat sie den Liebsten um zweihundert Franken. *Das fängt schon gut an!*

Als der Kirchenrat sich im Oktober traf, um den Fall Furna zu diskutieren, sassen auch die Mitglieder Jakob Rudolf Truog und Joos Roffler am Tisch. Gretis Vater trat erneut in den Ausstand, doch zuvor gestattete man ihm, eine Erklärung abzugeben. Der stattliche Mann mit dem Schnurrbart hielt ein Plädoyer für seine Tochter und die Sache des Frauenpfarramtes. Dabei gönnte er sich auch die eine oder andere ironische Spitze gegen die Kollegen. *Man hat bisher immer gesagt, wenn einmal eine Gemeinde wählt, dann muss die Frage entschieden werden. Man hat dabei freilich so im Stillen immer gedacht: Dazu wird es ja nicht kommen. Nun liegt aber doch ein solcher Fall vor und man weiss also, dass es solche Gemeinden gibt.* Dann wies er auf Artikel 11, Absatz 5 der Kantonsverfassung über das reformierte Gemeindeprinzip hin: *Den Kirchgemeinden steht das Recht zu, ihre Geistlichen zu wählen und zu entlassen.* Furna habe von diesem Recht Gebrauch gemacht, der Kirchenrat müsse die Wahl folglich akzeptieren.

Das Wichtigste sei aber, redete Joos Roffler seinen Kollegen ins Gewissen, dass die Wahl der Wille Gottes sei. *Gott fragt nicht nach Mann oder Weib, und nachdem die Männer in Graubünden sich seinem*

Dienste versagt haben, ruft er die Frauen. Meine Tochter schickt er da voraus. Das wird für uns ein Leidensweg sein. Aber ich bin bereit ihn zu gehen und meine Tochter auch, und ich hoffe, meine liebe Heimatgemeinde auch. (...) Dass es Gottes Führung ist, das ersehe ich daraus, wie Greti zur Theologie geführt worden ist ohne jeden äussern Druck und das sehe ich daraus, dass die Gemeinde Furna ganz aus sich heraus die Wahl getroffen hat. (...) Drum lasst da droben einen Versuch machen. Geht es nicht gut, dann ist es ein Beweis, dass ich mich in meiner Überzeugung geirrt habe. Geht es gut, dann aber ist es ein Zeichen, dass Gott dabei ist. Dass nicht nur Gott, sondern auch er selber und seine Frau bei Gretis Wahl die Hände im Spiel hatten, erwähnte Joos Roffler nicht. Die Kollegen wussten es auch so.

Als Gretis Vater den Raum verlassen hatte, kam der Sitzungsleiter auf die Resultate einer schweizweiten Umfrage zu sprechen: Frauen seien noch nirgends zum vollen Pfarramt zugelassen. (Das stimmte zwar nicht ganz: In der *Église Libre* im Kanton Waadt, einer freikirchlichen Abspaltung der Landeskirche, hatten die Theologinnen seit einem Jahr exakt dieselben Rechte wie ihren männlichen Kollegen. Nur hatte bisher noch keine Theologin und keine Kirchgemeinde von diesem Recht Gebrauch gemacht.) Die Kirchenräte erklärten die Wahl von Greti Caprez-Roffler einstimmig als ungültig. Man könne auch keine Erlaubnis zur Provision erteilen, ohne vorher prinzipiell über die Zulassung der Frau zum Pfarramt zu entscheiden. Das Kolloquium Prättigau-Herrschaft habe sich um die pastorale Versorgung der Gemeinde zu kümmern. Der Evangelische Grosse Rat solle die Vorlage zum Frauenpfarramt nun rasch erledigen. Und schliesslich: *Für den Fall, dass Furna auf die Wahl nicht verzichtet, sollen alle Handhaben ergriffen werden, um den gesetzlichen Bestimmungen Nachachtung zu verschaffen.*

Mit diesem Entscheid seiner Kollegen hatte Joos Roffler schon gerechnet. Anstatt Trübsal zu blasen, frohlockte er im Brief an Greti und Gian: *Es ging genau wie vorausgesagt, alles wie am Schnürchen, ganz programmmässig.* Der Konflikt provozierte seinen Kampfesgeist. Ungerührt sagte er den weiteren Verlauf der Dinge voraus: Zuerst werde das Kolloquium der Kirchgemeinde erneut einen Provisor vorschlagen, möglicherweise gar Truog. Furna werde das Angebot ablehnen. Dann werde der Kirchenrat den Furnern das Kirchenvermögen sperren. Greti müsse somit eben ohne Gehalt amtieren. *Und dann? Dann wird der Pfrundfond Furna hübsch anwachsen und im übrigen bleibt alles ungefähr so, wie wenn Gretis Wahl bestätigt worden wäre.*

Der Vater wusste, dass der Kirchenrat schon zweimal in der Geschichte der Bündner Landeskirche, als er mit einer Pfarrerwahl nicht einverstanden war, einer Gemeinde das Vermögen gesperrt hatte. In beiden Fällen hatte die Sanktion nicht die erwünschte Wirkung erzielt, die Pfarrer waren in ihren Gemeinden geblieben. Der Pfarrer von Bondo im Bergell war seinen Kollegen in der Bündner Synode als Italiener nicht genehm gewesen, der Pfarrer von Untervaz bei Chur hatte zuvor im Unterland im Zuchthaus gesessen (zu Unrecht, wie seine Gemeinde fand).

Dass sich Joos Roffler nicht vor der drohenden Beschlagnahmung des Furner Kirchgemeindevermögens fürchtete, hatte allerdings weniger mit seinem Wissen um die begrenzte Wirkung dieser Sanktion zu tun als mit seinem weitsichtigen Blick in die Zukunft. Er war ganz und gar überzeugt davon, dass die Geschichte ihm recht geben würde – auch wenn seine Tochter zunächst einen hohen Preis bezahlte. *Wer etwas Gutes und Grosses will, darf sich nicht entmutigen lassen. Einmal wird die Zeit kommen, da ihr Gerechtigkeit widerfahren wird. Und dann wird auch die Gemeinde Furna mit Ehren als die fortschrittliche Gemeinde genannt werden und die Hemmschuhe Truog, Walser etc. werden dann in der ihnen gebührenden Weise gewürdigt werden.*

Greti war beeindruckt vom Plädoyer ihres Vaters an der Kirchenratssitzung. *Papa hat ein mutiges Zeugnis für uns abgelegt,* schrieb sie Gian gerührt. *Der Kirchenrat hat beschlossen, mich zu sprengen, mit allen Mitteln. Es geht nun hart auf hart.* Die Aussicht auf den Kampf erfüllte sie jedoch nicht mit Euphorie wie ihren Vater, sondern mit Selbstzweifeln. *Ich weiss nicht, wo das noch hin soll. Und Eines begreife ich nicht: dass ich, gerade ich soll von Gott getragen sein. Wenn ich intelligenter und besser wäre!*

In den Bündner Zeitungen tobte nach der Wahl ein Sturm. Dass in Furna nun eine Frau auf der Kanzel stand, wurde im ganzen Kanton heftig diskutiert. Der Kommentator der *Prättigauer Zeitung* unterstellte den Furnern aufrührerische Motive. *Das intelligente aufgeweckte Völklein am Berg oben weiss natürlich ganz genau, was es getan und warum es so gehandelt hat. Seine momentane Verlegenheit um einen Seelsorger stand sicher in zweiter Linie.* Der Korrespondent des *Fögl d'Engiadina* vermutete den *Sufragettismus* am Werk und sah gar das Vaterland in Gefahr durch diese Damen, die meinten, gross und wichtig zu sein und den Mann in der Öffentlichkeit imitieren zu müssen.

Bis ins Unterland schlug das Ereignis im Bergdorf Wellen, ja, die *Neue Zürcher Zeitung* prophezeite: *Der weitere Gang in dieser aktuell gewordenen Frage des Frauenpfarramtes im Kanton Graubünden, welche wohl vom Volk entschieden werden wird, dürfte über die Landesgrenzen hinaus mit Interesse verfolgt werden.* Ein anonymer Einsender – Greti vermutete dahinter ihren Erzfeind Jakob Rudolf Truog – schickte im konservativen *Freien Rätier* giftige Pfeile nach Furna. Greti sei nicht wählbar, weil sie das theologische Examen vor der Bündner Landeskirche nicht absolviert habe. Dieses Gesetz gelte auch für Männer aus anderen Kantonen, die sich in Graubünden als Pfarrer bewürben. *Das wird auch so bleiben müssen, wenn Frauen zum Pfarramt zugelassen werden. Frau Caprez wäre also auch dann straffällig und ihr Amten gesetzwidrig. Dass sie das nicht einsieht, ist bei ihr, deren Vater doch Pfarrer und Mitglied des Kirchenrates ist, sehr verwunderlich und wird bei unserem Volke schwerlich stark für die Zulassung von Pfarrerinnen werben.*

Diesen Vorwurf konnte Greti nicht auf sich sitzen lassen. Vier Spalten füllte ihre Replik, in der sie ihre ganze Leidensgeschichte mit der Landeskirche aufrollte. Das Argument, sie erdreiste sich, das Pfarramt unqualifiziert zu übernehmen, schalt sie als eigentümlich, denn sie habe schliesslich das Universitätsexamen bestanden, das keineswegs leichter sei als das Bündnerische. *Man klagt (...) darüber, dass sich zu wenig junge Männer der Landeskirche zur Verfügung stellen, und wenn Gott nun uns Frauen ruft, so will man lieber unsere Kirchgemeinden durch ungenügende Provisionen versorgen lassen, als dass man Frauen, die willens sind, in Gottes Werk zu treten, das gestattet. Ich bin nun aber überzeugt, dass Gott mich zum Studium der Theologie geführt hat – ich wollte zuerst nicht – und dass auch die Wahl nach Furna, die so ganz ohne jede menschliche Beeinflussung kam, Gottes Willen entspricht, und darum habe ich auch das Recht hier zu wirken, mit oder ohne menschliche Bestätigung der Wahl.*

Die ersten Wochen im Amt waren für Greti ein permanentes Wechselbad der Gefühle. Sie war verunsichert und fürchtete sich, vor den Augen des ganzen Kantons zu versagen. Und doch: Endlich konnte sie das tun, worauf sie so lange hingearbeitet, wonach sie sich so lange gesehnt hatte: Das Wort Gottes verkünden und Seelsorge leisten. Sie stellte die Haushälterin Anny ein, die kochte, putzte und Gian Andrea hütete. Sonntags während des Gottesdienstes studierte sie bang die Mienen der Kirchgänger. *In der Predigt sass wieder dieser grosse Mann mit dem scharfgeschnittenen Gesicht und den grauen Haaren, der mir so sehr gut gefallen. Ich erfuhr dann, dass er nun das dritte Mal nacheinander dagesessen hätte, dass er von weit oben, von Scära komme und bei Brunner nie zur Kirche gegangen sei. Jetzt aber gefalle es ihm so sehr.* Dass mit jedem Sonntag mehr Männer in den Bänken sassen, machte sie besonders froh.

Auch im Religionsunterricht musste Greti zuerst die Gunst ihrer Zöglinge erringen. Sie hatte noch nie Schule gehalten und erteilte nun sieben Wochenlektionen auf drei Stufen: Viert- und Fünftklässler, Sechst- bis Neuntklässler und Konfirmanden. Im grossen Pfarrhaus richtete sie eines der elf Zimmer für den Unterricht her, in die Mitte stellte sie einen langen Tisch, um den sich alle setzten wie in einer Familie. Zwar hielt sie nichts von allzu moderner Pädagogik, wie sie etwa der Vorgänger des derzeitigen Lehrers, ein Unterländer, betrieben hatte, viele Spiele und neue Methoden. Aber so wie ihr eigener Vorgänger wollte sie auch nicht unterrichten, der hatte sich nämlich nicht darum geschert, ob die Kinder seine Vorträge auch verstanden. Ihre Lektionen hielt sie auf Bündnerdeutsch und ermunterte die Kinder, sich am Unterricht zu beteiligen. Doch die zeigten sich zu Beginn misstrauisch. Vor allem den Buben stand ins Gesicht geschrieben, dass sie erst einmal abwarten wollten, was die Pfarrerin zu bieten hätte. *Die Buben sangen wieder nicht,* klagte Greti Gian nach einer der ersten Stunden. *Ich hiess sie um vier Uhr kommen. Auch der Unterricht selber rieb mich fast auf. Die Mädchen machten gut mit, die Buben hiess es fortwährend im Auge behalten, fortwährend anreden und fragen und mitreissen. Sonst stocherte einer in der Nase, der andere gähnte, der dritte war irgendwo ganz anders. Ich hatte typisch den Eindruck, als ob sie sämtliche onanieren würden. Ich klagte dann zu Anny, ich hätte das Gefühl, es sei da etwas nicht in Ordnung. Sie fragte, ob ich meine sittlich. Zu ihrer Zeit sei es eine Weile ganz schlimm gewesen damit.* Greti gab sich alle Mühe, die Kinder für den Stoff zu begeistern. Nach dem Unterricht kam sie erschöpft aus dem Schulzimmer, und abends sank sie um neun Uhr ins Bett.

Die Kleinen tauten schnell auf. Sie sangen mit Freude und stritten sich sogar darum, Greti antworten zu dürfen. Die grösseren Schüler forderten sie mit einer laut tickenden Uhr heraus, die sie auf die Bank legten, gespannt, was nun geschehen werde. *Ich schaute sie an, wartete auch, lächelte, die Uhr verschwand und kam nie mehr zum Vorschein.* Die Eltern fragten ihre Kinder über die Pfarrerin aus. Als eine ältere Schülerin antwortete, die Buben gehorchten ihr besser als dem Vorgänger, und Greti davon erfuhr, glühte sie vor Stolz. Sie war sich bewusst, dass jeder kleine Erfolg ihr Respekt einbrachte und umgekehrt jede Niederlage sie Ansehen kosten würde. Und wenn sie die eigene Gemeinde nicht hinter sich wusste, hatte sie gegen den Kanton keine Chance.

Valentin Züst-Kessler, 1923–2015, Bauer aus Furna

Ich war damals acht Jahre alt. Sie war eine Strenge, aber ich bin gern zu ihr in den Unterricht, und ich habe hübsche Erinnerungen an diese Zeit. Ich nahm mich zusammen im Unterricht, denn ich wollte fürs Gretli Caprez ein Guter sein. Die Enttäuschung kam erst nachher. Es war nämlich so: Als sie die Zeugnisse verteilt hat, stand bei mir eine Drei. Und das war die einzige Drei in meinem Zeugnis. Das konnte ich nicht verschmerzen.

Hans Flury-Kessler, 1924–2017,
Säger und Bauer aus Furna

Wir hatten in der Religion ein Heft, in das wir zeichneten. Ich zeichnete Absalom unter einem Baum, wie ihm die Haare in die Äste kommen und es ihn vom Ross reisst. Sie lachte darüber und sagte, das ist jetzt noch gut! Oder wie Elias nachdenklich an einem See hockte, das zeichnete ich auch.

Während sich Greti in Furna mit ihrer neuen Aufgabe vertraut machte, lief in Chur die Behördenmaschinerie an. Am 15. Oktober 1931 forderte der Kirchenrat den Präsidenten des Kolloquiums Prättigau-Herrschaft auf, einen Provisor für Furna zu suchen. Die Kirchgemeinde Furna und Greti liess er wissen, dass die Wahl ungültig sei, da das Wahlrecht der Gemeinden nur gesetzlich wählbare Kandidaten einschliesse. In Furna ignorierte man das kirchenrätliche Schreiben zunächst. Auch ein Brief des Kolloquiums Prättigau-Herrschaft mit der Frage, was Furna zu tun gedenke, blieb mehr als drei Wochen unbeantwortet.

Am 11. November 1931 bequemte sich Kirchgemeindepräsident Roffler schliesslich, eine Antwort zu formulieren. *Wir haben die Wahl nicht zu bereuen, sind wir doch sehr zufrieden mit der Gewählten. Man muss sich sehr verwundern, dass die kirchlichen Behörden diese gute Einvernahme zwischen Geistlicher und Kirchgemeinde zu stören suchen. Man sollte sagen, es wäre Unzufriedenheit in den Kirchgemeinden genug; kennt man doch Beispiele, wo mehr als die Hälfte der Kirchgenossen ihren Herrn Geistlichen ins Pfefferland wünschen.* Mit anderen Worten: Das Kolloquium solle eher den Jenazer Pfarrherrn Jakob Rudolf Truog entmachten als die beliebte Pfarrerin wegschicken. Auch punkto Gehaltsvorstellungen sollten sich die männlichen Kollegen an Greti ein Beispiel nehmen, wetterte der Präsident, denn ihre Ansprüche seien äusserst bescheiden, während *das Doppelverdienertum bei Herren Geistlichen in auffallend starker Blüte* stehe, sprich: es die Provisoren in spe, Jecklin und Truog, in Furna nur auf den Verdienst abgesehen hätten. Eine Provision sei in Furna jedoch auf keinen Fall möglich. *Unsere Bergverhältnisse verlangen, dass der Geistliche ständigen Wohnsitz in der Gemeinde hat, einen andern wollen wir gar nicht.* Seinem Brief legte der Kirchgemeindepräsident einen Artikel über die zwei Theologinnen bei, die vor kurzem in Basel ordiniert worden waren. *Bitte lesen Sie den Artikel, und dann werden Sie sicher zur Überzeugung kommen, dass die Anstellung einer Theologin als Pfarrerin lange nicht etwas so Ungeheuerliches ist, wie einige Herren Geistliche sich dies vorstellen.*

Diese Renitenz konnte der Kirchenrat nicht tolerieren, ohne sein Gesicht zu verlieren. Hell empört bat er einem dringlichen Schreiben den Evangelischen Kleinen Rat, den staatlichen Arm der Landeskirche, um eine Intervention. Greti stellte er als rücksichtslose Gesetzesbrecherin dar, die sich gleich zweifach über die Kirchenordnung hinwegsetze: Weil sie das Amt ohne die theologische Prüfung des Kantons angenommen habe und weil sie zu einem Jahreslohn von 2500 Franken arbeite, während der Vorgänger 3400 Franken erhalten habe. *Damit ist der Tatbestand gegeben, der uns veranlasst, an Sie zu gelangen mit dem Gesuch, die erforderlichen Massnahmen zur Wahrung der Gesetze und Ordnungen unserer Landeskirche zu treffen.*

Wie Joos Roffler prophezeit hatte, erwog der Kirchenrat nun die Sperrung des Pfrundvermögens und bezog sich dabei auf die beiden Gemeinden Bondo und Untervaz. Doch nun zog man gar in Betracht, das Pfarrhaus zu versiegeln. Auf diese Idee war selbst

Gretis Vater bisher nicht gekommen. Die Kirchgemeinde Furna versuchte man mit einem Ultimatum zur Vernunft zu bringen.

Wieder liessen sich die Furner Zeit. Sie warteten ab, bis die Frist von zehn Tagen verstrichen war, und beharrten dann auf der Wahl. Ihre Antwort war gezeichnet vom Kirchgemeindepräsident, trug aber die Handschrift von Gretis Vater. *Zur Sache selber bemerken wir, dass Frau Caprez heute hier im Segen wirkt, dass wir gute und friedliche Verhältnisse haben und keine Veranlassung vorliegt, eine Veränderung derselben zu wünschen.*

Das Seilziehen um Furna brachte endlich Bewegung in die eingefrorene Diskussion um die Zulassung von Frauen zum Pfarramt. Am 17. Oktober 1931 forderte der Kirchenrat den Evangelischen Grossen Rat auf, die Vorlage in der nächsten Sitzung endgültig zu behandeln und dem Volk zur Abstimmung zu unterbreiten. Nachdem die beiden Gremien das heisse Eisen zuvor jahrelang hin und her geschoben hatten, ging der Evangelische Grosse Rat die Vorlage jetzt speditiv an und diskutierte sie ausführlich in seiner Novembersitzung. Auf dem Tisch lag nach wie vor die Variante für die Zulassung *unverheirateter* Theologinnen zum Pfarramt. Die vorbereitende Kommission schlug nun gar vor, verheiratete Frauen nicht a priori auszuschliessen, sondern den Entscheid der jeweiligen Gemeinde zu überlassen. Dieser Vorschlag fand aber keine Mehrheit im Evangelischen Grossen Rat: *Leben Mann und Frau getrennt, so widerspricht dies den Bestrebungen zu Gunsten der Familie, gibt kein gutes Beispiel für die Gemeinde, ja die Frau kann sich der Lächerlichkeit aussetzen,* fanden 33 der 46 anwesenden Grossräte. Sie beschlossen, im nächsten Jahr das Volk zu fragen, ob es ledige Theologinnen zum Pfarramt zulassen wolle. Für Greti war klar, dass die Abstimmung keine direkte Auswirkung auf ihre Situation als verheiratete Pfarrerin haben würde. Die Volksbefragung würde jedoch ein Stimmungsbild geben, vor dessen Hintergrund ihre Situation sich entspannen – oder verhärten konnte. Und obschon die Abstimmung sie formal gar nichts anging, waren, das wusste sie, alle Augen auf sie gerichtet.

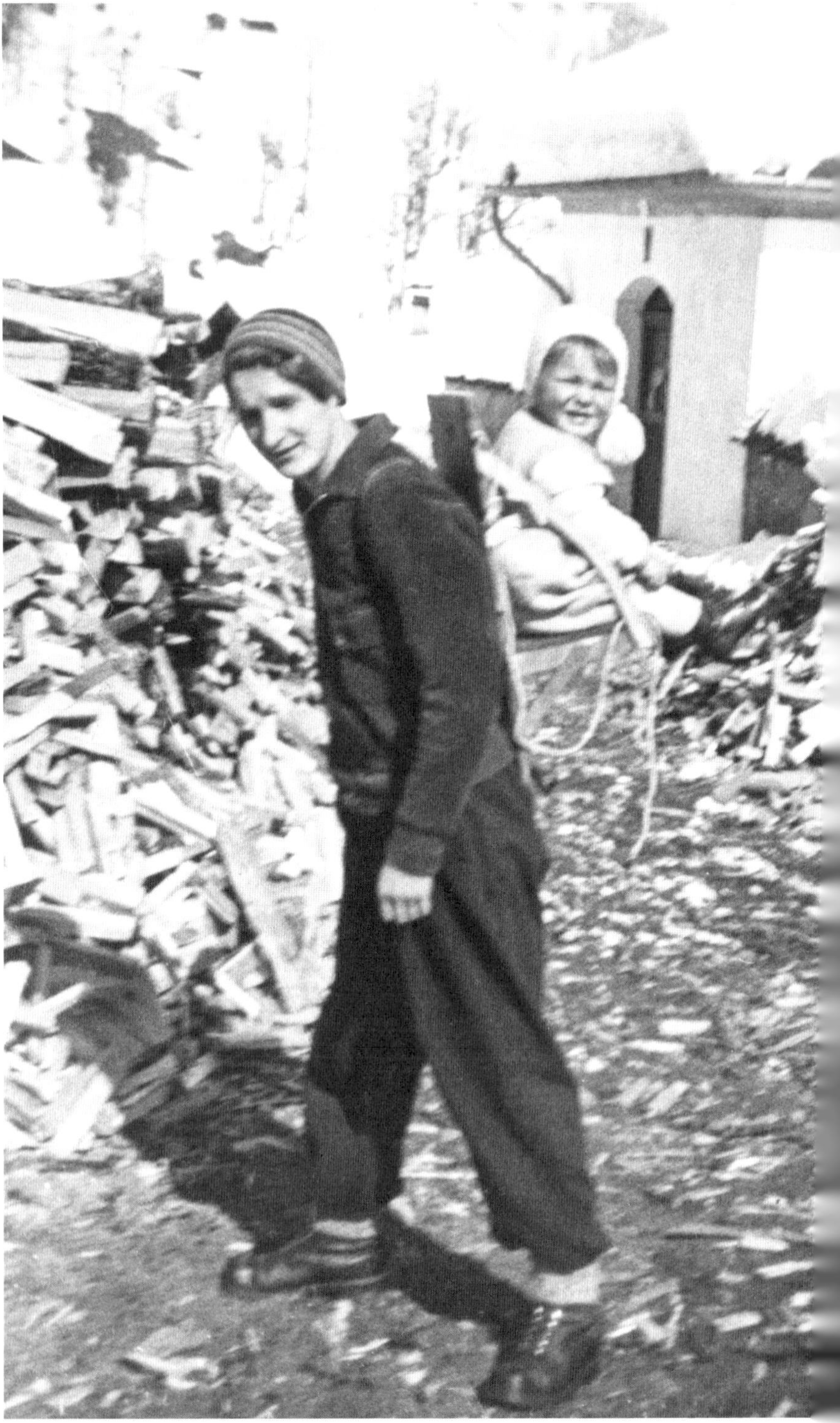

Furna,
Winter 1931 / 1932

Niemand würde auf diesem Bild eine Pfarrerin vermuten. Die festen Bergschuhe eignen sich eher für eine Bergtour als fürs Besteigen einer Kanzel, die Hosen gelten als unanständig an den Beinen einer Frau Anfang der 1930er-Jahre. Auch eine Bäuerin sieht anders aus: Die Furnerinnen tragen ihre Kinder noch in Körben aufs Feld. Greti ist die erste, die anstatt Käse und Schmalz ein Kind auf dem *Räf* transportiert. Im Pfarrhaus bereitet die Haushälterin die Mahlzeiten zu, und auch das Holz haben andere für Greti gehackt. Wie üblich haben die Männer den Vorrat für Kirche, Schulhaus und Pfarrhaus gesägt und gespalten, die Kinder werden die Scheite nun stapeln. *Es war ein eigentümliches Gefühl, dieses Geräusch der Sägen und Beile, diese Reihen arbeitender Männer aus der Gemeinde für eine Frau,* erinnert sich Greti später.

Der Schnee liegt noch schwer auf dem Vordach der Kirche, doch die Sonne scheint so warm, dass Greti die Handschuhe und den Mantel zu Hause lassen kann. Das Kind schaut vergnügt von seinem Aussichtsplatz. Die Dorffrauen haben Greti gebeten, bei Seelsorgebesuchen ihr Kind mitzubringen. *Dass ich eine Frau bin, das macht nur, dass sie mir ihre Geschichten von Schwangerschaft, Kinderstillen etc erzählen können, aber der pastoralen Würde tut das keinen Abbruch.* Die respektvolle Distanz stellen die Dorfbewohner her, indem sie die Pfarrerin, die sie von Kindesbeinen an kennen, mit *Frau Pfarrer* anreden. *Sie haben mich nun einmal zur Pfarrerin gemacht, und nun soll ich auch den Titel tragen. Sie haben mir nun die neue Würde verliehen, und nun wollen sie, dass ich sie auch in allen Würden trage.*

Frau Pfarrer in Skihosen

In ihrem ersten Winter in Furna führte die Pfarrerin eine Neuerung ein, die die Mädchen im Dorf noch Jahrzehnte später, als betagte Frauen, mit Stolz erfüllen würde. Eine Neuheit, die bis weit ins Tal hinunter zu reden gab und Gretis Erzfeind Jakob Rudolf Truog dazu veranlasste, wieder einmal heftig gegen seine Kollegin zu wettern. Greti Caprez-Roffler reformierte nicht den Gottesdienst oder den Religionsunterricht, sie stellte die Ordnung des Trauerzugs bei Beerdigungen genauso wenig in Frage wie den Brauch der Bergpredigt im Sommer. Veränderungsbedarf sah sie an einem anderen Ort: Dem Körper der Mädchen. Die Episode zeigt, wie sehr es Greti gelang, die Rolle der Autoritätsperson im Dorf auszufüllen, die einen moralischen Kompass vorgab und mindestens so sehr wie der Lehrer für die Erziehung der Kinder verantwortlich war. Die Pfarrerin führte Skihosen für Mädchen ein.

Elsi Aliesch-Nett, geb. 1925, Gretis Cousine
zweiten Grades, aufgewachsen in Furna

Wir hatten lange Schulwege, vom Hinterberg bis zur Kirche. Wir wurden pfludinass mit den Röcken im Schnee. Leni, eine alte Frau, sass immer auf der Bank, wenn man zur Schulhaustür herauskam, auch im Winter. Die Buben konnten in den Pausen bis an den Rank abegögle (schlittenfahren). Das wären wir auch gern. Die Leni sagte aber, das sei eine Schande, wenn ein Maitjie auf dem Gögel sitze, dann lupfe es den Rock. Maitjie sollen zuschauen, wie die Buben gögeln. Und nachher kam Greti mit einem Schnittmuster, und meine Mutter holte von der Wollfabrik Loden. Und ich hatte die ersten Skihosen von Furna. Da wurde aber göglat! Die Hosen hatten weite Beine. Unten lismete (strickte) man noch an, zwei links zwei rechts, ein Bördchen, um in den Schuh einzusteigen, und unten kam ein Gummi rum. Die Hosen waren viel wärmer und besser als ein Rock. Der Lodenstoff hielt lang, bis er nass wurde.

Betti Willi-Bärtsch, geb. 1934, Hausfrau aus Furna
In den Röcken durch den Schnee waten ist nicht lustig, wenn der Weg morgens noch nicht gemacht ist. Das war also eine Wohltat für die Maitjie, als sie Hosen anziehen durften. Greti sagte, warm und trocken sei besser. Wir sind auch später noch oft mit den Röcken Ski gefahren. Wir machten uns einen Sport draus, wer am längsten im Rock in die Schule geht. Dann galt man als härter, mutiger. Und wenn man mit dem Rock Ski fuhr, war das nochmal etwas extra. Hosen hatten wir dort sicher alle schon.

Bis anhin war es undenkbar gewesen, dass Mädchen oder Frauen Hosen trugen: Nur ein Rock versteckte die Form des weiblichen Gesässes. Draussen in Davos trugen die Touristinnen vielleicht Skihosen, aber nicht in Furna. Greti, aufgewachsen im Tal in Igis, war seit ihrer Studienzeit in Zürich mit anderen Moden konfrontiert und trug Hosen zum Skifahren. Entsetzt sah sie ihre Religionsschülerinnen im Winter in durchnässten Röcken ankommen. Die Mädchen klaubten vor dem Unterricht die weissen Klumpen vom Rocksaum und setzten sich dann in den nasskalten Kleidern auf die Schulbank. Selber oft an Blasenentzündung leidend, fühlte Greti mit ihren Schülerinnen und schlug den Müttern vor, ihren Töchtern Hosen zu nähen. Tatsächlich gewann sie die Müttergruppe für ihre Idee. Eine der Frauen war Schneiderin und schnitt den Stoff für alle zu. Und so waren die Furner Mädchen die ersten im ganzen Prättigau, die im Winter Hosen trugen. Im Sommer zog auch Greti wieder einen Rock an: Das Hosenprojekt entsprang mehr ihrer praktischen Ader als ihrem Feminismus. Im Tal ärgerte sich Jakob Rudolf Truog dennoch über die Grenzüberschreitung, und er verbot den Müttern in seinem Dorf, es den Furnerinnen gleichzutun.

Trotz aller Unterstützung, die Greti von ihrer Gemeinde spürte, haderte sie manchmal. Abends, wenn sie allein in ihrem Studierzimmer sass und die Predigt vorbereitete, das Plätschern des Brunnens im Ohr, befielen sie Zweifel. War das Opfer der Trennung von ihrem Liebsten nicht zu gross? *Ich glaube, ich habe mehr auf mich genommen, als ich tragen kann,* gestand sie ihm. Jeweils Samstagabend um Mitternacht stieg er im Tal aus dem Postauto und ging dann zu Fuss ins Dorf hoch, wo er nachts um halb zwei zu Greti ins Bett kroch. Morgens, wenn die Kirchenglocken riefen und sie vor der Predigt bangte, sprach er ihr Mut zu. Unter der Woche blieben ihnen aber nur ihre Briefe und ein gelegentliches Telefongespräch. Doch dazu musste Greti ins benachbarte Restaurant Bellevue gehen, wo die Gäste mithörten. *Warum läutest Du an?,* fragte sie ihn. *Du bist dann so nahe und doch so fern, man hätte so viel zu sagen und kann doch nichts sagen.*

Lieber schrieb sie ihm ihre melancholischen Gedanken. *Heute hatte es starken, wilden Wind. Die Blätter vor dem Maulbeerbaum mit den grossen Beeren sind auf die Laube verweht. Sie liegen rot und nutzlos. Liebes kleines Brüderlein, kommst Du bald wieder zu uns?* Dem Kind, sie nannte es jetzt *Spirifitzi,* gehe es sehr gut. *Gestern sass ich am Schreibtisch, Spirifitzi hinter mir im Gitter. Plötzlich rief er mir lebhaft. (...) Und siehe, er stand und hielt sich mit beiden Händen oben am Gitter.*

Nun, da sie Gian in der Schweiz wusste, zerriss es sie noch mehr vor Sehnsucht als damals, als er in Brasilien war. *Ich ertappe mich dabei, wie ich neidisch jungen Ehepaaren nachsehe, die miteinander über die Strasse gehen. Ich hätte Dir heute fast angeläutet, Du solltest kommen. Wir haben wohl das Ganze nicht völlig ermessen, als wir uns um Furna interessierten. Bei mir war es auch, dass ich das Gefühl hatte, unser Zusammensein sei Dir zu selbstverständlich und mein Liebesbedürfnis Dir zu gross.*

Schon einmal, gleich nach der Ankunft in Brasilien als frisch gebackene Eheleute, hatte er sich von ihr zurückgezogen. Ihre Not hatte sie damals dem Tagebuch anvertraut.

SÃO PAULO, 1. MÄRZ 1930

Mitternacht. Gianins Kopf ruht auf dem Kissen neben mir. Er schläft gut und tief. An seiner linken Hand glänzt der goldene Ring: Er gehöre zu mir ...

In einer Woche ist es ein halbes Jahr her, dass wir unsere Ehe begonnen. Ich wusste, dass sie schwer werden würde, aber ich wusste es doch nicht. Dass Du Dich dann, wenn ich Dich küsse, wegwenden werdest, das habe ich doch wohl nicht gewusst. Und dass Du dann, wenn ich Dich bitte, noch einen Augenblick zärtlich mit mir zu sein, mir keine Antwort geben werdest, Gianin, wir lieben uns beide in unserer Ehe noch viel zu egoistisch. So geschieht es, dass wir zwar Tiefstes und Süsseste miteinander zu erleben vermögen, aber plötzlich, am Tag springt es auf, dass wir uns bittere Wahrheiten sagen, bis ich weinend in Deinen Armen liege und Du mir süss und gut die Haare zurechtstreichst. Dann geht es zwei Tage, und wieder verzweifeln wir zutiefst (...).

Ich habe Dich so lieb wie immer, und ich bin noch so jung und hungere so danach, dass Du jeden Tag, jede Stunde aufs Neue Deine zärtliche Liebe über mich ergiessen möchtest. Und das vermagst Du nicht. So müssen wir es immer wieder neu lernen, Du das Lieben und ich das Verzichten.

Nach der Zeugung war seine Leidenschaft für sie wieder entflammt, doch sie hatten sich einander nur kurze Zeit hingeben können, weil Greti schon bald nach Europa gereist war. Nun malte sie sich aus, zu Gian nach Pontresina zu ziehen, sobald der Kampf um Furna entschieden wäre. *Wenn es hier geht, werde ich mit der Zeit auch etwas im Engadin finden. Geht es aber hier nicht, dann bin ich überhaupt zu müde, um noch etwas anzufangen punkto kirchlicher Anstellung.* Vielleicht würde sie dann Verenas Idee mit der Volksbildung in Angriff nehmen, überlegte sie, nur um ernüchtert fortzufahren: *Vielleicht aber auch gar nichts mehr.*

Gian war froh, Greti in Furna zu wissen, wo sie eine sinnvolle Aufgabe hatte. Er kannte seine Frau und dachte ungern daran zurück, wie rastlos sie im Sommer gewesen war, als sie zusammen in Pontresina lebten. *Ich wüsste nicht, wie dies den ganzen langen Winter gegangen wäre, beide zusammen so ohne bestimmtes Ziel. Später, wenn wir wieder einmal ganz beieinander sind, ist dies wahrscheinlich nicht mehr so schwer, denn Du hast dann schon praktisch gearbeitet und findest viel mehr Möglichkeiten und hast mehr Anregungen, Dich zu beschäftigen.* Er selber arbeitete im Ingenieurbüro seines Vaters mit und wohnte bei den Eltern, bekam jeden Monat fünfhundert Franken und gab hundert davon als Kostgeld ab. Wirklich wohl fühlte er sich nicht, denn abends hatte er keinen gemütlichen Ort für sich allein, nur sein ungeheiztes Zimmer. Dabei musste er froh sein, überhaupt eine Stelle zu haben. *Hier ist es ganz schrecklich, wie die Arbeitslosigkeit dieses Winters dreinglotzt. Es melden sich «noble Herren» bei uns als Erdarbeiter – und jetzt haben wir nicht Arbeit für einen einzigen Maurer. Bubi Käs hat bei Etter auch ausgedient und sucht sich im Winter auf dem Eisplatz als Schneeschaufler zu betätigen. Wir wissen gar nicht, wie gut wir es haben.*

Gretis Zweifel und Sehnsüchte beantwortete Gian mit einem Zettel, auf den er Liebesworte auf Portugiesisch kritzelte – angelehnt an die Zeilen eines brasilianischen Klassikers der Sängerin Carmen Miranda: *Meu doce amor, eu fiz poco para você gostar de mim. Oh, meu bem, não faz assim comigo, não.* (Meine süsse Liebe, ich habe wenig getan, um deine Liebe zu erlangen. Oh, mein Schatz, geh nicht so mit mir um.) Dann fügte er hinzu: *Eu gosto muito até você e Nené chegar aqui!* (Ich freue mich darauf, wenn ihr kommt, Du und das Baby!) Der Pöstler brachte Gians Brief am Samstagnachmittag nach einer anstrengenden Arbeitswoche. Gerührt nahm sie Gians Liebesnote mit ins Bett. *Ich hatte die Woche über schwer getan ohne Dich, ich hatte Dich körperlich auch stark entbehrt,* gestand sie ihm. *Ich dachte oft an Deinen süssen Mund und Deinen jungen Leib.*

Wenige Tage später reiste sie zu ihm ins Engadin. Die *Jungen Bündnerinnen* der Sektion Pontresina hatten sie eingeladen, über die Frauen des Alten Testaments zu sprechen, an drei über die kommenden Monate verteilten Abenden. Der erste Vortrag kam sehr gut an: Der Publikumsaufmarsch war gross, das *Fögl d'Engiadina* anderntags des Lobes voll von Greti, die als *Frau Ingenieur Caprez-Roffler, aktuell Pfarrerin in Furna,* eingeführt wurde. Es sei ihr gelungen, die Anwesenden für das Alte Testament zu begeistern, das Referat sei lebendig, interessant und gut gemacht gewesen.

Zurück in Furna freundete sich Greti mit einem jungen Mann an, der hier sein Lehrerpraktikum absolvierte. Valentin Jenny, ein gebürtiger Aroser, war zwanzig Jahre alt und hatte ähnliche Vorstellungen vom Leben wie Greti. *Es geht sehr lebhaft und begeistert zu zwischen uns,* berichtete sie Gian enthusiastisch von der Begegnung mit Valentin. *Wir haben grosses Gefallen aneinander – ich darf wohl so sagen, denn ich spüre es ihm doch an.* Die Pfarrerin und der Lehrer wollten etwas für die Jungen im Dorf tun und den Schulabgängern, die kaum intellektuelle Anregungen hatten, den Horizont erweitern. Anstatt *Jungschar* wie die Vorgängergruppe nannten sie ihre Initiative *Ledigenabende,* was in Gretis Ohren zeitgemässer klang. *Wir diskutierten jeden Abend zuerst, über Freundschaft, über Freiheit und ähnliche Themata. Es galt jede Diskussion wieder in einen andern Rahmen zu bringen. Das eine Mal versuchten wir es mit Thesen und Antithesen, das andere Mal mit geheimen Zetteln, da jedes eine Definition geben musste, das dritte Mal mit Parteienbildung. Nach der Diskussion wurde vorgelesen, Wilhelm Schäfer, Gottfried Keller. Und zum Schluss wurde gespielt.*

Die ersten Male überfielen Greti die alten Selbstzweifel aus der Schulzeit wieder, nun noch gesteigert durch die neue Rolle. Doch ausgerechnet ein Abend, an dem sie besonders mutlos war, wurde zu einem speziell schönen Erlebnis. Nach Einbruch der Dunkelheit strömten mehr junge Menschen als sonst in den Gemeindesaal unten im Pfarrhaus, was Greti nur zusätzlich einschüchterte. *Ich sass und wartete, bis wir anfangen könnten. Meine Hände zitterten in massloser Angst. Ich wusste, dass ich reden musste, aber nicht wie. Ich schrieb unaufhörlich auf ein Blatt: Gott, hilf mir. Und es wurde ein bisschen besser. Ich fing an zu reden: langsam und äusserlich vollkommen beherrscht. (...) Das Resultat war, dass sie heute in einer Woche schon wieder Ledigenabend wollen, dass es heute bis zwölf Uhr ging, weil sie einfach nicht gehen wollten und Gretly Flury jodelte, was sie sehr schön kann. Dabei habe ich sehr ernst und streng gesprochen. Auch das Gespräch über Militarismus und Antimilitarismus war glänzend.* Als Greti die Treppe vom Saal in ihre Pfarrwohnung hochgestiegen war, setzte sie sich an den Schreibtisch und berichtete Gian erleichtert von dem gelungenen Abend: *Es wurde mir geschenkt; ich kann es nicht anders sagen.*

Die Mütter lud Greti zu ähnlichen Treffen ein, wobei sie hier die Jüngste in der Runde war. Zum Vorlesen wählte sie ihr Lieblingsbuch *Kristin Lavranstochter,* den dreibändigen Mittelalterroman der norwegischen Nobelpreisträgerin Sigrid Undset, der ihr immer wieder als Inspiration für ihr eigenes Leben gedient hatte. Als sie und Gian sich an der Universität nacheinander verzehrten, lernte sie bei Sigrid Undset, dass Sinnlichkeit nichts Schlechtes war. Und die Schwangerschaft hatte sich genauso angefühlt, wie sie es im Roman gelesen hatte: *Tief drinnen in ihrem Schoss war es, wie wenn ein Fisch mit der Schwanzflosse schlägt.* Ausserdem erinnerten sie die urchigen Furner Bäuerinnen und Bauern an die Gestalten aus Undsets Epos. Die Frauen aus Gretis Müttergruppe schienen sich darin allerdings weniger zu erkennen: Das Buch war ihnen zu wenig religiös. Greti freute sich insgeheim über dieses Urteil. *Wenn man in der Stadt immer Angst haben muss, zu erbaulich zu werden, so ist man hier nicht so leicht zu erbaulich. Sie wollen mit einem gehobenen Gefühl nach Hause gehen (...).* Sie beschloss, den Mütterabend in Zukunft zweizuteilen und in der ersten Stunde über ein Thema zu sprechen, das die Frauen bewegte – etwa Erziehungsfragen – und in der zweiten Stunde eine Frauenbiografie vorzulesen.

> Betti Willi-Bärtsch, geb. 1934,
> Hausfrau aus Furna

Für mein Mami war Greti fast zu offen. Sie hat halt grad von der Leber weg geredet, auch über sexuelle Sachen, sie hatte da gar keine Hemmungen. Und Mami natürlich wohl. Greti hat sogar scheint's einmal behauptet, ein Paar könne steuern, ob es einen Buben oder ein Mädchen wolle. Im einen Hoden seien die Buben und im andern die Mädchen, und dann müssten sie einfach zuhalten. Greti war halt spontan, sie redete einfach geradeaus.

> Elsbeth Sonderegger-Roffler, geb. 1950,
> Postbeamtin aus Furna

Meine Mutter erzählte, dass Greti schon früh mit den Frauen einen Gottesdienst gestalten wollte. Wenn ich an mein Mami denke, war das noch nicht grad so einfach, dass man vor der Gemeinde redet, das war auch nicht üblich. Greti ermutigte sie und sagte: Ihr müsst doch keine Angst haben. Sie wollte ihnen helfen, die Schwelle zu überwinden.

Nun war sie endgültig im Dorf angekommen. Die Frauen brachten ihr Fleisch, Butter und Eier vorbei, die Männer spalteten das Holz für das Pfarrhaus. Und Andreas Züst, der Aktuar der Kirchgemeinde, verkündete: *Dia lömmer gwüss nümma fort.* Sonntags war die Kirche meist voll. Einmal zählte Greti gar acht Männer und zwölf Frauen, die aus dem Tal von Jenaz heraufgewandert waren, nur um die Pfarrerin zu hören. Ausgerechnet aus der Gemeinde von Jakob Rudolf Truog! *Unheimlich schön* habe sie gepredigt, liessen die Jenazer eine Furner Bäuerin wissen, die es der Pfarrerin erzählte. Greti freute sich, sah ihren Erfolg aber vor allem in der Schwäche des Vorgängers und des Konkurrenten begründet: *Es ist nur grad, weil Brunner und Truog so wenig ideal waren,* mutmasste sie im Brief an Gian. *Liebes, kleines Brüderlein, wohin wird mich das noch führen? Ich habe Angst. Werde ich mir eines Tages die Flügel an der Sonne verbrennen?*

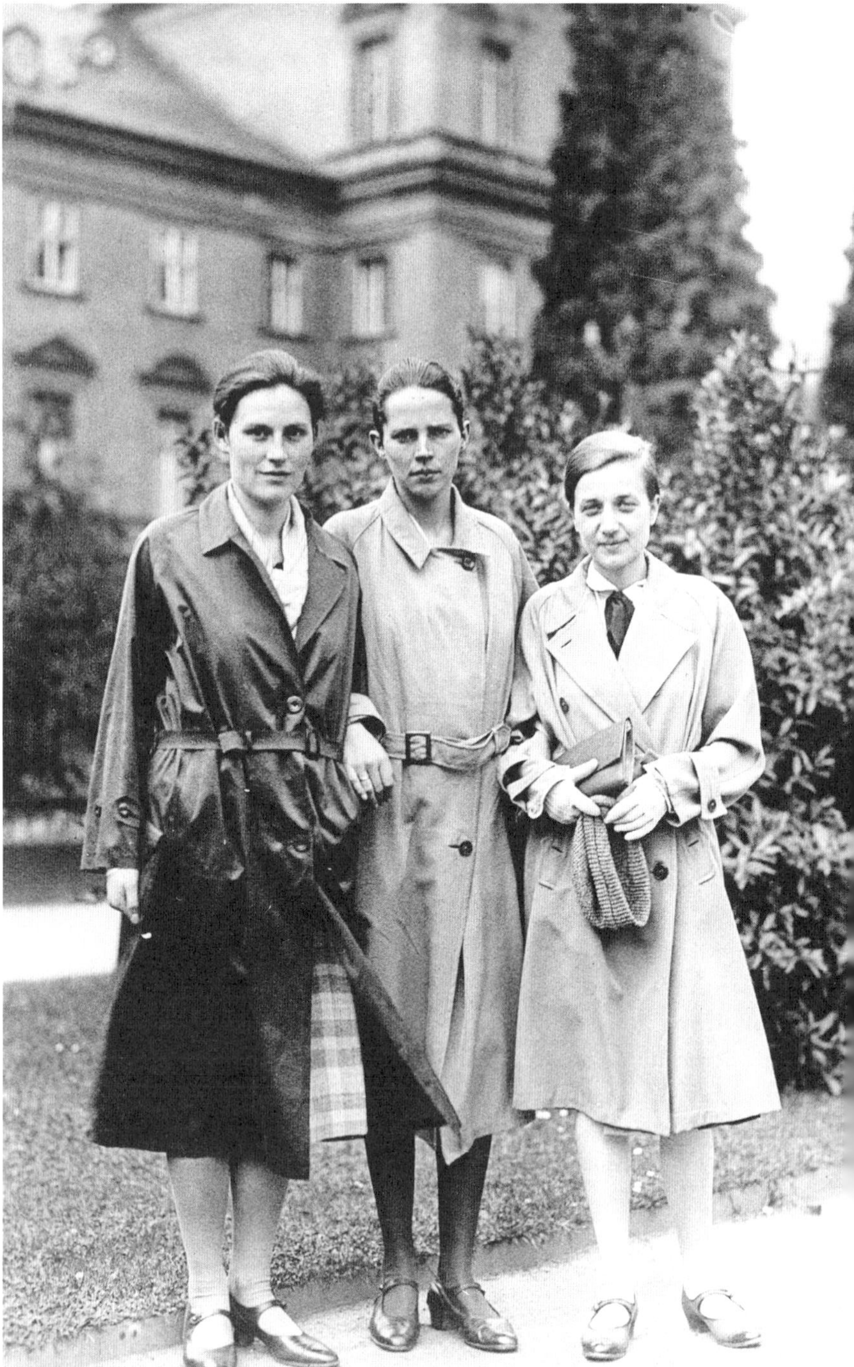

Deutschland,
Anfang 1930er-Jahre

Drei Frauen, ein Ziel. Fast trotzig schaut Verena Pfenninger-Stadler (Mitte) in die Kamera. Den Kopf neigt sie leicht nach vorn und bietet ihrem Gegenüber die Stirn. Ihre Begleiterinnen – mit etwas freundlicheren Gesichtern – rücken eng an sie heran: Dieses Trio lässt sich nicht spalten.

Links im Bild, das Haar leger zurückgebunden, Elisabeth von Aschoff, rechts Aenne Schümer, mit androgynem Seitenscheitel und einem zur Krawatte gebundenen Halstuch. Verena hat die beiden Mitte der 1920er-Jahre während des Studiums in Marburg kennengelernt. Nun sind alle ausgebildete Theologinnen. Die beiden Deutschen arbeiten in Köln als Vikarinnen, Verena Pfenninger-Stadler zusammen mit ihrem Mann Walter in Brig.

Entschiedenes Auftreten ist bitter nötig – nicht nur gegen aussen. Theologinnen haben 1925 den *Verband evangelischer Theologinnen Deutschlands* gegründet. Doch schon bald sind sie zerstritten. Von Aschoff, Schümer, Pfenninger-Stadler und einige andere Verbündete fordern das volle Pfarramt, während die Mehrheit ein auf die Frau zugeschnittenes *Amt sui generis* wünscht, etwa in der Seelsorge mit Jugendlichen, Frauen oder Gefangenen. 1930 kommt es zum Eclat: Die Radikalen spalten sich ab und gründen die *Vereinigung evangelischer Theologinnen.* Die Ereignisse in Deutschland sind ein Vorzeichen für das, was sich kurze Zeit später in der Schweiz abspielen wird.

Vermeintliche Verbündete

Die Nachricht von Gretis Wahl verbreitete sich auch unter den Theologinnen wie ein Lauffeuer. Nun hatte es eine von ihnen gewagt! Sogar bei den Kolleginnen in Deutschland warf das Ereignis Wellen. Ähnlich wie in der Schweiz konnten Frauen dort höchstens auf ein Hilfspfarramt hoffen. Manche Theologin arbeitete an hohen Feiertagen nicht, weil sie weder zur Predigt noch zum Abendmahldienst zugelassen war, manche durfte den Hauptpfarrer nicht einmal in seinen Ferien vertreten, sondern musste den Kollegen aus dem Nachbardorf rufen. Deutsche Theologinnen schielten deshalb über die Grenze nach Holland, wo das Gemeindepfarramt auch Frauen offenstand – die erste Pfarrerin dort hatte ihre Stelle unter ähnlichen Bedingungen wie Greti angetreten, in einem kleinen Dorf, das schon lange keinen eigenen Pfarrer mehr hatte. Greti als alleinverantwortliche Pfarrerin einer Gemeinde, die taufen, konfirmieren und auch beerdigen durfte, schien den deutschen Kolleginnen wie ein fernes Märchen. Und konservativen Pfarrherren wie ein Albtraum. Die Wahl in Furna traf hüben und drüben der Grenze die brennendste Frage, die die Theologinnen derzeit beschäftigte: Sollten sie das volle Pfarramt fordern oder ein eigenes Amt – wie das einer *Pfarrhelferin* – das dem weiblichen Wesen besser entspräche? Nach der Spaltung des *Verbands evangelischer Theologinnen Deutschlands* war diese Frage aktueller denn je.

Greti durfte in der Verbandszeitschrift der deutschen Theologinnen über den Fortschritt in den einzelnen Schweizer Kantonen berichten. Anstatt nur den Status Quo zu referieren, formulierte sie einen radikalen Anspruch. Die Anstellung einer Pfarrhelferin komme nur für grosse Kirchgemeinden in Frage, und davon gebe es in der Schweiz mit den vielen kleinen Bergdörfern nur wenige. Aus diesem Grund hätten die Schweizer Theologinnen eine andere Position als die Mehrheit der deutschen Kolleginnen. *Wir fordern bewusst das volle Gemeindepfarramt, auch für die verheiratete Theologin. Entweder man sieht die Notwendigkeit des Dienstes und will ihn ganz, oder man sieht sie nicht und lässt dann eben auch seine Hände von der Theologie. Wir wollen auch nicht ein der Eigenart der Frau gemäss zurechtgestutztes Amt, denn wir glauben nicht an diese Eigenart der Frau.* Die Nonchalance, mit der Greti ihrem deutschen Publikum gegenüber ein Schweizerisches *Wir* formulierte, bekam allerdings schnell Risse – wie sie bald bitter erfahren würde.

Zunächst zählte Greti noch mit grosser Selbstverständlichkeit auf die Solidarität ihrer Kolleginnen. Schliesslich hatte jede an ihrem Ort zu kämpfen. Sie selber stand in Furna zwar am heftigsten im Kreuzfeuer von Medien und Landeskirche, aber auch Mathilde Merz in Lenzburg und Verena Pfenninger-Stadler, die vor kurzem die Stelle in Brig angetreten hatte, sahen sich Anfeindungen ausgesetzt. Umso wichtiger war es jetzt, zusammenzustehen und einander den Rücken zu stärken. Verenas Plan, sich zu organisieren und sich regelmässig über taktische Fragen auszutauschen, schien nun noch dringender – zumal die mittlerweile fünfzehn ausgebildeten Schweizer Theologinnen über das ganze Land verstreut waren, und jeder Kanton, ja teils sogar jede Gemeinde, ihrem Wunsch zu arbeiten anders begegnete.

Einen ersten Schritt, die Kolleginnen zu vernetzen und eine gemeinsame Strategie zu entwickeln, machte Verena mit einem Rundbrief, *Mitteilungen an die Schweizer Theologinnen Nr. 1,* im Dezember 1931, drei Monate nach Gretis Wahl. Darin forderte sie die Kolleginnen auf, möglichst oft zur Feder zu greifen, um in Zeitungen und Zeitschriften Angriffe zu parieren und für ihr Anliegen zu werben: *Praktisch wird es so sein, dass jede Theologin an dem Ort, an dem sie arbeitet oder studiert, die Presse überwacht und die nötigen Artikel schreibt. Z.B. wird es den wenigsten unter uns möglich sein, die Bündner Zeitungen, in denen jetzt die Sache von Greti Caprez-Roffler ausgefochten wird, zu halten oder auch nur regelmässig zu lesen. Wir müssen eben alle an unserm Ort das Unsre tun. In die grossen allgemein schweizerischen oder ausländischen Zeitschriften werden wir alle von Zeit zu Zeit schreiben, so wie sich nun gerade die Gelegenheit bietet. Sind in einer Stadt mehrere Theologinnen tätig, so können sie sich ev. darüber einigen, wer einen Artikel übernimmt.*

Doch Verenas Schlachtplan ging nicht auf. Im Weg stand zuallererst die Uneinigkeit unter den Kolleginnen: Volles Pfarramt oder weibliches Hilfspfarramt? Nur für ledige Theologinnen oder auch für verheiratete? Waren *ungesetzliche Wahlen* wie diejenige in Furna ein legitimes Mittel im Kampf um das Pfarramt oder sollten die Theologinnen lieber warten, bis ihnen das Amt von offizieller Seite zugestanden wurde? Über diese Fragen entbrannte unter den Kolleginnen Anfang der 1930er-Jahre ein heftiger Streit. Der Graben verlief zwischen Verena und Greti auf der einen Seite, die die Existenz eines spezifisch weiblichen Charakters ablehnten und das volle Pfarramt auch für die verheiratete Theologin forderten, und den ledigen Theologinnen in Zürich, Bern und Basel auf der andern Seite, die zu Bescheidenheit mahnten und sich mit stillem Fleiss die Gunst der Männer verdienen wollten. Sie störten sich am forschen Ton von Verena und Greti und fürchteten, das Beispiel Furnas könnte derart abschreckend wirken, dass das Stimmvolk auch zu kleineren Schritten nicht mehr Hand bieten werde. Mit den Artikeln der radikaleren Kolleginnen, die aus ihrer Sicht nur unnötig Öl ins Feuer gossen, konnten sie sich nicht identifizieren. Die Bernerin Dora Scheuner etwa nahm im *Kirchenblatt für die reformierte Schweiz* Abstand von Greti. Sie stellte die Forderung nach dem vollen Pfarramt in Frage und forderte *die Freiheit, ein Amt aus den Erfahrungen heraus zu gestalten, nicht eingeengt durch allerhand Verbote, aber auch nicht blindlings das Pfarramt des Mannes nachahmend.* Und was die Frage der verheirateten Pfarrerin angehe, so wollten die ledigen Theologinnen ihren Kolleginnen gewiss nicht *gewalttätig* hineinreden. Aber die berufstätige Mutter bedeute *einen Notstand für die Familie,* der nicht zur Regel werden dürfe. Das *Amt der Familienmutter* müsse wieder ernster genommen werden.

Auch die Zürcher Pfarrhelferin Elise Pfister, die seit zehn Jahren am Neumünster arbeitete, verweigerte Greti ihre Unterstützung. 1921 war die Gemeinde Neumünster bis vor Bundesgericht gegangen, um die Wahl der Pfarrerin gegenüber dem Kanton zu verteidigen. Das Bundesgericht hatte dem Kanton Recht gegeben: Das kantonale Gesetz verunmögliche die Wahl, für die Zulassung von Pfarrerinnen sei zuerst eine Volksabstimmung nötig. Die Gemeinde hatte daraufhin ein Schlupfloch gefunden und die Theologin auf eigene Kosten als Pfarrhelferin angestellt – was im Kanton Zürich erlaubt war. Als Greti die ältere Kollegin um Hilfe anging, verbat sich diese jedoch einen Vergleich ihrer Gemeinde mit Furna. Zwar habe auch im Neumünster der Kanton ihre Wahl verhindert. Die Gemeinde habe den Anweisungen der Behörde jedoch Folge geleistet. *Sie könnten somit bei Ihrer Wahlfrage sich nicht auf unseren Fall am Neumünster berufen,* beschied sie der Kollegin ohne ein Wort des Mitgefühls. Dass Furna keine Möglichkeit hatte, Greti legal anzustellen – nicht einmal auf eigene Kosten – schien für Elise Pfister nicht zu zählen. Mit der renitenten Bündnerin und ihrer Gemeinde wollte sie nicht in Verbindung gebracht werden. Greti quittierte es mit einer Randnotiz auf dem Briefbogen: *Ein liebloser, unkollegialer Brief. E. Pfister hat sich auch nie um die nachrückenden Theologinnen bekümmert. Anders Rosa Gutknecht, die uns eine «Mutter» war.*

Ernüchtert hielt Verena in der zweiten Nummer ihrer *Mitteilungen* fest: *Es hat sich ergeben, dass die Uneinigkeiten unter uns grösser sind, als ich es noch bei Herausgabe der ersten Nummer dachte, so, dass es keinen einzigen Punkt gibt, über den wir alle gleicher Meinung wären.* Das Wort *einzigen* strich Verena wieder, ganz so hoffnungslos wollte sie nicht erscheinen. Dennoch machte sie sich nichts vor. Jegliche Einigkeit im öffentlichen Auftritt war vorerst eine Illusion: *Es schreibt (...) jede, welche die Presse bedient, nur für sich, der Ausdruck: «Wir Schweizer Theologinnen» ist zu vermeiden.*

Nach der Auseinandersetzung unter Theologinnen blieb die Hoffnung auf den Zuspruch der Frauenbewegung. Greti, selber nicht Teil der organisierten Bewegung, identifizierte sich seit ihrem Studium als Frauenrechtlerin, und Verena fühlte sich der sozialistischen Frauenbewegung verbunden. Doch auch von feministischer Seite mussten die beiden Kritik einstecken. Es kam zu einer eigentlichen Debatte unter Feministinnen um Gretis Pfarramt in Furna, die im November und Dezember 1931 im *Schweizer Frauenblatt* ausgetragen wurde.

Das *Frauenblatt* war eine Wochenzeitung, die Ende des Ersten Weltkriegs von Frauenrechtlerinnen mit dem Ziel gegründet worden war, das Frauenstimmrecht und die Gleichberechtigung von Frau und Mann voranzubringen. Mittlerweile fuhren die Herausgeberinnen einen gemässigteren Kurs, sie wollten allen Richtungen der Schweizer Frauenbewegung eine Plattform bieten, und so fanden sich neben Artikeln zum Frauenstimmrecht auch Tipps für die sparsame Hausfrau. Apolitisch war das Blatt deswegen keineswegs: Jede Woche fasste die Redaktion die wichtigsten Ereignisse der Welt zusammen, und die Themen, die den Frauenrechtlerinnen Anfang der 1930er-Jahre unter den Nägeln brannten, wurden in ganzen Artikelserien behandelt.

Dazu gehörten insbesondere die Vereinbarkeit von Familie und Beruf – im damaligen Jargon die *Vereinigung von Ehe und Beruf* – und das *Doppelverdienen*, die Frage, ob verheiratete Frauen auch dann ein Recht auf Berufsarbeit hätten, wenn der Mann mit seinem Lohn die Familie ernähren konnte. Angesichts der grassierenden Arbeitslosigkeit – die Zahl der gemeldeten Stellenlosen betrug mittlerweile über dreissigtausend – war die Meinung weit verbreitet, erwerbstätige Ehefrauen nähmen Männern die Arbeit weg. Der Bundesrat sprach davon, Doppelverdienerinnen in Bundesbetrieben zu entlassen, und bürgerliche Politiker forderten ein Berufsverbot für verheiratete Lehrerinnen, was sie in einigen Kantonen auch durchzusetzen vermochten. Die Zeichen der Zeit standen nicht günstig für die Frauen, schon Erreichtes wurde plötzlich wieder in Frage gestellt, der Ruf *Die Frau gehört ins Haus* fand breiten Widerhall, und das Frauenstimmrecht schien in unerreichbarer Ferne.

In dieser Stimmung stiess Gretis kompromisslose Forderung nach dem vollen Pfarramt für die verheiratete Frau manche Frauenrechtlerin vor den Kopf. Das *Schweizer Frauenblatt* druckte Auszüge des Artikels, den Greti für die deutschen Theologinnen geschrieben hatte. Ihre klaren Worte provozierten die Frauenrechtlerin und Journalistin Elisabeth Zellweger zu einer scharfen Gegenrede. *Da erklingt ein Ton, den wir im Interesse unserer Theologinnen auf das tiefste bedauern müssen. (...) Es ist ein böser Unterschied, ob eine Frau verlangt, auch zum Dienst am Wort zugelassen zu werden, oder ob sie einfach sagt: Ich bin ebensogut wie der Mann und will ein volles Pfarramt, nur weil es der Mann auch hat.* Besonders zu denken gebe jedoch, dass Greti verheiratet sei. Mann und Kind hätten *das erste Recht* an der Mutter, fiel Elisabeth Zellweger ihren radikaleren Kolleginnen in den Rücken: *Wir modernen, sogenannt frauenrechtlerischen Frauen sollten ja überhaupt in der heutigen Zeit alles tun, was geeignet ist, die Familie zu stärken und zu erhalten, sonst erregen wir mit Recht Anstoss und schaden auch uns selbst.*

Greti als rücksichtslose Egoistin, als Emanze, die das Pfarramt nur wolle, um mit den Männern zu konkurrieren, und dabei Ehemann und Kind vernachlässige – die Argumente hatte sie ähnlich schon gehört, doch dass sie nun aus der Feder einer Frauenrechtlerin kamen, traf sie besonders hart. Sonst nicht um Worte verlegen, war sie für einen Moment sprachlos. In der folgenden Nummer des *Frauenblatts* ergriff Verena Partei für ihre Freundin. Aus ihren Zeilen sprach Ungeduld und Wut. *Unter dem Vorwand des «Dienens» verlangt man von uns, die Korrespondenz des Pfarrers zu führen, die Päckli für die Sonntagsschulweihnacht einzupacken, die Tassen nach einem Gemeindeabend zu waschen und dann vielleicht auch noch ein paar Besuche zu machen (...). Dass wir Theologinnen uns gegen diese Art des «Dienens» wehren, dass wir heute überhaupt auf das Wort «Dienen», welches beständig zu dem Versuch verwendet wird, unsere Arbeit ins Belanglose, geistig Bedeutungslose herabzudrücken, nicht mehr gut zu sprechen sind, muss jedem, der einmal in diese Dinge hineingesehen hat, verständlich sein. Wir wollen zuerst einmal ein Recht, nämlich das Recht, unsere Arbeit frei, vom Zentrum, von der Sache des Evangeliums her, zu gestalten, und nicht entsprechend der Vorstellung, die irgendein Pfarrer von weiblicher Eigenart und weiblichem Dienen hat!*

Eine Woche später nahm Greti selber Stellung im *Schweizer Frauenblatt*. Unter dem bescheidenen Titel *Zur Theologinnenfrage* wies sie Elisabeth Zellwegers Vorwürfe zurück, ging aber noch viel weiter. Sie verfasste einen eigentlichen Grundsatzartikel, in dem sie das Geschlechterbild ihrer Zeit scharf kritisierte, die Idee einer *Eigenart der Frau* vehement zurückwies und komplett neue Rollen für Vater und Mutter forderte. Zuerst aber gestand sie ein, mittlerweile erkannt zu haben, dass die meisten Theologinnen ihre Haltung nicht teilten. In der Frage der *Eigenart der Frau* seien die Schweizer Theologinnen uneins, und darum könne sie nicht für alle sprechen. *Ich persönlich habe fort und fort die Erfahrung gemacht, dass es feinfühlige Männer und Frauen und gröber besaitete Männer und Frauen gibt.* «Der weiblichen Eigenart im öffentlichen Leben zu ihrem Recht verhelfen», *kann ich nicht wollen, weil ich mit dem besten Willen nicht weiss, was das ist.*

Aus dieser Haltung heraus könne sie die Berufstätigkeit der verheirateten Frau nicht ablehnen. Über zweihunderttausend Frauen in der Schweiz seien erwerbstätig, in Bäckereien, Metzgereien und auf Bauernhöfen. Warum da ausgerechnet verheiratete Theologinnen nicht arbeiten dürften, verstehe sie nicht. *Ich habe noch nie einen Zeitungsartikel gelesen, der sich gegen die Arbeit der Bäcker-, Metzger-, Ladenfrauen oder Landwirtinnen ausgesprochen hätte, trotzdem hier sicher die soziale Fürsorge ein weites Arbeitsfeld hätte und es für ihre Pflicht erachten sollte, den viel geplagten arbeitenden Frauen zu mehr Zeit, Energie und Frohmut für ihre Familien zu verhelfen,* wetterte Greti und deutete damit an, die Männer schöben das Argument der *weiblichen Eigenart* lediglich vor, weil sie Angst vor weiblicher Konkurrenz in akademischen Berufen hätten. *Die*

Verbindung von Ehe und Beruf an sich kann es also kaum sein, was so Anstoss gibt. Es muss die Verbindung dieser einen Berufsart mit der Ehe sein, deren Möglichkeit fraglich erscheint.

Auch die Mutterschaft liess Greti nicht als Hinderungsgrund für die Berufstätigkeit gelten. Kinder nähmen eine Mutter von Jahr zu Jahr weniger in Anspruch, sobald sie die Schule besuchten, seien sie tagsüber sowieso aus dem Haus. Und für die Betreuung kleiner Kinder finde jede Familie eine eigene Lösung, in ihrem Fall: eine zuverlässige Hausangestellte. *Sämtliche Haushaltungssorgen sind mir abgenommen. Ich habe eine überaus tüchtige, selbständige Haushälterin, und wir fühlen uns so sicher viel wohler, als wenn ich selber kochen und abwaschen und nähen würde, weil sie es viel besser versteht als ich. Bleibt also einzig die Sorge um das Wohlergehen meines kleinen Sohnes. Und ich freue mich jeden Tag, dass er noch keine Ahnung hat, dass man sich sogar in den Zeitungen um sein Wohlergehen kümmert, dann wäre er vielleicht nicht so vergnügt, kräftig und gesund, wie der kleine zehn Monate alte Kerl es ist. Ich bade ihn jeden Morgen um sieben Uhr selber. Während der Unterrichtsstunden ist er in der Obhut meiner Haushälterin oder schläft, die übrige Zeit spielt er im Kinderhag in einer sonnigen Ecke meines Studierzimmers. Ich bin von klein auf an Kinder gewohnt, und ihre Anwesenheit stört mich gar nicht im Arbeiten. Mein Söhnlein ist gewohnt, allein für sich zu spielen (...). Über Mittag kommen die Schulmädchen und streiten sich darum, mit ihm spazieren zu geben. Um sechs Uhr abends bringe ich ihn selber zu Bett und habe den ganzen stillen Abend für mich. Das wäre die Lösung des Problems.*

Bei Seelsorgebesuchen bringe sie den Kleinen oft mit, weil es die Furnerinnen so wünschten und sie den Müttern dann sofort nahestehe. Ohnehin tue es einem Kind doch gar nicht gut, wenn die Eltern nichts anderes zu tun hätten als es zu erziehen. Auch nicht erwerbstätige Frauen hätten doch einen Beruf, den Hausfrauenberuf. *Es soll mir niemand sagen, Hausfrauen geben ihren Kindern nie die Antwort: «Ich habe jetzt keine Zeit». Wenn es bei einigen aber ein anderer Beruf ist, warum nicht. Je nach Gabe und Aufgabe.* Und überhaupt müsse man all die Fragen, die man ihr stelle, auch an die Väter richten. *Es dünkt mich immer merkwürdig, wenn man davon spricht, der Beruf brauche den ganzen Menschen, und dann denkt, der Familienvater könne selbstverständlich einen Beruf ausüben, die Familienmutter aber nicht. Leider ist es eben so, dass unsere Familienväter den Menschen im Beruf lassen und in der Familie dann nichts mehr übrig haben, also besser gesagt «Berufsmaschinen» sind und überhaupt keine Zeit mehr haben, Mensch zu sein. Sie werden einseitig zum «Ernährer» der Familie. Ich würde es für unsere Zeit für viel dringlicher halten, den Ruf zu erheben: den Mann und Vater mehr zurück in die Familie, mehr Zeit für Frau und Kind, mehr Zeit auch Mensch zu sein.*

Ausserdem könnten die Pfarrerinnen gerade in ihrem Heimatkanton wertvolle Dienste leisten: Graubünden hat viele vakante Gemeinden und kann sich nicht den Luxus leisten, Theologinnen an staatlichen Anstalten jahrelang auszubilden und sie nachher im Haushalt verschwinden zu lassen. Ich für mich erachte dazu die Verbundenheit mit der praktischen Arbeit durch die Arbeit am Kinde als einen grossen Segen für den geistig arbeitenden Menschen. Es bedeutet grössere Lebensnähe.

Zum Schluss wehrte sich Greti gegen den Vorwurf, indem sie getrennt von ihrem Mann lebe, schade sie ihrer Ehe. Sie bedauerte, dass ihre Gegner nicht das Opfer sahen, das sie beide auf sich nahmen. *Es kann wohl niemand so darum wissen, wie misslich und schwer das ist, wenn man nur alle zehn Tage auf ein paar Tage zusammen ist, als wir selber. Aber ich bin nicht schuld, dass eine andere Gemeinde, die in der Nähe des Wohnortes meines Mannes und lange vakant war, nicht so mutig war wie Furna. (...) Schliesslich kann Ehe auch bestehen über örtliche Trennung hin. Bei wie vielen Berufsarten des Mannes kommt das vor! Wenn Gott uns braucht, dann steht sein Befehl höher als die örtliche Ehegemeinschaft. (...) Und wenn mein Mann bereit war, dieses Opfer zu bringen, warum braucht sich nun die ganze Welt darum zu bekümmern? Dass wenige Männer dazu imstande wären, weiss man ja schon, aber deswegen hat doch niemand das Recht, das Opfer selber zu bemängeln.* Immerhin fänden die Leute dank ihrem

Beispiel in Furna das Bild einer Frau auf der Kanzel nicht mehr so schrecklich. *Nun ist nur noch die Heirat fürchterlich. Es wird einmal auch das aufhören, so schlimm zu sein. Für das Auto haben wir drei Abstimmungen gebraucht!* Was Greti nicht ahnen konnte: Für die Pfarrerin würde es «nur» zwei Anläufe brauchen, allerdings im Abstand von über drei Jahrzehnten.

der Schweizerische Beobachter

Erscheint monatlich zweimal
VI. Jahrgang

Basel · Januar 1932

N° 1

Das schreckliche Dorf:

Furna, in den Graubündner Bergen

das Dorf in welchem die Frau Pfarrer
mit Ski und Skihosen herumfährt.

Basel / Furna,
Januar 1932

Ein verschneites Bergmassiv. Tiefe Furchen ziehen sich von den Gipfeln ins Tal hinunter, Wälder und schneebedeckte Wiesen überziehen die Bergrücken. Im Vordergrund ein Kirchlein mit einigen Ställen und Wohnhäusern. Das Bild erinnert an romantische Alpenaquarelle und würde sich zur Illustration einer Heimatreportage eignen – wäre da nicht die Schlagzeile: *Das schreckliche Dorf: Furna, in den Graubündner Bergen, das Dorf, in welchem die Frau Pfarrer mit Ski und Skihosen herumfährt.* Mit feinem Kohlestift, kaum erkennbar, ist die *Frau Pfarrer mit Ski und Skihosen* ins Bild gezeichnet. Bemerkenswert ist die Kombination unterschiedlicher Schriften, irritierend ausserdem: Der Schweizerische Beobachter versteht sich seit seiner Gründung vor fünf Jahren als Zeitschrift, die für die Schwachen und insbesondere auch für die Gleichberechtigung von Mann und Frau Stellung bezieht.

Das Cover findet sich im Nachlass von Greti Caprez-Roffler. Ein Exemplar derselben Beobachter-Nummer in der Nationalbibliothek in Bern löst das Rätsel: Die maschinengeschriebenen Worte und die skifahrende Karikatur fehlen auf dem Original. Das Heft erwähnt die Pfarrerin mit keiner Silbe, sondern stellt den Bezug zur vorhergehenden Ausgabe her, in der eine kitschige Festtagsreportage über Weihnachten in einem Prättigauer Bergdörflein zu lesen gewesen war. Das Werk eines anonymen Gegners oder einer Freundin, die sich einen Spass erlaubt hat?

Die Volksabstimmung.
Eine Europapremiere

Anfang 1932 kündigte sich in Graubünden eine einzigartige Volksbefragung an. Die reformierten Frauen und Männer des Kantons erhielten als erste in ganz Europa die Möglichkeit, an der Urne über die Zulassung von Frauen zum Pfarrdienst zu befinden. Kein Wunder, beobachteten interessierte Kreise das Geschehen im Bergkanton mit grosser Aufmerksamkeit. Die Gegner wetzten frühzeitig ihre Klingen. Schon im Januar, drei Monate vor Abstimmungstermin, baute Jakob Rudolf Truog im *Kirchenboten* seine Drohkulisse auf. Er stellte Greti und Verena, die für sie Partei ergriffen hatte, als Starrköpfe dar, die das Gesetz mit ihrer Zwängerei bewusst mit Füssen träten. *Wohin sollen wir kommen, wenn diese Kämpferinnen für den Christenglauben solche Verachtung der rechtskräftigen kirchlichen Gesetze und Ordnungen predigen? (...) Gerade in der Zeit, wo überall eingehend über die Zulassung der Frauen zum Pfarramt beraten wird, wo insbesondre unser evangelisches Bündnervolk sich anschickt, in einer Volksabstimmung darüber zu entscheiden, wie es sich dazu stellen will.*

Diese Verdrehung der Tatsachen konnten die beiden Theologinnen nicht auf sich sitzen lassen. Verena blitzte mit ihrer Replik beim *Kirchenboten* allerdings ab, so dass ihr Artikel in der *Neuen Bündner Zeitung* erschien. Greti habe das Kirchengesetz keineswegs während der laufenden Abstimmungsdebatte übertreten, korrigierte die Freundin das von Truog gemalte Zerrbild. *Der «Fall Furna» ereignete sich vielmehr schon vor der betreffenden Beratung, und wir Theologinnen haben nach allem, was vorangegangen ist, allen Anlass zu vermuten, dass ohne den «Fall Furna» auch die Volksabstimmung über die Sache der unverheirateten Theologin heute noch nicht so nahe gerückt wäre!*

In der Zwischenzeit trafen sich die reformierten Mitglieder der Kantonsregierung – der Evangelische Kleine Rat –, um die Causa Furna zu besprechen. Das siebenseitige Protokoll der Sitzung liest sich wie eine Gerichtsverhandlung über ein Schwerverbrechen. Besonders scharfe Kritik erntete Greti, weil sie das Amt zu einem Lohn von 2500 Franken jährlich versehe. Gemäss Abschnitt IV § 28,2 der Kirchenordnung dürfe kein Pfarrer die Pfründe zu einem geringeren Gehalt übernehmen als der Vorgänger. Die Kirchenoberen hatten Angst vor einem weiblichen Lohndumping.

Am 10. Februar forderte das Kolloquium Prättigau-Herrschaft den Kirchenvorstand von Furna auf, sich am 18. Februar in Jenaz einzufinden, um die Sache zu besprechen und eine möglichst gute Provision einzurichten. Kirchgemeindepräsident Matthji Roffler-Roffler antwortete trocken, es sei ihm nicht möglich, der Einladung Folge zu leisten, *anderweitige Arbeiten* hielten ihn und die beiden anderen Vorstandsmitglieder ab. *Ich werde Ihnen später mitteilen, wann es sich dem Vorstand schickt, in corpore in Jenaz aufzumarschieren,* spottete er über die Einladung des Kolloquiums. Schockiert über eine solche Schamlosigkeit und besorgt um den eigenen Gesichtsverlust konstatierte der Präsident des kantonalen Kirchenrats, es sei nun *eher zu viel als zu wenig* geschehen, und bat den Evangelischen Kleinen Rat, die angedrohten Sanktionen endlich durchzusetzen. *Frau Caprez-Roffler amtet in bewusst gesetzeswidriger Weise (...) und der Kirchenvorstand schützt sie in unzweideutiger Art, so dass man in immer weiteren Kreisen fragt, warum dagegen nicht die gesetzlichen Massnahmen getroffen werden.*

Angesichts der Gewaltandrohung aus Chur wurde Greti jeder Abschied von Gian noch schwerer, auch wenn sie sich Mühe gab, stark zu sein. *Als Du letzthin gingest, schien ich Dir wohl so mutig. Aber ich bin eigentlich nicht mutiger geworden. Ich weiss nicht, wie lange ich noch aushalten kann. Ich bin noch immer nicht bereitwillig zum Amt. Ich möchte ja lieber nicht. Ich fürchte mich so, jeden Sonntag zu predigen. Warum muss gerade ich? Und warum wird gerade um meinetwillen ein solches Geschrei gemacht? Ich bin so gar nichts. Brüderlein, wenn ich Dich nicht hätte, Dich gerade so, wie Du bist – ich würde mir das Leben nehmen,* Greti hielt einen Moment inne, strich den letzten Satz durch und setzte neu an: *Ich könnte nicht hindurchgelangen.*

Trotz der Drohung aus Chur blieb es ruhig, die Behörden rührten sich nicht. Verzichteten sie sang- und klanglos auf Sanktionen gegenüber Furna? Das schien unwahrscheinlich, denn die Schmach war für die Kirchenoberen so schon gross genug. Vielleicht wartete man in der Kantonshauptstadt lediglich den Ausgang der Volksabstimmung ab, die für den 24. April angesetzt war. Die Furner wollten es dennoch nicht darauf ankommen lassen und trafen Vorkehrungen. Am Donnerstag, 14. April, die Sonne strahlte vom Himmel, klopfte es an der Pfarrhaustür. Ein Mädchen mit Rucksack stand vor der Tür. Greti erkannte *Düngi-Anny,* die sechsjährige Tochter des Kirchgemeinde-Aktuars Andreas Züst. In der Stube öffnete das Kind den Rucksack und holte einen dicken Packen Geldscheine hervor, dazu einen Brief.

FURNA, 14. APRIL 1932

Geehrte Frau Pfarrer!
Da mir heute nicht recht wohl ist und wir Ihnen den Jahresgehalt von Fr. 2500.–, also bis am 1. April 1933, zum Voraus auszahlen möchten, so erlaube ich mir, Ihnen obengenannte Summe durch mein Anny zuzustellen. Betty will das Geld lieber nicht im Hause, wenn ich nicht daheim bin. Ich lege dem Betrag noch eine Quittung bei, welche Sie unterzeichnen und Anny mitgeben mögen. Herrn Math. Roffler ist über mein Vorgehen gut orientiert. Es sind Ihnen gegenüber durchaus keine Hintergedanken im Spiel. Im übrigen sind wir gerne bereit, Ihnen über unsere Finanzoperation Auskunft zu erteilen.

Indem ich hoffe, Sie werden unsere Zahlung in vorliegendem Sinn annehmen
grüsst Sie freundlich
Andreas Züst

Greti war gerührt. Konnte sie das Geld wirklich annehmen? Sie bat Gian, am Sonntag nach Furna zu kommen, um mit ihr zu beratschlagen, wo sie das Geld aufbewahren könnte.

Bis zur Abstimmung blieben noch wenige Tage. Dass das Abstimmungsverhalten der Furner Bevölkerung besondere Beachtung fand, lag auf der Hand. Was würden diejenigen sagen, die sich jetzt schon Sonntag für Sonntag von einer Frau das Evangelium verkünden liessen?

Im Dorf wollten zunächst viele ein Nein in die Urne legen. Schliesslich bliebe das Amt der Furner Pfarrerin in den Augen des Kantons illegal. Mit einem Nein könnte man ein Zeichen setzen, dass man nur das volle Pfarramt wolle, unabhängig vom Zivilstand der Theologin.

Auch Greti selber war hin und her gerissen und fragte Verena um Rat. *Deine Frage ist schwierig, an sich möchte man ja am liebsten verwerfen*, bekannte die Freundin. Allerdings sei zu befürchten, dass bei einer Ablehnung so schnell kein besseres Gesetz komme. Taktisch wäre es sowieso geschickter, Ja zu stimmen, weil die Öffentlichkeit dann sähe, dass Furna bereit sei zu kooperieren. *Die Hauptsache ist, ihr stimmt einheitlich, und ich würde auch die Furnaer Stellungnahme öffentlich begründen.* Gretis Vater hielt eine geschlossene Stimmabgabe ebenfalls für zentral – es müsse aber unbedingt ein Ja sein. *Was würden Deine Kolleginnen denken, wenn Du ihnen auch noch den Weg verrammeln wolltest. Sie würden Dir das als Selbstsucht auslegen. (...) Fass die ganze Sache ins Auge und hilf wenigstens den ersten Schritt machen.* Dürften erst einmal ledige Theologinnen predigen, werde das Volk merken, dass die Frau auf der Kanzel *gar nicht so ungeheuerlich* sei.

Eine Woche vor der Abstimmung lud der Kirchenvorstand die Gemeinde zu einer Orientierung über den Urnengang und die angedrohten Zwangsmassnahmen ein. Offensichtlich hatte der Skandal die Furnerinnen und Furner politisiert. Wie sonst war es zu erklären, dass bei Gretis Wahl nur achtzehn Mitglieder der Kirchgemeinde ihre Anwesenheit für wichtig befunden hatten, während sich nun niemand die Versammlung entgehen lassen wollte? Auch die ältesten Anwesenden konnten sich nicht an eine Zusammenkunft mit ähnlich grossem Zulauf erinnern.

Dorfschullehrer und Landammann Konrad Bärtsch berichtete tags darauf im *Freien Rätier* ausführlich von der historischen Versammlung und ergriff die Chance, kurz vor der Abstimmung noch einmal kräftig die Werbetrommel für ein Ja zu rühren. Zur Eignung insbesondere auch der verheirateten Frau für den Pfarrerberuf müsse man kein Wort verlieren: *Diese Frage hat bei uns die Erfahrung entschieden.* Die Vorlage brandmarkte er als Ungerechtigkeit und als *unbegründete Zurücksetzung der verheirateten Frau. Das einzig Richtige wäre gewesen, es in jedem einzelnen Fall der betreffenden Familie und der Gemeinde zu überlassen, zu entscheiden, ob die Gestaltung der Familienverhältnisse mit der Ausübung des Pfarrerberufes noch vereinbar sei.* Dennoch bedeute die Vorlage immerhin einen ersten Schritt, weswegen man sich in Furna entschlossen habe, sie dem Stimmvolk zur Annahme zu empfehlen. Immer schon in der Geschichte des Christentums hätten sich Neuerungen von unten her durchgesetzt, gegen den Widerstand der sogenannten Obern Klassen. Zum Schluss erinnerte Bärtsch daran, wie vor dreihundert Jahren, anno 1622, die Habsburger die Prättigauer gewaltsam zum katholischen Glauben zurückzuholen versucht und einen Aufstand der Bevölkerung brutal niedergeschlagen hätten. Die heutigen Kirchenoberen seien zwar keine Fremden, keine Katholiken, der Geist jedoch sei derselbe geblieben.

Zwei Tage später kam die Retourkutsche aus Jenaz: Der *freie Rätier* veröffentlichte eine Replik von Jakob Rudolf Truog, in gewohnt giftiger Manier und ohne Preisgabe seines Namens: *Frau und Kinder droben am Furner Berg, der Mann irgendwo drunten im Unterland oder droben im Oberland, dann und wann etwa zu einem kurzen «Hengert»* (Schwatz, Plausch) *in Furna auftauchend.* Für ein solches Vorbild, eine solche *Missgestalt einer Familie* im Pfarrhaus, würden *gesund denkende Gemeinden* sich bedanken. *Ein solcher*

Anfang des Pfarrerinnentums ist sicher am wenigsten geeignet, unser reformiertes Volk für die Zulassung der Frau zum Pfarramt zu begeistern. Abgesehen davon existiere bisher keine einzige Landeskirche in Europa, die der Frau das Pfarramt geöffnet habe, und daher müsse man sich auf eine «Sternfahrt» *von Theologinnen aus allen Gauen nach dem wilden Land Graubünden* gefasst machen. *Wehre den Anfängen, sagt eine alte Wahrheit. Wir wollen auf sie hören!*

Greti liess die Beleidigungen im Raum stehen und äusserte sich auch sonst nicht öffentlich zur Abstimmung. Ruhig ging sie ihrer Arbeit nach. Sie wies die Haushälterin zurecht, als die das Kind, das nicht folgte, auf die Hände schlug, und kommentierte die Episode im Kindertagebuch: *Der arme Feger wird schon in die Zwangsjacke der Anständigkeit gesteckt.* Sie taufte ein weiteres Kind und führte ihren ersten Konfirmanden ins Erwachsenenleben. Nur auf eine Beerdigung, die ernsthafteste aller kirchlichen Handlungen, warteten die Kritiker im Tal noch. Im Dorf kommentierte man den mangelnden Sterbewillen mit den träfen Worten: Die Furner hätten eben Angst davor, von einer Frau beerdigt zu werden. Oder wahlweise: Seit die Pfarrerin da sei, gefalle es ihnen so gut, dass sie gar nicht mehr gehen wollten.

Auch wenn sie nun öffentlich schwieg, verfolgte Greti die Debatte ganz genau. Das Heft mit den gesammelten Artikeln der vergangenen fünf Jahre war nun beinahe voll, bald würde sie ein zweites brauchen. Kurz vor dem Urnengang hielt sie vor den *Jungen Bündnerinnen* in Pontresina den dritten Teil ihres Vortrags über die Frauen des Alten Testaments. Sie stiess damit auf grosses Interesse bei ihrem Engadiner Publikum. Gleich zwei Zeitungen berichteten, das *Fögl d'Engiadina* und *Der Freie Rätier*. Greti erzählte vom Hohelied Salomos, einer Sammlung von Liebesgedichten, in denen die Frau als Lebensgefährtin des Mannes dargestellt werde, und von der Prophetin Hulda, die bewiesen habe, *dass schon damals, auch ohne Frauenstimmrecht, eine Frau die grösste Macht, die sonst nur Männern zukam, erreichen konnte, wenn sie die Fähigkeiten dazu besass.*

In den letzten Tagen vor der Abstimmung kochte die Debatte in den Zeitungen noch einmal heftig hoch. Die Gegner zeichneten ein düsteres Bild der Pfarrerin – die einen als vermännlichte Emanze, die andern als naives, unfähiges Ding.

DER FREIE RÄTIER, 19. APRIL 1932

Eine noch gutbündnerische, währschafte Auffassung (...) sieht die Frau lieber im trauten Familienkreise, (...) niemals aber auf der Kanzel oder gar am offenen Grabe. Wenn man (...) bedenkt, dass es sich in vorliegender Frage mehr um Anwärterinnen der unteren Schweiz handeln soll, die nicht ungerne ins solide Bündnerland hinaufpilgern und dort ihre hypermoderne, grösstenteils linksorientierte Theologie predigen (...) liegt darin ein Grund mehr, das Postulat entschieden und mit aller Wucht abzulehnen.

DER FREIE RÄTIER, 21. APRIL 1932

Man gebe der Frau im Kanton Graubünden die Kanzel frei und wird erleben, dass von überall her ein Zudrang nach unseren Bündner Kanzeln von weiblicher Seite sich einstellen wird. Dieser Konkurrenz, die speziell nach der Seite des Pfarrgehaltes sich auswirken wird, dürfte der Mann auf die Länge nicht gewachsen sein.

Den Satz *Dieser Konkurrenz dürfte der Mann auf die Länge nicht gewachsen sein* unterstrich Greti in ihrem Heft mit Bleistift.

DER FREIE RÄTIER, 23. APRIL 1932

Schon der Bubikopf hat einen schönen Teil der Zierde des Weibes hinweggerafft. Der Sport hat sich auch schon der Kleidung bemächtigt, das Frauenstimmrecht macht sich mit Riesenschritten an die Manneswürde, sie will des «Mannes Herr» sein und das Tüpfchen auf das «i» ist das Fräulein Pfarrer. Das sind Zustände, (...) denen man entgegentreten muss, ehe es zu spät ist.

DER FREIE RÄTIER, 22. APRIL 1932

Man denke sich ein 25-jähriges Mädchen, das ohne jede Erfahrung, aber vollgepfropft mit der theologischen Wissenschaft, als Pfarrerin aufs Land hinauskommt. Welche Autorität will sie sich erwerben? Wie kann sie die Helferin und Beraterin der Männer und Frauen sein, eventuell in zerrüttete Ehen eingreifen und Konflikte zu schlichten suchen, sie, die vom Leben keine Ahnung hat (...).

Bemerkenswert: Kaum jemand berief sich in der Debatte auf die Bibel. Und ausserdem: Kein einziges Mitglied der kantonalen kirchlichen Gremien (abgesehen von Gretis Vater) trat öffentlich für die Vorlage ein, obschon eine Mehrheit sie in den vorgängigen Abstimmungen befürwortet hatte. Ob die Kirchenoberen insgeheim auf die Ablehnung des Volkes zählten? Trotz der misslichen Ausgangslage gaben sich Gretis Verbündete alle Mühe, die Anwürfe der Gegner zu parieren. Eine Leserin, die sich als *ältere Frau vom Lande* darstellte, erinnerte an den Pfarrermangel, unter dem manch kleine Gemeinde leide. Paul Urner, ein befreundeter Pfarrer aus Arosa, rief die Stimmberechtigten dazu auf, das *Angebot frischer, verheissungsvoller Kräfte,* das die begabten Theologinnen machten, nicht zurückzuweisen.

Gretis Vater schliesslich zog in den Bündner Zeitungen alle Register seiner Argumentationskunst. Sachlich-nüchtern erklärte er in der *Neuen Bündner Zeitung,* man hätte die Sache auch auf dem Interpretationsweg erledigen können: *Die Kirchenverfassung sagt nirgends, dass die Pfarrer männlichen Geschlechts sein müssen.* Beim Strafgesetz sei es schliesslich auch offensichtlich, dass die männliche Form Frauen mitmeine. Im Freien Rätier beschwichtigte er zwei Tage vor dem Urnengang, es werde *bloss ein Recht, eine Möglichkeit* geschaffen, eine Pfarrerin anzustellen, keine Gemeinde sei gezwungen, dies zu tun, wenn sie nicht wolle. Und am Samstag vor der Abstimmung antwortete er dem Einsender, der die Heimat schon dem Untergang geweiht sah, selbstbewusst: *Als die Reformation kam, hat unser Land als erstes die Religionsfreiheit auch für den einzelnen zum Landesgesetz gemacht und ist damit der Weltgeschichte vorausgeeilt. Heute sind wir stolz darauf, dass die Väter den Schritt gewagt haben, der anderswo erst Jahrhunderte später getan wurde. (...) Als freie Bündner und als evangelische Christen stimmen wir darum am nächsten Sonntag Ja!*

Doch alle guten Argumente nützten nichts. Am 24. April 1932, einem düsteren, regnerischen Sonntag, lehnten die Stimmberechtigten das Frauenpfarramt wuchtig ab. *Der Schritt, den man dem Volk zumutete, war zu gross,* erklärte der *Freie Rätier* die knapp zwei Drittel Nein-Stimmen. Mangelndes Interesse am Thema war nicht die Ursache, fast die Hälfte der Stimmberechtigten ging an die Urne, mehr als sonst. Sogar in der Kantonshauptstadt wurde die Vorlage deutlich verworfen, was Greti nüchtern kommentierte: Sie habe von dort kein anderes Resultat erwartet. *Chur lebt noch in irgend einem der frühern Jahrhunderte, (...) kleinstädtisch enge und unglaublich borniert. Frau heisst ein Wesen, das hinter Gardinen nach dem Mann ausschaut, mit Kränzlein und wehendem Schleier ihren höchsten Tag erlebt, und dann wiederum hinter Gardinen Hemdlein und Windelein näht und ihre Seele mit zarten Gedanken nährt.*

In Furna hingegen stellte sich die Bevölkerung fast geschlossen hinter Greti: 112 Frauen und Männer sagten Ja, sechs Nein und zwei legten leer ein. Auch ein gutes Dutzend andere abgelegene Dörfer wie Avers, Safien, Lavin und Bondo nahmen die Vorlage an, sie alle hatten entweder keinen Pfarrer oder einen Stellvertreter aus der Nachbargemeinde. Eine Mehrheit fand das Frauenpfarramt ausserdem in Arosa, wo Verena und Walter Pfenninger-Stadler 1931 vertretungsweise geamtet hatten und nun der progressive Paul Urner Pfarrer war, und in Davos, der einzigen Bündner Gemeinde mit einem Frauenstimmrechtsverein.

Wie man es drehte und wendete: Das Resultat blieb vernichtend, und dementsprechend lauteten die Kommentare. *Die Rolle des Bannerträgers im Kampfe für die Rechte der Frau und ihre Gleichstellung mit dem Mann hat das evangelische Bündnervolk am Sonntag ziemlich energisch abgelehnt,* machte der *Freie Rätier* klar. *Der gesunden Natur der Frau liegt stille Seelsorge, wie Schwestern und Diakonissen sie ausüben,* gab eine Leserin in der *Neuen Bündner Zeitung* zu bedenken. Das *Fögl d'Engiadina* triumphierte, das Stimmvolk habe das Fundament der rätischen Kirche gegen die linke Politik breiter Frauenkreise verteidigt, die längst nicht nur die Kanzel im Visier hätten. Und die katholische Schweizerische Kirchenzeitung höhnte: *Vielleicht lässt sie sich noch scheiden, um ihre Position zu verbessern, womit ein neues Problem auftauchen würde: ob die geschiedene Frau zum Pfarramt zuzulassen sei.* Besonders enttäuschend für Greti und ihre Verbündeten: Auch viele Frauen verwarfen die Vorlage – andere gaben ihre Stimme gar nicht erst ab. In den vierzehn Jahren seit der Einführung des kirchlichen Frauenstimmrechts hatte sich wenig verändert, Frauen gingen kaum zur Urne. *Es ist ähnlich wie mit der Demokratie in Brasilien, sie besteht zwar, aber die wenigsten sind reif dafür,* deutete Greti die Absenz ihrer Geschlechtsgenossinnen. Das spreche jedoch nicht gegen das Frauenstimmrecht, es sei nur eine Frage der Zeit bis zur politischen Reife der Frauen.

In Jenaz konnte sich Jakob Rudolf Truog trotz des triumphalen Resultats nur halb freuen. In seiner Gemeinde hatte fast die Hälfte, stattliche 134 Frauen und Männer, ja gesagt, und das trotz der Propaganda des Pfarrherrn. Es sah ganz danach aus, dass das Anschauungsbeispiel in nächster Nähe viele Jenazer vom Experiment *Frau auf der Kanzel* überzeugt hatte.

Die Anerkennung aus Furna und Jenaz war für Greti nur ein schwacher Trost. Im Tagebuch versuchte sie die Schmach kleinzureden. *Es ist nicht schlimm für mich. Die andern machen es nur schlimm. Die Polemik in den Zeitungen ist so hässlich.* Nach verlorener Schlacht stellte sich für sie die Frage nach der eigenen Zukunft noch einmal verschärft. Wieder einmal fragte sie sich, wie lange sie noch die Kraft haben würde, dieses Amt gegen alle Widerstände auszuüben. *Brüderlein, ich werde noch verrückt vor Heimweh nach Dir. Und ich sehe ja kein Ende, da ich wieder zu Dir kommen darf. Ich sehe überhaupt nichts vor uns, weder vor Dir noch vor mir.* Vielleicht sollte sie die Gemeinde bitten, einen anderen Pfarrer zu suchen? *Finden sie* einen guten, dann gehe ich, finden sie keinen oder nur einen schlechten, dann bleibe ich.

Nach dem verheerenden Abstimmungssonntag mehrten sich die Stimmen in Gretis Umfeld, die ihr zum Verzicht rieten. Darunter auch Stiny, neben Hildi die wichtigste Freundin aus Jugendzeiten. *Dass Du natürlich einen ganz harten Berglerschädel hast, weiss ich ja schon längst, aber dass Du jeder bessern Einsicht und jedem Recht unzugänglich zu sein scheinst, das ist mir an Dir ganz neu. (...) Das einzig Richtige, was Du als Theologin tun kannst und tun musst: dem Furner Präsidenten Deine sofortige Demission geben.*

Mit derselben Post wie der Brief von Stiny kam auch eine Ausgabe des *Schweizerischen Frauenblattes*, in der die Redaktion ihr herzlich zum überwältigenden Abstimmungsresultat ihrer Gemeinde gratulierte. Ausserdem war ein Couvert aus Zürich dabei: Die promovierte Chemikerin Jeanne Eder-Schwyzer, Präsidentin der Zürcher Sektion des Verbands der Akademikerinnen, lud Greti ein, einen Vortrag über ihre Arbeit in Furna und ihren Kampf um das Frauenpfarramt zu halten! Im Namen der Zürcher Akademikerinnen sprach sie Greti Sympathie und aufrichtiges Bedauern aus. *Dass die Zeit für diese Bestrebungen noch nicht herangereift ist, macht es für die Pionierin doppelt schwer, denn es ist eine für den einsichtigen Menschen doch unendlich schwere Aufgabe, immer wieder für das einzustehen und zu kämpfen, was ihm innerlich schon zur Selbstverständlichkeit geworden ist. Ich kenne persönlich diese Entmutigung aus der Arbeit für das Frauenstimmrecht und weiss doch auch, dass man nicht aufhören darf trotz der tiefen Ermüdung, die einem ob der Einsichtslosigkeit des demokratischen Volkes in allen Frauenfragen überkommt.*

Zuerst Stinys vernichtendes Urteil, und nun die Einladung nach Zürich. Jeder Brief versetzte Greti in eine andere Stimmungslage, es war ein einziges Wechselbad der Gefühle. Im Gewirr der Ansprüche von aussen suchte sie krampfhaft nach der richtigen Haltung, denn sie war überzeugt, *Gott werde auf alle Fälle ein menschliches Gewand brauchen um zu reden, und es könnten sehr wohl diese Stimmen das menschliche Gewand sein.*

DER KAMPF UM FURNA
AUTOR: KURDIREKTOR VON PONTRESINA

Grosser Sturm im Bündnerlande
Bringet ausser Rand und Bande
Uns'rer Christen gläubige Schar
Kämpft für Kanzel und Altar
Weil in Furna, kühn vermessen,
Wie vom bösen Geist besessen
Man ein Weib, dazu vermählt,
Dort zur Pfarrerin gewählt.

Und die Väter der Synode
Schütteln ob der neuen Mode
Tief betrübt das Haupt und meinen,
Solches lässt sich schlecht vereinen
Mit der Hausfrau, Mutterpflicht,
Wenn sie von der Kanzel spricht,
Währenddem im Pfarrers Heim,
Hungrig schrei'n die Kinder klein.

Wütend blickt der Mann zur Uhr,
Da vom Essen keine Spur,
Denn vor allem kommt die Predigt,
Erst wenn diese dann erledigt,
Wird sie wieder Frau und Mutter,
Dazu würd' selbst Martin Luther
Sagen: «Liebste, bis hieher,
Weiter aber geht's nicht mehr.»

(...)

Sogar Frauen stimmten «Nein»,
Stillvergnügt und ganz geheim,
Darum wird in ganz Graubünden,
Keine Frau die Schrift verkünden.
(...)

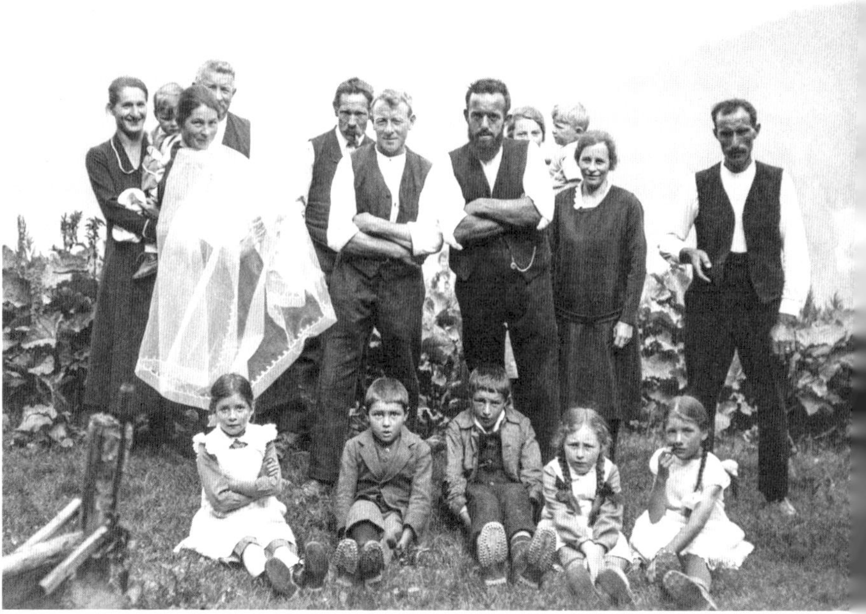

Furna,
19. Juni 1932

Das sind sie also: die renitenten Furner. Greti hat die kleine Burga Bärtsch getauft, und nun posiert sie mit der Familie auf dem Berg. Die einheitliche Kleidung demonstriert Geschlossenheit. Die Männer stehen breitbeinig und machen grimmige Gesichter, zwei von ihnen verschränken die Arme, wie um den Kirchenoberen da unten zu zeigen, dass sie ihre Pfarrerin behalten werden – komme da, was wolle. Und eines der Mädchen ahmt die Haltung nach.

Links steht Greti Caprez-Roffler in dem schwarzen Kleid, in dem sie so oft predigt. Das Kind in ihrem Arm ist vermutlich ihr eigenes, Gian Andrea. So breit sieht man sie sonst kaum lachen. Die Selbstzweifel, die sie abends befallen, treten an einem Tag wie diesem in den Hintergrund. Knapp neun Monate ist sie im Amt, und sie hat schon vier Säuglinge getauft. Beim ersten fragt der Kindsvater sie, ob die Taufe überhaupt gültig sei, wo die Landeskirche sie doch nicht als Pfarrerin anerkenne. Worauf Greti ihn beruhigt, das sei allein Gottes Sache, in Chur habe man dazu nichts zu sagen. Seither begegnen die Furner der Pfarrerin mit der ihnen eigenen Gelassenheit und nennen sie *Heer* wie im Prättigau üblich. *Wenn unser Heer keinen anderen Fehler hat, als dass er einen Rock trägt, so behalten wir ihn* wird zum Bonmot. Genau besehen, verrät der Satz allerdings: Als Frau kann sich die Pfarrerin keine weiteren Fehler erlauben.

Der Kirchenrat
dreht den Geldhahn zu

Nach dem Verdikt des Volkes sah der Kirchenrat keinen Anlass mehr, Furna weiterhin gewähren zu lassen. Das Abstimmungsresultat, so war man sich einig, hatte die Verhältnisse im Bergdorf vollends inakzeptabel gemacht. Vor der Sequestrierung des Gemeindevermögens wollte man allerdings noch einen allerletzten Versuch unternehmen, um das störrische Dorf zur Vernunft zu bringen: Kirchenrat Peter Walser, ein junger Pfarrer aus Andeer (und Namensvetter des älteren Dekans), erhielt den Auftrag, inoffiziell mit Joos Roffler zu sprechen und ihm klar zu machen, dass das Pfarramt seiner Tochter in Furna nun unhaltbar geworden sei. Lenkte Furna ein, so könnte man auf den gewalttätigen Schritt der Konfiszierung verzichten.

Gretis Vater, der an der Kirchenratssitzung wieder in den Ausstand getreten war, wartete nicht auf seinen Kollegen, er hatte seinen Kompromissvorschlag schon in der Schublade und schickte ihn noch am selben Tag an Peter Walser. *Mein Lieber,* begann er seine Zeilen kumpelhaft. Er könne den Willen des Kirchenrats erkennen, *nicht mehr einfach auf dem Machtstandpunkt stehen zu bleiben, sondern auch der innern Berufung, von der sich meine Tochter getragen fühlt, Rechnung zu tragen. (...) Die Lösung darf nun nicht Sieger und Besiegte schaffen wollen. (...) Der Kirchenvorstand Furna und Frau Pfarrer Caprez sind bereit, das pfarramtliche Anstellungsverhältnis zu lösen, (...) sofern ihnen in folgenden Punkten entgegen gekommen wird:*

1) Der Gemeinde Furna: Kirchenrat und Synode sorgen dafür, dass Furna einen ganz tüchtigen Seelsorger erhält. Die Gemeinde ist bereit, einen Gehalt von viertausenddreihundert Franken anzusetzen. Die kirchlichen Organe des Kantons sorgen durch einen Zuschuss dafür, dass die Kraft auch dauernd der Gemeinde erhalten bleibt.

2) Der Frau Pfarrer Caprez: die kirchlichen Organe eröffnen den Theologinnen, ohne Rücksicht auf ihren Zivilstand, die Möglichkeit, im Kanton aushülfsweise unserer Landeskirche zu nützen. (...)

3) Der Gemeinde und Frau Pfarrer Caprez: das derzeitige Verhältnis in Furna wird bis nach Erledigung dieser Petita durch die kirchlichen Organe und bis nach Ablauf der von da an laufenden gesetzlichen Kündigungsfrist (§ 25 KGS) toleriert.

Josias Roffler wusste genau, dass die Behörden für Furna nicht so bald einen Pfarrer finden würden. Gingen sie auf seinen Vorschlag ein, würde seine Tochter noch eine ganze Weile in Furna im Amt bleiben können. Darum schob er nach: *Unsere Landeskirche darf sich natürlich nicht damit zufrieden geben, das gegenwärtige segensreiche Wirken meiner Tochter in Furna nur zu zerstören und die Gemeinde nachher ihrem Schicksal und der Tätigkeit einer mangelhaften Kraft zu überlassen.*

Greti freute sich riesig über den Entscheid des Kirchenrates, Peter Walser zu ihrem Vater zu schicken, und sah darin das sehnsüchtig erwartete Zeichen Gottes. (Sie wusste nicht, dass der Kirchenrat Walser lediglich beordert hatte, ihren Vater dazu zu bringen, in Furna im Sinn der Behörden zu intervenieren, und so hoffte sie, der Kirchenrat gehe auf den Vorschlag des Vaters ein.) Als sie davon erfuhr, sass sie gerade an ihrem Vortrag, den sie in Kürze in Zürich vor dem Verband der Akademikerinnen halten würde. Freudig baute sie den Kompromissvorschlag in ihr Referat ein: *Er bedeutet für beide Teile ein ungeheures Umlernen und Nachgeben. Es heisst für sie, der Theologin die Arbeitsmöglichkeiten zu erlauben, und was ihnen am schwersten fällt, auch der verheirateten. Es heisst für sie, uns Propagandamöglichkeit zu geben, noch mehr: ein so freches Wesen wie mich nicht einfach bei Seite zu stellen. Für mich aber heisst es, die Arbeit an einer Gemeinde (...) aufzugeben.* Den Satz mit dem frechen Wesen strich sie durch, sie kannte ihr Publikum zu wenig und wollte sich nicht in die Nesseln setzen. Mittlerweile wusste sie, dass sie auch in Frauenkreisen keine unbedingte Solidarität erwarten konnte, vor allen Dingen nicht, wenn sie sich zu vorwitzig gab.

Die Antwort, die Peter Walser ihrem Vater schickte, weckte in Greti gemischte Gefühle. Zwar kündigte er an, dem Dekan die Frage des Aushilfsdienstes zu unterbreiten. Dann aber führte er die ganze Palette von Argumenten an, die sie schon zur Genüge kannte, Argumente, die sie und ihre Mitstreiterinnen zur Geduld mahnten und sie an ihren Platz als Frauen und Mütter verwiesen. Seine Abwehr kleidete er in Verständnis für die Tochter des Kollegen. *Ich habe Respekt vor ihrem Mut und ihrer Begeisterung für die Sache des Frauenpfarramtes. Ich komme aber nicht darüber hinweg, dass hier ein Dilemma besteht zwischen ihrer Aufgabe als Mutter, die doch die ganze Seele erfüllt, und der Aufgabe des Amtes, die auch wieder vollständig in Anspruch nimmt.* Der Sache diene Greti am meisten durch momentanen Verzicht, *denn alles höhere Recht setzt sich durch – nur, indem es stirbt.*

Nun fühlte sich Greti genötigt, Walser persönlich zu antworten. *Ich hoffe von ganzem Herzen, dass es wenige Mütter gibt, deren Seelen so enge sind. (...) Eine christliche Mutter hat nach meiner Meinung sogar die Pflicht, ihr Herz und ihr Sinnen auch für andere Leute offen zu halten als nur grad für ihre paar Kinder.* Nein, nun, da sie in der Arbeit als Seelsorgerin ihr Glück gefunden hatte, war sie nicht bereit, das Amt niederzulegen und ganz in ihrer Mutterrolle aufzugehen. Zumal ihre Ausbildung in dieser Rolle nicht zum Tragen käme: *Wenn ich nun das Theologiestudium habe absolvieren dürfen, dann habe ich ganz sicher nachher die Pflicht, meinen Mitmenschen mit diesen ausgebildeten Gaben zu dienen und nicht mit meinen unausgebildeten einer Hausfrau.* In ihr sträubte sich alles gegen Walsers Aufforderung zum Verzicht und seinen Versuch, sie erneut zu vertrösten. Das Vertrauen in die kirchlichen Behörden hatte sie verloren. *Sie denken, wenn wir Theologinnen geduldig wie Lämmer wären, würde uns das Pfarramt mit der Zeit geschenkt werden. Die Entwicklung vor dem Fall Furna erhärtet das aber kaum. Und wir können uns doch diese jahrelange Geduld mit der Aussicht, als Grossmütter im weissen Haar vielleicht, vielleicht einmal arbeiten zu dürfen – ich sage nicht: das Pfarramt ausüben, ich sage nur: überhaupt arbeiten – gar nicht leisten. Denn wir leben auch nur einmal! (...) Die Vermögenssperre (...) und auch die angedrohten «weiteren Schritte» werden wir ertragen. Wenn Ihr den Scheiterhaufen zur Verfügung hättet, würde ich auch diesen ertragen, nicht aus menschlichem Mut heraus, sondern weil ich gewiss weiss, dass Gott noch nie auf Seite derer gestanden hat, die den Scheiterhaufen schichteten.*

Drei Tage später, am Montag, 30. Mai 1932, wurde Greti ins *Bellevue* gerufen. Am Telefon war der kantonale Finanzverwalter Christian Janett: Er habe vom Evangelischen Kleinen Rat den Auftrag erhalten, das Kirchgemeindevermögen zu beschlagnahmen, und werde tags darauf nach Furna reisen, um diesen Auftrag auszuführen. Greti solle bitte den Kirchgemeindepräsidenten orientieren. Janett, als kantonaler Finanzverwalter ein Amtsnachfolger von Gretis Grossvater Tobias Luk, machte sich am Dienstag tatsächlich auf den Weg ins Bergdorf und klopfte an die Pfarrhaustür. Greti lud ihn zum Tee ein. *Als er in meiner Stube sass, bekannte er mir, dass er eine «göttliche Freude» an den Furnern habe und dass er als Nachfolger mütterlicherseits sehr bedaure, mir dies antun zu müssen,* amüsierte sie sich später. Trotz gegenseitiger Sympathie: Am Befehl der Kirchenoberen gab es nichts zu rütteln. Greti musste den Kirchgemeindepräsidenten rufen, und der übertrug dem Finanzverwalter die Vollmacht über das Vermögen auf der Graubündner Kantonalbank. Greti und der Kirchgemeindepräsident waren froh, dass das Pfarrhaus offen blieb und wenigstens ein Jahreslohn gesichert war, so dass sich die Pfarrerin und die Gemeinde bis zum kommenden Frühling keine Sorgen machen mussten. Zumindest, sofern die Kirchenoberen sich nicht noch drastischere Massnahmen einfallen liessen.

Nach der Sperrung des Vermögens bat Sprachrohr Peter Walser Greti ein weiteres Mal, ihr Amt aufzugeben: *Wenn Sie momentan freiwillig zurücktreten, so glaube ich bestimmt, dass man Ihre Sache erst recht nicht ruhen lassen wird.* Greti hingegen bestand empört auf dem Kompromissvorschlag des Vaters, ansonsten sei sie bereit, bis zum Äussersten zu gehen. Die Erfahrung ihrer Kolleginnen

Rosa Gutknecht und Elise Pfister in Zürich sowie Mathilde Merz in Lenzburg zeige, dass die Frauen nur ans Ziel kämen, wenn sie hart kämpften. *Fräulein Gutknecht hat gedroht, wenn sie nicht Arbeit bekomme, einen Saal auf eigene Kosten zu mieten und ausserhalb der Kirche das Wort zu verkünden. Fräulein Pfister hat bis vors Bundesgericht gehen müssen. Lenzburg hat mit dem Abfall zu den Altkatholiken gedroht. In allen drei Fällen hat die Kirche den Ruf gehört und diese Kräfte in ihren Dienst genommen.* Nur in Graubünden lasse man die Theologinnen nicht einmal aushilfsweise predigen.

Es kam so, wie es Joos Roffler schon kurz nach der Furner Wahl prophezeit hatte: Die Sperrung des Kirchenvermögens brachte die Gemeinde nicht zum Nachgeben – ganz im Gegenteil, die Pfarrerin blieb im Amt, wie wenn nichts geschehen wäre. Die Kirchenräte sahen ein, dass Furna am längeren Hebel sass, solange Greti bereit wäre, ohne Lohn zu arbeiten. Auch eine Schliessung des Pfarrhauses war kein Thema mehr. Vermutlich wollten es die Behörden nicht auf einen handgreiflichen Konflikt mit den Bergbauern ankommen lassen. Das Seilziehen zwischen David auf dem Berg und Goliath im Tal hatte Furna für sich entschieden, nun wurde es ruhig in der Öffentlichkeit.

Unter den Theologinnen sorgte Gretis Ausharren in Furna jedoch für neue Diskussionen. Die Geister schieden sich an der Frage, ob die Pfarrerin moralisch richtig handelte, wenn sie gegen den ausdrücklichen Willen der Kirchenbehörden und gegen die Mehrheit des Volkes im Amt blieb. Der Gesetzesbruch wurde zum Gewissensentscheid. Verena verteidigte ihre Freundin mit dem Argument, ein Handeln gegen das Gesetz müsse unter Berufung auf das eigene Gewissen möglich sein, denn dahinter stehe ein religiöser Ernst. Die Kolleginnen seien verpflichtet, einen solchen Gewissensentscheid aus Glaubensgründen in der Öffentlichkeit zu verteidigen. So gelänge es vielleicht, wegzukommen vom Feindbild der Theologinnen, *die gegen die Kirchengesetze auftreten und die gute, friedliche bürgerliche Ordnung stören, die die Familie gefährden, den Haushalt vernachlässigen und andere schöne Dinge.* Statt dessen sollte man die Debatte auf ein anderes Niveau, nämlich das eines *Glaubensgespräches,* heben. Marie Speiser, Pfarrhelferin in Oberwil BL und Wortführerin der konservativen Gruppe unter den Theologinnen, entgegnete, die eigene Überzeugung liefere keinen Beweis für eine göttliche Berufung. *Das Gewissen zum Richter und zur letzten Instanz erheben und das innere Müssen verabsolutieren und sich selber das rechtfertigende Urteil sprechen, das ist doch wohl die Reaktion des Enthusiasten, dem die römisch-katholische Sicherheit genommen ist und der doch darauf nicht verzichtet.*

Von ihren Berufskolleginnen konnte sich Greti mit der Ausnahme Verenas keine Unterstützung erhoffen, das war erneut klar geworden. Würden die Zürcher Akademikerinnen sie wohlwollender aufnehmen? Gut möglich, dass Greti mit gemischten Gefühlen nach Zürich fuhr, um ihren Vortrag über die Arbeit in Furna und den Kampf um das Pfarramt zu halten. Sie nutzte die Reise, um ihre Studienkollegin Henriette Schoch zu besuchen, die in Zürich Wiedikon seit bald zwei Jahren als Pfarrhelferin arbeitete. Henriettes Vorgängerin war keine ausgebildete Theologin gewesen und hatte dem Pfarrer als Hilfskraft im Büro gedient. Im ersten Jahr hatte Henriette hart darum kämpfen müssen, überhaupt theologische Aufgaben übernehmen zu dürfen. Seit kurzem trug sie die Verantwortung für die Arbeit mit jungen Frauen, sie leitete eine Bibelstunde für ehemalige Konfirmandinnen und betreute im Sommer das Ferienhaus der Mädchenvereinigung – aber predigen liess sie der Pfarrer auch jetzt kaum.

Abends fand sich Greti im Saal des Lyceumsclubs an der Rämistrasse ein, wo sich die Akademikerinnen jeden Monat trafen. Der Publikumsandrang überwältigte sie: Gegen sechzig Sektionsmitglieder und ein Dutzend Gäste erwarteten sie. Der Anlass würde als einer der bestbesuchten in die Geschichte des Zürcher Akademikerinnenverbands eingehen. In ihrer Begrüssung stellte Präsidentin Jeanne Eder-Schwyzer den Fall Furna als Symptom für zwei aktuelle feministische Kämpfe dar: um die Frau im Pfarramt und um die Berufsausübung verheirateter Frauen. Sie bedauerte es, dass Greti im Schweizer Frauenblatt so stark kritisiert worden sei. Damit sich die Anwesenden selber ein Urteil bilden könnten, habe der Vorstand der Akademikerinnen, Sektion Zürich, Wert darauf gelegt, die Pfarrerin persönlich nach Zürich einzuladen. Ausserdem wolle man ihr zeigen, dass die Kolleginnen ihren Werdegang mit Interesse verfolgten.

Greti hatte ihr Referat zwar auf elf maschinengeschriebenen Seiten ausformuliert, aber am Anlass sprach sie frei und im Dialekt. Die anwesenden Frauen kannten Graubünden kaum, und von Furna im Prättigau hatten sie nur in der Presse gelesen. So beschrieb Greti zuerst das Dorf und seine Bewohner. *Ringsum schliessen die grünen Hänge, die steilen Flühen und hohen Bergkuppen den Menschen ein. Und dieses Abgeschlossene, Aufstrebende, Begrenzende formt mit an der Bewohner Charakter. (...) Hier lebt noch ein urchiger, unverfälschter Schlag (...). Alle Dorfbewohner, jung und alt, duzen einander, und es kann auch einem Fremden geschehen, dass er geduzt wird.* Rau in der Mentalität, falle es den Berglern schwer, über Gefühle zu sprechen, und deshalb kleideten sie ihre Emotionen in Spott. Prägend sei ausserdem der Kampf gegen die katholischen Österreicher gewesen. *Etwas von diesem Wissen darum, dass der Mensch sich um seines Glaubens willen unter Umständen auch widersetzen und durchsetzen muss, ist dem Prättigauer wohl geblieben.*

Besonders eindrücklich schilderte Greti die Arbeitsteilung zwischen Frauen und Männern im Bergbauerndorf. *Es ist kaum ein Unterschied zwischen ihnen. (...) In der Arbeit sind sie sich vollkommen gleich gestellt. (...) Frauen und Mädchen besorgen oft einen ganzen Stall Vieh, fahren mit Ross und Wagen,* schwärmte sie ihrem städtischen Publikum vor und rückte das Bild der rückständigen Berglers gerade. *Die Frauenfrage ist hier seit Jahrhunderten gelöst. In idealer Art will ich nicht sagen, denn es lastet zu viel auf ihnen. Im Sommer stehen sie morgens vor Tag auf, und abends, wenn sie todmüde in die Schlafkammer kommen, müssen sie erst noch die Betten machen. Der doppelte Beruf stellt zu grosse Anforderungen an ihre Kräfte. (...) Ihnen aber einen Knecht für die Feldarbeit zu ermöglichen und die Frau ins*

Haus zu stellen, das möchte ich ihnen nicht wünschen, und das wünschen sie selber nicht. Denn sie lieben die Arbeit im Feld, sie lieben die Arbeitsgemeinschaft mit ihrem Ehekameraden. Sie sind so auch mehr geachtet, ihm gleich gestellt, in allem sein Geselle. Ich möchte nur wünschen, dass er mehr ihr Geselle wäre, d.h. der Mann hätte oft die Möglichkeit, ihr im Haus mehr abzunehmen, auch dort die Arbeit mit ihr zu teilen. Hier gilt es, die Buben anders zu erziehen.

Den Akademikerinnen im Publikum führte Greti die Bergbäuerinnen als Vorbilder vor, als Schwestern im Geiste. *Darum können sie uns verstehen. Darum können sie absolut nicht verstehen, was denn da überhaupt ein Wort über die Möglichkeit oder Unmöglichkeit einer Vereinigung von Ehe und Pfarramt zu verlieren sei. Ich habe nirgends ein so grosses Verständnis gefunden wie bei diesen Bauernfrauen, und nirgends ein so kleines wie bei den Damen der Stadt Chur. Als ich unter ihnen einmal sagte, ein Kind könnte sicherlich auch gedeihen, wenn die Mutter nicht selber seine Windeln wasche, verschrien sie mich seither als verrücktes Weibsbild. Die Furnerinnen lächeln dazu und erzählen: Di chlaina Kind haimer aso gschwind gsäugt, wemm mar selber am z'Maränd gsin sind. Di eltara überloht man halt asia dar Gäumeri. Dia händ jo viel di grösser Freud, wem ma so gägan Obad zu Hus chond, as wem ma dar ganz Tag um schi um ist.* (Die kleinen Kinder stillen wir schnell während des Mittagessens, die älteren überlassen wir der Magd. Die Kinder freuen sich ja viel mehr, wenn man gegen Abend nach Hause kommt, als wenn man den ganzen Tag um sie herum ist.)

Dann erzählte Greti ihre eigene Geschichte vom Studium über die Wahl nach Furna bis hin zu ihrem Alltag als Gemeindepfarrerin. Auch die Polemik in der Presse gab sie ausführlich wieder und offenbarte sich zum Schluss als leidenschaftliche Frauenrechtlerin: *Ich habe nie verstanden, warum man in irgendeiner Sache überhaupt danach frägt, ob ein Mensch überhaupt zufällig ein Mann oder eine Frau ist, ich habe eifrig gesucht und beobachtet und bis heute nicht gefunden, wo denn dieser vielbehauptete Unterschied zwischen den Geschlechtern liegt.*

Die anwesenden Frauen lauschten den Ausführungen der jungen Pfarrerin aufmerksam und fieberten mit. In der anschliessenden Diskussion erhob sich eine Augenärztin, Adrienne Kägi, und setzte zu einer Grundsatzrede an: Ihr begegneten im Beruf dieselben Hindernisse. Es könne doch nicht sein, dass jede Schweizerin immer wieder dasselbe durchmache! Ein Verfassungsartikel zur Gleichheit der Geschlechter und die Gründung eines Verwaltungsgerichts, vor dem Frauen die Gleichbehandlung einklagen könnten, seien dringend nötig. *Schaffen Sie sich weltlichen Mut an!*, feuerte sie Greti an. *Das ist notwendig bei unseren dickschädeligen männlichen und weiblichen Miteidgenossen!* Mehrere Anwesende wollten Greti in ihrem Kampf unterstützen, die einen mit Leserbriefen, die andern mit einem finanziellen Beitrag, die dritten mit einem Antrag an die Bündner Kirchenbehörden. Schliesslich beschlossen die Frauen, dem Kirchenrat ein Schreiben zu schicken mit der Bitte, Theologinnen im Kanton wenigstens aushilfsweise zuzulassen. Um dem Anliegen mehr Nachdruck zu verleihen, wollten sie den Brief im Namen des gesamtschweizerischen Verbands verfassen. Präsidentin Jeanne Eder-Schwyzer würde dazu die Einwilligung der anderen Sektionen einholen.

Vor der Rückreise nach Furna traf Greti drei junge Frauen, die an der Universität Zürich Theologie studierten. Waren Greti, Henriette und Verena damals die einzigen Studentinnen an der Fakultät gewesen, waren es nun schon insgesamt sechs. Die Begegnung mit der hoffnungsfrohen Jugend berührte Greti ganz besonders. *Es sind Frauen, über die man sich nur von ganzem Herzen freuen kann,* schrieb sie kurz danach einem Bekannten. *Nun, da ich weiss, dass sie hintennach kommen, führe ich den Kampf mit doppelter Kraft. Nun weiss ich gewiss, dass es eine Bewegung ist, die nicht mehr untergehen kann.*

Jeanne Eder-Schwyzer, die Präsidentin der Zürcher Akademikerinnen, biss bei den Kolleginnen der Sektion Basel jedoch auf Granit. Federführend war dort die Juristin Ruth Speiser, die Schwester der Theologin Marie Speiser: *Der Spezialfall Caprez (...) ist zu fragwürdig, als dass wir ihm zu Liebe die Rücksichten auf einen geordneten Geschäftsgang, auf die übrigen Theologinnen und auf unser Prestige opfern könnten. Frau Caprez ist es offenbar gelungen, durch ihr Referat die Zürcher (sic!) zur Tat anzufeuern. Ihre journalistischen Rechtfertigungsversuche, bei denen sie teils gefühlsbetont, teils starr und rechthaberisch wird, sind nicht gewinnend, viel eher unangebracht.* Doch Eder-Schwyzer liess sich nicht abbringen und schickte dem Bündner Kirchenrat ihren Antrag im Namen der Sektion Zürich. Wie zu erwarten, führte ihr Brief jedoch nicht zu einem Umdenken beim Kirchenrat.

Augenärztin Adrienne Kägi erlebte die Erfüllung ihrer Forderungen nicht mehr: Erst 1981 wurde die Gleichstellung der Geschlechter in der Verfassung festgeschrieben, und 2007 wurde ein zentrales Bundesverwaltungsgericht geschaffen.

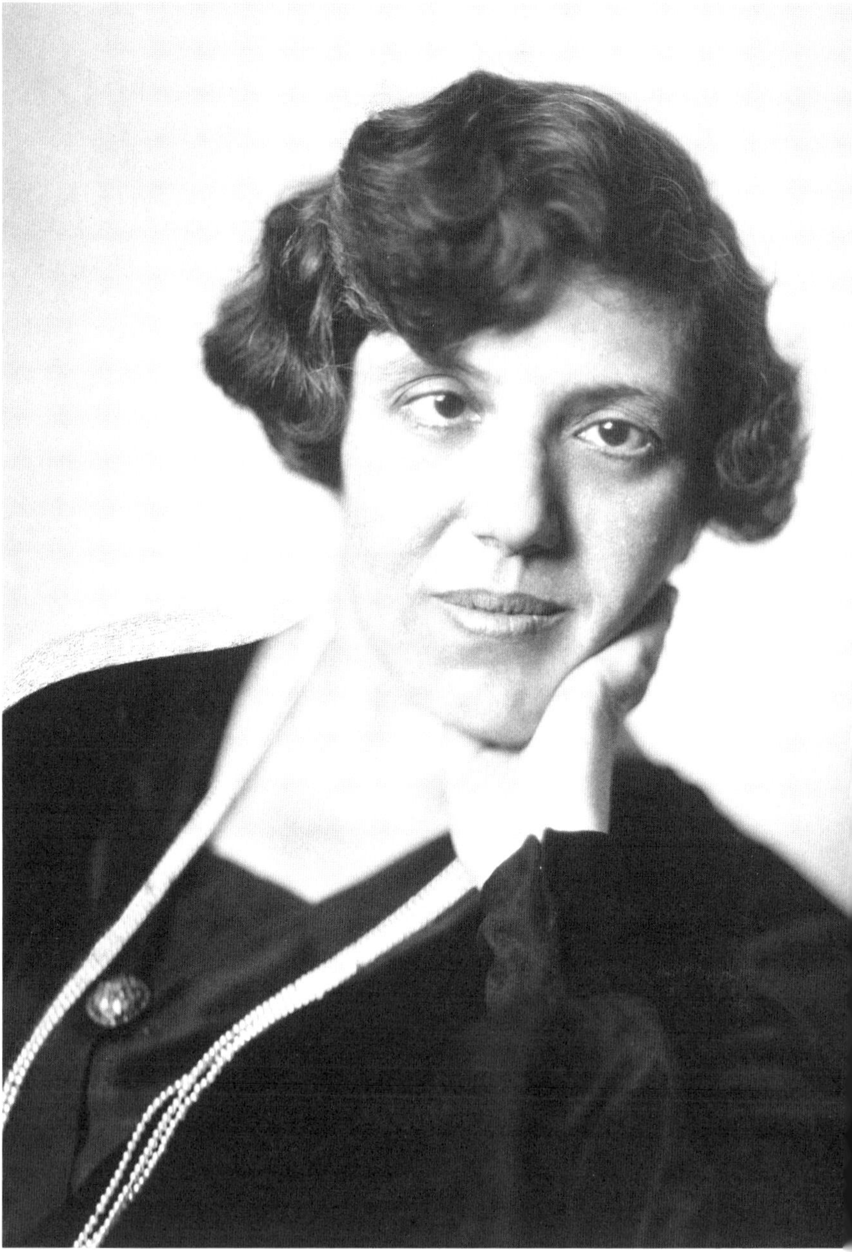

Wien, undatiert

Ein Porträt. Es wechselt zwischen scharf und verschwommen, zwischen einem Auge, das einen unverwandt anschaut, und dem andern, das schon viel weiter blickt. Man möchte mehr erfahren über diese Frau mit dem markanten Gesicht. Den Kopf stützt sie mit der Hand, als wäre er ihr zu schwer. Fast scheint er nicht verbunden mit dem Rest des Körpers, wirkt wie ausgeschnitten. Die Miene ist ernst, hat aber auch etwas Spöttisches. Zuckt nicht der rechte Mundwinkel? Samtjacke und Schmuck lassen auf einen wohlsituierten Hintergrund schliessen, die kurz geschnittenen Haare zeugen davon, dass diese Frau keinen grossen Wert auf Konventionen legt.

    Marianne Beth, sechzehn Jahre älter als Greti, ist die erste Rechtsanwältin Österreichs und zweifache Mutter. In der Bündnerin findet sie eine Seelenverwandte.

Karl Barth
und Marianne Beth

Nach der wirkungslosen Sanktion der Bündner Landeskirche wurde es in der Schweizer Öffentlichkeit ruhig um Furna. Indessen ergriffen zwei bekannte Intellektuelle aus dem Ausland Partei für Greti, ein Theologieprofessor aus Bonn und eine Rechtsanwältin aus Wien. Er ist bis heute weltberühmt, sie ist in Vergessenheit geraten: Karl Barth und Marianne Beth. Die beiden Gelehrten beschäftigten sich unabhängig voneinander mit der 26-jährigen Pfarrerin im Bergdorf, und beide sahen in Gretis Fall eigene Herzensanliegen gespiegelt. Barth las Furna aus der Perspektive seiner dialektischen Theologie, Beth sah sich bestätigt in ihrer Überzeugung, dass ein erfülltes Leben nur in der Verbindung von Ehe und Beruf möglich sei.

Karl Barth war der damals einflussreichste deutschsprachige Theologe. Ursprünglich aus Bern, hatte er 1921 eine Professur in Göttingen, später in Münster und seit 1930 in Bonn inne. Greti und er waren sich nie begegnet, aber ihre Freundin Verena hatte bei ihm in Münster studiert und sich bei Greti über sein schauderhaftes Hochdeutsch und die teils langweiligen Vorlesungen beklagt, gleichzeitig aber auch seine Bescheidenheit und seinen Humor gelobt.

Im Sommer 1932 entbrannte in der konservativen *Reformierten Kirchenzeitung* Deutschlands ein Streit über die Rechtmässigkeit von Gretis Wirken in Furna, wodurch Karl Barth von dem Fall Notiz nahm. Die religiöse Sozialistin Gertrud Herrmann, eine frühere Studentin Barths, verteidigte Greti in der *Kirchenzeitung,* indem sie jedes menschliche Urteil über das *Wesen der Frau* ablehnte. *Sie ist Gottes Geschöpf und kann von Gott immer neu in Anspruch genommen werden. So kann ihr heute eine Arbeit aufgetragen wer-*

den, die früher nicht von Gott geboten war. Der Herausgeber der Kirchenzeitung, Pastor Wilhelm Kolfhaus, konterte mit dem Paulus-Wort, die Frau habe in der Gemeinde zu schweigen. Die Pfarrerin folge keinesfalls, wie sie behaupte, einem Ruf Gottes, sondern lediglich ihren eigenen Wünschen *und einer nur bei Frauen sich findenden Hartnäckigkeit.* Sie handle sowohl wider das Kirchengesetz als auch gegen das staatliche Gesetz, indem sie getrennt von ihrem Mann lebe. *Ich verstehe (...) nicht, dass eine sich christlich nennende Frau so unbekümmert um göttliche und menschliche Ordnungen sein kann.*

An diesem Punkt schaltete sich Karl Barth in die Diskussion ein. Der Professor war den jungen Theologinnen wohl gesonnen, hätte sich aber vermutlich nicht zum Fall Furna geäussert, wenn seine Mitarbeiterin und Lebenspartnerin Charlotte von Kirschbaum ihn nicht nachdrücklich darum gebeten hätte. Barth lagen die Frauenrechte weniger am Herzen als seine *dialektische Theologie,* und er sah die Gelegenheit, diese Denkrichtung am Fall Furna zu demonstrieren. Die dialektische Theologie hatte Karl Barth in den 1920er-Jahren gegen den damals dominanten Liberalismus entwickelt, der die Bibel mit den Mitteln der Vernunft zu fassen versuchte.

Barth war ein Kind der liberalen Schule gewesen, doch die Erfahrung des Ersten Weltkriegs hatte in ihm grosse Zweifel geweckt. Zahlreiche Theologen hatten sich von der Kriegsbegeisterung mitreissen lassen, legitimierten den Krieg als heilig und sahen Gott auf der Seite der Deutschen – eine Haltung, die Barth erschütterte. *Ich sehe, wie eure Philosophie und euer Christentum nun bis auf wenige Trümmer untergeht in dieser Kriegspsychose.* Daraufhin stellte Barth die Theologie als Wissenschaft, aber auch die Fundamente von Politik und Gesetz in Frage und entwickelte seine dialektische Überzeugung: Der Mensch kann Gott nicht erkennen, er kann sich ihm nicht selber annähern, sondern lediglich darauf warten, dass Gott sich ihm offenbare. Dennoch lehnte er als Theologe politisches Handeln nicht ab – ganz im Gegenteil.

Dass die Nationalsozialisten in Deutschland gerade im Begriff waren, zur stärksten Partei aufzusteigen und dass viele Christen nun die Rassenlehre als Gesetz Gottes ausgaben, erfüllte ihn mit grosser Sorge. Die Vorahnung auf den Kampf, den er als Theologe gegen Hitlers Politik bald führen würde, schwang auch in seinem Offenen Brief zum Fall Furna mit, den er Pastor Wilhelm Kolfhaus zur Veröffentlichung in der reformierten Kirchenzeitung schickte.

BONN, 25. JUNI 1932

Sehr verehrter Herr Pastor!
(...) Wenn ich von Theologie auch nur das Geringste verstehe, so hat Fräulein Herrmann mit ihren Fragen recht gehabt und hätten Sie ihr nicht so antworten dürfen. (...) Sollte Renitenz gegen eine Kirchenbehörde nicht mindestens auch zu den Dingen gehören, die nach der Schrift gelegentlich höchst geboten sein können? Welche Bibelstellen wollten Sie, wenn es darauf ankäme, als göttliches Verbot der Renitenz gegen eine Volksabstimmung anführen und welche als Verbot eines räumlichen Getrenntlebens von Mann und Frau? Und ist es Ihnen andererseits nicht erinnerlich, mit welcher strammen biblischen Begründung einst die Theologen der amerikanischen Südstaaten die Notwendigkeit und Rechtmässigkeit der Sklaverei zu verteidigen wussten? Aber was findet man denn, wenn man in der Bibel überhaupt in dieser Weise Systeme allgemeiner Wahrheit, paragraphierte Gesetze für gestern, heute und morgen, für sich selbst und jedermann gefunden zu haben meint? Wirklich die Gebote Gottes? Und nicht tatsächlich doch bloss eine in die Bibel hineingetragene, höchst eigene, vielleicht sehr respektable, sehr erwägenswerte, aber doch menschliche Idee von Lebensgestaltung? (...)

Seit bald elf Jahren habe ich nun manche Theologiestudentin in einiger Nähe an mir vorbeiziehen sehen und bin mit mehr als einer von ihnen auch nachher in Fühlung geblieben; ich lese auch die «Mitteilungen des Verbandes evangelischer Theologinnen

Deutschlands», aus denen einigermassen ersichtlich ist, von was und in welcher Art diese Mädchen und Frauen bewegt sind. Nicht alles, was ich gesehen und gelesen habe, ist mir unbedenklich. Wie sollte es schon anders sein! Aber im ganzen machen mir unsere Theologinnen den Eindruck von Menschen, denen es nicht nur mit ihrer Arbeit ebenso ernst ist wie ihren männlichen Kollegen, sondern die sich auch des besonderen Ernstes der Problematik bewusst sind, die, wenn sie gerade diese Arbeit tun, wenn sie sich auch an der Verkündigung der Kirche beteiligen möchten, nicht persönlichen Wünschen, sondern einem Auftrag zu folgen meinen und folgen wollen. Mehr kann ich nicht sagen: nichts Besseres, aber auch nichts Schlechteres.

Ob diese Mädchen und Frauen Gott gehorsam oder ungehorsam sind, wie sollte ich – und, verehrter Pastor, wie sollten Sie darüber entscheiden können? Wiederum kenne ich Frau Caprez nicht, habe auch die Akten ihres Falles nicht gelesen. Es gibt in meiner schweizerischen Heimat (unter Männern und Frauen) viele harte Köpfe und in Graubünden nach Ausweis der Geschichte dieses Landes vielleicht noch besonders. Ich könnte mir also wohl vorstellen und ich will es einmal so annehmen: dass ich meinen ebenfalls etwas harten Kopf in dieser Sache ganz bedenklich schütteln müsste und dass ich der Massnahme der bündnerischen Kirchenbehörde nur zustimmen könnte. Aber selbst wenn ich alles wüsste und dann das Verhalten von Frau Caprez noch so scharf kritisieren müsste: zum Urteil, dass dort jemand im Ungehorsam gegen Gott stehe, würde es auf keinen Fall langen, und ich kann auch mit dem besten Willen und bei allem Respekt vor Ihrer wohlgegründeten Überzeugung nicht einsehen, wie man in Vlotho wissen will, dass in Furna das Gesetz Gottes übertreten wird.

Sollte es nicht dem Ernst der Erkenntnis der Gebote Gottes, um den es doch uns beiden geht, dienlich sein, wenn man – sofern man nicht die Vollmacht eines Propheten oder Apostels, eines Kirchenvaters oder Reformators für sich in Anspruch nehmen

kann – die eigene Überzeugung (auch seine biblisch begründete Überzeugung) und das uns durch die Schrift gegebene, aber auch immer wieder aus der Schrift zu erwartende Gebot Gottes selbst deutlich auseinander hielte? Dies ist es, was ich Sie in diesem Offenen Brief fragen wollte.
In aufrichtiger Verbundenheit mit freundlichem Gruss
Ihr Karl Barth

Die Theologinnen hüben und drüben der Grenze lasen die Worte des einflussreichen Professors mit grosser Genugtuung. Für Verena war Karl Barth der einzige Theologe, der sich ernsthaft einem Glaubensgespräch stellte, wie sie es gefordert hatte, und sie druckte Auszüge seines Offenen Briefes in den *Mitteilungen* ab.

Auch über die problematische Situation der Theologinnen in Deutschland hielt Verena die Kolleginnen in den darauffolgenden Monaten auf dem Laufenden. Nach der Machtergreifung der Nationalsozialisten im Januar 1933 verloren viele regimekritische Vikarinnen ihre Stelle, fast in jeder Ausgabe der *Mitteilungen* standen Namen entlassener Theologinnen, die nun in Holland oder in Übersee Arbeit suchten. Verenas Freundinnen Elisabeth von Aschoff und Aenne Schümer durften zwar vorerst weiterarbeiten, doch als sie sich mit einer Kollegin solidarisch erklärten, die wegen ihrer politischen Haltung ihre Stelle verloren hatten, wurden auch sie abgesetzt.

Im November 1933 hatten die Schweizerinnen die Gelegenheit, aus erster Hand von der Stimmung und den Repressalien zu hören, unter denen die deutschen Kolleginnen zu leiden hatten. Den Vortrag von Marie Vynecke, einer Theologin aus dem grenznahen Waldshut, druckte Verena allerdings nicht ab, denn deutsche Spitzel waren auch in der Schweiz aktiv – gut möglich, dass einer von ihnen die *Mitteilungen* las. Karl Barth, der sich weigerte, einen Amtseid auf Hitler zu leisten und zusammen mit anderen Verbündeten die *Bekennende Kirche* als christliche Widerstandsbewegung gegen Hitler ins Leben rief, wurde 1935 entlassen und zog nach

Basel, wo er eine Professur für Systematische Theologie und Homiletik angeboten bekam.

Auch die Karriere der Juristin Marianne Beth fand durch die Machtübernahme der Nationalsozialisten in Österreich ein jähes Ende. Das mag sie allerdings noch nicht geahnt haben, als sie sich im Oktober 1932 an Greti Caprez-Roffler in Furna wandte und sie um einen Beitrag für ihren geplanten Sammelband über die Vereinbarkeit von Ehe und Beruf mit dem Titel *Ehen schaffender Menschen* bat. Beth, am 6. März 1890 als Marianne von Weisl geboren, war das erste Kind eines angesehenen Rechtsanwalts und einer Lehrerin in Wien. Der ambitionierte Vater hatte sich einen Jungen gewünscht. Er liess ihr Privatunterricht zukommen und sorgte dafür, dass sie die Prüfungen an einem strengen Knabengymnasium ablegen konnte. *Dass ich «studieren» würde, stand von vornherein für alle Teile fest,* erinnerte sie sich später. *Ich wünschte Jus zu wählen, um zu gegebener Zeit Papas Kanzlei zu übernehmen.*

Dieser Wunsch ging zunächst nicht in Erfüllung, weil Frauen damals in Österreich noch nicht zum Jurastudium zugelassen waren. Dennoch durchlief Marianne eine atemberaubende Bildungskarriere: Sie studierte Psychologie, Philosophie, Geschichte und Orientalistik und lernte nebenbei fünf orientalische Sprachen. An der Universität hörte sie auch Vorlesungen beim Theologieprofessor Karl Beth und verliebte sich in ihn. Die beiden heirateten 1911. Ein Jahr später machte Marianne hochschwanger ihr Doktorat in Philosophie und brachte sechs Wochen darauf ihr erstes Kind zur Welt. Ähnlich wie für Karl Barth war auch für Marianne Beths berufliche Ausrichtung die Erfahrung des Ersten Weltkriegs prägend: In den langen Nächten, die sie in der Markthalle Schlange stand, um morgens eine Portion Fleisch oder ein paar Eier für ihre Familie nach Hause bringen zu können, hörte sie die Sorgen einfacher Frauen.

Ich sah die Frau in ihrer restlosen Hingabe mit bewundernswerter Erfindungsgabe am Werk und sah, wie diese Hingabe, entgegen dem, was man ihnen eben im Kriege so gerne predigte, nicht einmal dazu genügend war, sich um die Ihrigen vor dem bittersten Mangel zu schützen. Später holte sie, obschon häufig krank und nun zweifache Mutter, im Rekordtempo das Rechtsstudium nach und doktorierte als erste Frau Österreichs in Jurisprudenz. Als Juristin setzte sie sich für die Verbesserung der rechtlichen und beruflichen Stellung von Frauen ein, gründete zu diesem Zweck mehrere Organisationen und verfasste zahlreiche Bücher und Artikel. Schon 1928 durfte sie sich in einem Sammelband als eine der *Führenden Frauen Europas* präsentieren. Nach dem Tod des Vaters 1931 übernahm sie zusammen mit dem Bruder dessen Anwaltskanzlei.

Am 11. März 1932 berichtete das *Schweizer Frauenblatt* auf der Frontseite von einem Vortrag, den Marianne Beth in Berlin gehalten hatte. Darin forderte sie das Recht von Frauen auf Berufstätigkeit, genauso wie die Rückkehr des Mannes in die Familie. *Beruf und Ehe machen erst das volle Leben aus,* betitelte die Rezensentin ihren Bericht: *Seit der Mann das Haus verlassen und die ganze Ideologie in den Beruf hineingelegt hat, ist die Ehe arm geworden, sie wurde schliesslich nur noch eine Gemeinschaft von Tisch und Bett. (...) Die österreichische Führerin ist jedoch der Ansicht, (...) dass Beruf und Ehe ein Ganzes bilden würden, wenn der Mann in der Frau nicht die Konkurrentin, sondern die Kameradin sehen und ihr in ihrer Doppelarbeit, Hauswirtschaft und Beruf durch Mitarbeit und Mitgefühl helfen würde. (...) Die Möglichkeit hierzu sieht Dr. Beth in einer vernünftigen Arbeitszeit, die Mann und Frau die nötige Zeit für ihre Familienpflichten lässt und den Kindern ihre Väter zurückgibt, die sie seit fünfzig Jahren nicht mehr haben. Die Einwendung, dass die Berufsarbeit der Ehefrau den Kindern die Mütter entzieht, entkräftet sie durch die Antwort, dass Mütter, die nichts zu tun haben, als von früh bis abends die Kinder zu lieben, sie ertöten mit ihrer Liebe.*

Gut möglich, dass Greti den Artikel im *Schweizer Frauenblatt* mit dem Bericht über Beths Vortrag in Berlin las. Sie muss sich ungeheuer bestätigt gefühlt haben, dass eine so prominente Juristin ganz ähnliche Forderungen vertrat wie sie selber drei Monate zuvor in derselben Zeitschrift. Wie der Kontakt zwischen der Schweizer Pfarrerin und der österreichischen Juristin zustande kam, lässt sich nicht mehr rekonstruieren. *Es gehen unglaubliche Mären über uns herum,* schrieb Greti der Österreicherin am 11. Oktober 1932. *Allgemein wird von einer zerrütteten Ehe gesprochen, von Scheidung und dergleichen. Das Kind gebe ich meinen Eltern, hätte ich erklärt. Eine Pfarrersfrau hat mich letzthin noch erstaunt gefragt, ob ich denn das Kind bei mir habe. Ich lache und spotte über dergleichen Dinge und bin glücklich, dass alles erlogen ist. Aber es ist im Grunde doch ernsthafter. Man sieht nur, wie Gott kein Faktor ist, mit dem gerechnet wird. Eher alles andere als er! Dann wurde auch von mir geschrieben, ich hätte den andern Theologinnen weit über die Grenzen Graubündens hinaus geschadet. Ein Pfarrer, der sonst für die Theologinnen ist, hat sich geäussert: «Wenn es dann so herauskommt: Familienzerrüttung, Lösung der Bindung an Gatten und Kinder, dann kann man nicht mehr dafür sein.» Und nun geben Sie mir die Möglichkeit zur «Rechtfertigung».*

Unter dem Titel *Gerufen zu Ehe und Beruf* stellte Greti auf dreissig maschinengeschriebenen Seiten Tagebuchausschnitte seit Beginn ihres Studiums zusammen und setzte an den Anfang ihre Auffassung von Ehe. *Ehe fängt nicht an mit dem Augenblick, da das Zivilstandsamt beginnt, zwei Menschen als eine Familie zu registrieren (...). Auch die kirchliche Eheschliessung war für mich nicht der Beginn meiner Ehe. Sie begann überhaupt nicht irgend einmal, aber sie bestand irgend einmal, d.h. mein Ehekamerad und ich machten eines Tages die Entdeckung, dass das, was uns verband, doch eigentlich nur mit Ehe bezeichnet werden könnte. (...) Ehe muss wachsen und steht mit der Zivilstandsformel in sehr äusserlicher Beziehung und mit dem Geschlechtsverkehr nicht in direktem Zusammenhang. Der Geschlechtsverkehr ist nur eine der vielen Ausdrucksmöglichkeiten von Ehe und kann ja in und ausserhalb der Ehe geschehen, ohne dass wirkliche Ehe ist.*

Marianne Beth zeigte sich sehr angetan von Gretis Beitrag, zweifelte aber, ob das Publikum aus den nackten Tagebuchaufzeichnungen schlau werden würde. *Sehr geehrte Frau Pfarrer!* schrieb sie Greti am 26. Januar 1933 aus ihrer Kanzlei in Wien. *Orell-Füssli will das Buch nun definitiv zum Ostertermin herausbringen, wie er uns soeben schrieb und ist sehr begeistert von Zusammenstellung und Geist, so dass wir hoffen, dass es ein grosser Erfolg wird. Er macht nun aber zu einigen Beiträgen gewisse Anmerkungen, deren Berechtigung unverkennbar ist.* Wie sie, Marianne Beth, Greti schon zuvor nahegelegt habe, bitte nun auch der Verlag in Zürich, der ja wisse, was man beim Schweizer Publikum voraussetzen könne, darum, die Tagebuchausschnitte mit Ausführungen zum Kampf um das Pfarramt und zum Frauenstudium in der Schweiz zu ergänzen.

Sehr geehrte Frau Doktor, antwortete Greti am 7. Februar 1933 aus ihrer Pfarrhausstube in Furna. *Ich glaube nicht, dass noch mehr kirchenrechtliche Orientierungen dastehen sollten, es wird sonst sicher eintönig. Dazu ist es mit der rechtlichen Seite des Falles Furna überhaupt so, dass niemand klar sieht. Es sind die längsten widersprechendsten Artikel in den Zeitungen erschienen. Zu einer Einigung ist man nicht gelangt, gerichtliche Instanzen sind wir nicht angegangen, weil diese nicht unparteiisch sind. Auch über die vorhergehenden Erfolge des Frauenstudiums ist nichts Weiteres zu sagen, da vor mir keine Bündnerin Theologie studiert hat (...). In den andern Kantonen ist es wieder je nach Kantonen anders, und dies auseinanderzusetzen würde sicher zu weit führen. (...) Ich bin sehr gespannt auf das Buch.*

Damit endet die Korrespondenz zwischen der österreichischen Juristin und der Schweizer Pfarrerin im Nachlass von Greti Caprez-Roffler. Ob der Verlag Gretis Artikel für nicht publizierbar hielt und Marianne Beth ihn daraufhin aus dem Sammelband strich? Möglicherweise erschien das Buch auch gar nicht: Weder im Verlagsprogramm noch im Archiv von Orell Füssli finden sich heute noch Spuren des geplanten Werkes. 1938 löschten die Nationalsozialisten alle Jüdinnen und Juden aus den Rechtsanwaltslisten Österreichs. Auch Marianne Beth erhielt Berufsverbot: Obschon lange zuvor zum reformierten Glauben konvertiert, galt sie nach den nationalsozialistischen Gesetzen als Jüdin. Sie sah sich gezwungen, ihre Forschungsarbeiten vor den Behörden zu verstecken, möglicherweise gar zu vernichten. 1939 floh sie in die USA, wo sie am Reed College in Portland Soziologieprofessorin wurde und 1984 im Alter von 94 Jahren starb.

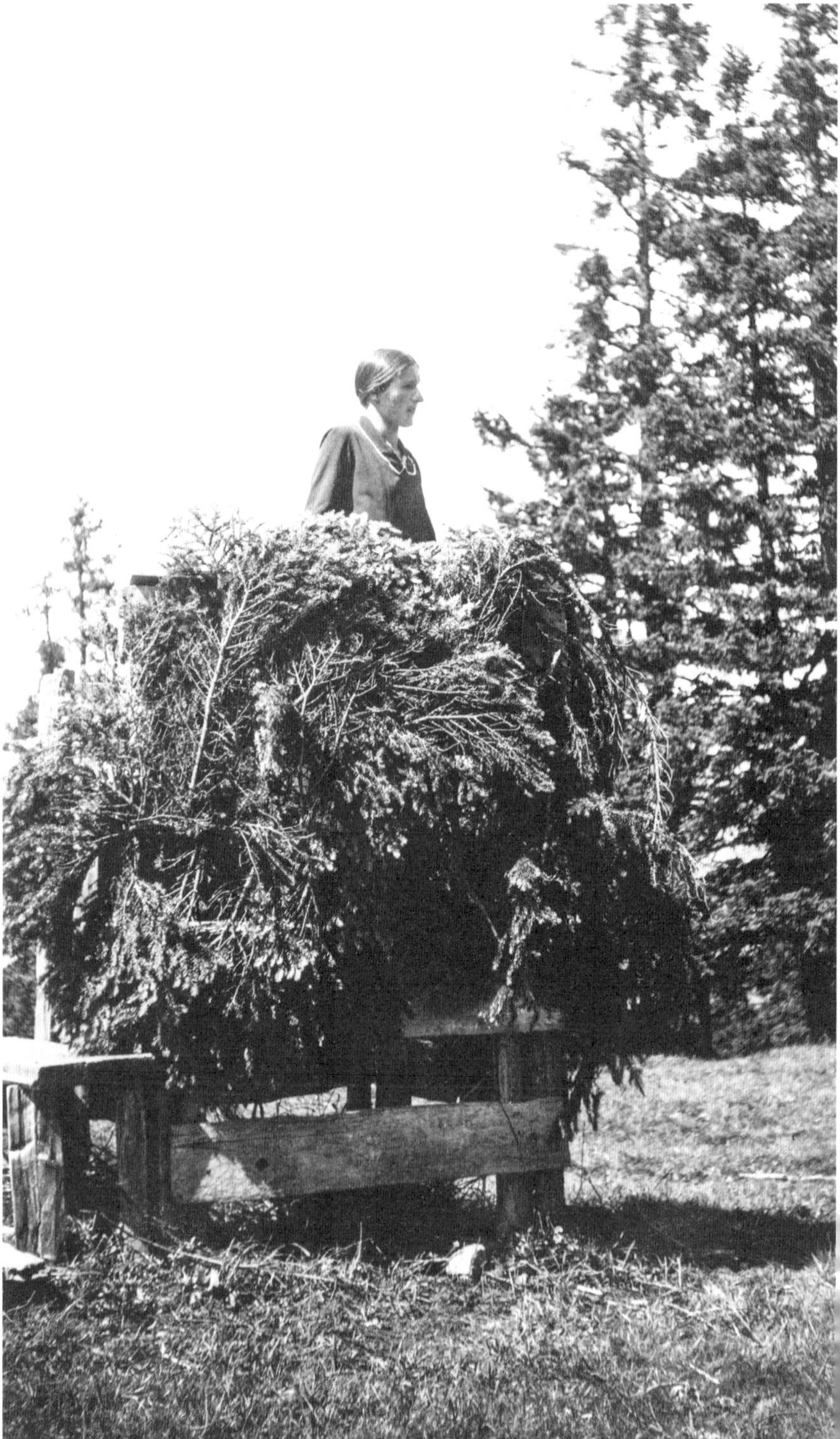

Furna,
4. August 1934

Eine Frau in einer Waldlichtung auf einem Hochsitz aus Holz, der mit Tannenzweigen verkleidet ist. Fast könnte man meinen, es sei Jagdsaison, die Frau zücke gleich ein Gewehr – wäre da nicht ihr Geschlecht und die der Jagd nicht angemessene Garderobe, ein schwarzes, schlichtes Kleid mit weiss gesäumtem Kragen. Die Sonne steht hoch, wie ein Scheinwerfer beleuchtet sie die Szene. Die Frau wirkt ausgestellt.

Der Hochsitz dient der Predigt, die Greti im August traditionsgemäss auf der Alp hält. Weil in diesen Tagen die ganze Gemeinde beim Heuen hilft, würde Greti in der Kirche vor leeren Bänken predigen. So haben ihr die Bauern eine Kanzel gebaut. *Sie hatte eine unglaubliche Durchschlagskraft. Sie stand da und man sah: Greti ist da. Das ist schon markant,* wird später ein älterer Furner sagen. *Aber eben, man wusste schon. Das war ungewohnt für eine Frau.*

Ein zweites Bild in Gretis Nachlass zeigt die Szenerie kurz vor der Predigt: Von allen Seiten strömen Menschen herbei und nehmen auf der Wiese oder auf improvisierten Bänken Platz. Um Gott und der Pfarrerin die Ehre zu erweisen, tragen die Mädchen weisse Sonntagskleider und lange Zöpfe, die Frauen gestärkte Spitzenkragen, die Männer Westen und Hüte. Der Zulauf zu Gretis Predigt scheint ungebrochen, auch nach dem vernichtenden Abstimmungsresultat. Die Pfarrerin jedoch traut dem Frieden nicht. *Wenn der Druck von aussen nachlässt, dann, fürchte ich, brechen in der Gemeinde die alten Spannungen wieder auf. Brüderlein, davor fürchte ich mich ja auch so sehr.*

Feine Risse

Ein langer, langer Zug bewegte sich den Berg heraus. Die schwarzen Gestalten hoben sich so deutlich von dem weissen, leuchtenden Schnee ab. Es war ein strahlender Tag. Sie fingen an zu läuten, und ich ging dem Zug entgegen so weit als die Sitte es vorschrieb. Vor dem Zuge schritten zwei Männer aus dem Gemeindevorstand. Sie zogen die Hüte, dann ging ich ihnen allen voran, in dem Gedanken einer fast untragbaren Belastung. Am Freitag, 10. März 1933, hielt Greti ihre erste Beerdigung ab. Hans Flury, ein Patenkind ihres Grossvaters, war erst 62-jährig an Arterienverkalkung gestorben.

Eine Frau am offenen Grab – dazu noch eines Mannes: Ein weiterer Albtraum von Gretis Gegnern wurde nun Realität. Entsprechend bang fühlte sich die Pfarrerin. *Wir warteten an der Türe des Friedhofes, bis der völlig schmucklose Sarg vom Schlitten losgebunden und auf die Bahre gehoben war. Im Schnee war ein Grab geschaufelt worden. Der Sarg wurde hinuntergelassen, die Glocken verklangen, ich las ein Gebet. Dann füllte sich die Kirche, Kopf an Kopf sassen sie dichtgedrängt.* Auch diese Prüfung bestand Greti. Es gelang ihr, die Gemeinde mit ihren Trostworten zu erreichen, mehr sogar: Landammann Andreas Bärtsch attestierte ihr, dass selbst die Vorgänger nicht so aufrichtig, dem Anlass angemessen, von den Toten Abschied genommen hatten.

So geschlossen die Dorfgemeinschaft am Grab stand: Die Eintracht bekam bald Risse. Auch in der Schweiz verhärtete sich Anfang der 1930er-Jahre das politische Klima. Radikale Parteien links und rechts erhielten Zulauf, die *Frontenbewegung* verbreitete völkisch-nationalistische Ideen. Diese Entwicklung bedrückte Greti und steigerte ihre Sehnsucht nach Gian.

FURNA, 6. JANUAR 1933

Liebes, Süsses,
unser Berg ist leicht verschneit. Es sieht so seltsam heimatlich und fremd aus. Heimweh. Süsses Du, nach Dir natürlich, aber auch sonst. Es dünkt mich oft nicht mehr zum Aushalten, diese entsetzliche Wirtschaftslage, diese Arbeitslosigkeit und dann diese Hetze gegeneinander. Und ich möchte wissen, wo wir eigentlich zu stehen haben. (...) Am Sonntag werde ich nun doch die Predigt «Die Verachteten» halten, mit einigen Abänderungen freilich, aber ich halte es für notwendig. Was soll ich von Gott im Himmel reden, ich muss von ihm auf Erden sprechen.

Um die jungen Furnerinnen und Furner politisch zu bilden, las Greti mit ihnen das Zivilgesetzbuch. Sie bat Gian, der von Politik mehr verstand als sie, ihr dabei zu helfen.

Auch in der Schweiz übte Hitler auf viele Menschen eine grosse Anziehungskraft aus, ja, selbst im Bergdorf Furna hatte der Diktator seine Anhänger: Ein älterer Furner verkündete, wenn er noch jung wäre, würde er *aspirieren.* Auch Landammann Bärtsch, der einflussreichste Mann im Dorf, der Greti auch nach aussen immer wieder verteidigt hatte, liebäugelte mit den Frontisten. Er lobte, dass es in Deutschland nun Ordnung gebe, und befürwortete das *Ausnahmegesetz für Aufrührer,* mit dem das Parlament die Versammlungsfreiheit einschränken wollte. Entsetzt berichtete Greti Gian davon. *Dies von einem zu hören, der fast Mal für Mal unter meiner Kanzel sitzt, hat mich umgeworfen. Ich war verzweifelt. Es schien mir, die Menschen seien total verrückt. Und schliesslich, was sollte dann das Predigen, wenn nachher gerade einer, der so oft dagesessen und der intelligent ist, so reden kann. Brüderlein, dann betete ich unter Tränen, Gott möchte doch jetzt endlich durchbrechen und uns aus der Verblendung herausreissen. Ich dachte auch daran, dass es wohl unvermeidlich sein werde, dass ich Ärgernis errege und vielleicht sogar geschickt werde.*

Würden die Platzhirsche im Dorf Greti weiterhin im Amt dulden, wenn sie das Wort gegen sie ergriff? Sollte sie lieber vorsichtiger sein? Als der Gedanke ihr kam, schämte sie sich sogleich. Gerade jetzt musste sie doch reden! *Brüderlein, sag mir, was Du denkst. Ich trage jetzt nicht mehr so schwer am Amt selber. Ich bete nicht mehr jeden Sonntag, wenn es läutet, Gott möchte das Amt von mir nehmen. Viel schwerer dünkt mich jetzt, dass ich reden muss, wie es niemand hören will, dass es so entsetzlich nutzlos ist, dass es so sehr ein Reden in die Finsternis hinein ist.*

Just in diesen Tagen spürte sie in ihrem Bauch den vertrauten Flossenschlag: Gian Andrea würde bald ein Geschwisterchen bekommen. Was sie sich eigentlich gewünscht hatte, bereitete ihr nun Kummer. *Wie können wir da hinein neues Leben stellen. Brüderlein, wir wissen es ja, dass es für unsere Kinder entsetzlich schwer werden muss.* Nicht nur die politische Lage, auch ihre eigene Situation als schwangere Pfarrerin beschäftigte Greti, denn mit dem Bauch würde auch der Skandal wachsen. Was würden die Kritiker sagen, wenn in Furna nicht nur eine Frau, sondern eine Schwangere auf der Kanzel stand! Der Kirchgemeindepräsident nahm es gelassen: *Dann ziehst Du halt einen Talar an, dann sieht es niemand.* Und als die Neuigkeit die Runde im Dorf gemacht hatte, erzählte ein Bauer unten im Tal: *Ünscha Heer ist schwanger.*

Im Juli 1933, die Gemeinde wusste noch nichts von der Schwangerschaft, spitzte sich die Situation in Furna zu: Von *Düngi-Anderis*, dem Kassier, erfuhr Greti, dass im Kirchgemeindevorstand nicht mehr alle hinter ihr standen. Gleich zwei Pfarrer hatten ein Auge auf Furna geworfen: Ausgerechnet der sechzigjährige Cesare Lardelli, Gretis Vorvorgänger in Furna, der wegen der mangelnden Attraktivität Furnas nach Splügen gezogen war, und ein Mann, den Greti nur den *Hilfsprediger Krafft* nannte. Sie suchte zwar tatsächlich jemanden, der sie während der Schwangerschaft und nach der Geburt im Pfarramt unterstützen konnte, hatte aber die Studentin Dora Nydegger im Sinn, der sie die Möglichkeit zu einem Vikariat bieten wollte. Zudem: Sollte einer der Männer Greti vertreten, konnte aus einer Mutterschaftsvertretung leicht ein ganzes Amt werden, falls die Sympathien der Dorfbevölkerung kippten.

Eines Tages kam Krafft persönlich im Pfarrhaus vorbei und fragte Greti direkt, *ob nicht doch mit der Zeit die Männer in der Gemeinde zu wenig hätten nur an der Verkündigung durch eine Frau.* Greti wies den Anwurf zurück, doch des Pfarrers Worte trafen sie im Innersten. Wenn nur Gian jetzt hier wäre! *Brüderlein, Du fehlst mir heute so sehr. Ich muss am Sonntag doch wohl auf dem Höhsäss predigen, denn es hat doch keinen Sinn hier unten es den leeren Stühlen oder ein paar Fremden zu sagen, wenn ich oben meine Gemeinde hätte. Ob es noch meine ist? (...) Wenn mir das hier zerbricht, dann zerbricht damit unendlich viel mehr.*

Gretis schlimmste Befürchtung traf nicht ein. Keinem der beiden Pfarrer gelang es, eine Mehrheit des Kirchgemeindevorstands für sich zu gewinnen. Der Vorstand war einverstanden, Dora Nydegger als Vikarin anzustellen und sie für ihre Arbeit auch zu entschädigen. Greti selber hatte seit dem Frühjahr, seit der im Voraus bezahlte Lohn aufgebraucht war, keine Bezahlung mehr erhalten. Die Berner Landeskirche, die Dora Nydegger entsandte, wollte ihr das Vikariat gar anrechnen – und anerkannte so indirekt Gretis Amt in Furna! Schon Anfang August, vier Monate vor dem Geburtstermin, begann die Studentin ihr Praktikum – für Greti eine grosse Erleichterung. *Ich finde die Schwangerschaft diesmal (...) beschwerlicher als das letzte Mal,* gestand sie Verena. *An Dora habe ich Freude, und doch ist es wieder schwer, so neben die Arbeit gestellt zu sein. Ich mache nun aber Predigten in Vorrat (...).* Als Elsbeth Cilgia am 28. Dezember im Licht einer Petrollampe zur Welt kam, war diesmal auch Gian dabei. Die Geburt dauerte nur drei Stunden. Schon wenige Tage später fuhr Gian zurück zu seiner Arbeit. Und nur sechs Wochen nach der Geburt stand Greti wieder auf der Kanzel. Nun war sie froh um die vierzehn fertigen Predigten.

Im ersten Gottesdienst nach der Geburt am 11. Februar 1934 taufte sie die kleine Elsbeth Cilgia. Die Predigt ist als einzige aus der Furner Zeit überliefert, Tochter Elsbeth hat sie aufbewahrt.

Greti nahm die Gelegenheit wahr, auf der Kanzel eine Grundsatzrede zur Gleichstellung der Geschlechter zu halten. Sie berief sich dabei ausgerechnet auf Paulus, jenen Apostel, dessen Worte *Das Weib schweige in der Gemeinde* ihre Gegner oft beizogen, wählte aber diejenigen Verse seines Galaterbriefes, in denen es hiess: *Denn ihr seid alle durch den Glauben Gottes Kinder in Christus Jesus. Denn ihr alle, die ihr auf Christus getauft seid, habt Christus angezogen. Hier ist nicht Jude noch Grieche, hier ist nicht Sklave noch Freier, hier ist nicht Mann noch Frau; denn ihr seid allesamt einer in Christus Jesus. Gehört ihr aber Christus an, so seid ihr ja Abrahams Nachkommen und nach der Verheissung Erben.*

Liebe Gemeinde
(…) Es ist nun das Seltsame geschehen, dass alle die Kinder, die im vergangenen Jahr zu uns gekommen sind, einmal ihr Leben als Frauen leben werden, Mädchen sind. Sie sind zum Teil gerade als Mädchen ersehnt gewesen, zum Teil aber hätten sie als Buben mehr gegolten. Und das ist nun die ganz besondere Lage, (…) in die diese sechs Kinder hineingestellt sind, dadurch dass sie alle Mädchen sind. Und über diese ganz besondere Lage wollen wir uns heute einmal besinnen. (…) Beschäftigt hat uns diese Frage alle schon nach dem Geschlecht. (…) Die Mutter zweier Buben begründete ihren Wunsch nach einem Mädchen: «Ich möchte gerne ein Mädchen, weil man es so schön anziehen kann.» Und wenn sie nun ein Mädchen bekommen hätte, es aber hässlich gewesen wäre von Angesicht? Dann hätte sie eben lernen müssen, dass Kinder nicht da sind, um unsern Spieltrieb zu befriedigen oder zur Schönheit, um von uns zur Schau gestellt zu werden, sondern zu viel höheren gewaltigeren Aufgaben, zum Dienst Gottes. (…) Manche Mutter wünscht sich auch ein Mädchen aus dem sehr begreiflichen Grunde, einmal eine Hilfe zu haben. Und manche Mutter von Buben hat dann gelernt, ihre Buben so zu erziehen, dass diese ihr eine Hilfe wurden. Und dem Wunsch dieser Mütter gegenüber müssen wir wohl sagen: Wenn wir Kinder uns zur Hilfe wünschen, dann wollen wir sie um unseretwillen, für uns, also aus Egoismus. Dann werden sie uns aber ganz sicher zur Enttäuschung,

dann wenn die Zeit kommt, da sie ihre eigenen Wege gehen, gehen müssen, und sich von uns lösen.

Und nun die andere Frage: Warum denn wünschen wir uns Buben? Hier spielen noch ganz andere Gründe mit. Wenn uns Müttern bei der Geburt eines Knaben zum Stammhalter gratuliert wird, müssen wir da nicht ein klein wenig bitter lächeln. Wir haben ja keinen Stamm. Wie kann man uns zum Stammhalter gratulieren? Aber hier liegt es doch: Buben pflanzen den Namen fort, Buben allein können Ehrenämter im Staate bekommen, sie allein können Gemeinderäte, Landammann werden oder in noch höhere Ämter hinein kommen, sie alle können über Wohl und Wehe des Volkes (...) bestimmen. Der Mensch als Mann hat ganz andere Möglichkeiten im Leben als der Mensch als Frau, darum ist es vielen Eltern wichtig, Buben zu haben (...).

Wir könnten nun reden von Gottes Schöpferwillen, demgemäss die einen Menschen eben als Männer, die andern als Frauen ihr Leben zu leben hätten. (...) Und dann könnten wir auch reden von der von Gott gesetzten Verschiedenheit der Geschlechter, wie die Frauen zur Zierde, zur Sanftmut, zum Dienen und zur Güte geschaffen, als Menschen, die ihrem Wesen nach eher nach Innen gekehrt seien, wie der Mann aber nach aussen gewendet, der Tat, der Hast und dem Kampf zugekehrt, Mut und Tapferkeit seine Tugenden. (...) Wir glauben wohl an einen Schöpfer Himmels und der Erden und damit auch der Geschlechter, wir glauben also auch an einen Schöpferwillen, aber wir zweifeln, dass dieser Wille des Schöpfers mit den Geschlechtern so aussieht, wie er vielfach dargelegt wird (...). Früher geschah es nur in einzelnen Fällen, in den letzten Jahrzehnten aber hat sich das Leben für viele tausende von Frauen so gestaltet, dass sie auch hinaustreten mussten in den sogenannten Kampf ums Leben, dass sie dort auch Mut und Tapferkeit, kurz all die sogenannten männlichen Tugenden aufweisen mussten, wollten sie durchkommen. Diese Frauen wurden gar nicht gefragt, ob die neue Art zu leben denn ihrem Wesen gemäss sei oder nicht. (...) Und es zeigte sich dann, dass all unser Reden von der Sanftmut, der Stille und auch der Schwäche der Frau vielleicht gar nicht stimme. (...)

Darum wollen wir jetzt einmal ganz schlicht und einfach danach fragen: Was steht denn in der Bibel über diese Schöpfungsordnung? Adam ist allein, als erster Mensch geschaffen. Es heisst dann von seiner Lage: Und Gott sah, dass es nicht gut sei, dass der Mensch allein sei. Aus diesem Grunde wird ein zweiter Mensch geschaffen, und diesen zweiten Menschen schafft Gott als Weib, dem Mann zur Gehilfin. (...) Wenn ich einen andern Menschen rufe, weil ich einen Gehilfen brauche, dann darum, weil ich nicht allein zurecht kommen kann, weil ich einen andern Menschen nötig habe, der mit mir Hand anlegt. Er soll dann aber nicht nur so daneben stehen, sondern genau wie ich nach Kräften mittun. Dazu brauche ich einen Gehilfen: mitzutun, mitzutragen. Wenn wir das Wort Gehilfin durch ein anderes ersetzen wollen, dann müssen wir sagen: Kamerad. Wir können aber nicht dafür sagen: Dienerin, wie es nach jener Auslegung heissen müsste. (...) Das Wort Diener drückt immer auch ein Untertanenverhältnis, ein mehr und ein weniger aus. Die Worte Gehilfe und Kamerad aber stellen zweie nebeneinander, die einander helfen und beistehen und einander in diesem Sinne nötig haben. Das ist die Schöpfungsordnung wie sie aus dem Schöpfungsbericht hervorgeht. Etwas anderes steht nicht da. (...)

Nun bricht auch in diese Zustände, auch an diesem Punkt die Offenbarung Jesu Christi herein. Denn ihr seid alle Gottes Kinder durch den Glauben an Jesus Christus. Unter den Kindern Gottes werden nun aber auch wieder die Ordnungen Gottes aufgerichtet: Hier ist nicht Mann oder Weib, denn ihr seid allzumal einer in Christo Jesu. (...) Es ist gar nicht wichtig, ob uns Buben oder Mädchen geboren werden, denn sie sind einander in allen Dingen gleichgestellt, sie haben in allem und jedem die gleichen Möglichkeiten. Es wird überhaupt gar nicht mehr nach dem Geschlecht gefragt ausser dort, wo es am Platze ist, in der Beziehung zwischen dem Manne und der Frau, die zueinander gehören. Eine Verheissung ist es, die Paulus da über uns aufrichtet. Er hat sie vom Herrn her. (...)

So ist nun die Lage dieser sechs Mädchen diese, dass sie als Frauen ihr Leben leben werden (...). Um dieser sechs Mädchen willen, natürlich auch um aller andern Menschen willen sind wir nun wieder einmal vor die Frage gestellt: Was ist es um die Lebensbedingungen, um die Lebens-

schicksale von Mann und Frau? (...) Beantwortet wird sie uns in der Verheissung, in der jetzigen aufgerüttelten Lage als Menschen aber fordert sie uns auf, um unserer Kinder willen dafür einzutreten, dass es immer mehr gleichgültig wird, ob uns Eltern Mädchen oder Buben geschenkt werden, weil beide im Leben draussen genau dasselbe erreichen können, wenn sie ihre Kräfte einsetzen. Aber: ihr seid allzumal einer in Christo Jesu. In Christo Jesu! Amen.

Margreth Härdi-Caprez, geb. 1939,
Theologin, Tochter von Greti

Mami war es sehr wichtig, die Leute zuerst einmal im Alltag abzuholen. Wenn das Thema war: «Wenn ihr nicht werdet wie die Kindlein, so werdet ihr das Himmelreich nicht erwerben», dann fragte sie erstmal: «Was heisst das, Kind sein? In den ersten Monaten ist das Kind so und dann so ...» Sie hatte immer ein A4-Blatt quer, einmal zusammengefaltet, vorne drauf der Text und links inwendig der Anfang der Predigt in Stichworten und auf der zweiten Seite ging es weiter und wenn man das Blatt zuklappte, schrieb sie, wo sie die Predigt gehalten hat. Und wenn sie keine eigene Gemeinde hatte wie in Kilchberg, ging sie hausieren, hielt die Predigten mehrmals. Ob es die Predigten noch gibt? Nein, die habe ich vermutlich vernichtet. Die vom Ätti habe ich vernichtet, das weiss ich. Unbewusst hat das wohl mit meiner Geschichte zu tun, dass ich nicht alles aufbehalten und in ihren Fussstapfen weitergehen wollte. Ich merkte, ich kann nicht die Predigten meiner Eltern übernehmen, ich muss sie neu erarbeiten. Sie hatten für mich keinen Wert, ich bin halt keine Historikerin.

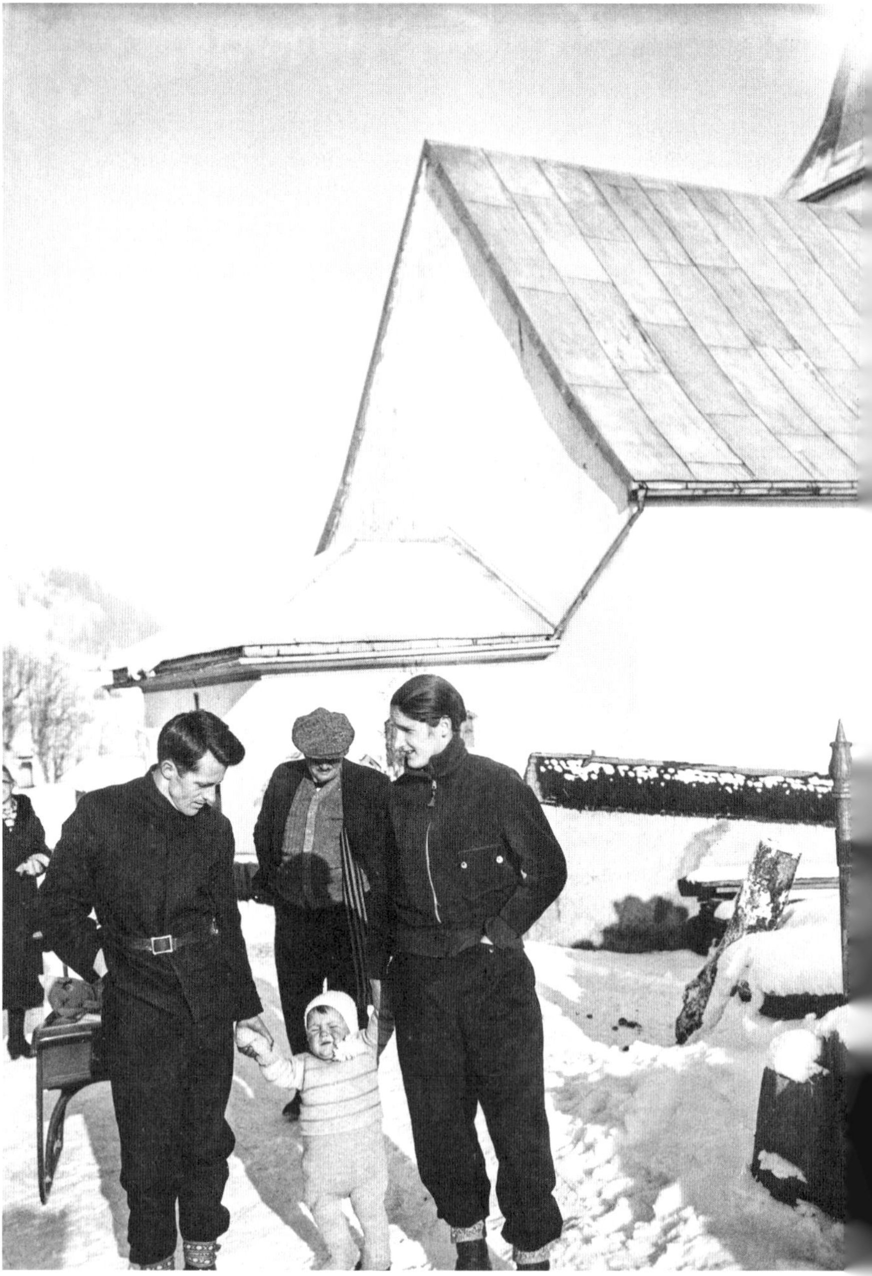

Furna,
Anfang 1932

Ein gleissend heller Wintertag in Furna. Das Kirchendach ist nahezu schneefrei, die Strasse plattgetreten, womöglich geht es schon auf den Frühling zu. Im Vordergrund ein Dreieck: Vater – Mutter – Kind. Das Kind, eingemummt in weisse Wollkleidung, kneift die Augen zusammen und steht noch unsicher auf den Beinen, die Eltern halten es an den Handgelenken. Auffällig: Mutter und Vater unterscheiden sich kaum. Schwarze Wollhosen und dunkle, wattierte Winterjacken. Auch die Körperhaltung ist identisch, das Standbein auf der Seite des Kindes, das Spielbein leger vornan gestellt, ein Arm in der Jackentasche. Nur die Blickrichtung unterscheidet sich: Gians Aufmerksamkeit liegt beim Kind, Greti schaut zu Gian.

Hinter der Triade ein stattlicher Mann mit Schnauz und Hut, eine alte Frau mit Stock: Gians Eltern Johann Rudolf und Christina Caprez-Lendi aus Pontresina. Das Verhältnis zwischen Greti und den Schwiegereltern bleibt auch nach der Hochzeit schwierig. Einmal, als die Schwiegermutter sie als des Amtes unwürdig bezeichnet, droht Greti, den Kontakt abzubrechen. Doch es ist der Schwiegervater, der ihr helfen wird, ihren sehnlichsten Wunsch zu erfüllen.

Neue Ufer

> Tina Münger, 1925–2017, Pflegekind bei Gretis Eltern
> vom ersten Lebensjahr bis zur Konfirmation

Ich weiss nur noch, wie in Furna mal so ein Spektakel losgegangen ist, wo es um den Sex gegangen ist. Die Frau Pfarrer mische sich überall ein, die wolle sogar noch wissen, wie viel Sex man habe in der Woche. Das war eine furchtbare Komedi (Schauspiel), dort wusste ich noch gar nicht recht, was das ist, weisst Du, das ist noch das Beste!

Kaum dem Wochenbett entstiegen, hörte Greti erneut böse Gerüchte. Diesmal ging es nicht um ihre politische Haltung, sondern um ihren unbeschwerten Umgang mit Sexualität. Die Vorkommnisse, über man sich in Furna das Maul zerriss, häuften sich: Als die Pfarrerin nach einer Geburt zu einer kinderreichen Familie gerufen worden war, hatte sie ihre Aufklärungsschriften mitgebracht, um die Frau vor weiterem Nachwuchs zu bewahren. An Mütterabenden hatte sie über die Schwangerschaft gesprochen und dabei drei Theorien zur Beeinflussung des Geschlechts des Ungeborenen erwähnt: durch Ernährung, durch das Abbinden des entsprechenden Hodens und durch eine höhere Leidenschaftlichkeit bei einem der beiden Partner (wobei das Kind dann das andere Geschlecht annehme).

Im Dorf munkelten manche, sie habe dem Herrgott ins Handwerk gepfuscht und das Geschlecht des Neugeborenen vor der Geburt zu beeinflussen versucht. Wie der Herr Pfarrer beim Verkehr den rechten Hoden abgebunden habe, wollte man sich nicht ausmalen – tat es aber doch. Auch Gretis enge Freundschaften mit Männern, mit Lehrer Valentin Jenny etwa, der später ihre Schwester heiraten sollte, oder mit dem Bauern Friedli Hartmann, gaben zu reden. Das Bild der Pfarrerin, die Seite an Seite mit einem Mann durchs Dorf spazierte, der nicht ihr Gatte war, befremdete. Greti, hin- und hergerissen zwischen eigenem Wunsch und Konvention, flehte ihren Ehekameraden an: *Liebes kleines Brüderlein, könntest Du mir nicht helfen, mich selber mehr in der Hand zu haben, selber eine feinere Witterung zu erhalten für das, was man kann und was man nicht kann.*

Es rumorte im Dorf. Greti sei zu wenig gläubig, waren einige überzeugt, das zeige sich nicht nur an ihrer Freizügigkeit in sexuellen Dingen, sondern auch an ihren wenig besinnlichen Predigten und darin, wie sie mit den Kindern über die Bibel spreche und sie zu einer kritischen Haltung anrege. Fromme Familien stiessen sich an ihrem Umgang mit der heiligen Schrift und wünschten sich eine Pfarrerin, die eine *christliche* Wissenschaft betrieb, was hiess: die Bibel wörtlich nahm. *Ich habe mit Papa darüber gesprochen,* berichtete Greti ihrem Liebsten. *Er hat gesagt, diese Anschuldigung auf zu wenig Glauben sei fast unvermeidlich und komme aus gewissen Kreisen. (...) Aber ich solle der Sache nur nachgehen. Wenn sie es noch aufrechterhalten, würde er verlangen, sie sollten es schriftlich geben und sagen, er würde damit vor Vermittlung gehen, was ich natürlich nicht könne. Stelle Dir vor: «das verrückte Weibsbild nach zwei Jahren schon vor Vermittlung.»* Die Vermittlung war eine Art Friedensrichteramt auf Kreisebene, und da Furna zum Kreis Jenaz gehörte, hätte Jakob Rudolf Truog vom Streitfall erfahren, was Greti unbedingt vermeiden wollte. Vorher setzte sie alles daran, im direkten Gespräch eine Lösung zu finden. Später berichtete sie Dora Nydegger, die als Vikarin die Verhältnisse im Dorf ja von Nahem kennengelernt hatte, ausführlich von ihrem Besuch beim Ehepaar Hans und Burga Züst, die zur Fraktion der Frommen gehörten.

Sie warteten offenbar auf mein Kommen, denn sie waren allein und das Licht war in den Gang gestellt. Sie begrüssten mich freundlich. Ich habe dann etwas getan, was ich sonst noch nie getan, aber ich glaube, es war sehr nötig und hat uns dann erst die Basis zu einem Gespräch überhaupt gegeben: Ich habe mit ihnen gebetet. Dann sprachen wir über die christliche Wissenschaft, aber es dünkt mich aussichtslos. Frau Züst ist keine stubenreine Wissenschafterin, dazu hat sie mir zu viel zugegeben. Sie sprach auch von Sünde und Satan. (...) Auf alle Fälle sind alle Professoren verblendete Toren, denen es der Herrgott verborgen, z. T. sind sie auch Teufel. Die meisten Pfarrer desgleichen (ich natürlich auch). (...) Die «menschlichen Annahmen», das war ihr Schlagwort, dagegen ist nicht aufzukommen. Dass Gott den Menschen aus einem (doch materiellen, existierenden) Erdenkloss geschaffen, das stammt aus unseren menschlichen Annahmen. (...) Mir ist der Verstand weggeblieben, aber das soll er auch. Ich war einfach perplex. (...)

Dann kam mein Sündenregister, und hier sieht es nun böse aus. Sie seien zuerst Feuer und Flamme für die Sache gewesen, aber dann seien sie immer mehr abgeschreckt worden. Nämlich als der Konfirmandenunterricht anfing, der dann immer ärger wurde, weil ich immer wieder den Kindern (in unserer Sprache gesagt) von textkritischen Fragen gesprochen. Das gehe die Kinder nichts an. Ich verteidigte mich, dass dies gewöhnlich der Punkt sei, da dann später die «Welt» einhäkle, um ihnen den Glauben zu nehmen, und es sei mir ein schweres Anliegen gewesen, sie darauf hin zu wappnen. (...)

Dann pflanze ich auch bei den Kindern die Sinnlichkeit, wenn ich mehr als einmal von sexuellen Dingen rede. Auch seien sie entsetzt gewesen, dass ich von unehelichen Kindern nichts anderes gesagt habe als: der Vater solle sein Kind in irgend einer Form anerkennen. Damit habe ich getan, als ob so etwas Entsetzliches bei ihnen überhaupt je vorkommen könne, statt sie vorerst einmal verwarnen, dass solches um Himmelswillen gar nicht geschehe. Ich hätte aber auch zu den Ledigen und am Mütterabend von sexuellen Dingen gesprochen. Aber ich durfte nicht sagen, dass doch Sinnlichkeit an und für sich keine Sünde sei, sondern erst ihr Versinken in Dreck und Zoterei, sondern nur ihr Nichtverbundensein mit Liebe. (...)

Meinen Predigten aber fehle das Herz. (...) Ich habe zu wenig Mienenspiel etc. Wie oft hätten doch bei Pfr. Lardelli die Tränen hinter den Bril-

lengläsern geglänzt. (...) Ich habe gesagt, mit so einer Einstellung wäre ich nicht mehr z'Predigt gegangen. Ja man höre doch etwa ein schönes Gebet und singe ein Lied. (...) Und ich hätte mir nicht nur bei ihnen, auch andernorts unheimlich viel verderbt. (...) Du siehst, Furna ist eine verflixt gute Erziehungsanstalt, gut für junge, törichte Frauenzimmer. Und die Moral von der Geschicht: neutraler werden, schweigen lernen, vorsichtig werden. Aber ob ich das je lerne. Du siehst, ich habe den Karren gründlich in den Dreck gefahren. Und Du kannst Dir kaum denken, wie mir zumut war und noch ist. Verzweifelt ist kaum ein Wort dafür. (...)

Ich habe mich gefragt, was ich denn eigentlich hier tue, wenn ich das, was ich denke, nicht sagen dürfe: Frauenbewegung, sexuelle Fragen, Eheprobleme, Dienstverweigerung und «Sozialismus». (...) Aber ob ich imstande sein werde, verlorenes Vertrauen, verlorene Liebe, verlorene Achtung wiederzugewinnen? Ich glaube zwar, die Aussprache von gestern ist ein Anfang dazu gewesen. Und dann richtete sich Greti an Dora Nydegger als Vertreterin der nachfolgenden Theologinnengeneration: *Du sag mir doch bitte ehrlich, was Du von dieser ganzen Sache hier denkst. Es geht ja nicht nur um mich, es geht auch um Euch.*

Dora Nydegger, die nach ihrem Vikariat in Furna wieder an die Universität Bern zurückgekehrt war, um ihr Studium abzuschliessen, tröstete Greti und bestärkte sie in ihrer Direktheit. *Du hast dies Gebiet tapfer betreten, weil Du überzeugt bist, dass hier einmal klare Luft sein muss. Nun hast Du gesehen, dass der Weg, auf dem Du klare Luft hast schaffen wollen, nicht der rechte war, sagen wir einmal: Für die Furner war es nicht der rechte. (...) Wenn Du aber überzeugt bist, das sei dasjenige, was not tut, dann kannst Du nicht schweigen. (...) Es fragt sich halt nur, ob das wirklich in erster Linie das ist, was not tut. Du weisst, dass ich in dieser Hinsicht eben zweifle. Mir scheint, gerade wir Frauen im Pfarramt haben gar nicht in erster Linie Frauenbewegung zu vertreten. (...) Ein Pfarrer z.B. könnte viel eher etwas über Frauenbewegung sagen, weil er selber mit der eigenen Person nicht interessiert ist.*

Auch ihrer Freundin Verena vertraute Greti sich an. Im Gegensatz zu Dora kannte die das Gemeindeleben in Furna zwar nicht direkt, hatte aber in Brig zusammen mit ihrem Mann Walter ebenfalls seit zwei Jahren die Verantwortung für eine Berggemeinde und musste schmerzhafte Konflikte aushalten. *Falsch ist die Einstellung des Pfarrers, der meint, alle gewinnen und es allen recht machen zu können. Schliesslich ist das nicht einmal Jesus gelungen, was wollen wir da mehr sein?*, schrieb Verena Greti. *Aber selbstverständlich muss man sich bei einer solchen Gelegenheit auch fragen, wo denn die eigene Schuld liegt. Vielleicht bist Du wirklich zu schnell vorgegangen. Es ist ja wahr, wir haben alle diese Dinge in langen, mühsamen Studienjahren uns erst erwerben müssen, wir können von unseren Gemeinden nicht verlangen, dass sie alles von heute auf morgen begreifen. (...)*

Schau, ich habe mich nun schon bald zweieinhalb Jahre daran gewöhnen können, dass man mich hasst und gegen mich arbeitet. Diese Gemeinde ist keine Gemeinde, die uns wohlwill und uns zugetan ist, vor allem mir nicht. Es ist nichts zu machen, Aussprachen helfen nicht, sie wollen eben nicht. (...) Es ist für uns eigentlich wie eine grosse Gefangenschaft, in Brig zu sein. (...) Die ganze Gemeinde ist grösstenteils religiös gleichgültig, z. T. sind die Männer durch Alkohol geistig einfach ausgeschaltet und die Frauen müssen zuhause bleiben, damit nur ja der Mann nicht ausgeht. Ich glaube, für Dich ist es wahrscheinlich sehr viel weniger schlimm. Du wirst nach wie vor den grossen Teil Deiner Gemeinde für Dich haben und es hat Dir wohl das alles einige noch näher gebracht. Aber ohne Schwierigkeiten wird es auch bei Dir nicht gehen (...) Leb wohl, Liebes, und denk, dass Du es gut hast.

Verena hatte wohl recht. Solange die kritischen Stimmen in der Minderheit waren, musste Greti zufrieden sein. Dennoch gelang es ihr nicht, die Gelassenheit zu erlangen, die die Freundin ihr nahegelegt hatte. Einige Wochen später platzte ihr der Kragen, und sie meldete sich trotz der anfänglichen Bedenken beim Vermittler in Jenaz, um sich gegen die Verleumdungen zu wehren. Der Fall ist nur im Kreisarchiv dokumentiert, weder in Briefen noch in Tagebüchern findet sich eine Erwähnung.

Vor dem Vermittler Joseph Flury-Dolf standen sich am 14. Mai 1934 um zehn Uhr vormittags gegenüber: Greti und Gian Caprez-Roffler mit ihrem Rechtsanwalt H. Brunner als Kläger und der

Furner Posthalter Hans Riederer-Müller als Beklagter. An diesem Tag kam es zu keiner Einigung, der Vermittler verwies die Parteien an das zuständige Gericht. Vier Tage später hatten sich Greti und der Posthalter offenbar aussergerichtlich geeinigt, der Vermittler hielt fest: *Da Frau Pfr. Caprez-Roffler in Furna bereit ist, Frau Posthalter M. Riederer-Müller in Furna um der über eine Besprechung im Mütterabend gemachten Äusserung willen weder der Verleumdung noch der Lügenhaftigkeit zu beschuldigen, sondern es als einfaches in gutem Glauben geschehenes Versehen angesehen (...) hat und weiterhin ansehen will, erklärt Frau Posthalter M. Riederer-Müller ihre Äusserungen als Versehen. Damit entsteht beiden Parteien aus dieser Sache kein Vorwurf & die Angelegenheit, die zu einer Trübung des guten Einvernehmens zwischen den Parteien führte, soll als beigelegt angesehen werden. Herr Posthalter Riederer nimmt die in seinem Schreiben vom 20. März 1934 enthaltenen Beleidigungen gegenüber Frau Pfr. Caprez mit Bedauern zurück. Frau Pfr. Caprez will Herrn H. Riederer bezüglich Besorgung des Postdienstes keine Vorwürfe machen.*

Herr Hans Riederer bezahlte die halben Vermittlungskosten mit vier Franken und an die ausseramtlichen Kosten fünfzig Franken.

Furna, den 18. Mai 1934, (...)

Der Vermittler J. Flury-Dolf

In den Wochen nach Elsbeths Geburt ertappte sich Greti immer wieder beim Gedanken, Furna aufzugeben. Vermutlich spielten die Anfeindungen im Dorf dabei eine Rolle. In den Briefen an Gian klagte Greti vor allem über die Erschöpfung, die sie als Berufsfrau und mittlerweile zweifache Mutter spürte. Sie fragte sich, ob ihre Kräfte neben dem Amt für zwei Kinder reichen würden. Der dreijährige Gian Andrea hatte zu stottern begonnen. War das nicht ein Zeichen, dass sie zu wenig Musse für ihn hatte? *Wenn das andauern sollte, habe ich mich dann vielleicht doch einmal ernstlich zu fragen, ob ich nicht für etliche Jahre das Pfarramt aufzugeben habe, weil meine Zeit zu wenig für die Kinder langt.* Kam dazu, dass Gian Andrea immer wieder nach dem Vater fragte. Manchmal nahm er Reissaus, und seine Mutter fand ihn beim Bellevue oder gar unten am Wald wieder. *Ätti hola!,* verkündete der Kleine dann jeweils. Greti und Gian wurde klar, dass die Trennung für alle auf Dauer ein zu grosses Opfer bedeutete. *Wenn ich eine Theologin wüsste, die hier meine Aufgabe übernehmen würde, dann möchte ich eigentlich gerne zehn Jahre ohne Amt sein, schnell noch zwei Kinder haben und mit ihnen sein. Aber ob ich dann nach zehn Jahren den Rank ins Amt zurückfinden würde? «Wir spinnen Luftgespinste und suchen viele Künste.» Und Du, mein süsses Brüderlein, an was für einem Schloss für uns baust Du? Pfarrer, Poli (Polytechnikum), Kanton, Pontresina? Wollen wir einmal losen? Oder mit einer Patience entscheiden?*

Zu Beginn des Jahres 1934 wurde in der Familie Caprez-Roffler zu Furna nicht nur ein Kind geboren, sondern es tauchte auch eine Idee auf, die eine Lösung für alle Probleme bereitzuhalten schien. Was, wenn Gian ebenfalls Theologie studieren würde? Als Pfarrerehepaar wäre es möglich, zusammen zu leben und zu arbeiten, ähnlich, wie es Verena und Walter Pfenninger-Stadler in Brig taten. Wäre Gian der Dorfpfarrer und Greti offiziell nur seine Mitarbeiterin, war es möglicherweise einfacher, eine Stelle zu finden. Und sie würden nicht nur Kameradschaft, Liebe und Elternschaft teilen, sondern auch die Berufung. In ihren Memoiren beschrieb es Greti später folgendermassen: *Eines Abends – wir kehrten eben von einem Gang durch die Gemeinde zurück – stellte mich mein Ehekamerad vor die Frage: «Was würdest Du sagen, wenn ich auch Theologie studieren würde?» Meine Antwort war wiederum eine Frage: «Was für Aufsätze hast Du an der Kantonsschule gemacht?» «Schlechte», bekannte er, worauf ich erwiderte: «Dann kannst Du nicht Pfarrer werden.» Das schlug bei ihm ein. Es war also wieder einmal so: Einem Caprez muss man das Gegenteil dessen sagen, was man will.*

Bloss, wie würde der Vater in Pontresina reagieren? Er war 64 und träumte davon, seinem Sohn das Geschäft zu übergeben. Im Hinblick darauf hatte Gian in den vergangenen Monaten einige Projekte für ihn übernommen.

FURNA, 15. MÄRZ 1934, GIAN AN SEINEN VATER

Mein Lieber
Ich sitze allein hier in meiner «Studierbude» beim Petroleumschein, Greti hat Mütternabend drunten im Lokal. Vom richtigen Studierzimmer her vernimmt man ein leises regelmässiges Schnurren, Cilgi (Elsbeth Cilgia) hat ihr Quantum unter Dach getan und jetzt ist ihr für vier Stunden alles Wurst. Vom «Burel» herunter tönt es in einem fort: «Grüez di wou»; dem Buben kommt wieder die Berner Dora in den Sinn. Er ist übermütig und findet den Schlaf noch nicht. Ich weiss nicht, wie ich es jetzt ertragen könne, die ganze Woche von all diesem fort zu sein (...). Heute nahm ich mir zwei Stunden Zeit, lag auf dem Boden und spielte mit Klein-Gianin: er strahlte vor Freude. Und ich empfinde es jedes Mal, wenn ich mich mit ihm beschäftige, dass er sehr dankbar ist (...). Es ist mir nur leid, dass ich nicht mehr Zeit finde, mich mit ihm abzugeben.

Du wunderst Dich gewiss, wenn ich Dir sage, dass ich seit gut vierzehn Tagen ganz intensiv Latein lerne. Ich kann mir eigentlich selbst nicht mehr sagen, durch wie viele Nebenumstände ich dazu geführt wurde. Der äussere Grund war wohl jener, (...) dass ich aus dem Hin und Herpendeln von Zürich–Pontresina–Furna kein festes Ziel sah, auf das ich mit meinen bald dreissig Jahren hinsteuern sollte. (...) Ich hätte mich nicht freuen können, jetzt dieses Geschäft zu übernehmen. Ganz davon abgesehen, dass es mir schwer fallen würde, mit den verschiedenen Konkurrenten – Costa, von Esch etc. etc. – zusammen, resp. neben einander arbeiten zu müssen, wenn man so ungefähr merkt, mit was für Intrigen da operiert wird. Es liegt mir auch nicht, – und dies weiss ich bestimmt – Kunden zu werben und Kunden «warm zu behalten». Ja, es würde mir sogar schwer fallen, nur regelmässig zum Café-Jass zu gehen. (...)

Für das Theologiestudium sprachen dann noch zwei Punkte. 1. Ich würde überaus gerne mit Greti zusammenarbeiten, es wäre mir dies eigentliches Ideal einer Beschäftigung. Dazu würden wir

auch mit unseren Kindern viel mehr Kontakt haben, als wenn ich als Ing. möglichst viel auf Reisen oder an fremde Baustellen geriete. Und dies scheint mir ein Punkt, der gar nicht hoch genug einzuschätzen ist. (...) Das Ganze ist natürlich nur möglich, wenn ich beruflich nicht stark beansprucht werde und durch finanzielle Unterstützung. Dass Du mir diese eventuell angedeihen lassen würdest, wie ich Dich in Pontresina verstanden habe, wäre mit natürlich sehr angenehm. Und ich müsste Dir zu grossem Dank verpflichtet fühlen. (...)
Herzliche Grüsse von indessen allen vieren (Leuten natürlich) Dein Gianin

So sehr Johann Caprez sein Geschäft liebte, so gern er seinen Sohn als Nachfolger gesehen hätte: Er sah, dass Gian in Pontresina nicht glücklich werden würde. Der Wunsch von Sohn und Schwiegertochter, zusammenzuarbeiten, mochte ihm selber fern liegen, im Weg stehen wollte er ihm nicht. Er hatte keine grundsätzlichen Vorbehalte gegen unkonventionelle Frauen, im Gegenteil: Als das Automobil erst gerade in Graubünden zugelassen worden war, hatte er seine eigene Tochter in einen Autofahr- und Mechanikkurs geschickt. Sie wurde zu seiner Privatchauffeurin und fuhr ihn und seine Frau über die Alpenpässe ins Tessin oder nach Italien in die Ferien.

Im Herbst 1934 fuhr Gian zur Immatrikulation nach Zürich. Am selben Tag erreichte ihn ein Angebot, das ihn zögern liess: Die Dornier-Werke in Altenrhein am Bodensee, die Filiale eines deutschen Flugzeugherstellers, warben um ihn als Ingenieur in der Materialprüfungsanstalt. Für dieses Gebiet hatte er in São Paulo eine grosse Leidenschaft entwickelt. Als Angestellter wäre er dem Konkurrenzkampf unter den Bauunternehmern nicht ausgesetzt, zudem wären sie nicht für die nächsten Jahre von der Unterstützung seines Vaters abhängig. Auch Greti sah die Vorteile einer solchen Stelle, zumal sie sich Gian noch nicht so recht auf der Kanzel vorstellen konnte. Verena, auf deren Rat Greti in allen Zukunftsfragen am meisten setzte, wägte ab: *Wenn es Dir beispielsweise gelänge, die Arbeiter zu sammeln dort und unter ihnen und unter ihren Frauen etwas anzufangen, so könnte das eine grosse und schöne Arbeit werden. (...) Fragt Euch alle beide einmal: Was ist von Greti gefordert? Was ist von Gianin gefordert? Was ist für die Kinder gefordert? Und ich glaube, ausschlaggebend muss die Frage sein, wie Ihr Eure gemeinsame Kraft am besten einsetzt. Die Frage nach der Herstellung von Kriegsflugzeug finde ich in der Tat nicht ganz unwichtig.*

FURNA, 17. OKTOBER 1934

Liebes Brüderlein,
(...) ich glaube, dass wir noch in einer weit grösseren Entscheidung stehen als nur: Zürich oder Altenrhein. Und diese andere Entscheidung ist die gemeinsame Gestaltung unseres Lebens. (...) Der Brief von Verena, den ich heute bekommen habe, hat mich aufgerüttelt. Es sollte für uns heissen: leben wir da oder leben wir dort, wir leben im Dienst, im Dienst am anderen. Und dies sieht für uns, hier oder dort, immer ungefähr so aus: Einstehen für Friede und wirtschaftliche Gerechtigkeit. Und dies dürfen wir nicht preisgeben, selbst wenn Du darob eine Stelle verlieren solltest. Daraufhin haben wir auch unsere Kinder zu erziehen, uns unserer Umgebung gegenüber auszusprechen (freilich ohne unnötige Offensive – geht an mich!).

Schliesslich erteilte Gian dem Flugzeughersteller eine Absage. Greti reichte in Furna ihre Kündigung aus familiären Gründen ein, wobei sie betonte, ihr Wegzug habe nichts zu tun mit den *Treibereien, die von Seiten der christlichen Wissenschaft gegen mich unternommen worden sind und noch unternommen werden*. Am 11. November 1934 wählte die Kirchgemeindeversammlung den einzigen Kandidaten, der sich für die Nachfolge interessierte, Arnold Odermatt, mit vierzehn Stimmen und drei Enthaltungen. Um dem Pfarrer den im Kanton üblichen Jahreslohn von 4300 Franken zahlen zu können, führte man Kirchensteuern ein. Ausserdem beschloss man, Greti die bisher unbezahlte Arbeit seit April 1933 nachträglich zu vergüten.

Am letzten Tag des Jahres hielt Greti Caprez-Roffler in der vollbesetzten Kirche ihre Abschiedspredigt. Ihre Amtszeit in Furna war den meisten Zeitungen lediglich eine Randnotiz wert – mit zwei Ausnahmen. Das religiöse Volksblatt höhnte: *Wie wir hören, will jetzt ihr Mann Theologie studieren und so seine Frau dann zu einer richtigen Pfarrfrau machen. Eine Episode ist vorüber, vielleicht reizt sie gelegentlich einen Dichter zu einem Roman.* Landammann Andreas Bärtsch wiederum würdigte Gretis Arbeit in der *Neuen Bündner Zeitung* mit einem langen Artikel. *Wir bedauern tief ihren Rücktritt von ihrem Amte und den Wegzug aus unserer Gemeinde sowie auch denjenigen ihres Gatten, des Herrn Ingenieurs G. Caprez, der durch sein liebenswürdiges und bescheidenes Auftreten sich die allgemeine Sympathie unserer Bevölkerung erworben hat. Etwas mehr als drei Jahre hat Frau Pfarrer Caprez in unserer Gemeinde gewirkt und Freud und Leid mit uns geteilt. Als gebürtige Furnerin, die öfters einen Teil ihrer Schulferien hier in ihrem grosselterlichen Hause verbrachte, kannte sie genau unsere einfachen Verhältnisse und verstand es, sich denselben in gebührender Weise anzupassen. Sie hat mit Freuden an unsern frohen Festen teilgenommen und war fröhlich mit den Fröhlichen. Sie hat aber auch getrauert mit den Trauernden. (...) Jedenfalls gehören sowohl ihre Grabreden als auch ihre allsonntäglichen Predigten zum Besten, was uns seit langem von unserer Kanzel aus geboten worden ist.* Auch Landammann Bärtsch erwähnte die *giftigen Pfeile*, die gegen Greti geschossen worden seien. Die Pfarrerin habe sich dadurch aber nicht entmutigen lassen, nein, der Grund ihres Rücktritts vom Amt liege darin, dass ihr Gatte ein Theologiestudium beginne und sie ihm folge. *Sie leistet damit den Beweis, dass auch Theologinnen sich ihrer Familienpflichten bewusst und, wenn diese es erfordern, bereit sind, ihren Beruf aufzugeben, ohne durch gesetzliche Schranken hiezu gezwungen zu werden. Für alles Gute, das sie in unserer Gemeinde getan, sei ihr hiemit herzlich gedankt.*

> Anna Bühler, geb. 1919,
> Hausangestellte bei Gretis Eltern als 16- bis 20-Jährige,
> danach bei Greti und Gian in Flerden und Chur

Gian war ja mit Leib und Seele Brückenbauer. Dann muss ihm das doch auch schwergefallen sein, er musste sich ja entscheiden, entweder säb oder das. – Er war schon weicher. Aber er hielt ganz zu ihr. Dass er das aufgegeben hat, was er mit Leib und Seele war. Er muss sie ganz fest lieb gehabt haben. Er ist mit ihr durch dick und dünn.

1935–1946
Zürich, Flerden und Chur

1947–1994
Kilchberg, Rheinwald und wieder Furna

Ja, ja, so sind die historischen Berichte! Total einseitig, schön, und der Fokus nur auf der Pfarrerin, der starken Frau, der Ersten. Alles andere ist unter dem Teppich.

Margreth Härdi-Caprez, Tochter von Greti, im Gespräch mit ihren Geschwistern, 13. Juli 2014

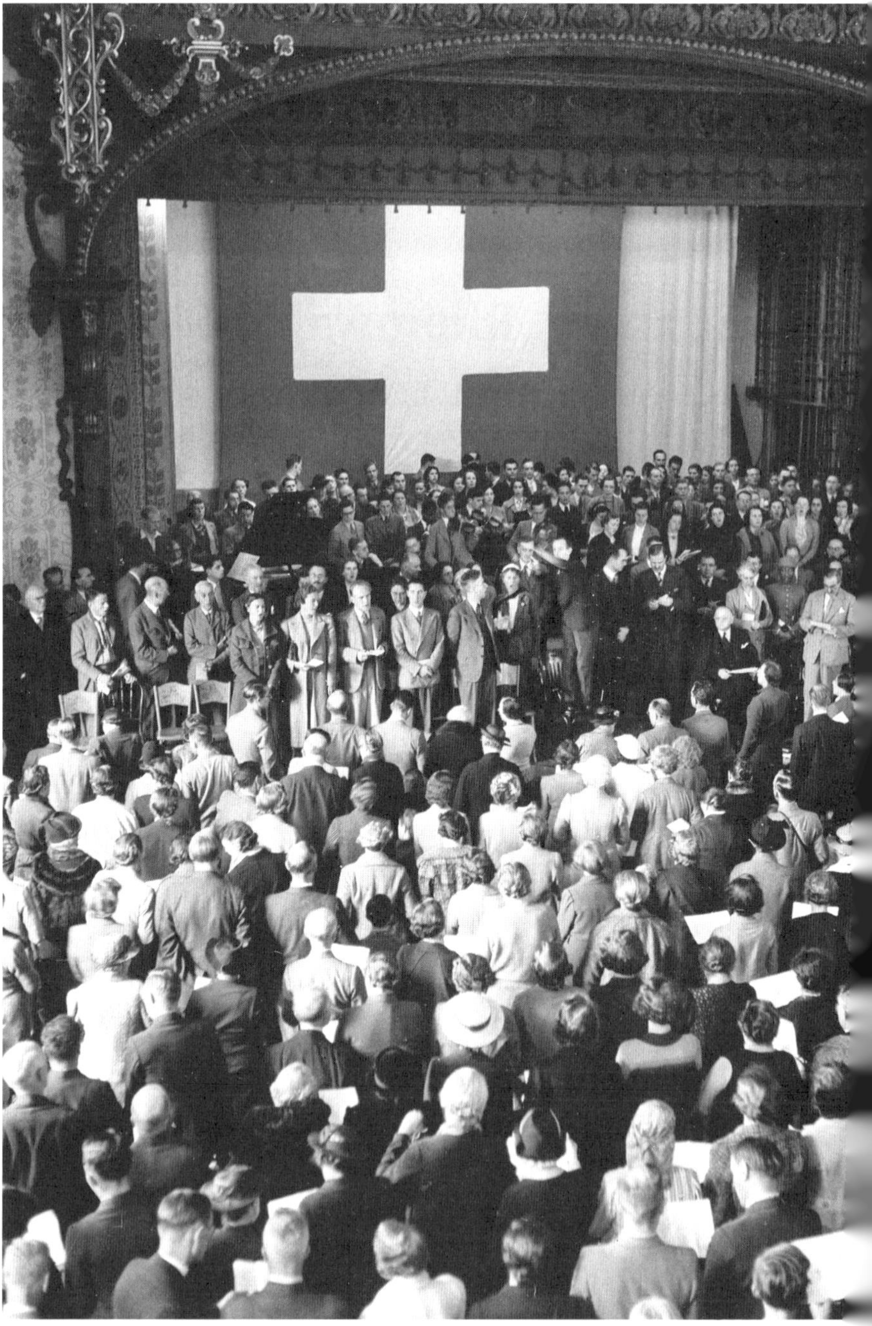

Interlaken,
7. September 1938

Ein Saal, bis an den Rand gefüllt mit Menschen, und über allem prangt ein riesiges Schweizerkreuz. Die Frauen und Männer, festlich gekleidet, haben sich von ihren Stühlen erhoben. Wem erweisen sie Ehre? Um die Nationalhymne zu singen, brauchen sie keinen Spickzettel. Die öffentliche Andacht gilt Gott: Die Anwesenden beten für den Weltfrieden, der ernsthaft bedroht ist. Die *Oxfordgruppe* trifft sich zur *Weltkonferenz für geistige Aufrüstung* in Interlaken. Ihr Anführer ist Frank Buchman, sitzend mit schwarzem Anzug und Brille. Der charismatische Prediger aus den USA zieht seit Anfang der 1930er-Jahre Suchende auf der ganzen Welt in seinen Bann. Auch in der Schweiz wächst die Bewegung, die zugleich nationalistisch und international ist und sich am Vorabend des Zweiten Weltkriegs mit der *Geistigen Landesverteidigung* verbindet. Buchman und seine Getreuen sprechen gezielt Vermögende und Intellektuelle an. Unter ihnen: Greti Caprez-Roffler, Pfarrerin und Mutter in Zürich. Aussenstehende mokieren sich später über die *Heilsarmee der oberen Zehntausend*.

Bekehrung

Zürich, 1935. Neun Jahre waren vergangen, seit Greti und Gian einander im Kaufleuten am Bündnerball begegnet waren. Erinnerungen an ihre gemeinsame Zeit als junges Liebespaar kamen auf. Verglichen mit den dramatischen Wendungen ihres Lebens, mit den Erlebnissen in Brasilien und in Furna, wirkte ihr neuer Alltag in Zürich beschaulich. Das Paar fand für sich und die beiden Kinder eine grosszügige Wohnung an der Mühlebachstrasse in der Nähe des Sees. Er begann sein Theologiestudium, sie führte den Haushalt und unterstützte ihn nach Kräften, paukte mit ihm Hebräisch und redete ihm gut zu, wenn er vor einem Examen in Selbstzweifeln versank. Gleichzeitig nahm sie jede Gelegenheit wahr, sonntags zu predigen. *Nun spreche ich in anderer Pfarrer Kirchen und sehe in anderer Menschen Daheim. Es ist auch dies schön und schwer, es ist auch dort schön und schwer. Da ist die tapfere Pfarrfrau zu Wollerau. Da ist das zuversichtliche Pfarrerpaar zu Brunnen. Da ist das strenge Pfarrhaus in Rüti, das freundliche in Otelfingen.* Trotz des Glückes, weiterhin predigen zu können, kam ihr das Leben unwirklich vor, wie die Wartezeit auf eine Erfüllung, die da kommen sollte, *dann wenn wir wieder irgendwo und zusammen anfangen, gemeinsam stehen in der Arbeit, die ich in Furna doch nur scheinbar aufgegeben habe.*

Und doch sollten die dreieinhalb Jahre in Zürich für Greti prägend werden, denn sie machte eine Erfahrung, die ihrem Glauben eine andere Richtung geben und ihr weiteres Leben und Arbeiten bestimmen würde. Den Anstoss gab ihr früherer Professor Emil Brunner, ein Weggefährte Karl Barths, der sich kurz zuvor von seinem berühmten Kollegen distanziert hatte. Brunner – ausgerechnet der Theologieprofessor, dem sie einst als Studentin ihre kühnen Thesen zur Monogamie in die Examensarbeit geschrieben hatte. An der Universität war er ihr als strenger, unnahbarer Lehrer erschienen. Nun, zurück in Zürich, begegnete sie ihm wieder und ging mit ihm nach einer Veranstaltung ein Stück des Weges. Dabei erschien er ihr als komplett neuer Mensch. Was er ihr auf dem Weg erzählte und wie verändert er dabei wirkte, berührte sie so tief, dass sie ihm Tage später einen Brief schrieb.

ZÜRICH, MÜHLEBACHSTR. 210, 19. JUNI 1935

Verehrter Herr Professor,
Tag für Tag habe ich es wieder hinausgeschoben. Aber es ist mir doch immer wieder als eine Verpflichtung erschienen, Ihnen zu danken für all das, was Sie mir erzählt haben. Ich möchte eigentlich nicht viel sagen, denn ich möchte Sie ja nicht etwa zu dem Ungeheuer eines «Seelenretters» machen. Aber ich habe in der vergangenen Woche fast unablässig an unser Gespräch oder eigentlich mehr an das Wunder der Möglichkeit eines solchen Gesprächs gedacht. Zum Gespräch selber habe ich ja schon Fragen. So dünkt es mich z.B. nicht richtig, dass der Heilige Geist nur in Gemeinschaft geschenkt werde. Wenn z.B. ein Pfarrer in seiner Arbeit darum bittet? (…)
   Mit freundlichen Grüssen
   G. Caprez-Roffler

Emil Brunner hatte der Schülerin von seiner Begegnung mit der *Oxfordgruppenbewegung* erzählt. Zuvor hatte er im *Kirchenblatt der reformierten Schweiz* ausführlich und wohlwollend über die Bewegung berichtet. Zunächst sei er skeptisch gewesen, weil er sie für eine *nicht besonders sympathische Form pietistischer Erweckungsbewegung von der typisch westlichen Art* gehalten habe. Die Bewegung war in den 1920er-Jahren an der Universität Oxford entstanden, wo der amerikanische Prediger Frank Buchman eine neue Form des religiösen Gemeinschaftserlebnisses begründete. Um 1930 erreichte die Bewegung die Schweiz, und als immer mehr auch kirchenferne Freunde ihm begeistert von den Treffen, den so genannten *Hauspartien,* erzählten, wollte er sich selber ein Bild machen.

Was man an einer solchen Hauspartie zunächst zu hören bekommt, sind Erzählungen, «Zeugnisse» von selbsterlebten grossen Taten Gottes. (...) So erzählt ein englischer Gymnasiallehrer, ein ehemaliger Offizier, aus seinem Leben, wie er als agnostischer Humanist in eine solche Hauspartie hineingeraten, wie ihm dort ein furchtbares schuldhaftes Kriegserlebnis aus dem Unbewussten heraus auftauchte (...), bis er seine Schuld bekennen und in diesem Bekenntnis den Zugang zur Vergebung Christi gewinnen konnte und wie dadurch sein ganzes Leben einen neuen Inhalt und eine bisher unbekannte Freiheit gewann. Oder eine Kommunistin erzählt von ihren Erlebnissen unter den Bolschewisten in Paris und Moskau, von ihrer anfänglichen Begeisterung, ihrer späteren Ernüchterung und ihrem endlichen Zusammenbruch, aus dem sie durch die Begegnung mit der Gruppe, vielmehr durch ihre erstmalige Begegnung mit dem lebendigen Gott errettet wurde. Das Sündenbekenntnis wurde zur Befreiung, die Anwesenheit von Zeugen verlieh dem Akt die nötige Verbindlichkeit. Eine besondere Wirkung, so Brunner, hatte ausserdem die Tatsache, dass der Seelsorger sich nicht über die andern Gruppenmitglieder stellte, sondern ebenso freimütig von seinen eigenen Verfehlungen berichtete und so die andern Teilnehmenden zur *absoluten Wahrhaftigkeit* ermutigte. Neben den grösseren Versammlungen gab es auch kleinere Treffen, sogenannte *Stille Zeiten,* in denen man gemeinsam betete und auf eine *göttliche Führung* wartete.

Eine solch lebendige Religiosität in der Gruppe, kam das nicht dem *Priestertum aller Gläubigen* nahe, dem Kern des reformierten Glaubens überhaupt? Wo, fragte Brunner, gab es im regulären Kirchenbetrieb ein vergleichbares Gemeinschaftserlebnis? Wenn man ehrlich war, so steckte die Kirche doch in einer tiefen Krise, deren Zeichen – *die allsonntägliche Predigt vom neuen Leben – das fast nirgends spürbar werden will; (...) das vollständige Versagen der kirchlichen Seelsorge in unseren grossen Gemeinden, die Wirkungs-*

losigkeit so vieler gut orthodoxer oder gut biblischer Predigt – unübersehbar waren. Ja, Emil Brunner, Theologieprofessor an der Universität Zürich, setzte grosse Hoffnungen in dieses neue kirchliche Leben. *Was ist die Oxfordbewegung? Ein Stoss, der die eingeschlafene Kirche in allen Ländern aufwecken kann und will.*

Kurze Zeit nach der Begegnung mit Emil Brunner nahm Greti selber an einer Hauspartie teil. Die Erfahrung bewegte sie so sehr, dass sie dem Professor erneut schrieb. Der reagierte hocherfreut. *Es war mir ja auch ganz neu, dass ich so zu Ihnen sprechen konnte. Es geschah mir so. (...) Und nun freue ich mich einfach über Sie und mit Ihnen, dass Ihnen das neue Leben geschenkt worden.* Greti gewann auch Gian für *die Gruppe,* wie die Bewegung im eigenen Jargon hiess. Das Paar begann zu Hause gemeinsam zu beten und schloss sich der *Arbeitsgruppe Riesbach Hirslanden* an, die allein schon vierzig Mitglieder umfasste, darunter die Theologin Marianne Kappeler, die in Zollikon als Pfarrhelferin arbeitete. In jedem Quartier Zürichs gab es eigene Oxfordgruppen, die Professoren, Offiziere, Ärzte und Kindergärtnerinnen auf ihren Listen führten, zudem spezielle Bibellesegruppen, Männer- und Frauengruppen. *Die Wirkung dieser Gruppenbildung soll nicht die sein, die Kirche überflüssig zu machen,* so Brunner im *Kirchenblatt, sondern umgekehrt gerade die einzelnen desto enger mit ihrer Kirche zu verbinden, indem sie sie zu aktiven Gliedern macht, die ihrerseits die Verpflichtung haben, die schlafenden Glieder der Kirche aufzuwecken und die Draussenstehenden mit der Kirche in Berührung zu bringen.* So war es ein erklärtes Ziel der Gruppe, Neumitglieder zu werben. *Lebendiger Glaube muss anstecken, sonst ist er nicht lebendig.*

Pfingsten 1936 nahmen Greti und Gian an einer mehrtägigen, gross angelegten Hauspartie auf dem Bürgenstock teil, die für Greti zur eigentlichen Erweckungserfahrung werden sollte. Später bezeichnete sie es als das *schönste Erlebnis in meinem doch auch sonst schon reich beschenkten Leben.* Sechshundert Frauen, Männer und Kinder kamen in einem Hotel auf dem Aussichtsberg hoch über dem Vierwaldstättersee zusammen, aus der ganzen Schweiz, ja sogar aus Deutschland waren manche angereist – eine illustre Gesellschaft, darunter der Romanistikprofessor Theophil Spörri, der Maler Hugo Wiesmann und der Gemeindepräsident der Stadt Morges. In der *Stillen Zeit* am Samstagvormittag wurde sich Greti ihrer Arbeitsbesessenheit bewusst: *Jesus war nie in einer Hetze. Das Geheimnis besteht darin, sich auf einen Augenblick ganz einzustellen.*

Dann liess sich Greti von den Selbstzeugnissen der andern Frauen beeindrucken. Da war die Frau eines Grossindustriellen, die erzählte, wie sie dank der Gruppe ihre Ehe erneuert habe. Da war die ältere Alkoholikerin, die berichtete, wie die Gruppe sie von ihrer Krankheit befreit hatte. Und da war die kühle, extravagante Frau, die in der Gruppe ihre weiche, warme Seite entdeckte. Die Zeugnisse der anderen regten Greti an, ihren eigenen Fehlern nachzugehen. *Auf dem Bürgenstock hat er mir die Besessenheit von der Arbeit geschenkt («Ihr Leben war Liebe und Lismen»). Dann erlöste er mich von dem lieblosen Verurteilen durch das Wort: Christus interessiert sich für jeden Menschen. Er schenkte mir sein Gebot: Du sollst nicht ehebrechen durch die Erkenntnis, dass meine «polygame Veranlagung» nur mein in der Mitte Stehen war.* Dahinter steckte die Sehnsucht, von mehreren vergöttert zu werden, erkannte Greti nun.

Auch Gian forschte nach seinen Sünden – jedoch zunächst ohne Erfolg. *Er war völlig bereit, aber das Entscheidende geschah einfach nicht. Es war auch gar nicht einzusehen, was in seinem Leben Sünde war. Ich vermochte ihm wohl den theologischen Begriff von Sünde zu definieren, aber es wäre mir gesucht vorgekommen, wenn ich ihm praktisch dies oder jenes als «Sünde» hätte aufweisen wollen. (...) Als wir uns am Abend spät in unserem Hotelzimmer trafen, fragte ich gespannt: «Und nun?» Er lächelte: «Nein, es war nichts.»* Erst zum Ende der Tagung befand sich auch Gian für schuldig. Was genau sein Fehltritt war, benannte Greti nur vage. *Es war vielleicht, mit gewissen Massstäben gemessen, eine «Sünde» gegen mich.*

Das ganze Wochenende über regnete es in Strömen. *Es war so gleichgültig, ausser für die Studenten, die aus dem Norden Deutsch-*

lands gekommen waren, um von der Gruppe zu hören, und die doch auch gern etwas von den Schweizerbergen gesehen hätten. Wir verwickelten uns gleich zu Anfang mit einem von ihnen in eine heftige politische Debatte. Es kam nichts dabei heraus, als dass wir uns umso mehr freuten, dass gerade Nationalsozialisten nun etwas von dem Geist der Gruppenbewegung spüren sollten. Eine Ungarin erzählte, wie in der Gruppe einander kirchenpolitisch komplett fremde Menschen miteinander zu sprechen begannen. Ihr Bekenntnis rührte sogar Männer zu Tränen. *Diese Mannestränen galten der doch schon verloren gegebenen Möglichkeit, dem uns von allen Seiten her drohenden Sturz in den Abgrund zu entrinnen. Diese wahnwitzige Hoffnung (…) leuchtet ja auch in andern Ländern auf! In über fünfzig Ländern haben sich die Menschen durch die Gruppe rufen lassen.* Erfüllt packten Greti und Gian am Dienstagnachmittag ihre Koffer. *Ich hatte Mühe, nicht loszuheulen vor Freude, dass es so etwas auf dieser Erde gab!*

Nun, da Greti den wahren Glauben entdeckt hatte, wollte sie auch die Eltern an diesem Glück teilhaben lassen. Auf einem Waldspaziergang versuchte sie ihre Mutter für die Gruppe zu gewinnen und doppelte später mit einer Karte nach. Doch Betty Roffler zeigte sich nur befremdet über die Wendung im Leben der Tochter. *Was soll ich Dir nun auf Deine Karte schreiben? Ich weiss wirklich nicht was; nur das möchte ich doch sagen, dass ich Euch Kinder alle lieb habe, ob Ihr nun auch ganz anders seid als wir «Alte». Aber sag mir einmal, warum hat denn der liebe Gott alle Menschen so schlimm werden lassen? Ich glaube, in dieser Beziehung seid Ihr Gruppenleute doch etwas zu schwarzseherisch. (…) Ich habe mich gestern abend, da ich lange nicht einschlafen konnte, lange hin- und herbesonnen, was ich den ganzen Tag über wohl alles lätz gemacht habe. Ich muss aber, in Deinen Augen wohl zu meiner Beschämung bekennen, dass ich eigentlich nicht viel Nennenswertes herausfand. (…) Ich glaube wirklich, dass ich keine Anlagen habe, bei der Gruppe mitzumachen, aber vielleicht nimmt mich der liebe Gott einmal doch an, wenn ich da auch nicht dabei bin.*

Trotz dieser Absage liess Greti nicht locker und versuchte es auch beim Vater. Zu sehr störten sie seine Predigten, die ihr allzu nüchtern vorkamen, *gleich den Rezepten, die der Apotheker für andere rüstet.* Joos Roffler war nicht nur punkto Frauenrechte ein liberaler Geist, sondern auch, was die theologische Position anging. In der Synode gehörte er den *Freisinnigen* an, die sich von den konservativen *Positiven* genauso abgrenzten wie von den *Religiös-Sozialen*, die mit der sozialistischen Bewegung verbunden waren. Die kirchenpolitischen Positionen entsprachen auch einem Predigtstil: Die schwärmerische Frömmigkeit, die den Positiven eigen war, ging Joos Roffler ab. *Ich habe in der Karfreitags- und der Osterpredigt gesessen, und ich habe mich immer gefragt, warum der nervus rerum, die eigene Hingabe des Predigens fehle und ob das so bleiben müsse,* sorgte sich Greti im Tagebuch. *Ich habe ihn angeschuldigt deswegen. Und erst am Ende, kurz vor dem Abendmahl wusste ich es. (...) Was habe ich mich um die Bekehrung meines Vaters zu bekümmern. Das hat Gott mit ihm abzumachen. Ich habe mich um meine Hingabe zu kümmern. (...) Und meine Kinder? Werden sie auch um mich bekümmert sein?*

Gretis neue Religiosität floss auch in ihren Erziehungsstil ein. *Nach der Bürgenstocktagung wurde es mir deutlich: Du sollst mit dem Buben stille Zeit machen. So setze ich mich mit ihm ins Schlafzimmer, nehme ihn auf den Schoss und frage: «Wollen wir losa, was dar Lieb Gott üs sait?» (...) Er hält den Kopf schräg. Ich bin einen Augenblick im Krampf: Werde ich etwas für ihn bekommen? Ich sehe, ich muss zuerst den Krampf hingeben. Da weiss ich es: Am Morgen war ein blinder Hausierer da, für den Buben ein schweres Problem. Ich soll ihm sagen, welche Freude es für uns ist, dass er nicht blind sein muss. (...) Nun sitzen wir noch manchmal so zusammen, und es wird etwas Schönes. Wenn es vorher geheissen hat: Du sollst lieb sein mit dem Schwesterlein, du sollst das und das, so heisst es nun: Wir dürfen Freude haben, dass wir ein Schwesterlein haben. Unsere Sicht wird anders, aus der Moral wird Frohbotschaft, aus dem Gesetz Evangelium.*

Margreth Härdi-Caprez, geb. 1939,
Theologin, Tochter von Greti

Mami war intelligent genug, um nicht zu sagen: «Du musst die Sünden bekennen, dich zu Jesus bekennen, und dann bist Du gerettet.» Das Bekehrungsschema war zwar in ihr drin, von der Oxfordgruppe her, aber sie konnte es viel verschlüsselter und intelligenter weitergeben. Es kam nur manchmal zum Ausdruck, wenn sie so Sprüche sagte, etwa, dass Gott mal Rechenschaft von mir fordern wird für jede unnütze Minute. Das ist genau das Schema. Sie war so genannt «positiv», das heisst, im Zentrum steht das Kreuz von Jesus, die Sündenvergebung. Aber im Gegensatz zu den Evangelikalen lebte sie das ein bisschen freier, wissenschaftlicher, sie glaubte zum Beispiel nie an die Jungfrauengeburt. Aber wehe wenn einer nicht an die Auferstehung glaubte! Für die Freisinnigen spielt es keine Rolle, ob das Grab leer war. Wichtig ist, was Jesus lebte und predigte, alles andere ist egal.

Einmal nahm es Mami offenbar wunder, wo ich eigentlich stehe. Also beauftragte sie den Ätti, mich zu fragen. Meine Eltern waren bei den Positiven, und Roland, mein Mann, war bei den Freisinnigen. Da sagte ich, ich lasse mich nicht gern einteilen, aber wenn ich entscheiden müsste, wäre es die sozial-ethische Gruppe. Ich hörte dann keinen Kommentar mehr. Ätti war weder Fisch noch Vogel, aber er machte einfach, was Greti sagte. Von sich aus hätte er nicht gross gebetet, obschon seine Mama sehr fromm war, richtig evangelikal. Und er war ein Lausbub, aber Greti schaute, dass er richtig glaubt. Immer vor der Predigt ist sie zu ihm ins Studierzimmer zum Beten, und er machte mit – nützt's nichts, so schadet's nichts. Hauptsache, sie ist zufrieden. Ich lege es so aus. Aber von sich aus hätte er nie – ein Tischgebet oder so gehabt.

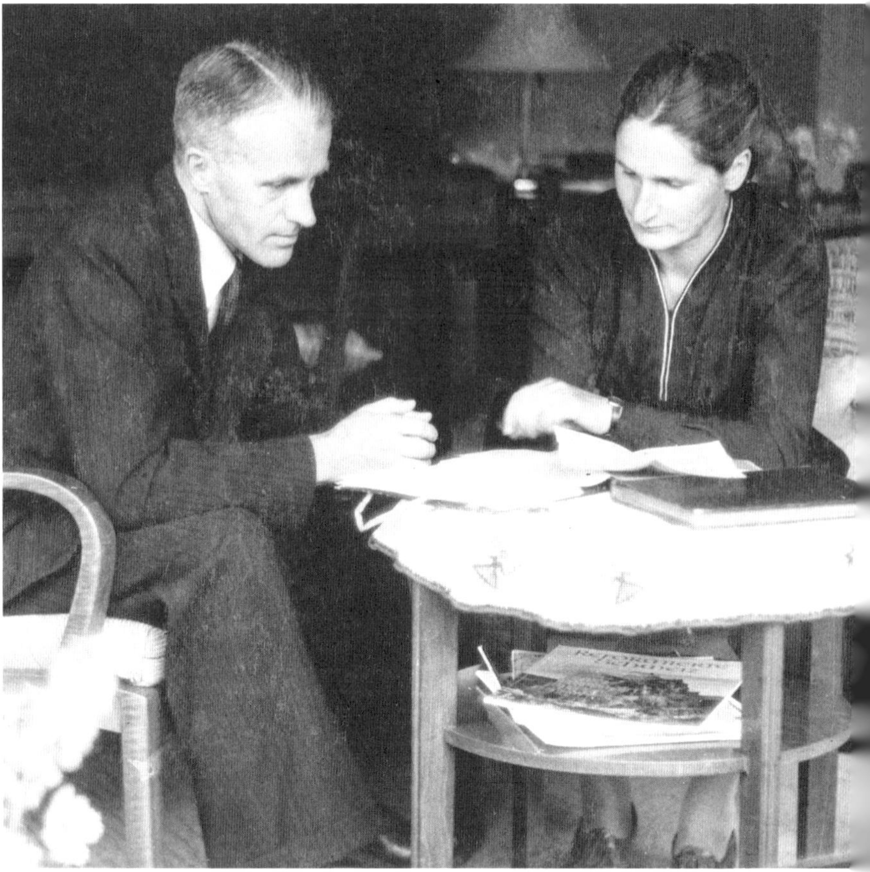

Chur,
14. Juli 1944

Gian und Greti über einige Blätter Papier gebeugt. Das Paar sitzt auf gepolsterten Holzsesseln mit geschwungenen Armlehnen an einem runden Tischlein. Greti vermerkt im Tagebuch: *Fotoaufnahmen mit dem Fotoreporter Ludwig aus Zürich (...) für den Bericht in der Reformierten Schweiz.* Dem Anlass entsprechend hat sich Gian Anzug und Krawatte angezogen und einen strengen Seitenscheitel gekämmt, Greti trägt ein kragenloses schwarzes Kleid. Die beiden sind noch keine vierzig Jahre alt, doch Gian ist schon ergraut. Sie besetzt den Platz am Tisch mit ihrem Unterarm, ihm bleiben seine Beine, um sich abzustützen. Er liest, sie hält den Stift, um Änderungen anzubringen, schon in den Händen. *Das Pfarrer-Ehepaar Caprez bei der gemeinsamen Besprechung der Arbeit* lautet die Bildlegende in der Zeitschrift, in der Greti ausführlich aus ihrem Alltag als Spital- und Gefängnispfarrerin berichtet. *So werden wir auch hier Gefährten sein,* hat sie kurz nach dem Abschied in Furna in ihr Tagebuch notiert. Nun ist der Wunsch Realität geworden. Seit Herbst 1941 sind Gian und Greti Caprez-Roffler Seelsorger an den kantonalen Spitälern, Gefängnissen und Irrenhäusern: Gian ist für die männlichen Patienten und Insassen zuständig, Greti für die weiblichen. Jobsharing vor der Erfindung des Begriffes. Das Paar arbeitet in nicht weniger als fünf Häusern: dem neu erbauten Kantonsspital, dem Frauenspital Fontana, der Strafanstalt Sennhof und der Irrenanstalt Waldhaus in Chur, darüber hinaus in der Anstalt Realta im Domleschg.

Gefährten
in Liebe und Beruf

Gegen Ende von Gians Theologiestudium hatten die beiden ihre Fühler von Zürich in Richtung Graubünden ausgestreckt. Gian hatte sich um das Pfarramt in Schiers beworben, das zwar schattig im Tal, aber unweit von Furna lag. Doch die Gemeinde hatte ihm einen anderen Pfarrer vorgezogen. Greti wiederum hatte einen neuen Vorstoss beim Bündner Kirchenrat gewagt. Dabei schlug sie im Vergleich zu ihren früheren Petitionen als Studentin und Pfarrerin von Furna ungleich bescheidenere Töne an. *Für mich kommt ja ein volles Pfarramt sowieso nicht in Frage, aber ich bitte um soviel Freiheit wie sie die Theologinnen in andern Kantonen schon längst stillschweigend zugebilligt erhalten haben: aushilfsweise zu arbeiten (...). Ich denke, dass es dazu keiner Abstimmung bedarf, sondern dass mir dies (...) auf Grund von K. G. § 19 I zugebilligt werde, in aller Stille, und ich dann in aller Stille da oder dort einspringen dürfe.* Hatte die neue Frömmigkeit ihren Ton und ihre Forderungen gemässigt? Oder nahm sie eine Absage vorweg und schützte sich vor einer neuerlichen Enttäuschung? Doch siehe da, diesmal trat der Rat, dem mittlerweile liberalere Exponenten angehörten, auf ihr Gesuch ein. Greti dankte es beinahe unterwürfig: *Ich will Ihnen offen gestehen, dass ich sehr glücklich darüber bin, nun in Frieden mit meiner geliebten Kirche arbeiten zu dürfen. Und dafür, dass Sie mir dies geschenkt haben, bin ich Ihnen von Herzen dankbar.*

Schliesslich klappte es auch mit dem Pfarramt in Graubünden. Drei Bauerndörfer am Heinzenberg oberhalb Thusis wählten Gian noch vor Abschluss seines Studiums als Pfarrer. Greti machte sich grosse Hoffnungen: Auf dem Papier wäre er der gewählte Gemeindepfarrer, sie seine Mitarbeiterin, in Tat und Wahrheit würden sie sich die Arbeit untereinander nach Gutdünken aufteilen, ähnlich, wie dies Verena und Walter im Wallis taten. Vor allem auf die oberste der drei Gemeinden freute sich Greti: Tschappina lag wie Furna auf tausendvierhundert Metern über Meer, die Einheimischen waren Walser und betrieben Viehwirtschaft. Den Rätoromaninnen von Flerden und Urmein hingegen fühlte Greti sich weniger nah. Trotz Heirat mit einem Engadiner hatte sie die Sprache nicht gelernt. Das Pfarrhaus lag in Flerden, ein altes Gebäude ohne jeglichen Komfort. Doch Greti wusste sich zu helfen. *Wir dürfen in der Waschküche einer ganz neu erbauten Pension waschen. Dann haben wir uns eine transportable Badewanne gekauft.*

Elsbeth Schmid, geb. 1933, Tochter von Greti

Unten im Pfarrhaus war auch das Schulzimmer der ersten bis zur neunten Klasse und ein Saal, dort hatten sie ihre Dorfunterhaltung bis in die Nacht hinein. Wir hatten unser Schlafzimmer obendran und hörten, was das für ein Lärm war. Einmal in der Woche wurde die Badewanne in die Küche gestellt, wir drei Kinder badeten drin, dann legte man einen Schlauch in die Wanne und leitete das Wasser in den Garten. Ich hatte irrsinnige Freiheiten mit den Dorfkindern. Im Sommer konnte ich mit ihnen aufs Maiensäss. Da hatte ich eine ganz gute Zeit: Wir hüteten Schweine und schliefen oben im Stall in der Futterkrippe. Bei den Bauernfamilien assen alle aus der gleichen Schüssel: In der Mitte auf dem Tisch stand ein Topf, alle hatten einen Löffel.

1938, mitten in den Sommerferien, war die Familie nach Flerden gezogen, nur Gian blieb noch in Zürich, um das Schlussexamen abzulegen. Die ersten drei Monate vertrat Greti ihn deshalb komplett. Vor ihrer Antrittspredigt hiess der Kirchenvorstand sie in der *Neuen Bündner Zeitung* mit warmen Worten willkommen. *Unsere Kanzel hat wohl noch nie die Ehre gehabt, eine Pfarrerin zu empfangen. Umso herzlicher begrüssen wir sie. Wir sind im Geiste an keine Satzungen gebunden und hören und sehen die mutige, intelligente und pflichterfüllte Bündner Prädikantin lieber als einen ausländischen*

Pfarrherrn und ebenso gern wie einen Mann der Synode. Sie sei uns herzlich willkommen! Sogar eine Beerdigung durfte Greti trotz anfänglicher Skepsis übernehmen, weil der Vorgänger nicht abkömmlich war. *Es war alles so sehr Führung gewesen,* notierte sie zwei Wochen nach Amtsantritt in ihr Tagebuch. *Es waren einfach alle Wege offen. – Der Herr ist uns so nahe. Und ich habe so Verlangen nach ihm. – Es ist mir so unendlich viel geschenkt: mein geliebtes Brüderlein, meine drei Kinder und nun drei Gemeinden.*

Doch der vielversprechende Auftakt täuschte. Als Gian mit dem Abschluss in der Tasche zur Familie nach Flerden zog, wuchs in den Dörfern der Widerstand gegen Greti. Offenbar hatte man ihr Amt nur als vorübergehende Lösung gesehen. Nun, wo der eigentliche Pfarrer hier war, sollte seine Frau in die zweite Reihe treten. Das Paar machte dem Kirchenvorstand das Angebot, an allen drei Orten jeden Sonntag zu predigen. Eine feudale Lösung. Doch der Kirchgemeindepräsident winkte ab. *Er sagte: die Opposition gegen mich sei so gross, dass ich nicht mehr arbeiten könne. Es war für mich sehr schwer. (...) Ich habe noch nie gewünscht, nicht eine Frau zu sein, trotz allem. Als Bäsi Lenali starb, schickten wir ihr Bild für die Seite der Verstorbenen an den «Freien Rätier». Es erschien nicht, mit der Begründung: Sie nehmen prinzipiell keine Frauen!! Nicht einmal wert des Sterbens sind wir!*

Greti war zu müde zum Kämpfen. Die Schlacht war ohnehin aussichtslos, schliesslich stand nun die eigene Gemeinde gegen sie und nicht mehr die Behörde im fernen Chur. Ernüchtert suchte sie Trost im Glauben. *Christus hatte so viel Opposition (...). Was brauchte ich da zu meinen, keine Opposition haben zu sollen.* In den beiden kleineren Gemeinden am Berg, im rätoromanischen Urmein und im walserischen Tschappina, durfte sie zwar weiter predigen. Doch in Flerden, wo das Pfarrhaus stand, fühlte sie sich selbst als Pfarrfrau beobachtet. *Es gibt hier in Flerden ein paar stockkonservative Familien, deren Ideal von einer Pfarrfrau ich halt gar nicht entspreche. Diese sollte ganz zurückgezogen auf ihre vier Wände leben und sich um Kochrezepte und Kinderpflege kümmern. Dass die drei Kinder trotz meiner Würdelosigkeit so prächtig gedeihen, das will ihnen wahrscheinlich nicht in den Kopf. Es wäre sicher besser, wenn ich etwas würdevoller angezogen wäre. Meine Skihosen werden da noch vollends das Öl verschütten.*

Auch Amtskollege Paul Cadonau im benachbarten Thusis war ein erklärter Gegner des Frauenpfarramts. Schon vor der Abstimmung von 1932 hatte er in den Zeitungen heftig für ein Nein geworben. Nun freundete er sich zwar mit Greti und Gian an, zusammen mit anderen Pfarrern der Region traf man sich regelmässig, um den Römerbrief und den dazugehörigen Kommentar Emil Brunners zu lesen. Doch Gretis Predigttätigkeit war ihm weiterhin ein Dorn im Auge. In einem langen Brief riet er ihr, die Berufung loszulassen. Er sehe bei ihr eine sehr starke innere Bindung an das Pfarramt. *Das muss bei der gegenwärtigen Unmöglichkeit, diesen geheimen Herzenswunsch zu erfüllen, in Ihnen eine Spannung erzeugen, die auch für Ihr inneres Leben hinderlich werden kann. Ich glaube, dass Sie das Ziel erstreben müssen, von diesem Wunsche frei zu werden, diese Liebe zum Pfarramt als Opfergabe vor Gott abzulegen. Es ist dann Seine Sache, ob er diese Gabe Ihnen ganz abnimmt oder vielleicht irgendwann und irgendwie, vielleicht ganz unerwartet, sie Ihnen wiederzugeben. Jetzt aber geht es darum, dass Sie diese aufrichtig und freudig ihm darreichen können.* Gönnerhaft klagte er, das Pfarramt sei für ihn oft nur eine Last, etwa wenn unchristliche Menschen ihr Kind tauften. *Das, was Sie mit solchem Verlangen suchen, ist gar nicht so erstrebenswert. Im Gegenteil, Sie sollten dankbar sein, dass Sie so grosse Möglichkeiten haben, das Wort zu verkündigen, ohne unter diesem Banne stehen zu müssen.*

Margreth Härdi-Caprez, geb. 1939,
Theologin, Tochter von Greti

Für sie war es schlimm, als sie in Flerden in der ersten Pfarrstelle, wo ich zur Welt kam, nicht in allen Gemeinden mit Ätti den Beruf teilen konnte. Sie hatte es sich so vorgestellt – denn sie war über-

zeugt, sie war ja zuerst Pfarrerin, ihr Brüderlein, wie sie ihren Mann immer nannte, er hat ja nach ihr studiert und hatte sie als Vorbild, und eigentlich wusste sie alles besser. Als sie nicht mitwirken durfte, schrieb sie ihrem Mann die Predigten, und er hielt sie dann. Und für Ätti war das bequem, er musste sich nicht gross anstrengen, sondern lernte die Predigten auswendig und hielt sie.

Auch andere Theologinnen erlebten Rückschritte. Gretis Studienkollegin Henriette Schoch, die nun in Grenchen als Pfarrhelferin arbeitete, wurde entlassen, als die Gemeinde 1938 eine zweite Pfarrstelle schuf. Die Umwandlung einer Pfarrhelferstelle in ein reguläres Pfarramt war für gewöhnlich eine positive Nachricht für eine Kirchgemeinde, meist bedingt durch einen Mitgliederzuwachs. Für Henriette Schoch, die als Pfarrhelferin arbeiten durfte, aber nicht als Pfarrerin, bedeutete sie jedoch die Entlassung. Andere Theologinnen hatten zwar eine Stelle, mussten jedoch mit einem sehr kleinen Lohn auskommen und hatten keinerlei soziale Sicherheit. *Darf man eine Stelle an einer Gemeinde ausschlagen wegen sonstigen Pfarrgehältern rel. nicht entsprechenden Gehaltes?*, fragten sich die Schweizer Theologinnen anlässlich ihrer Jahrestagung 1940 und starteten eine Umfrage unter ihren Mitgliedern. *Die Gehälter schwanken zwischen zweihundert und fünfhundert Franken pro Monat. Wo der Gehalt sehr klein ist, soll man sich Zeit herausbedingen zum Halten von Vorträgen, für Predigtvertretungen etc. (...) R. G. (Rosa Gutknecht) hat in Zürich mit hundert Franken angefangen, dazu aber Vorträge gehalten, nachher ist aber der Gemeindegehalt gestiegen. Einzelne Gemeinden haben sich zu Pensionen der Theologinnen entschieden, dies wird vorderhand nur von Fall zu Fall eintreten. Dann gibt es für andere eine Pensionskasse der Akademikerinnen.*

Vor diesem Hintergrund war es für Greti eine riesige Überraschung, als sie und Gian im Sommer 1941 einen Brief aus Chur erhielten. Drei Jahre lebten sie nun in Flerden, inzwischen war der Zweite Weltkrieg ausgebrochen. In den Bündner Bergen spürte man wenig davon. Als Pfarrer wurde Gian nicht zum Aktivdienst eingezogen, engagierte sich aber als Nachtwächter im Dorf. Greti hörte bewusst keine Nachrichten. *Ich habe die kleine Margreth an der Brust. Sie ist so ein strahlend fröhliches Kindlein, dass ich sie immer wieder als ein Geschenk aus anderer Welt und doch zugleich mit der bangen Frage: was wartet seiner hier?,* schrieb Greti ihrer Freundin, der Theologin Dora Zulliger-Nydegger, die damals in Furna ihre Mutterschaftsvertretung übernommen hatte. *Wir sind beide Mütter, ich habe vier Kinder und Du bereitest ein Leben vor. Diesen Kindern wünschen wir eine andere Zukunft als die Gegenwart jetzt ist. Wie aber, wenn wir selber ihren Anfang dunkel machen durch unsere Schwermut durch diesen Druck, der uns würgt. (...) Du sollst die Nachrichten nicht abhören, Du sollst nicht eingehende Frontberichte lesen, Dich zurückziehen von Kriegsgesprächen. Es nützt ja niemand, es schadet aber Deinem Kleinen. Wir dürfen nicht die Last der Gegenwart auf uns nehmen, wenn uns die Aufgabe gegeben ist, die in die Zukunft hineinreicht.*

Margreth Härdi-Caprez, geb. 1939,
Theologin, Tochter von Greti

Wenn ich das lese: Mami hat mich im Arm und mit dem anderen schreibt sie Dora den Brief. Mit Gedanken über den Krieg, über den Sinn des Lebens, des Menschen, alles zusammen – so ist sie mir das ganze Leben durch begegnet. Sie konnte nicht einfach für dieses Kindli da sein, in dem Fall für mich. Sondern sie musste daneben noch Seelsorgerin sein oder sonst noch etwas machen, sie hat gescheite und tiefsinnige Gedanken gehabt. Aber für dieses Geschöpfli, das sie jetzt als Geschenk vom Himmel annimmt, kann sie nicht ganz da sein. Und das habe ich schon ganz früh mitgekriegt, wir wurden der Magd anvertraut, Anna, die voll für uns da war, die ganze Verantwortung für uns Kinder hatte, für den Haushalt, nach Befehl der Frau Pfarrer.

Mitten in dieser Stimmung aus entfernter Kriegsgefahr und brüchiger Alpenidylle, aus Predigtglück und Ringen mit konservativen Familien im Dorf und gegnerischen Pfarrern im Tal, erreichte der Brief von Regierungsrat Gadient, Mitglied des evangelischen Kleinen Rates, das Pfarrhaus von Flerden. *Im Sommer 1941 geschah das Seltsame: Die gleiche Behörde, die neun Jahre zuvor meiner Gemeinde als Strafmassnahme das Kirchenvermögen fortgenommen hatte, fragte uns beide an, ob wir die neugeschaffene Stelle der Pastoration an den kantonalen Anstalten miteinander übernehmen wollten.* Greti konnte es kaum glauben. Die Landeskirche, die ihr bisher nur Steine in den Weg gelegt hatte, erfüllte nun ihren grössten Traum: Mit ihrem Gefährten ihre Berufung im Alltag zu teilen! Als sie in der Zeitung ein Inserat mit einem Haus in Chur sah – acht Zimmer, in unverbaubarer Lage und Gehdistanz zu den Spitälern – und Gians Vater ihnen seine finanzielle Unterstützung in Aussicht stellte, erkannte sie in allem eine göttliche Fügung.

Zeitungen in Graubünden und im Unterland meldeten im selben Wortlaut: *Damit erhält Frau Pfr. Caprez-Roffler das erste reguläre weibliche Pfarramt in Graubünden.* Dass Gretis Vater auch auf diesen Entscheid einen Einfluss hatte, ist naheliegend: Schliesslich betreute er vor der Schaffung eines eigenen Gefängnis- und Spitalpfarramts zusätzlich zu seiner Gemeinde zwei der Anstalten, das Waldhaus und das Fontanaspital. Dennoch war die Wahl nur dank eines Mentalitätswechsels an der Spitze der Landeskirche möglich. Seit kurzem präsidierte der 49-jährige Andreas Gadient die Bündner Regierung und den Evangelischen Kleinen Rat. Gadient war ein überzeugter Befürworter des Frauenpfarramts, der sich schon während des Streits um Furna Greti gegenüber wohlwollend geäussert hatte. Greti sah pragmatische Motive hinter dem Entscheid der Landeskirche: *Das war nicht ein «Gang nach Canossa» des Regierungsrates, sondern die nüchterne und lobenswerte Überlegung, dass eine Frau den Frauen gute Seelsorgerin sein werde. Ob die andere Überlegung mitspielte, dass ein Pfarrerehepaar den Kanton billiger zu stehen komme als zwei Pfarrer, entzieht sich meiner Kenntnis. Gian erhielt das Gehalt eines Landpfarrers und ich einen Monatslohn von hundertzwanzig Franken in der Meinung, ich könnte dafür eine Hausangestellte einsetzen.*

Nach dem ersten Besuch im Gefängnis und in der Psychiatrie war Greti begeistert und bang zugleich: *Überall werden wir mit offenen Armen aufgenommen, überall sagen sie uns, wie froh sie seien, dass wir kommen. Und wenn wir nun eine Enttäuschung sind?* Ihre erste Predigt in der Strafanstalt Sennhof setzte ihr zu. Würde sie die Arbeit mit Gefangenen, Gefallenen und Kranken auf die Dauer ertragen? Würde sie die Menschen mit ihren Worten erreichen? Ihr Freund, der Zürcher Theologieprofessor Emil Brunner, ermutigte sie. *Ich habe gern die «Antrittspredigt» gelesen, die so schlicht und zu Herzen gehend die Brücke von den Galatern zu den Bündner Anstaltsinsassen schlägt.*

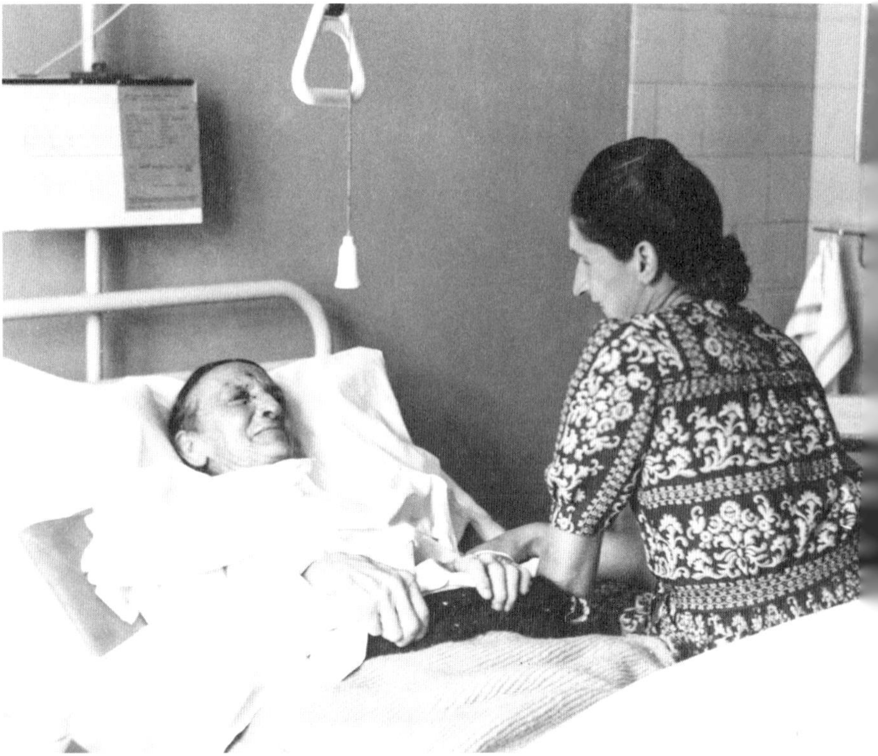

Chur,
14. Juli 1944

Die Seelsorgerin am Bett einer Kranken im Kantonsspital Chur. Ein helles Zimmer, gar mit eigenem Waschbecken. Die Kopfstütze des Betts lässt sich schräg stellen, auf einer Tabelle über dem Bett führen die Pflegerinnen über die Behandlung Buch, eine Klingel hängt für den Notfall bereit. Vergeblich sucht man einen persönlichen Tupfer – ein Bild, einen Blumenstrauss. *Das vor drei Jahren erbaute Spital ist ein Zeichen unserer «vorurteilsfreien» Zeit. Einen Raum für den Gottesdienst zu bauen wurde vergessen, aber wenn wir den schmalen Gang, der zum Turnsaal führt, durchschreiten, sind dort die Badkabinen wohl eine an die andere gereiht; aber zwischen der Nummer zwölf und vierzehn fehlt die Zahl dreizehn,* verspottet Greti in ihrem Artikel in der *Reformierten Schweiz* den Aberglauben ihrer Zeitgenossen.

    Die Pfarrerin setzt sich ganz nah ans Bett, Angst vor Tuchfühlung hat sie nicht. Ein Arm stützt sich auf die Matratze, der andere greift nach der Patientin. Die Kranke lächelt gequält. Mit beiden Händen hält sie die Bettdecke, Falten und Altersflecken prägen ihr Antlitz. Vermutlich wird die Seelsorgerin gleich ein Gebetbuch aus der Tasche ziehen und mit der Patientin beten, wie sie es in der Oxfordgruppe gelernt hat.

Seelsorge
bei den *liederlichen* Frauen

Von der Kanzel der Dorfkirche am Berg in die Kapelle des Gefängnisses in der Stadt. Von den Stuben der Bergbauern in die Zellen der *Korrektionsanstalt Realta*. Und vom spartanischen Pfarrhaus ins komfortable Eigenheim. Im Loëquartier in Chur war in den vergangenen Jahren ein Einfamilienhaus nach dem andern gebaut worden. Die Kinder verbrachten den Sommer nicht mehr im Schweinestall auf dem Maiensäss, sondern im Planschbecken im eigenen Garten, zusammen mit dem Nachwuchs des Zahnarzts aus dem Nachbarhaus. Sie waren nun zu viert: Zu Gian Andrea und Elsbeth Cilgia waren in Zürich Christina Turitea und in Flerden Margreth Ursula gestossen. In Chur wurde Greti bald wieder schwanger und gebar 1942 das fünfte Kind, Christ Josias. Trotz Luxus fiel den älteren Kindern der Anfang schwer. Gian Andrea bat seine Eltern sogar, ihn doch in Flerden bei einer Bauernfamilie zu lassen.

Auch Gretis Arbeitsalltag änderte sich radikal. Sie verbrachte die meiste Zeit ausserhalb des Hauses, unterwegs zwischen Spital, Psychiatrie und Gefängnis. Den grossen Haushalt besorgte eine Angestellte, angeleitet durch die Hausherrin. *Unsere Zeit ist sehr ausgefüllt, besonders die von Gianin. Am Montag: helfe ich im Haushalt und habe immer vieles zu erledigen. Abends Schwesternabend entweder im Kantonsspital oder im Fontana. Gianin macht nachmittags Besuche im Kantonsspital.*

Am Dienstag: bin ich fast den ganzen Tag im Realta. Gianin hat vieles zu erledigen und geht abends ins Waldhaus.

Am Mittwoch: ich bin vormittags im Sennhof, der Nachmittag gehört den Kindern. Gianin ist vormittags im Waldhaus, nachmittags Besuche und Taufen im Fontana.

Donnerstag: nachmittags Kantonsspital. Gianin vormittags Sennhof, nachmittags Kantonsspital.

Freitag: nachmittags Waldhaus. Gianin den ganzen Tag Realta.

Sonntag: Predigt in: Waldhaus und Sennhof; Realta und Kantonsspital.

Dazu kommen die Vorbereitungsarbeiten, Predigtvorbereitungen, besonders gewünschte Besuche etc.

Greti war nun nicht mehr Pfarrerin – und Pfarrfrau – im Dorf, sondern ein Rädchen im Getriebe des staatlichen Anstaltswesens, eine Akteurin des kantonalen Fürsorgesystems. Heute würde man sagen: eine *Case Managerin*, die mit den Anstaltsleitungen, den Fürsorgeämtern, den Betroffenen und deren Familien verhandelte. *Ich fahre am Morgen zu Frau Schlatter ins Asyl Sand. Sie ist in Sorgen um ihre missratene Tochter, die in der Ehe eine unordentliche Frau war, dann geschieden wurde, dann ein uneheliches Mädchen hatte und nun ein Vagantenleben führt. Soll man ihr das Kind nehmen? Sie auch versorgen? Dann bespreche ich diesen Fall mit dem städtischen Fürsorger und unterbreite ihm auch die Spitalrechnung für Frau Martschitsch, die er annimmt. Darauf sitze ich noch beim Zahnarzt, und es bleibt mir noch Zeit, zum kantonalen Fürsorger zu fahren, mit dem ich den Fall von Vetter Hans Roffler in Furna bespreche, der so furchtbar ins Trinken gekommen ist, dass er arbeits- und verantwortungsunfähig geworden ist. Herr Deutsch anerbietet sich, Hans aufzusuchen und ich orientiere Gertrud, Hansens Frau, die mich in dieser Sache angegangen.*

Der Unterschied zu den späteren *Case Managerinnen* lag in den Motiven, die zu einer amtlichen Massnahme, einer Verwahrung, Bevormundung oder zum Entzug der elterlichen Sorge führten. Von der Mitte des 19. Jahrhundert bis in die 1960er-Jahre nahmen die Behörden *liederliche, arbeitsscheue* oder herumziehende Arme ins Visier. Man ging davon aus, dass die weit verbreitete Armut selbst verschuldet sei, eine Folge von Faulheit, Alkoholsucht, mangelnder Disziplin oder Sittlichkeit. Viele der Betroffenen hatten sich weder strafbar gemacht noch staatliche Unterstützung beansprucht, sondern lebten lediglich nicht gemäss dem bürgerlichen

Tugendkanon, der *Fleiss, Arbeitsamkeit, Enthaltsamkeit* und *sexuelle Sittsamkeit* vorschrieb, so die Historikerin Tanja Rietmann in ihrer Studie über fürsorgerische Zwangsmassnahmen in Graubünden im 19. und 20. Jahrhundert.

Die Erwartungen an die Geschlechter unterschieden sich dabei stark: Männern wurde Arbeitsscheuheit und Trunksucht vorgeworfen, Frauen mangelnde Sittlichkeit, etwa, weil sie ausserhalb einer Ehe Sexualität gelebt oder gar ein Kind geboren hatten. Das schlechte Beispiel wirke ansteckend und zersetze schliesslich die Gesellschaft, so die Angst. Darum konnten *arbeitsscheue* und *liederliche* Personen in eine Anstalt wie die *Korrektion Realta* eingewiesen werden. Dort verschwanden sie teils Jahre hinter Gittern. Sie arbeiteten in der Landwirtschaft, der Nähstube oder in der Begradigung des Rheins, der sich gleich neben der Anstalt in vielen Verästelungen seinen Weg durch die Landschaft bahnte (welch sinnfällige Parallele: die Bändigung des unmoralischen Menschen und der wilden Natur!).

Bis in die 1930er-Jahre mussten Insassen in Realta, die als besonders fluchtgefährdet galten, Ketten tragen. Dabei war es diese unmenschliche Behandlung, die selber immer wieder zu Fluchtversuchen führte. So brachen Anfang 1932 dreizehn Männer aus und machten sich auf den Weg nach Chur, um ihre Klagen bei der Regierung zu deponieren. Vor Gericht erzählten sie von den unhaltbaren Zuständen in der Anstalt, was die NZZ zu einem langen Artikel veranlasste. *Alle sollten sie überaus streng, ja unmenschlich behandelt worden sein: bei der Arbeit im Freien hätten sie schwere Fussketten tragen müssen, und ohne dass sie sich besonderer Vergehen schuldig gemacht hätten, sei ihnen öfters die Zwangsjacke angegurtet und sie selber auf längere Zeit in Dunkelheit geworfen worden usw.* Das Gericht ordnete daraufhin eine amtliche Untersuchung an, die Wochen später festhielt, dass die Verhältnisse in Realta *im allgemeinen geordnet* seien.

Ähnliches hatte sich schon 1922 zugetragen. Und auch in den 1940er-Jahren, als Greti und Gian in Realta als Seelsorger ein und aus gingen, gab es wieder Klagen und wieder einen Untersuchungsbericht. *Die Männerabteilung entspricht dem, was man auch in analogen Kolonien anderer Kantone vorfindet,* hielt die Untersuchungskommission am 3. Oktober 1945 zu Handen des Kleinen Rates fest. *Dagegen befindet sich der Frauentrakt in einem unhaltbaren Zustand, wenigstens war es so, als wir ihn besichtigten. Kein Licht, keine Heizung, kein Wasser, keine geschlossene Türe. Alles ruft hier nach einer Änderung!* Greti kritisierte im Tagebuch weder die Zustände in Realta noch die Einweisung von Frauen, die nicht der Norm entsprachen. Für sie waren die Insassinnen in der *Korrektion* selber verantwortlich für ihre Lage. So offen die Pfarrerin mit der Sexualität umging, die *innerhalb* der Ehe gelebt wurde, so wenig aufgeschlossen zeigte sie sich nun gegenüber unehelichem Sex. Nur selten schien in ihren Berichten eine leise Kritik am Umstand auf, dass in Realta Menschen weggesperrt wurden, die auch in Gretis Augen eigentlich nicht hierher gehörten.

TAGEBUCH EINER ANSTALTSPFARRERIN,
22. FEBRUAR 1944
(IN «REFORMIERTE SCHWEIZ»)

Der Zug fährt um zehn Uhr und ist kurz vor elf Uhr in Rodels-Realta. Realta ist eine grosse Doppelanstalt: das ältere Gebäude der Korrektion und das neuere der Irrenanstalt liegen etwa fünf Minuten voneinander entfernt. Sie stehen unter gleicher Direktion eines Nervenarztes und unter gleicher Verwaltung. Was hat dieser Name Realta nicht schon an Herzeleid, auch an Verachtung in sich getragen im ganzen Kanton, sogar in der übrigen Schweiz. Wieviel gute Wünsche, wieviel guter neuer Wille ist schon an diesem Realta gescheitert! Ich wandere zuerst das schnurgerade lange Strässlein zur Korrektion hinüber. Mein Herz ist schwer, meine Gedanken sind bei den Frauen und Mädchen, zu denen ich nun kommen und mit denen zusammen ich dann essen werde. Wie wird es heute werden? Ich denke an jede einzelne und seufze für sie. Warum darf ich ein so ganz, ganz anderes Leben führen als sie? Und wie könnte ich eine Brücke finden, von mir zu ihnen? Wie waren sie doch so dankbar, als ich zum erstenmal kam, und doch, wie logen sie!

Dann sagte ich ihnen, dass das ja keinen Sinn habe, denn ich erfahre es dann ja doch, und es erschwere uns nur den Weg zueinander. Wir gehören ja doch zusammen und hätten jedes eine Last zu tragen: sie, die einen haben mit dem Trinken, die andern mit einem unguten Verhältnis zu den Männern und ich mit sonst etwas zu tun. Das hat mir wohl ihr Vertrauen gegeben; aber wir wissen uns im Tiefsten verschieden: sie wollen ihr Leben nicht anders, sie wollen nur eines: so bald als möglich fort von hier und wieder den Weg gehen, für den sie sich entschieden. (...)

Wir sitzen miteinander an dem langen Tisch, sie haben alle einen Blechteller und einen Blechlöffel, aber das Essen ist gut. Eine von ihnen darf morgen gehen: Ich bin froh für sie, denn sie gehört nicht hieher. Es ist eines jener schwächlichen, ältlichen Mädchen, die an fast allem, was uns das Leben schön macht, nicht hat teilhaben dürfen. Für eine Stelle reicht ihre Kraft nicht. So hat die Gemeinde sie eben hier «versenkt», weil das am billigsten ist. Nun hat der Vormund mit viel Mühe und Liebe ein ganz leichtes Plätzchen für sie gefunden. Ihren strahlenden Augen gegenüber fühle ich wieder einmal die dringende Notwendigkeit, dass für diese schwächlichen Menschenkinder ein eigenes Heim gegründet werden sollte.

Das Gespräch der Mädchen geht heute wieder um das eine: wann können wir gehen, vielleicht bald. Ich wünsche ihnen: «Ach, dass ihr dann draussen den Weg finden könntet und nicht wieder kommen müsstet!» Ihrer zwei lachen: «Das soll uns nicht passieren, dass wir wieder erwischt werden.» Eine dritte schaut zornig zu uns herüber: «Meinetwegen würde es doch Krieg im Land geben und alles drunter und drüber gehen, dann kämen wir doch aus dieser Bude heraus!» Aber der eine Schlüssel zur Freiheit: ein ordentliches Leben zu führen, diesen einen Schlüssel wollen sie nicht benutzen. (...) Es gibt da nur eine Hilfe: die vollkommene Auslieferung an Christus.

Gleich neben der *Korrektion* lag die *Heil- und Pflegeanstalt Realta* für psychisch Kranke. Auch dieser Komplex glich einem Gefängnis, von der Aussenwelt abgeschirmt durch einen drei Meter hohen Zaun, ein eisernes Eingangstor und vergitterte Fenster. Schon zu Gretis Zeiten regte sich Kritik am Umstand, dass in Realta psychisch Kranke und moralisch Deviante in derselben Anstalt (wenn auch in unterschiedlichen Abteilungen) untergebracht waren. Zwar schätzte es die Klinikleitung, eine Insassin bei Bedarf rasch und unbürokratisch von einer Abteilung in die andere verschieben zu können. Gleichzeitig fürchtete sie, der schlechte Ruf der *Korrektion* könnte auf die *Heil- und Pflegeanstalt* abfärben. So monierte der Jahresbericht 1946: *Es ist ein Unrecht, dass unsere Geistes- und Gemütskranken mit dem Odium, welches jeder Korrektionsanstalt anhaftet, belastet werden (...).* Realta sei weiterum *der Begriff eines kaum definierbaren Versorgungskomplexes von Geisteskranken einerseits, Kriminellen und Verwahrlosten andererseits (...).* Wer aus der Anstalt in sein Dorf zurückkehrte, war gebrandmarkt – egal, aus welchem Grund er oder sie in Realta gesessen hatte.

Greti holte beim Portier den Schlüssel und ging dann von Raum zu Raum. Die Patientinnen schliefen meist in grossen Sälen mit sechzehn bis achtzehn Betten, daran angeschlossen die Zimmer der Wärterinnen. *Die oft unruhigen und schwierigen Kranken wurden praktisch ihrem Schicksal überlassen. Sehr oft schloss sich das schwere Eisentor des Eingangs definitiv für den eintretenden Patienten und trennte diesen für immer von der Aussenwelt,* bemängelte 1969 eine Schrift zur Geschichte der Anstalt. Auf ihrem Rundgang fand die Pfarrerin in einem Raum die pflegebedürftigen alten Frauen, die dem Lebensende entgegenblickten, im nächsten einige eben erst eingelieferte Junge, die einer Intensivbehandlung – *Schlafkur, Schockkur, Insulinkur* – unterzogen wurden. *In einem Einzelzimmer finde ich eine Frau: Mutter von vier Kindern, die der Schwermut verfallen ist. Ich versuche all das, was mir Freude, Halt und Zuversicht gibt in meinem Leben, in das ihre hinüberzuschütten. (...) Dann aber geht es von Abteilung zu Abteilung, immer mehr in die Dunkelheit, immer erloschener und der Welt ferner blicken die Augen der Frauen. Es ist da viel Elend und Verwirrung beisammen. Der Beruf der Irrenwärterin ist sicher etwas vom Schwersten. In der Zellenstube sitzen sie an zwei langen Tischen, vier lange Reihen von Frauen, die zum Teil doch viele Jahre draussen im Leben gestanden, Mann und Kinder gehabt haben. Jetzt sitzen sie tagaus, tagein am gleichen Platz, abwesend, stumpf oder beschäftigt mit ihren Wahnideen. Einige wenige können noch stricken oder Lumpen zupfen. Es ist seltsam: Fast vor jeder einzelnen von ihnen würden wir uns draussen fürchten, nun aber, da so viele beieinander sind, fürchten wir uns gar nicht. Wir gehören zu ihnen, lieben sie und hören uns all ihre Klagen an.*

Freitags besuchte Greti die zweite psychiatrische Klinik, das *Waldhaus* in Chur. *Es ist die ältere Irrenanstalt unseres Kantons. Sie birgt mehr hoffnungslose Fälle als Realta.* Genau wie in Realta hatte es die Pfarrerin auch hier mit eigensinnigen Frauen zu tun, die wenig Lust zeigten, mit ihr zu beten. *Die Wärterin und ich treten in eine Zelle. Ein junges Mädchen im groben Leinenhemd kauert in einem Winkel auf einem Strohsack. Wie wir eintreten, sehen wir gar nichts von ihr, sie ist ganz versteckt unter einer Decke. Auf den Anruf der Wärterin kommt sie hervor. Ihre schönen, schwarzen Augen stieren uns misstrauisch an. In liebevollem Ton spricht die Wärterin zu ihr. Auf mein Gebet aber antwortet sie mit einem hohnvollen Lachen. Dann müssen wir sie wieder einschliessen und warten, bis der «Schub» wieder vorüber ist. Manchmal dauert es wenige Tage, manchmal aber Wochen. Dann kann ich neben ihr sitzen, wir reden nicht viel miteinander, schauen uns nur voll Freude an, und als ich sie einmal gefragt: «Wissen Sie eigentlich, dass ich bei Ihnen in der Zelle war?», antwortete sie: «Ja, ich weiss es.»*

Sonntags wechselten sich Gian und Greti ab: Einmal fuhr Greti nach Realta, um dort die Predigt zu halten, während in der benachbarten Kapelle ein katholischer Priester die Messe las. Zurück in Chur dann die Wortverkündung im Kantonsspital: Eine eigene Kapelle existierte hier nicht, zum Gottesdienst wurden die Kranken auf Betten in den Turnsaal gerollt. Unterdessen hielt Gian im Waldhaus Predigt in einer kleinen Kapelle mit Holzwänden, bemalt mit einem Marmor-Imitat. Am darauffolgenden Sonntag machten sie es umgekehrt.

Elsbeth Schmid, geb. 1933, Tochter von Greti
Dass meine Mutter Pfarrerin war, war für mich nichts Besonderes. Das war einfach so. In Chur begleitete ich sie ab und zu, wenn sie Predigt im Kantonsspital hatte. Ich half ihr, die Betten in den Gottesdienstraum zu fahren. Einmal ging ich mit ihr auch in die so genannte Irrenanstalt, ins Waldhaus. Wie wir die Treppe hinauf sind und da so komische Leute runter kamen, da bin ich erschrocken.

Gretis konforme Haltung in Bezug auf die ihr anvertrauten Frauen mag teils auch der Quellenlage geschuldet sein. Ihre Selbstzeugnisse aus dieser Zeit beschränken sich auf den Artikel in der Zeitschrift *Reformierte Schweiz* und wenige Tagebucheinträge. Von ihrem Innersten ist darum wenig überliefert. Berichte von Zeitzeuginnen skizzieren ein etwas anderes Bild der Gefängnisseelsorgerin.

Lisbeth Eschmann, geb. 1932,
Sonntagsschullehrerin in Kilchberg ZH
Sie haben auch Menschen im Gefängnis in Realta betreut. Man redete von der Bestrafung der Frauen, die uneheliche Kinder hatten. Für diese Frauen setzte sie sich ein. Sie wollte nicht, dass die bestraft werden. Das war ja nicht nur deren Fehler, es braucht ja immer zwei dazu. Sie setzte sich sehr ein für die Frauen, die Unrecht erlitten.

Auch den Zweiten Weltkrieg thematisierte Greti in ihren Aufzeichnungen nur selten. Im veröffentlichten Teil des Tagebuchs gab sie sich naiv und dankbar, in der heilen Schweiz zu leben, im privaten äusserte sie Unbehagen, einen Gestapo-Angehörigen bestattet zu haben.

TAGEBUCH EINER ANSTALTSPFARRERIN,
21. FEBRUAR 1944
(IN «REFORMIERTE SCHWEIZ»)

Die Sirenen heulen durch die Nacht. Oder ist es schon Morgen? Nein, es ist erst vier Uhr. Welch Geschenk, noch einmal einschlafen zu dürfen! Wir denken einen Augenblick an die Städte in den Ländern ringsum, da die Menschen von der Sirene seufzen, dann schlafen wir auch schon wieder.

TAGEBUCH, 13. JULI 1944
(UNVERÖFFENTLICHT)

Nach dem Essen sitze ich am Schreibtisch und bin daran, eine besondere Liturgie für Spitalabendmahlhandlung auszuarbeiten, als ein alarmierender Telefonanruf der Abwartfrau des Krematoriums kommt: Im Krematorium warten die Leute schon eine halbe Stunde, und kein Pfarrer sei da. Warum niemand komme? Wir sind nicht benachrichtigt worden (der Zivilstandsbeamte ist krank und sein Vertreter hat vergessen, uns zu benachrichtigen), Gianin ist im Fontana, aber ich werde sofort kommen. «So kommen in Gottesnamen Sie.» «Aber, wer ist denn gestorben?» «Das weiss ich nicht. Ich schicke Ihnen ein Auto.» «Dann schicken Sie aber auch einen der Verwandten mit, damit er mir sagen kann, wer der Verstorbene ist.» Inzwischen kleide ich mich in fliegender Eile in Schwarz und überlege mir die Liturgie, dann steht der Taxi da. (...)

Sobald ich auf der Kanzel stehe, bin ich ganz ruhig: Es muss recht werden. Während des Vorspiels nummeriere ich die Liturgie. Und dann geht alles gut: die Liturgie, die Ansprache, auch der besagte Moment, da ich auf den Knopf drücke und dann der Sarg versinkt. Aber eines gelingt mir nicht: mit dem Toten und der Trauerversammlung mitzufühlen. Und erst, nachdem alles vorüber ist, erinnere ich mich, dass es ja dieser Gestapo aus Deutschland war, von dem Gianin erzählt und dem ich soeben die Grabrede gehalten und da ich nun davon gesprochen, dass Gott andere Grenzen ziehe als wir.

Abends lese ich mit den Fontanaschwestern die Geschichte von der Verdorrung des Feigenbaums. Ist nicht Deutschland solch ein prachtvoller Feigenbaum, da Gott vergebens rechte Frucht sucht und der nun verdorren muss?

Elsbeth Schmid, geb. 1933, Tochter von Greti

In den Sennhof fuhren meine Eltern mit dem Velo. Während den Kriegsjahren hatten sie eine Spezialerlaubnis für Velos mit Pneus. Pneus waren teuer und darum rationiert. Auch die Butter wurde in kleinen Mödeli abgetrennt, aber sonst merkten wir nicht viel von der Rationierung, weil wir so viele Kinder waren. Im Krieg flogen ziemlich viele Flugzeuge vorbei hier in Graubünden, wir hatten dann Sirenenalarm. Verdunkelung gab es schon, aber am Tag sind wir trotzdem zur Schule. Ich träumte oft, dass ich in einem Kellerraum bin und in einer Ecke stehe, damit sie mich nicht treffen, wenn sie hereinkommen. Das waren so Angstträume. Meine Eltern hatten im Gefängnis mit einem Landesverräter zu tun, der damals verurteilt wurde. Man hätte annehmen können, dass sie sich gegen die Gewalt, die dort herrschte, gewehrt hätten. Ich kann mich aber nicht erinnern, dass wir viel diskutiert hätten. Dass sie sich aufgeregt hätten, über die Nazizeit oder wie man mit den Juden umging. Das kriegte ich nicht mit. Auch nicht in der Schule.

So bedrohlich der Krieg nach Graubünden ragte, so schwer die Schicksale der Frauen waren, denen Greti in den Anstalten begegnete: In Chur ging ihr Lebenstraum in Erfüllung. Sie arbeitete mit dem Segen der Kantonsregierung als Pfarrerin, sie teilte ihre Berufung mit dem Eheliebsten, und abends kehrte sie zu ihren fünf Kindern ins beschauliche Loëquartier zurück. Widerstand begegnete sie kaum. Einmal, es war ziemlich am Anfang ihrer Zeit als Gefängnisseelsorgerin gewesen, hatte der Organist in Realta gestreikt. *Nun war es auch hier so, das alte Lied, dass immer wieder dieser oder jener mich ablehnte, da ich eine Frau bin.* Einen Moment lang hatte

Greti gehadert. *Warum ging ich nach Realta, was sollte ich da? Die vielen geisteskranken Frauen, die paar Korrektionellen. Was konnte ich da tun? Es blieb mir nur das Eine: gehorsam zu sein.*

Ihr starker Glaube half ihr über ihre Zweifel hinweg. Überhaupt war sie froh, durch die Oxfordbewegung das gemeinsame Gebet entdeckt zu haben. Sie erinnerte sich daran, wie hilflos sie damals in Furna zum ersten Mal am Bett eines sterbenden, alten Mannes gesessen hatte. *Auf der Universität waren uns wohl einzelne Kommata der Bibel erläutert worden, aber was wir am Bett eines sterbenden Menschen tun sollten, war uns nicht gesagt worden.* Nun, dank den Erfahrungen, die sie in der *Gruppe* gemacht hatte, fühlte sie sich sicherer. Die Rückmeldungen des Anstaltspersonals ermutigten sie zusätzlich. *Es geht seit einiger Zeit so viel besser,* lobte eine Angestellte in der psychiatrischen Abteilung Realtas. *Ich weiss nicht, ob man es sagen darf, aber wir meinen: seit Sie hier sind.* Greti freute nicht nur die Besserung der Insassinnen, sondern auch die Aussicht, bei den Angestellten den Glauben zu verbreiten. *Wenn das ein Weg sein könnte, um auch die Ärzte für Christus zu gewinnen! Ich war sehr, sehr glücklich.*

TAGEBUCH EINER ANSTALTSPFARRERIN,
22. FEBRUAR 1944

Am Abend fährt mein Zug wieder in Chur ein. Müde und doch voll fröhlicher Erwartung trete ich den Heimweg an. Ich freue mich so auf mein Zuhause, auf die Kinder, die sich bei meinem Kommen mit einem wahren Indianergeheul auf mich stürzen werden und vor allem auf meinen Ehekameraden, der heute seine Besuche im Gefängnis gemacht. (...)

Zuerst werden die Kleinen zu Bett gebracht, während ihre Mäulchen unaufhörlich laufen und sie noch eine Weile ausgezogen um den Tisch herum tanzen dürfen, wobei das Allerkleinste auf seinen wackligen Beinchen beständig in Gefahr ist, überrannt zu werden. Und ich werde zuschauen und mich ihrer freuen. Dann werde ich mit den beiden Grossen am Stubentisch sitzen – wir haben uns schon den ganzen Tag darauf gefreut. Jedes, auch der Bub, wird ein Stück weiterstricken und wir werden weiter lesen, wie es Bambi dem Reh oder auch Gotthelfs Uli dem Knecht ergangen ist. Dann beschliessen wir mit dem Bibellesebund, sie haben noch ein paar Fragen, und der unvermeidliche Rückzug ist da. Dann werden wir beide, mein Ehekamerad und ich, noch etwas Zeit haben zum Austausch dessen, was uns freut, dessen, was uns Kummer macht.

An all das denke ich, sobald ich unseres schönen Hauses ansichtig werde, das weiss durch die Dämmerung schimmert. Und wie oft schon, wenn ich zu dem weissen Haus mit seinen vielen Fenstern hinaufsteige, und an das grosse Glück denke, das Gott mir da zuteil geworden ist, komme ich mir vor wie der Räuberhauptmann in jener Kindergeschichte, der ein Doppelleben geführt, tagsüber sein Räuberleben, von dem Frau und Kind nichts wissen, und abends sein gutes, bürgerliches Familienleben in einem schönen Heim.

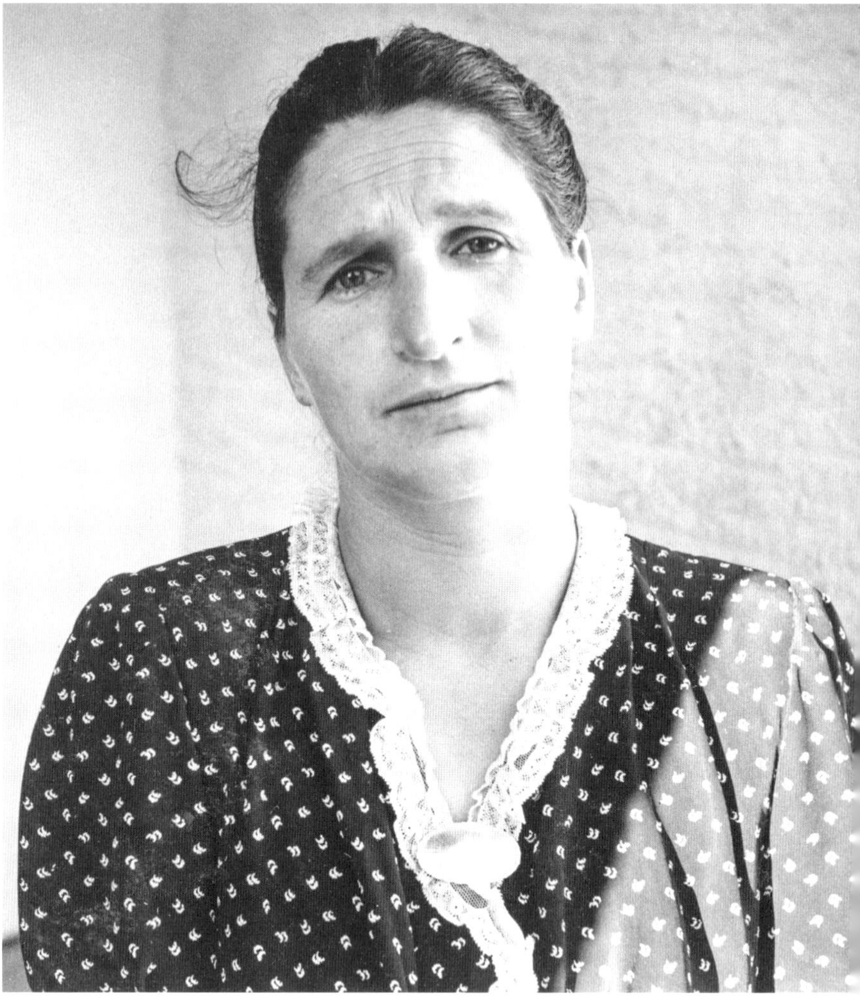

Chur,
17. August 1946

Ihre Augen. Sie treffen einen direkt. Das rechte, offenere, schaut geradeaus in die Kamera, traurig, Hilfe suchend – oder gar anklagend? Das linke Augenlid hängt, der Blick wirkt müde und diffus. Der Hintergrund ist kahl, die Arme lässt Greti hängen. Das Kleid, dunkel, mit einem kleinteiligen Muster bedruckt, wirkt mit dem weissen Rüschenkragen mädchenhaft – ein Kontrast zum Alter des Gesichts.

40, notiert Greti zu dem Bild, ihr vierzigster Geburtstag ist am 17. August 1946. Ein Jahr und neun Monate zuvor stirbt Joos Roffler. Er ist frisch pensioniert, als er plötzlich eine Herzlähmung erleidet. *Sofort stand meine Schuld riesengross vor mir,* schreibt Greti später in ihr Tagebuch. Seither ist nichts mehr, wie es war.

Vaters langer Schatten

Chur, 13. November 1944. Als sich Greti zusammen mit Gian auf den Weg zu ihren Eltern machte, ahnte sie nicht, dass dies die letzte Begegnung mit ihrem Vater sein würde. Der Spaziergang führte vom Haus am Calunaweg über den Bahnhof zur Bündte, ins Haus von Bettys Familie, in dem sich Gretis Eltern einst als Jugendliche kennengelernt hatten. *Der Abend war so ruhig und freundlich; Papa von selten guter Laune.* Zwei Tage später, er war eben von einer Sitzung der *Bienenfreunde* zurückgekehrt, starb der Vater.

Sein plötzlicher Tod so kurz nach der Pensionierung überraschte alle. Er hatte nicht alt gewirkt, im Gegenteil. Seine Tochter bezeichnete ihn als *Kraftnatur*. Trotz offiziellem Ruhestand hatte er zahlreiche Ämter behalten. Er war immer schon vielseitig interessiert und engagiert gewesen, neben seiner Gemeinde und der zeitweisen Seelsorge in der psychiatrischen Anstalt Waldhaus und dem Frauenspital Fontana hatte er im Kirchenrat und in Schul- und Armenkommissionen gesessen, war Kantonalpräsident der Stiftung *Für das Alter,* Redaktor des *Graubündner General-Anzeigers,* Präsident von drei Bienenzüchtervereinen und Lehrer für Bienenzucht an der Landwirtschaftsschule Plantahof gewesen.

Margreth Härdi-Caprez, geb. 1939,
Theologin, Tochter von Greti

Meine Mutter sagte: Die Männer haben manchmal schon wahnsinnige Gelüste, und um sich abzulenken, ist es am besten, dass sie sich in die Arbeit stürzen. – Erst nachträglich ging mir auf, dass mein Grossvater krampfte wie ein Verrückter. Vielleicht wollte er sich auf andere Gedanken bringen.

Maria Metz, geb. 1935,
Tochter von Gretis Schwester Käti

Wenn wir in Furna zu Besuch waren, kitzelte mich der Neni auf dem Gutschi aus. Beim zweiten oder dritten Mal machte mich das nervös, und ich rief: «Hör amol uf, du huara Aff!» (Hör mal auf, du verdammter Affe!) Daraufhin verliess er den Raum.

Die Nachricht vom Tod erreichte Greti, als sie wieder einmal über ihrem Tagebuch sass. Die Botschaft erschütterte sie so, dass sie den Eintrag erst ein Vierteljahr später weiterführte. *Nov. 1944 schrieb ich. Heute ist der 27. Februar 1945. Ich wurde unterbrochen durch einen telefonischen Anruf von Schwester Elsi: Papa ist gestorben. An einer Herzlähmung. Sofort stand meine Schuld riesengross vor mir.*

Sie erinnerte sich an den letzten Besuch bei ihren Eltern zwei Tage zuvor. *Beim Gehen hatte ich das Gefühl, Papa erwarte einen Kuss von mir. Seit der Affäre mit Anna hatte ich ihm nie mehr einen Kuss gegeben. Auf dem Heimweg sagte ich mir: «Das nächste Mal gebe ich ihm einen Kuss.» Und nun ist es zu spät.*

Die Affäre mit Anna taucht im Tagebuch nur an dieser einen Stelle auf. Anna Bühler (Name geändert) hatte seit ihrem sechzehnten Lebensjahr bei Gretis Eltern als Hausangestellte gearbeitet. Mit zwanzig verliess sie den Haushalt abrupt. Später holte Greti sie zu sich ins Pfarrhaus nach Flerden. Anna Bühler war den Kindern der Familie Caprez-Roffler in Flerden und Chur die wichtigste Bezugsperson im Alltag, bis sie sich 1944 entschloss, eine Ausbildung in der Pflege zu machen. Die kleine, feingliedrige Frau lebt heute im Altersheim. Sie hat lebhafte Augen und ein verschmitztes Lächeln und sagt über sich: *Ich habe manches hinter mir. Aber jetzt bin ich eigentlich, ich muss es selber sagen, eine Zufriedene.*

Anna Bühler, geb. 1919,
Hausangestellte und Pflegefachfrau

Ich bin in einem Dorf im Prättigau aufgewachsen. Mein Vater hat für eine Familie gearbeitet, denen gehörte das halbe Dorf, auch die Mühle und die Säge. Ätti brachte Mehlsäcke nach Landquart, mit Ross und Wagen. Mama machte den Haushalt und die Chli-Puuri (Kleinbauernhof), wir hatten Schafe und Hennen, eine Kuh, ein Rindli und ein Kälbli. Wenn man es zusammenrechnet, habe ich nur viereinhalb Jahre die Schule besucht, denn wir gingen ja nur im Winter. Im Sommer halfen wir den Bauern.

Seit meinem achten Lebensjahr habe ich gearbeitet, auch im Winter habe ich bei den Nachbarn Kinder gehütet und den Haushalt gemacht. Einmal musste ich das Mittagessen kochen. Ich machte Feuer im Herd und holte einen Hocker, damit ich in die Pfanne langen mochte. Meine Mama kam zufällig wegen etwas vorbei und sah mich dort allein. «Was, Du kochst, und dann daneben die kleinen Kinder! Und auf einem Hocker oben!» Am Anfang bekam ich fürs Halbjahr zwanzig Franken und für die Schule einen neuen Schoss (Schürze). Das war damals viel Lohn für ein Kind. Das habe ich daheim abgegeben. Da war ich stolz. Mädchen machten damals keine Lehre, sie mussten arbeiten und dann heiraten. Das war gar keine Frage.

Nach der Schule mit sechzehn kam ich zum Pfarrer Roffler und seiner Frau. Die Kinder waren schon aus dem Haus, nur Tina, das Pflegekind, war noch dort. Später holte Greti mich zu sich nach Flerden. Ihre Haushälterin war weggegangen, weil sie zu wenig Lohn bekam. Ich bin aber in Flerden besser gefahren als später in Chur, weil ich dort keine Steuern zahlen musste. Essen hatte ich, Kleider hatte ich, und im Dorf brauchte ich für mich kein Geld. In Chur war das anders. Als wir nach Chur zogen, bekam ich zwar eine kleine Lohnerhöhung, aber die Behörden glaubten mir trotzdem nicht, dass ich so wenig verdiene und schätzten mich ein. Als ich ihnen sagte, ich könne die Steuern nicht zahlen, hiess es, ich lüge. Ich erzählte es Gian, der dann für mich die Steuern zahlte. Greti hielt einmal in der Jungen Kirche (kirchlicher Jugendverein) einen Vortrag und ermunterte junge Frauen, eine Ausbildung zu machen. Ich dachte, das wäre noch etwas für mich. Aber Greti meinte: «Das geht Sie nichts an! Sie haben ja eine Stelle.» Als ich dann einige Zeit später tatsächlich beschloss, in die Pflege zu gehen, fragte mich Greti: «Ja, und die Kinder?» Da sagte ich: «Frau Pfarrer, ich habe keine Kinder, die Kinder gehören Ihnen, nicht mir.»

Auf die Frage nach Gretis Tagebucheintrag mit dem Satz *Seit der Affäre mit Anna kann ich meinem Vater keinen Kuss mehr geben* verdunkelt sich das Gesicht der ehemaligen Haushälterin.

Ich habe gehofft, muss ich ehrlich sagen, dass Sie nichts fragen von dem. Ich bin ja deswegen fort von ihm. Ich weiss nicht, wie viel es an mir gelegen ist. Ich habe es lang nicht gemerkt. Er hat sich in mich verliebt. Und im Moment, wo ich das gemerkt habe, habe ich gekündigt. Du musst fort. So geschwind wie möglich. Ich habe gesagt, ich müsse heim, Nani sei krank, und der Mama sei das zu viel. Das stimmte auch. Ich war froh, dass ich eine Ausrede hatte. Und niemand hat begriffen. Aber ich konnte das niemandem sagen. Ich habe dann einzig meiner Mama Vorwürfe gemacht, dass sie mich nie aufgeklärt hat. Da sagte sie, schau, das hat man früher nicht gemacht. Und da habe ich sehr drunter gelitten. Vielleicht konnte ich auch wegen dem nicht heiraten. Und wie weit es mein Fehler war, weil ich nicht wusste, dass sich ein Mann in ein Mädchen verlieben könnte ... Aber auf alle Fälle bin ich fort. Auf die Frage, ob der Pfarrer einmal einen Moment ausgenützt habe, nickt Anna Bühler schweigend. *Ich habe damals gesagt, ich müsse heim.*

Die Haushälterin erzählt, wie der Pfarrer danach noch mehrmals ihre Nähe gesucht habe. Zuerst schickte er ihr eine Karte ins Elternhaus und bat sie, für ihn am Sonntag zu kochen, seine Frau müsse weg. *Ich dachte, nein, ich gehe nicht mehr zu ihm. Da hatte ich eine Auseinandersetzung mit meiner Mama, die sagte: «Du musst am Sonntag nach Felsberg dem Herrn Pfarrer Zmittag kochen.» Und ich: «Nein Mama, das muss ich nicht.» Da sagte Mama: «Hör, das wäre unanständig, einem Herrn Pfarrer darf man doch nicht nein schreiben.» Ich fragte dann meine Schulfreundin: «Kommst du mit mir am Sonntag? Ich sollte nach Felsberg in die Predigt.» Sagt sie: «Ja, wenn du nachher mit mir nach Zizers kommst, Zmittag essen.» Wir sind in die*

Kirche – «Wieso seid ihr zu zweit?» – «Das ist meine Freundin, wir gehen zur Grossmutter Zmittag essen.» Kein Wort mehr. Ihrer Mutter konnte sich Anna Bühler nicht anvertrauen. *Das wäre furchtbar gewesen für sie. Ein Pfarrer verliebt sich doch nicht in eine andere.* Für die Mutter wäre eine Welt zusammengebrochen, und das wollte die Tochter ihr ersparen. *Sonst konnte ich ihr alles sagen, aber das nicht.*

Doch Joos Roffler liess nicht locker. Nachdem Greti die Haushälterin zu sich ins Pfarrhaus nach Flerden geholt hatte, kündigte er der Tochter seinen Besuch an. Anna solle ihn abholen, er habe viel zu tragen. *Da dachte ich, ich darf einfach nicht mehr mit ihm allein zusammen kommen, ich will einfach nichts. Da habe ich eins von den Kindern mitgenommen. Greti wusste damals noch nichts. Und wir hatten in Flerden ja die Zimmer nebeneinander, aber ich habe den Schlüssel zu mir genommen. Man musste von aussen schliessen und aufmachen. Und innen hatte man einen Riegel. Und dann habe ich den Schlüssel zu mir ins Zimmer genommen und geschaut, dass ich nie mit ihm allein war. Eigentlich erstaunlich, dass ich überhaupt zum Greti arbeiten bin, nach dem, was passiert ist.*

Nun versuchte der Pfarrer das Objekt seiner Begierde mit einem Brief zu erreichen, den er im Couvert eines Zahnarzts in Chur tarnte. Als Anna stutzte, sie sei doch noch gar nie beim Zahnarzt gewesen, zwang Greti sie, den Brief zu öffnen und ihn ihr zu zeigen. *Sie sagte, wenn ich ihr den Brief nicht gegeben hätte, hätte sie mir gekündigt. Und: Ich müsse ihm jetzt auch schreiben. Ich schrieb ihm, dass ich kein Verhältnis mit einem verheirateten Mann möchte.*

Margreth Härdi-Caprez, geb. 1939,
Theologin, Tochter von Greti

Mami war sehr hellhörig auf solche Dinge. Mir hat die Frau von Christa, Gretis jüngstem Bruder, gesagt, dass Mami daraufhin ihre Geschwister zusammentrommelte, um den Vater zur Rechenschaft zu ziehen. Sie mussten zu ihm, um ihm alle Schande zu sagen. Mami sprach für alle. Er sagte, ja ihr müsst mir grad etwas sagen, ihr, die selber genug Dreck am Stecken habt. Dabei meinte er wahrscheinlich den jüngsten Sohn, der damals ein Verhältnis mit einem Mädchen aus der Pfarrgemeinde hatte.

Nach seinem Tod ist meine Mutter zusammengebrochen, hat lange nicht mehr ins Tagebuch geschrieben. Sie hatte eine riesige Bindung und Liebe zu ihrem Vater.

Tina Münger, 1925–2017, Pflegekind bei Gretis Eltern
vom ersten Lebensjahr bis zur Konfirmation

Ich denke schon, dass da irgendwie ein Verhältnis bestand. Es war immer ein uh Zeug, wenn sie heimkam. Mich hat das gewundert als Kind. Wenn eine Tochter kommt, ist es doch nicht gleich, wie wenn die Frau kommt. Ich muss ehrlich sagen, ich habe schon gedacht, Greti und der Papa haben doch etwas miteinander. Er hat sie immer mal gehalten, in der Küche draussen. Manchmal bin ich ganz leise hingedüst und habe reingeschaut, dass sie mich nicht gerade sehen. Ja, ja, dann hat er sie manchmal umarmt, so. In Igis gab es eine sehr grosse Küche, da konntest du schon chli güxle.

Nach dem Tod des Vaters war Greti erschüttert, dass sie sich nicht mehr mit ihm hatte versöhnen können. War sie nicht zu hart gewesen mit ihm, als sie ihm beim letzten Besuch den Abschiedskuss verweigert hatte? Nun war es zu spät. *Zwei Abende später standen wir an seinem Totenbett. Da lag er, regungslos, widerspruchslos. Der Vater, den ich zu Zeiten in grosser Liebe gesucht und vor dessen Jähzornausbrüchen wir uns alle immer wieder gefürchtet. Den letzten Abend, da wir an seinem Bette standen, Mami, Käti, Elsi und Välti, Christa, Gianin und ich, bat Mami Gianin um ein Gebet. Langsam und eindrücklich sprach er ein Unser Vater in die Stille. Es wurde mir neu deutlich, wie sehr mein Brüderlein nun doch ein Seelsorger geworden ist.* Als ob der Ehemann erst Pfarrer werden konnte, als der Vater abtrat.

Für Greti war der Tod des Vaters im November 1944 nur der Anfang des Unheils. Im Dezember verliess die Haushälterin die Familie. Im Januar brach sich der Älteste, Gian Andrea, ein Bein, und an Ostern zog sich Greti eine Gehirnentzündung zu. *Meine Kräfte waren zu Ende. Ich hatte den Winter über mein Amt versehen und zu Hause die Arbeit gemacht nur mit Marie, die erst um acht Uhr kam und um sechs Uhr abends wieder ging. Sonntags war ich ganz allein, und nachdem ich jeweilen an zwei Orten gepredigt, kam ich nach Hause und kochte für sieben Personen. Nach meiner Krankheit waren Gianin und ich im Tessin, wo wir uns beide gut, freilich noch nicht genügend erholten.*

Zurück im Alltag hielt die Unglückssträhne an. Tochter Margreth erkrankte an einer schweren Lungenentzündung, dazu kam eine Entzündung der Mundschleimhaut, die ihr das Essen verunmöglichte. Im Spital rangen die Ärzte um ihr Leben. Sie liessen das neue Medikament Penicillin express aus Bern kommen und spritzten es ihr alle drei Stunden.

Margreth Härdi-Caprez, geb. 1939,
Theologin, Tochter von Greti

Als Mami mich im Spital besuchte, sass ich auf einem Stuhl neben dem Bett, das Fenster offen. Da hat sie die Krankenschwester angeschnauzt, ich erkälte mich ja noch mehr, bei offenem Fenster. Ätti hingegen brachte mir jedes Mal ein selbst gebasteltes Tier aus Kastanien und Zündhölzern mit.

Kaum war Margreth über den Berg, steckte sich Christina mit den Masern an. Als sie länger fieberte, wurde sie geröntgt. Resultat: Schatten auf der Lunge, Behandlung: drei Wochen ruhig liegen. *Christina, dieses Quecksilber!* bangte die Mutter. *Als Gianin mit ihr und diesem Bericht aus dem Spital kam, da war es uns ganz deutlich: Nun gibt es nichts Anderes mehr; nun musste ich zu Hause bleiben. Und Gianin schrieb noch am gleichen Abend an den Regierungsrat in diesem Sinn.* Zur Sorge um die Kinder kam die Existenzangst: Was, wenn die Behörden die seelsorgerische Verantwortung für die Gefängnisse und Spitäler wieder auf verschiedene Gemeindpfarrer verteilten? *Dann wären wir auf die Strasse gestellt.*

Während in diesen Frühlingstagen des Jahres 1945 rund um die

Schweiz die letzten Gefechte des Zweiten Weltkriegs ausgetragen wurden und die Menschen endlich aufatmen konnten, wuchs im Haus der Pfarrfamilie in Chur die Verzweiflung von Tag zu Tag. An Erholung war nicht zu denken, ganz im Gegenteil, denn nun erkrankten auch die beiden noch gesunden Kinder an den Masern und an Bronchitis. *Und dann – es konnte sich da doch auch nur um eine momentane unglückselige Verwicklung handeln, – dann wurde es mir im Juni bewusst, dass wir abermals ein Kind bekommen sollten. Zuerst waren wir niedergeschlagen: Was war es denn mit den modernen Knaus-Ogino-Theorien? (...) Nun aber wurde es endgültig: Eine Rückkehr ins Amt ist unmöglich, ich habe nun meinen Platz allein bei Gianin und unsern sechs Kindern. Und vielleicht ist das das Schwerere. Den ganzen Tag Kinderlärm und Streit und Rufen und immer wieder das Bewusstsein, zu wenig Geduld zu haben.*

Und viele Morgen war als erstes in meinem Herzen die zweiflerische Frage: Warum willst Du Gott mehr Kinder als wir Menschen sie wollen? Was hast DU denn davon? Sind wir denn nicht alle schlecht und gottlos? Warum willst Du unser Leben? Auf diese Frage habe ich auch heute nicht Antwort. Aber ich weiss, dass das alles so sein musste (...) und dass ich nun frei bin für dieses Kind.

Am 11. März 1946 kam Gaudenz Curdin zur Welt. Wie bei den älteren Geschwistern führte Greti auch über seine Entwicklung fein säuberlich Buch. Seite um Seite füllte sie in einem kleinen schwarzen Heft: *Datum der letzten Periode, Dauer der Schwangerschaft, Ort der Geburt, Blasensprung, Beginn und Dauer der Wehen, Gewicht und Länge des Kindes, Milchmengen, erster Fruchtsaft, erster Zahn, Aufrichten im Gitter, Gehen, stuben- und bettrein.* Gaudenz schenkte seiner Mutter im Alter von drei Wochen das erste Lächeln. Doch sie konnte sich am kindlichen Entwicklungsschritt nicht freuen, zu sehr kämpfte sie mit ihrer Erschöpfung und Verzweiflung. *Meine geistigen Kräfte haben furchtbar abgenommen. Ich bin meiner Aufgabe nicht mehr gewachsen. Und jeden Tag habe ich stark das Gefühl, ich lebe nicht mehr lange. Wenn dann der Kleine wach ist, nehme ich ihn auf den Arm und weine.*

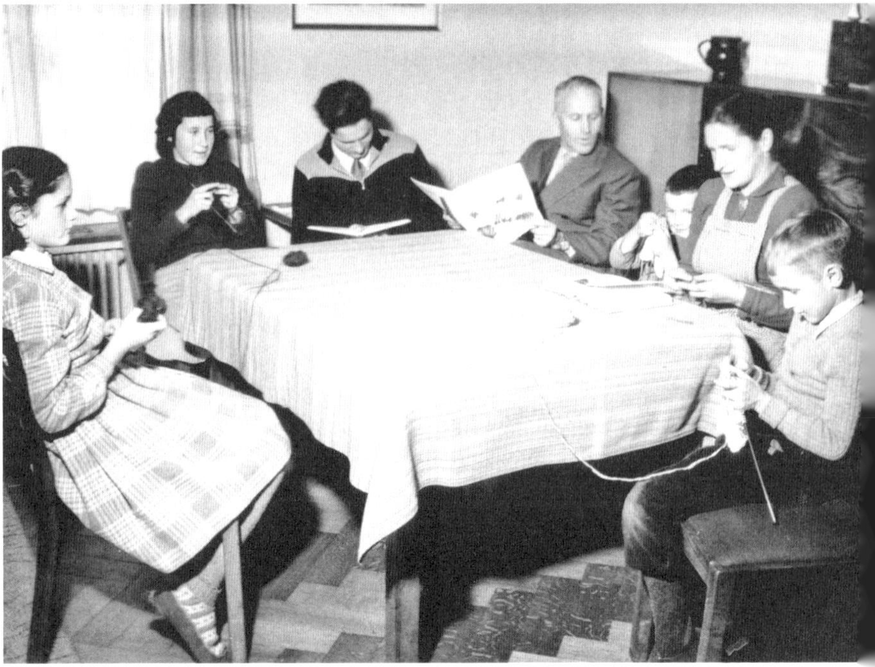

Kilchberg,
Dezember 1952

Eine Fotografin der Illustrierten *Sie und Er* besucht die Pfarrfamilie, wie Greti im Tagebuch notiert. Sie hält eine bürgerliche Familienidylle fest: Abends kommen Eltern und Kinder im Wohnzimmer zusammen zwecks Bildung, Handarbeit und Geselligkeit. Die Mutter trägt selbst am Tisch Schürze und strickt, Vater und ältester Sohn stellen sich mit Krawatte und Lektüre als intellektuelle Männer dar. Auf den zweiten Blick fällt das Ungewöhnliche auf: Nicht nur die Mädchen, auch die zwei kleinen Buben haben Stricknadeln in der Hand. Gaudenz, sechsjährig, zwischen Mutter und Vater, ringt sichtlich mit den Maschen. Greti kann blind stricken und liest den Kindern gleichzeitig eine Geschichte vor. Die Inszenierung wird sofort klar: An einem gewöhnlichen Abend dürften der Vater und sein Ältester mit ihrer Lektüre ein ruhigeres Zimmer im grossen Pfarrhaus suchen. Am Tisch fehlt Elsbeth, die Zweitälteste, die gerade als Au-pair in England weilt.

Ob die Redaktion das Bild zu irritierend fand oder es aus einem anderen Grund nicht abdruckte? Auf jeden Fall sucht man es in den Ausgaben der *Sie und Er* von Anfang 1953 vergeblich.

Pfarrfrau.
Zurück an den Herd

Kilchberg am Zürichsee, 1946. Entlang dem Ufer erstreckte sich prominent das Fabrikgebäude mit der Aufschrift *Chocolats Lindt & Sprüngli*. Im Krieg war Schokolade rationiert gewesen, nun schien der Appetit auf die süssen Tafeln und Kirschstängeli aus Kilchberg unstillbar. Wer von der Schiffsstation zur Kirche wollte, musste hundert steile Höhenmeter bewältigen, vorbei an Fabrikantenvillen und an Wohnhäusern alteingesessener Arztfamilien. Zuoberst am Hang thronte das wuchtige Kirchenschiff mit dem romanischen, grau gemauerten Turm. Die goldenen Zeiger auf dem Zifferblatt erinnerten die Gläubigen an die protestantische Pflicht, mit ihrer Zeit haushälterisch umzugehen. Unmittelbar neben der Kirche lag das hellgelbe Pfarrhaus mit seinen moosgrünen Fensterläden. Hier hatte man den ganzen Zürichsee zu Füssen, und in der Ferne schimmerten die Alpen, hinter dem *Vrenelisgärtli* und dem *Tödi* konnte man Graubünden erahnen.

Kilchberg, an die Stadt Zürich angrenzend, wirkte in der Nachkriegszeit wie ein Magnet: Innert eines Jahres waren 131 Menschen zugezogen. 4959 lebten nun hier, darunter viertausend Protestantinnen und Protestanten, womit die Bedingungen für die Schaffung einer zweiten Pfarrstelle erfüllt waren. Gesucht wurde ein junger Pfarrer, *keine Gelehrtennatur (...), sondern mehr der Gemütstyp*. Die Pfarrwahlkommission fürchtete sich offensichtlich vor einem Konflikt. *Der neue Pfarrer soll keine extreme Natur sein, welche neben sich nichts gelten lässt. Die zwei Pfarrer sollen gemeinsam arbeiten, nicht gegen einander.*

Eduard Schweingruber, der alte, amtete seit 1942 in Kilchberg und besass eine Anhängerschar, die sonntags von weit anreiste, um seine elaborierten Predigten zu hören. Die Konfirmandinnen jedoch fürchteten ihn wegen seiner cholerischen Art. Schweingruber hatte sich auch als Sachbuchautor auf psychologischem Gebiet hervorgetan, *Frauenart* hiess eines seiner beliebtesten Werke, das schon in der dritten Auflage verkauft wurde. In Kapiteln mit Überschriften wie *Die eigenartige Erlebnisweise der Frauenseele, Weibliche und männliche Intelligenz* oder *Können Frau und Mann einander verstehen?* stellte der Pfarrer seiner Leserschaft die Frau als fremdes Wesen vor, das es zu entdecken galt.

Die Kilchberger Pfarrwahlkommission führte 33 Namen auf ihrer Liste, darunter den Namen *Gian Caprez*. Gian und Greti wollten zwar nicht weg aus Graubünden, aber seit Greti ihr Amt niedergelegt hatte, empfanden sie ihre Perspektive in Chur als unsicher. Auch war der Lohn ohne Gretis Teil knapp für eine achtköpfige Familie mit Haushälterin. Ein Angebot aus Neuhausen im Kanton Schaffhausen kam für Greti nicht in Frage, wie sie ihrem Mentor Emil Brunner schrieb. *Schaffhausen billigt den Theologinnen kein Recht auch nur zu Stellvertretungen zu, und wenn die Neuhauser auch so nett wären, es mir zuzubilligen, so würden wir damit sicher wieder einen zweiten Furnerstreit entfachen. Und dazu bin ich eine Art zu müde. Ja, ich hätte es auch das erste Mal nicht gewagt, wenn ich alles zum Voraus gewusst.* Im Kanton Zürich durften Frauen immerhin als Stellvertreterinnen und als Pfarrhelferinnen arbeiten.

Im Februar 1947 empfing das Pfarrerehepaar Caprez-Roffler eine Delegation von dreizehn Frauen und Männern aus Kilchberg bei sich in Chur. *Ich hatte Euren Besuch «ersorget». Ich hatte da eine Gesellschaft von vornehmen, hochgebildeten Herren und Damen erwartet, und dann waret Ihr so ganz anders,* schrieb Greti kurz darauf Pfarrer Eduard Schweingruber. *Besonders auch die Frauen waren drei natürliche, einfache Schweizerfrauen wie ich auch, und man konnte sie sofort gern haben. Und während ich ihnen meine Angst wegen der grossen Bildung der Kilchberger vortrug, stelltet Ihr das «Examen» mit meinem Mann an, ob er auch einfach genug sei. Und das alles machte mir so Vergnügen und Freude, dass ich das Gefühl einer starken Führung hatte. (...) Denn mein Mann wird ziemlich genau dem Bild entsprechen können, das Ihr von Eurem «Kommenden» gestern entworfen habt. Dessen bin ich sicher.*

Was ich sein werde, das ist weit unsicherer und wird sich erst nach und nach aus den Bedürfnissen der Gemeinde heraus ergeben. (...) Darüber möchte ich nun meinerseits nicht viel sagen, sondern Euch auf Heft No. 9 des 1. Jahrganges der Reformierten Schweiz mit einem Bericht meiner bis vor zwei Jahren geleisteten Mitarbeit an den Anstalten verweisen. (...) Auch die andere Angst, die ich vor dem Kilchberger Besuch hatte: die Person eines strengen und gelehrten Herrn Pfarrer Schweingruber, habe ich nun nicht mehr, nachdem ich Ihre humorvolle Art gesehen, denn wir beide lieben den Humor gar sehr.

Obschon die Wahlkommission in Kilchberg ursprünglich einen jüngeren Pfarrer gesucht hatte, schlug sie aus der langen Namensliste einstimmig den 41-jährigen Gian Caprez vor, weil der es verstehe, *das Wort Gottes in einfacher, schlichter und zu Herzen sprechender Art den Menschen nahe zu bringen. Heiteres Wesen, Güte und Offenheit zeugen von seinem grundehrlichen Charakter und nehmen jeden für ihn ein, der in seine Nähe kommt. Die unbeschwerte, fröhliche Art, wie er zu Kindern spricht, lässt voraussehen, dass dieser im besten Mannesalter stehende Seelsorger die Jugend versteht und sofort den Weg zu ihr findet.*

Margreth Härdi-Caprez, geb. 1939,
Theologin, Tochter von Greti

Als wir dann nach Kilchberg zügelten, gingen wir vorher das Pfarrhaus anschauen, das war ein leeres Haus mit elf Zimmern und 24 anderen Räumen, Mami zählte jeden Schluff als Raum, Gemeinderäume und WCs. *Ich bin als Kind da rumgerannt und habe Freude gehabt an all den Räumen und laut gejuchzt. Sie schämte sich vor der Kirchenbehörde, dass ihr Kind da so rumtobt.*

Gaudenz Caprez, geb. 1946,
Neuropsychologe, Sohn von Greti

Ich erinnere mich an Situationen, wo ich mich fremdgeschämt habe. Weil sie doch anders war als andere Frauen im reichen Kilchberg. Sie lief wirklich wie eine Prättigauerin herum. Sie war nicht elegant, hat sich nicht geschminkt. Auch, was wir anziehen mussten. Ich musste noch mit der Pelerine und Knickerbocker in die Schule, die andern hatten Schirme und lange Hosen. Da hattest du das Gefühl, du bist aus einem schäbigen Haus.

Zu Beginn litt die ganze Familie an Heimweh nach den Bergen und dem vertrauten Dialekt. Gian musste sich erst daran gewöhnen, nun statt in Bündner Gefängniszellen in den Salons der Zürcher Elite zu sitzen. *Ich bin zwei volle Stunden in einem feudalen Klubsessel gesessen & habe zugehört & zugehört & immer noch zugehört. Ich weiss nun nicht alles, aber viel: muss morgen früh mit ihnen ins Krematorium (ohne Abdankung), Dienstag Abdankung in der Kirche & dann noch Urnenbeisetzung auf dem Friedhof. Es gibt eine lange, blumen- & musikumrahmte Feier.* Greti richtete das grosse Haus ein und hoffte darauf, bald wieder Seite an Seite mit ihrem Mann als Pfarrerin arbeiten zu können. Die beiden hatten es behutsam angehen lassen und Gretis Mitarbeit nicht zur Bedingung für die Wahl gemacht.

Im August 1947, die Familie lebte seit gut zwei Monaten in Kilchberg, und Greti weilte gerade zur Erholung im Prättigau, frohlockte Gian: Die beiden Pfarrer aus dem benachbarten Adliswil seien in seiner Predigt gesessen. *Auf die Frage, ob die Adliswiler den Gottesdienst abgeschafft oder ob sie mit dem katholischen Pfarrer abwechselnd Gottesdienst hielten, sagte Dekan Winkler: O nein, bei uns predigt ein Fräulein! Frl. Schoch aus Zürich.*

Ausgerechnet Gretis Freundin aus Studienzeiten, Henriette Schoch! Die Kilchberger Kirchenpfleger, die auch bei Gian in der Predigt sassen, seien sich klein und rückständig vorgekommen angesichts der Offenheit im Nachbardorf, berichtete Gian. *Warte nur, die Nächste bist Du, die in Adliswil predigt!* Greti nahm es freudig zur Kenntnis und sah sich nicht nur in Adliswil, sondern auch in Kilchberg auf der Kanzel. Gian solle doch im September zur Waldenser Synode in den Piemont reisen. Die finde nämlich just an einem Sonntag statt, an dem er Predigtdienst in Kilchberg habe. *Du weisst schon, was ich meine. Es wird schon so weit kommen. Die Adliswiler waren lieb, dabei zu helfen! Gott hat immer Mittel und Wege!*

Einstweilen konnte Greti im Nachbarort Rüschlikon eine Predigtstellvertretung übernehmen. Doch Gian, der auf der Kirchenbank zuhörte, fand sie nicht in alter Form. *Ich sei befangen gewesen, müde, ohne Schwung. Und ich weiss, dass er recht hat. Nun bewegt mich die Frage: Hat Gott mir das Charisma des Predigens entzogen, das er mir einmal verliehen, das ich hatte? Ist es sein Wille, dass ich nicht mehr predigen soll? Oder ist es einfach so, dass ich aus der Übung geraten bin und dazu das Wissen kam: es sind so viele Kilchberger da, nun sollte es sehr gut sein, und mich das befangen machte? Ich möchte so gerne dem gehorsam sein, was Gott von mir will. Und ohne Charisma möchte ich nicht predigen.*

Während Greti ihren Wiedereinstieg vorbereitete, verstrickte sie sich in ein Streitgespräch mit Emil Brunner. Der Theologieprofessor, der sie als väterlicher Freund in den 1930er-Jahren zur Oxfordbewegung geführt und damit ihre Bekehrung ausgelöst hatte, war seither ein guter Freund der Familie und Götti ihres zweitjüngsten Sohnes Christ Josias. Greti verfolgte die Aktivitäten der Oxfordgruppe nur noch von weitem.

Die Bewegung hatte sich in der Zwischenzeit weiterentwickelt. Ab 1938 hatte sie sich in *Moralische Aufrüstung* umbenannt und eine geistige Besinnung als Gegensatz zur weltweiten Waffenaufrüstung gefordert. Seit dem Kriegsende versammelte man sich unter dem Namen *Gerechtigkeitsgruppe.* Die Mitglieder waren führende konservative Politiker, ihr Grundlagenwerk Emil Brunners Buch *Gerechtigkeit.* Ziel war es, den Kommunismus zu bekämpfen und die Politik zu christianisieren. Die Gruppe lehnte die Aufklärung ab und forderte statt dessen die Orientierung an einer göttlichen Ordnung, in der für jeden Menschen ein Platz vorbestimmt sei. Eine solche konservative Politik lag Greti nicht fern – ausser, wenn es um das Thema Geschlecht ging. Als Emil Brunner an einer Diskussionsveranstaltung die Unterordnung der Frau als gottgewollte Notwendigkeit bezeichnete, ärgerte sie sich fürchterlich.

KILCHBERG, 12. SEPTEMBER 1947

Lieber Emil
Es war am Montag sehr interessant für mich, ich danke Dir vielmal, dass ich habe kommen dürfen. Gerade weil ich neben meinem grossen Haushalt die Zeit erstehlen muss, um nur dann und wann – selten genug – einmal ein klein wenig zu theologischer oder überhaupt geistiger Arbeit zu kommen, sehne ich mich oft danach. Ich hätte am Montag gerne etwas gesagt in der Diskussion, aber die Zeit war dann plötzlich um. Aber es hat mir seither keine Ruhe gelassen. (...)

Wo finden wir denn in der Schöpfungsordnung eine Unterordnung der Frau? Wenn wir zusehen, ging es doch bei der Schöpfung in einer Art Stufenordnung von unten nach oben: nach den Pflanzen die Tiere, nach den Tieren der Mann und nach dem Mann die Frau. Es ist gar nicht einzusehen, warum da nun hätte ein Bruch der Linie erfolgen sollen, nein, es ging aufwärts. Dass sie aus einer Rippe des Mannes geschaffen wurde, soll das etwa ein geringerer Stoff gewesen sein als der Dreck, aus dem er geschaffen? Oder das Wort von der «Gehilfin»? Heisst das nicht auch, dass er einer ist, dem geholfen werden muss und sie die, die ihm Hilfe zu bringen imstande ist? Oder das mehr als einmal angeführte Wort: Sie wurden in der Schöpfung ungleich geschaffen. Heisst denn ungleich weniger und warum? Seit wann? (...) Lieber Emil, ich glaube, Du darfst aus Gründen der Billigkeit nicht anders als das nächste Mal die Auslegung noch einmal aufnehmen. Du hast in dieser Sache nicht recht, und Du wirst mit der Zeit immer mehr Unrecht bekommen.

ZÜRICH, 16. SEPTEMBER 1947

*Mein liebes Greti,
Der Hauptgrund Deiner Unzufriedenheit liegt in der Verwechslung von Unterordnung und Minderwertigkeit. Auch der Arbeiter soll sich dem Chef unterordnen, deswegen ist er nicht minderwertig. (...) Es wird ja doch (...) etwas dransein müssen, wenn ein mir durchaus nicht nahestehender Jurist unserer Uni seinen Studenten sagt, mein Gerechtigkeitsbuch sei das wichtigste Ereignis innerhalb der für den Juristen bedeutsamen Literatur seit zehn Jahren. Daran wirst Du vielleicht das nächste Mal denken, und mir nicht Platitüden als neuere Erkenntnis an den Kopf werfen, die man in jedem Frauenblatt lesen kann. Ich kann Dir also vorläufig, wenn das Gespräch fruchtbar werden soll, nur empfehlen, erst einmal mein Buch «Gerechtigkeit» zu studieren.*

Greti: *Ich habe in diesen letzten sechs Jahren, da ich doch die meiste Zeit im Amt war, überhaupt fast nichts mehr gelesen. Deine Dogmatik habe ich angefangen, als Gaudenz zur Welt gekommen und immer beim Füttern des Kleinen ein paar Seiten gelesen. (...) In dieser Sache ist mir nun doch seit meiner Matura, d. h. seit ich angefangen, Theologie zu studieren und – das weiss ich nun ganz bestimmt – einem Ruf Gottes gefolgt bin, von Euch Männern allzu deutlich immer und immer wieder gesagt worden: Du bist weniger, weil du eine Frau bist. (...) Lieber Emil, wäre das so schlimm für Euch, uns Frauen neben Euch zu haben als gleich gestellte Kameradinnen? Wie viel wertvolle Frauen gibt es doch. Und wie müsste mein Urteil über Euch lauten, wenn ich nicht meinen Mann kennte!*

Emil: *Ich muss fast fürchten, da Du ja nicht abstreiten kannst, dass der Frau von Natur Aufgaben gesetzt sind, die sie schwer belasten und Du ihr nun doch dieselben Aufgaben zuerkennen willst wie dem Mann, dass Du dieses Problem nicht anders lösen kannst als durch ein Übermann-Weib, wozu ja in Deinen bisherigen Äusserungen allerlei Andeutungen bereits vorliegen.*

Greti: *Ich bin in Versuchung, Dich als zweiten Mann neben Gianin zu stellen, der einigermassen an uns Frauen heranreicht. Gell, Du weisst, das das ein Scherz ist! Für das weitere Gespräch müssen wir nun also warten, bis ich wieder Zeit zum Lesen von Büchern habe.*

Dass Greti nicht auf vermeintliche Verbündete unter den Professoren zählen konnte, wusste sie seit ihrem Studium. Dennoch musste sie die herablassende Haltung Emil Brunners schmerzen. Sie schaffte es, den freundschaftlichen Kontakt aufrecht zu erhalten, doch das Thema Feminismus mied sie fortan in ihren Briefen.

In Kilchberg zeichnete sich bald ab, dass Greti so schnell nicht würde predigen können. Amtskollege Eduard Schweingruber leistete erbitterten Widerstand. *Er ist nicht gegen die Theologin an sich, aber gegen die in seiner Gemeinde. Er spürt, dass seinem Kollegen mehr Liebe entgegengebracht wird und erträgt es nicht. So erklärt er am Anfang: «Ich will nicht, dass Frau Pfarrer Caprez mitarbeitet, damit das Ackerfeld Caprez nicht mehr bebaut werde als das Ackerfeld Schweingruber.» Er verwehrt mir selbst die Vorbereitung der Sonntagsschullehrerinnen: «Denn ich will nicht, dass Frau Pfr. Caprez in Erscheinung trete.»* Tatsächlich erlaubte der Kirchenvorstand sehr wohl vereinzelt Predigten durch Pfarrerinnen. 1949 etwa trat die bekannte Theologin Marga Bührig auf die Kilchberger Kanzel – ironischerweise als Stellvertreterin für den erkrankten Eduard Schweingruber. Dass Greti einen solchen Einsatz übernehmen könnte, blieb tabu. Auch als 1960 die Zahl der Reformierten in Kilchberg auf fünftausend anstieg und die Gemeinde einen Pfarrhelfer suchte, um die beiden Pfarrer zu entlasten, fragte niemand Greti.

Im Tagebuch schrieb sich Greti den Frust von der Seele. *Ich hätte nie gedacht, dass es für mich so schwer werden könnte, einem brennenden Feuer gleich, nicht predigen zu dürfen. Der Kirchenvorstand und sicher vor allem Pfarrer Schweingruber sprechen über mich das Wort: die Theologin schweige in der Gemeinde. Sie haben es mir nicht zuvor gesagt. Es hat geheissen, ich müsste warten, es werde sicher kommen. (...) Ich* hatte wohl einmal im Fraumünster, in der grossen Gemeinde Rüti, jahrelang in Graubünden gepredigt, schon so und so viele Abendmahlsdienste und Taufen vollzogen, ich hatte schon einen Feldgottesdienst gehalten, aber Kinderlehre in Kilchberg halten, das dürfte ich nicht. Es war zum Verzweifeln – oder zum Kämpfen. Doch Greti hatte nicht mehr die Kraft, die sie als Fünfundzwanzigjährige in Furna besessen hatte. Sie flüchtete sich in den Glauben. *Der Herr weiss auch das. Er hat auch das zugelassen. Und so gewiss er uns hieher gewiesen, uns so gewiss er mir meinen Weg als Theologin gewiesen, so gewiss hat er auch weiter seinen Plan mit mir.*

Zumindest hinter den Kulissen arbeitete sie mit. Und versuchte sich ihre Situation im Tagebuch schönzureden. *Ich habe immer mehr gesehen, wie sehr mein Geliebter meiner bedarf, auch in der Arbeit, in der gemeinsamen Vorbereitung. Fast in jedem Gottesdienst, den er gehalten, waren wir beide da, sei es in der Predigt, sei es dass ich ein Gebet oder die Taufliturgie verfasst. Ja, als er die Unser Vater Predigten durchnahm, die wir gemeinsam am Heinzenberg gehalten, da wussten wir beide nicht mehr, welche er und welche ich geschrieben. Und ich fing an zu verstehen, dass ich versuchen müsste, ihm Kraft zu geben und immer wieder zu geben und dass ich so sein müsste, dass ich ihm keine Kraft nehme. Und das Merkwürdige geschah, dass ich darob immer glücklicher wurde. Ich dachte schon, dass wir nun so eins geworden, dass Gottes Wille uns so sehe: gemeinsam in der Vorbereitung, aber unser gemeinsames Werk von ihm nach aussen getragen.*

Hermann Hirs, 1933–2018,
Organist in Kilchberg ab 1955

Beim Konflikt zwischen den beiden Pfarrern stand ich immer in der Mitte. Eduard Schweingruber war ein Herrscher. Er sagte wörtlich: «Solange ich Pfarrer bin, geht keine Frau auf die Kanzel!» In der Kirche sprach er laut und brüllte wie ein Stier, dann wurde er wieder leise, dass man ihn kaum verstand. So dynamisch waren seine Predigten. Manchmal schimpfte er, wenn die Leute am Sonntag müde in den Bänken hingen: «Ich habe zwei Tage an der Predigt geschafft, und jetzt ruhen die sich aus!» Wenn jemand im Religionsunterricht schwatzte, schickte er ihn gleich heim.

Pfarrer Caprez war ein lieblicher, er war nicht so brutal wie sein Kollege. Greti war eine hochintelligente Frau. Ich bewunderte sie, dass sie das Studium wie die Männer abgeschlossen hatte. Mich hätte es interessiert, sie auf der Kanzel zu hören. Eine Pfarrerin existierte damals einfach nicht. Das Frauenstimmrecht gab es damals ja auch nicht. Greti sprach immer davon, dass sie fünfzehn Jahre aushalten müsse, bis Schweingruber weg sei.

Als meine Frau und ich heirateten, nahm ich bewusst keinen Pfarrer aus Kilchberg. Ich wollte neutral bleiben, keinen bevorzugen. Wir heirateten dann im Fraumünster mit dem dortigen Pfarrer.

Trudi Frank-Bachofner, geb. 1933,
Lehrerin aus Kilchberg

Ich war fünfzehn, als wir nach Kilchberg zogen. Wir merkten bald, dass es im Dorf zwei Lager gibt. Zuerst wussten wir gar nicht, dass Frau Pfarrer Caprez auch Theologin ist. Dann vernahmen wir, dass sie sich verpflichtet hatte, nicht auf die Kanzel zu gehen. Im Nachhinein fand ich das eine schaurige Tragödie. Heute staune ich über die Gemeinde, dass niemand den Mut hatte all die Jahre, Pfarrer Schweingruber die Stirn zu bieten und sich für die Frau Pfarrer einzusetzen. Aber die Kirchenpflege war damals eine eingetrocknete Gesellschaft. Natürlich alles Männer, die mir ziemlich alt vorkamen.

Als ich 1956 heiratete, traute uns Pfarrer Caprez. An seine Predigt erinnere ich mich noch gut: Zu mir sprach er über meine Talente. Ich hätte auch Talente und solle schauen, dass die nicht zugedeckt würden in der Ehe. Ich müsse mit ihnen arbeiten. Das kam mir viel später wieder in den Sinn. Tatsächlich hatte ich viele Talente, etwa das Singen. Kurz nach der Heirat wurde ich Hausfrau, da wurde das alles stillgelegt.

Greti war eine sehr starke Frau, aber irgendwie schaffte sie es nicht, sich gegen Pfarrer Schweingruber aufzulehnen. Pfarrer Schweingrubers Frau ging es gleich. Sie war ja Ärztin. Eine verschlossene, gehemmte Person. Warum sie nicht praktizierte? Sie durfte doch nicht. Und sie fügte sich wohl ihrem Mann.

Als Pfarrer Schweingruber pensioniert wurde, begann Frau Pfarrer Caprez Frauenabende zu organisieren. Ich half ihr dabei. Zweimal im Winter luden wir eine Referentin ein, immer Frauen. Und als Zuhörerinnen eingeladen waren auch nur Frauen. Es kamen immer sehr viele Frauen. Bei Greti merkte man, dass sie akademische Bildung hat. Und sie dünkte mich irgendwie sehr bestimmt. Sie hatte wahnsinnig viele Ideen. Sie lenkte die Dinge in die Bahnen, die sie wollte. Ich war damals aber auch noch ein Tschumpeli (Dummerchen). Wir hatten ja kein Selbstbewusstsein, wir jungen Frauen. Ich machte, was meine Mutter und mein Mann mir sagten.

Martin Keller, 1952–2017,
Pfarrer in Kilchberg von 1983–2016

Als ich nach Kilchberg kam, war der Konflikt zwischen den Caprezens und den Schweingrubers immer noch ein Thema, obschon Eduard Schweingruber längst tot und die Caprezens weggezogen waren. Der Konflikt spaltete die ganze Gemeinde: Es gab Leute, die nur zum einen oder andern in die Kirche gingen. Man ergriff auch Partei.

Frau Schweingruber habe ich im Alter noch kennengelernt. Sie war studierte Medizinerin. Als ihr Mann 1942 die Stelle in Kilchberg antrat, hat man ihr verboten, als Ärztin zu praktizieren. Die Bedingung war, dass sie nicht arbeitet. Als dann Frau Caprez kam und Stellvertretungen machen wollte, war Frau Schweingruber missgünstig, weil sie selber ja nicht arbeiten durfte.

Die Anerkennung, die ihr in Kilchberg verwehrt war, suchte Greti anderswo. Sonntags stand sie regelmässig als Stellvertreterin auf einer Kanzel. Am 10. August 1947 predigte sie gar in Jenaz, in der

Kirche ihres Erzfeinds Jakob Rudolf Truog! Der war elf Jahre zuvor pensioniert worden, und Gretis Schwager Jakob Kessler hatte sein Amt übernommen. Neben Predigtstellvertretungen hielt Greti unter der Woche regelmässig Vorträge. In Kirchgemeindehäusern und christlichen Vereinslokalen sprach sie vor Müttern, Bäuerinnen, Mitgliedern der Evangelischen Volkspartei und Jugendlichen, die in der *Jungen Kirche* organisiert waren. *Generationenproblem, Wie liest der moderne Mensch die Bibel?, Die Frau in der Sorge, Hemmungen und ihre Überwindung, Die Gestalt Christi* oder *Beruf und Ehe*, die Themen schienen ihr nicht auszugehen. Die Liste spiegelte die für Greti typische Mischung aus frommem Konservativismus und radikalem Feminismus.

Margreth Härdi-Caprez, geb. 1939,
Theologin, Tochter von Greti

Meine Mutter stand auf einer Referentenliste für Mütterabende, man konnte sie buchen. Diese Vorträge hat sie teils fünfzigmal gehalten und zahlte mit dem Verdienst unsere Hochzeiten. Sie sagte, sie habe unsere Hochzeiten «zusammengeschwatzt». Ein Vortrag hiess: «Warum lügen unsere Kinder?» Ich war damals im Teenageralter, und sie fragte mich, warum wir als Kinder gelogen hätten. Ich sagte ihr: «Ich habe wacker gelogen, um nicht von Dir bestraft zu werden.»

Sie schlug mit dem Teppichklopfer auf den nackten Hintern, oder sie schickte uns zum Ätti ins Studierzimmer, und er führte die Strafe folgsam durch. Wir mussten die Hosen hinunterlassen, und er gab uns ein bisschen tätsch-tätsch, aber nicht mit dem Teppichklopfer. Wir mussten auch zur Strafe in den Keller hinunter. – Was ich meinen Eltern hoch anrechne: Nach dem Umzug nach Kilchberg nässte ich noch lange das Bett und hatte furchtbare Alpträume. Ich durfte dann jeweils ins Elternschlafzimmer und zwischen Mami und Ätti im Spalt liegen.

Elsi Franz-Holenstein, geb. 1934,
Haushälterin in Kilchberg von 1949–1952

Herr und Frau Pfarrer waren jedes in seinem Studierzimmer. Sie hatte ein Zimmer unten und arbeitete dort, und er hatte oben sein Studierzimmer, wo die Leute zu ihm hoch sind. Ihn hörte ich oben hin und her laufen und seine Predigt aufsagen. Er hatte aber auch viel Besuch. Wenn er da war, kam er essen und dann war er wieder oben. Aber am Tag sah man ihn im Pfarrhaus nicht so. Zu ihr kamen wenig Leute, und dann strickte sie immer. Frau Pfarrer sagte mir, sie könne besser zuhören, wenn sie stricke. Sonst weisst du ja nicht, wo hinschauen. Das frustrierte die Leute manchmal. Wenn jemand läutete, um zu betteln, sagte sie immer, ich soll ausrichten, sie können eine Stunde im Garten arbeiten, und dann bekämen sie Geld. Das nahm praktisch niemand an. Ich habe mich jeweils fast geschämt.

Wir durften sogar am Sonntag stricken, aber nicht am Fenster gegen die Strasse. Man sah von der Strasse aus ins Stubenfenster. Das Pfarrhaus war immer sehr unter Beschuss. Zum Beispiel bei Elsbeth, da sagten sie, sie sei eine Stolze, dabei war sie schüchtern. Und wenn sie mal nicht grüezi sagten, war grad ein Geschwätz. Frau Pfarrer sagte mir mal, «Pfarrers Chind und Lehrers Chüe, grated sälte oder nie» (Pfarrers Kinder und Lehrers Kühe, geraten selten oder nie). Also die Kinder mussten schon korrekt herumlaufen, dannzumal noch.

Es gab so ein paar Leute, die immer versuchten, mich auszufragen. Manchmal bin ich reingefallen. Einmal sogar ganz bös, das weiss ich noch. Eine Frau verehrte den Herrn Pfarrer, eine Annemarie, die kam immer zu ihm ins Studierzimmer, quasi in Seelsorge. Die fragte mich immer aus, ich naiv, irgendwann muss ich mal etwas gesagt haben, was falsch war, und die hielt das der Frau Pfarrer dann vor, und dann war sie ganz bös auf mich. Ich bin so erschrocken, dass ich sagte: «Haben Sie mich jetzt nicht mehr gern?» Und dann nahm sie mich in den Arm. Das hat sie mich gelehrt: Man schimpft, und nachher ist gut.

Den Vortrag *Wie kläre ich meine Kinder auf?* aus dem Jahr 1955 goss Greti in die Form eines Briefes, den eine Mutter ihrer Tochter kurz vor deren Hochzeit überreicht. Sie hatte dabei vermutlich ihre älteste Tochter Elsbeth im Sinn, die gerade die Pflegerinnenschule absolvierte und kurz vor der Verlobung stand. Dass der Koitus nur innerhalb der Ehe gelebt wurde, war für Greti Mitte der 1950er-Jahre immer noch selbstverständlich. Dass die Frau dabei befriedigt wurde, allerdings ebenso. Kurz zuvor, 1954, war das Buch *Das sexuelle Verhalten der Frau* des amerikanischen Sexualforschers Alfred Kinsey auf Deutsch erschienen, möglicherweise hatte Greti es gelesen.

> *Meine geliebte Tochter,*
> *morgen feierst Du Deinen Hochzeitstag. (...) Was ich Dir heute sagen möchte, das brauchtest Du zuvor nicht zu wissen, und was Du zuvor wissen musstest, das habe ich Dir alles zu seiner Zeit zu sagen versucht. (...) Als Schwester bist Du freilich über den Bau des menschlichen Körpers viel besser orientiert als ich. Darum weisst Du auch, dass die Frau ausserhalb der Vagina, d.h. auf Deutsch Scheide, ein ganz kleines Glied hat, das den Namen Clitoris, zu Deutsch Kitzler, trägt. Statistische Erhebungen aber haben ergeben, dass 99 Prozent aller Frauen nicht durch einen gewöhnlichen Coitus, also durch den gewöhnlichen Geschlechtsverkehr, zum Höhepunkt gelangen kann. Der Mann hat es viel leichter, den Höhepunkt zu erreichen. Es ist freilich für ihn auch nicht immer in der gleichen Art schön. Aber auch für ihn ist es nur dann ganz schön, wenn es sich um eine geliebte Frau handelt, mit der er zusammenkommt und wenn dieser geliebte Mensch auch zur vollen Schönheit des Beieinanderseins gelangen kann.*
> *Ein ganz einfacher Mann, der in meiner Jugendzeit unser Nachbar war, brauchte einmal für dieses Beieinandersein den Ausdruck: die Schönheit dieser Welt geniessen. Die Schönheit dieser Welt aber ist es nicht einfach so an sich. Auch diese Schönheit will*

ihren Preis. Der Preis ist, dass beide, Mann und Frau, immer wieder neu das eine auf das andere hinhören, auf seine Eigenart und auch seine Ansprüche. «Die Frau kann nicht über ihren Leib verfügen, sondern der Mann. Ebenso kann der Mann nicht über seinen Leib verfügen, sondern die Frau», 1. Korinther 7,4. Wie schön der Apostel Paulus da von beiden spricht. Es geht tatsächlich beide an.

Der Mann muss wissen, dass die Leidenschaftskurve bei der Frau viel langsamer ansteigt und viel langsamer fällt als bei ihm. Er muss lernen, sich in der Hand zu behalten und Rücksicht zu nehmen auf die Frau. Er muss wissen, dass die Frau ganz selten nur durch einen gewöhnlichen Coitus ihren Höhepunkt erreicht. Natürlicherweise sind es besonders die Frauen, die Kinder gehabt haben und deren Vagina durch Geburten ausgeweitet wurden. Der Mann aber muss auch wissen, dass die Frau genauso wie er das Anrecht darauf hat, den Höhepunkt zu erreichen und dass er darauf Bedacht zu nehmen hat, dass dies geschieht. Er hat in aller Liebe und aufmerksamem Hinhören auf die Frau sie im Liebesspiel zum Höhepunkt zu führen. Aber dieses Spiel wie auch der eigentliche Coitus hat eine Vorbedingung: dass die Frau nicht trocken ist. Übrigens fällt mir gerade ein: haben die Alten nicht auch um dies alles gewusst, dass sie der Clitoris den Namen Kitzler gaben? Sie haben viel Natürliches und Einfaches und Schönes gewusst, das uns superklugen Modernen verloren gegangen ist. Und dann erst, wenn seine Frau durch dieses Spiel ihren Höhepunkt erreicht hat, dann und nun wohl erst recht in seiner ganzen Schönheit, darf der Mann seinen Höhepunkt suchen, und die Frau wird ihm diesen gewähren in überströmender Dankbarkeit für seine Selbstbeherrschung und Rücksichtnahme.

Und nun, meine geliebte Tochter, nachdem ich so lange von der Aufgabe des Mannes gesprochen, nun hast Du wohl gedacht, als Deine Mutter sehe ich einseitig nur, was der Mann zum guten Gelingen Eurer Gemeinschaft beizutragen habe. Aber nun möchte ich noch von einer Aufgabe sprechen, die Dir zufällt. Es wird

Tage, vielleicht Wochen und vielleicht sogar Monate geben, und das nicht erst, wenn Du alt bist, da Du trotz aller Liebe und Rücksichtnahme Deines Mannes nicht zum Höhepunkt wirst gelangen können, Euch beiden unerklärlich. Du brauchst dann nicht gleich Angst zu haben, zu den sogenannt kalten Frauen zu gehören. (…) Wenn es einmal nicht geht, dann mache daraus keine Tragik, ja Du sollst nicht einmal traurig sein darüber. (…) In diesen Zeiten hast Du die Aufgabe, so zu tun als ob. (…) Ich bin in Versuchung zu sagen: dies ist der einzige Punkt in Deiner Ehe, da Du lügen darfst. Aber: ist es denn gelogen, wenn Du aus der Liebe heraus Deinem Mann Liebe gibst? Wenn eine Frau das nicht weiss und darauf nicht acht gibt, sondern ihren Mann hier im Stich lässt, wen trifft dann die grössere Schuld, wenn er den Lockungen einer andern erliegt?

Und siehe, eines Tages ist es unversehens gar kein «als ob» mehr, sondern beide mit einander, durch einander erleben sie wieder höchstes Glück der Verbundenheit.

So, mein Liebes, nun gibst Du Dich morgen vor Gott Deinem Liebsten zu eigen. Freu Dich auf Euere gemeinsame Wanderung und bringe mir dann und wann einmal etwas von dieser Euerer Freude

In Liebe
Deine Mutter

Elsbeth Schmid, geb. 1933,
zweites Kind von Greti

Mami hat mir vor der Hochzeit einen liebevollen Aufklärungsbrief geschrieben. Für die damalige Zeit war das ein sehr offener Brief. Den habe ich noch niemandem gezeigt. Der zeigt, für sie war die Sexualität etwas Schönes. Ich habe meine Kinder absolut nicht so aufgeklärt. Nur war bei uns noch klar, vor der Ehe nicht. Und bei meinen Kindern wusste ich nicht, wann. Aber ich hätte sie vorher aufklären können.

Gaudenz Caprez, geb. 1946,
sechstes Kind von Greti

Die ganze Aufklärung hat einmal stattgefunden, so mit sieben oder acht, da nahm sie einen auf die Seite und erklärte den Unterschied wie das geht, oberflächlich, technisch, einmal und dann war fertig. Meine ersten sexuellen Versuche als Teenager waren ein Flop. Meine Mutter wusste wohl, dass ich schon vor der Ehe Sex hatte, darum war ein Aufklärungsbrief zur Hochzeit bei mir kein Thema mehr.

Mitte der 1950er-Jahre also zog Greti mit ihrem Aufklärungsvortrag durch die Kirchgemeindesäle. Gut möglich, dass die Unverblümtheit, mit der sie Geschlechtsorgane und Sexpraktiken beim Namen nannte und für die Frauen das Recht auf einen Orgasmus einforderte, manche Mutter im Publikum empörte.

In einer zweiten Publikation aus jener Zeit schlug Greti allerdings ganz andere Töne an. Diesmal ging es nicht um Sex, sondern um die Aufgaben der Hausfrau. Den Artikel in der Zeitschrift für Betriebswirtschaft der ETH Zürich signierte sie mit *Greti Caprez-Roffler, Kilchberg*. Ihren Beruf und sogar ihre aktuelle Rolle als Pfarrfrau verschwieg sie. Thema war das Haushalten in Zeiten rasanten Wandels: Die neuen Geräte, vom Dampfkochtopf bis zur Waschmaschine, das Angebot an Frischgemüse, das das aufwändige Einkochen überflüssig machte, und die zunehmende weibliche Erwerbstätigkeit hatten den Hausfrauenberuf grundlegend verändert. Die Hausarbeit erledigte sich jetzt viel schneller.

Greti begrüsste diese Entwicklungen zwar – sie gehörte zu den ersten, die jeweils ein neues Gerät anschafften –, warnte jedoch auch eindringlich vor den Folgen des Wandels: Der Familie gehe die Nestwärme verloren, wenn die Hausfrau nur noch Maschinen bediene und Fertigprodukte kaufe, anstatt liebevoll Sauerkraut einzumachen und Birnbrot zu backen. Sie forderte, dass die Hausfrau die gewonnenen Stunden nicht mit Erwerbsarbeit verbringe. *Die Zeit (...) dürfen wir nun brauchen für grössere und schönere Aufgaben.*

Es dünkt mich, die Linie unserer Töchter sollte mehr und mehr zu einer klaren Entscheidung führen: Hausfrauenberuf oder ausserhäuslicher Beruf, d.h. im Grunde Ehe oder Beruf. Es macht nichts, wenn nicht alle Frauen heiraten, die gestern und heute noch heirateten. Es ist aber falsch, wenn eine Frau heiratet, die keine Liebe zum Haushalten und zum Kindererziehen hat.

Paukenschlag! Wo war die Greti geblieben, die als 25-Jährige in Furna die völlige Gleichheit zwischen Frau und Mann gefordert hatte? Wo die Frau, die alles wollte und allen bewies, dass es auch möglich war, es zu haben? Wo die streitlustige Feministin, die 1931 *den Mann und Vater mehr zurück in die Familie* holen wollte? War es der Zeitgeist der 1950er-Jahre, der ihr die jugendlichen Visionen ausgetrieben hatte? Oder war es vielmehr die Erfahrung, jahrelang gegen Windmühlen gekämpft zu haben? Sich aufgerieben zu haben an der täglichen Aufräum-, Koch- und Putzarbeit eines grossen Haushalts mit sechs Kindern, an der Erziehungsverantwortung, die sie allein trug – um an jedem neuen Wohnort wieder derselben alten patriarchalen Macht gegenüberzustehen, in der Figur von Kirchenvorständen, Professoren oder Pfarrherren?

Die revolutionäre junge Greti blitzte an manchen Stellen zwar auch im Haushaltungsartikel der 51-jährigen Pfarrfrau durch, sie formulierte allerdings nur noch eine vage Zukunftsvision: Hausfrauen und Berufstätige könnten sich zusammenschliessen und gewisse Arbeiten gemeinschaftlich erledigen, Mütter müssten ihre Buben zur Mithilfe erziehen, und Ehegatten müssten zu *neuartigen Männern* werden – wobei Greti nicht spezifizierte, was sie damit genau meinte. Schliesslich aber blieb die Verantwortung für die Hausarbeit in Gretis Augen bei der Frau. Die – immerhin – mehr Wertschätzung verdient hätte: *Alle Arbeit im Haus soll doch nun endlich zu einem wirklichen Beruf hinaufgewertet werden – ohne Frage der schönste Beruf, den es gibt.*

Elsi Franz-Holenstein, geb. 1934,
Haushälterin in Kilchberg von 1949–1952

Dann kam das Migros-Auto in die Nähe, da durfte die Frau Pfarrer natürlich nicht einkaufen. Damals war die Migros noch nicht so akzeptiert, das war etwas für die Armen. Frau Pfarrer hat im Dorf zu kaufen. Ich musste manchmal heimlich etwas posten dort, ich musste schon aufpassen, dass nicht zu viele Leute ... Sie musste ja sicher schauen mit dem Haushaltungsgeld. Sie sagte mir einmal, wenn der Non sie nicht unterstützen würde, könnten sie nicht so gut leben.

Ich habe gut Haushalten gelernt bei ihr, ausser Fleisch kochen, das wollte sie selber. Das Fleisch war wohl so teuer, dass es nicht zerfallen durfte. Aber die Knochenauskocherei! Wenn sie Knochen kochte für Suppe, musste man die wochenlang immer wieder auskochen. Sehr wahrscheinlich war das Sparsamkeit. Der Knochen hatte immer den gleichen Gout. Man musste schon einteilen. Sie gab mir das Menu für eine Woche, und ich wusste, was ich zu tun hatte. Manchmal half sie, vor allem, wenn wir Besuch hatten. Oh, und dann Maluns kochen in zwei Pfannen! Sie sagte, im Bündnerland heisse es, wenn man Maluns kochen könne, dürfe man heiraten. In zwei Pfannen für zehn Personen! Und Conterser Böcke, ein gekochtes Ei, in Teig gewendet, schwimmend backen, nochmal in Teig, etwa dreimal schwimmend backen, und dann eine Rotweinsauce dazu. Wenn der Professor Brunner kam, der hatte so gern Milchreis mit Speck, etwas Komisches. Und sie redete auch sehr vom Barth, der lebte dann noch, der kam glaub auch mal.

1958, ein Jahr, nachdem Greti in ihrem Artikel die Tätigkeit der Hausfrau als *schönsten Beruf* gewürdigt hatte, veröffentlichte Iris von Roten ihr radikalfeministisches Werk *Frauen im Laufgitter*, in dem sie *Haushaltsfron*, *Ehejoch* und *Zwangsmutterschaft* kritisierte. Sie forderte die völlige Gleichheit der Geschlechter, die wirtschaftliche Unabhängigkeit der Frau, die kollektive Organisation von

Hausarbeit und Kinderbetreuung und die freie Liebe. Über den weiblichen Orgasmus schrieb von Roten in ihrem fünfhundertseitigen Buch allerdings nur verklausuliert und in Passivkonstruktionen: *Jede einzelne Möglichkeit des Zusammenkommens muss nach dem weiblichen Genussmassstab voll ausgekostet werden, bevor zur nächsten übergegangen wird. Dies bringt (…) den Frauen am ehesten das Höchstmass von Genuss beim Geschlechtsakt.* Greti muss das Werk wahrgenommen haben, doch in ihrem Nachlass findet sich kein Kommentar dazu.

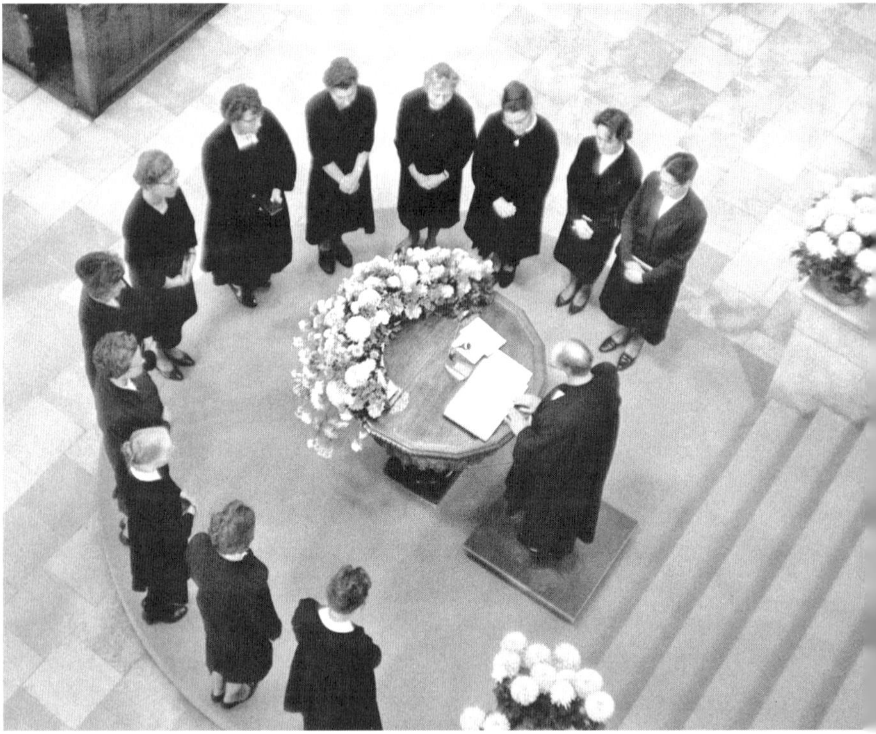

Zürich,
17. November 1963

Zwölf schwarz gekleidete Frauen in einem Kreis, die Hände gefaltet, die Haare zurückgebunden, die Augen gesenkt. In der Mitte des Kreises ein runder Taufstein mit Blumendekoration, ein Mikrofon, ein aufgeklapptes Buch. Ein Pfarrer im Talar liest daraus, die Frauen hören zu. Geäderte Steinfliesen bedecken den Boden, eine breite Treppe führt aus dem Bild zur Apsis. Feierlich der Anlass, festgehalten aus der Vogelperspektive, von einer Empore herab. Fast scheint es, als schaue Gott höchstpersönlich auf das Geschehen da unten. Der Fotograf hat keine Erlaubnis, die Zeremonie festzuhalten.

Es ist ein historischer Sonntag im Grossmünster und ein hochemotionaler Moment für die zwölf Frauen mit den gefalteten Händen. Alle haben das Theologiestudium schon vor Jahren abgeschlossen. Bei Greti Caprez-Roffler, ganz rechts im Kreis, und Verena Pfenninger-Stadler, der dritten von links, sind es über dreissig Jahre. Jetzt endlich werden sie ordiniert, das heisst, offiziell als Pfarrerinnen anerkannt. Später wird man von ihnen sprechen als den *zwölf Apostelinnen*.

Endlich! Die Ordination im Grossmünster

Das Jahr 1958 war in der Schweiz ein Jahr der Frauen. Endlich, erstmals in der Geschichte des Landes, durften sie in einer Gemeinde (Riehen BS) abstimmen, wählen und sich wählen lassen. Endlich erklärten sich die eidgenössischen Räte bereit, die männlichen Bürger des Landes über das Frauenstimmrecht befinden zu lassen. Und schliesslich hatte die Schweiz mit Iris von Roten eine Feministin von der Radikalität einer Simone de Beauvoir, deren Forderungen weit über das Stimmrecht hinausgingen. In der kleingeistigen Stimmung der 1950er-Jahre erntete von Roten allerdings heftige Kritik, auch von Frauenrechtlerinnen, die fürchteten, eine solch radikale Haltung könnte die Männer vergraulen. Die organisierte Frauenbewegung verfolgte eine weitaus gemässigtere Strategie: Frauen sollten ihre Leistungen sichtbar machen und dafür mit dem Stimmrecht belohnt werden.

Im Sommer 1958 präsentierten rund hundert Frauenverbände in Zürich die zweite *Schweizerische Ausstellung für Frauenarbeit.* 1,9 Millionen Menschen, rund ein Drittel der Schweizer Bevölkerung, besuchten die SAFFA auf der Landiwiese am Zürichsee. Über dreissig Pavillons behandelten Themen wie *Die Frau im Dienst des Volkes, Akademische Berufe, Hausfrau sein ist ein Beruf, Die Frau im Modegewerbe, Frau und Geld, Die Frau in der Industrie* oder *Verkauf und Büro.* In der SAFFA gab es auch ein *Kinderland,* ein *Männerparadies,* ein Kino und sogar ein eigenes Kirchlein. Die Ausstellung propagierte das Dreiphasenmodell: Erwerbstätigkeit vor der Heirat, Mutterschaft und Rückkehr ins Erwerbsleben. Die Organisatorinnen der SAFFA sahen die Rolle der Frau darin, inmitten einer sich rasch wandelnden Welt einen Hort der Geborgenheit für die

Familie zu schaffen – genau wie Greti es zuvor in ihrem Artikel *Vom Haushalten und Wohnen* gefordert hatte.

Die SAFFA bot der Pfarrerin die lang ersehnte Gelegenheit, zu einer breiten Öffentlichkeit zu sprechen. Zunächst jedoch schaute sie sich die Pavillons als Besucherin an. Gleich am ersten Wochenende fuhr sie nach Wollishofen, das sie im Bus von Kilchberg aus in wenigen Minuten erreichte, und wanderte dann über die Landiwiese bis zum Theatersaal, um die Eröffnungsreden zu hören. *Bei einer Hitze zum Verpäggen hörten wir (ca. vierhundert Leute) acht Referate, vier deutsch, vier französisch. (...) Nach dem Essen gab es einen Rundgang durch die Ausstellung,* berichtete sie Gian aus den anschliessenden Ferien in Seewis. *Im Einzelnen kannst Du vieles auch sonst sehen. Aber die Gesamtkonzeption ist überwältigend. (...) Am Samstag Morgen war Margreth mit uns an der Eröffnungsandacht in der Saffakirche für den Bund Schweizerischer Frauenvereine, den Marga Bührig in Deutsch und eine welsche Theologin in Französisch hielt. Es war ganz fabelhaft.*

Der Gottesdienstraum der SAFFA wirkte schlicht und modern: die Wände waren aus hellem Kalkbackstein gemauert, mit zahlreichen kleinen Fenstern, durch die das Sonnenlicht eintrat. Ein einfaches Kreuz aus Eichenholz, eine kleine Kanzel und eine Orgel, beide aus hellem Tannenholz, bildeten den einzigen Schmuck. Anstelle von Kirchenbänken boten bis zu dreihundert Stühle Platz. Täglich fanden hier drei Andachten statt. Das Publikumsinteresse übertraf alle Erwartungen: Jeden Tag schauten sich an die tausend Männer und Frauen den Raum an, so dass die Wand zwischen Kirche und Vorraum stets offen stand.

Am Sonntag, 24. August 1958, gestaltete Greti zusammen mit Gian den Gottesdienst in der SAFFA-Kirche am See: Sie hielt die Festpredigt, er den Kindergottesdienst. Das Fernsehen übertrug die Zeremonie, und Greti wurde zur ersten Pfarrerin, die einen TV-Gottesdienst hielt. Die Filmaufnahme ist nicht erhalten, aber im Nachlass befindet sich eine Tonbandkassette, auf der die Stimmen von Greti und Gian zu hören sind. Greti erzählt darauf die Geschichte von Moses, dessen Mutter ihn als Kind aussetzte, um ihn vor der drohenden Ermordung durch den Pharao zu bewahren. *Ausgerechnet die Tochter seines Feindes kommt daher und rettet ihn aus der Bedrohung und übergibt ihn ausgerechnet seiner eigenen Mutter zur Pflege. (...) Gott hat Freude an wunderlichen Sachen. Wir dürfen uns verlassen auf seinen Humor.*

Gott habe Moses mehrfach gerettet und sein Volk zum *Herausgezogenen* gemacht, ähnlich wie er die Schweiz bewahrt habe. *Dass Gott uns in zwei Weltkriegen in solch einem Hexenkessel, diesen Weltkriegen, mitten drin bewahrt hat, das ist nichts anderes als, dass Gott selbst uns da herausgezogen hat. Die Frage ist nun nur die: Was fangen wir an damit? Sind wir so, wie die Pharaonentochter es ausgesprochen hat, sagen wir auch: Ich, oder wir haben uns herausgezogen, wir und unsere Tüchtigkeit sind daran schuld, dass wir verschont geblieben sind, und ersticken in unserem Wohlleben oder wissen wir: All das Schöne, das wir in unserem Schweizerland haben dürfen, das uns erhalten geblieben ist in diesen beiden Weltkriegen, all das Schöne, das uns jetzt vor Augen gestellt wird, das ist uns von Gott geschenkt.*

Den Propheten Moses zeichnete Greti als einen von Gott auserwählten Menschen, dessen Werdegang zwischen bescheidenem Alltag und göttlichem Auftrag oszillierte. *Gott macht es so mit uns, in unserem einfachen, schlichten Leben lässt er uns eine Zeitlang, und dann hat er einen Auftrag für uns und will uns brauchen, und dann will er uns wieder in unserem einfachen, schlichten Leben, und dann hat er wieder einen Auftrag für uns.* Ob Greti sich da selber meinte? Jahre zuvor, in Chur kurz vor dem Wechsel nach Kilchberg, hatte sie ihrem Mentor Emil Brunner geschrieben: *Ich sehe, dass Gott mich jetzt immer Familie – pfarramtliche Arbeit – Familie – pfarramtliche Arbeit – geführt hat, unter mehr oder weniger grossem Sträuben meinerseits. Nun stehe ich wieder seit bald zwei Jahren ganz in der Familie, und es käme wieder das Kapitel «pfarramtliche Tätigkeit» dran.* Wie musste sich Greti nun, nach über einem Jahrzehnt als Pfarrfrau in Kilchberg, nach einem neuen göttlichen Auftrag sehnen! Sie konnte nicht ahnen, dass sie tatsächlich noch einmal eine eigene Gemeinde übernehmen würde, und dass ausgerechnet ihre einstige Gegenspielerin im Theologinnenverband, Marie Speiser, die Rolle der rettenden Pharaonentochter spielen sollte.

Gian sprach in der Kinderpredigt ebenfalls von Moses, allerdings auf Schweizerdeutsch und in launigerem Ton. Er verglich den Propheten mit Emil, einem Buben, der aus der Schule davongelaufen sei, später aber ein Waisenheim gegründet habe. Gemeint war Emil Rupflin, der Gründer der Stiftung *Gott hilft* – wobei Gian sich wie oft ein Wortspiel erlaubte: *Rupflin, der Herausgerupfte aus einem kleinen, erbärmlichen Leben.* Dass der Gottesdienst am Fernsehen übertragen wurde, behagte Greti zunächst nicht. *Wir versuchten uns dagegen zu wehren. Ich fragte, ob sie nun wirklich keine Schönere hätten auslesen können. Natürlich ersorgete ich es sehr. Aber wir hatten nachher viele, sehr begeisterte Echo, sowohl von Direktteilnehmern als auch von Fernsehern. Die Kirche war gestossen voll, und viele Leute mussten fortgeschickt werden. Wieder einmal mehr kam Gottes Humor zum Vorschein,* schrieb Greti ihrem mittlerweile 27-jährigen Sohn Gian Andrea. *Der Aetti hatte den ersten schweiz. Fernsehgottesdienst überhaupt und ich den ersten von einer Frau gehaltenen. Ist das nicht schön?*

Vier Jahre zuvor, am 28. November 1954, hatte Gian in Kilchberg den ersten reformierten Fernsehgottesdienst der Schweiz gehalten. Seiner Predigt war eine heftige Kontroverse vorausgegangen. Das Fernsehen hatte zuvor schon katholische Gottesdienste übertragen – nicht aber reformierte. *Die reformierte Kirchenkommission hatte dem Fernsehen gegenüber grosse Vorbehalte,* erinnerte sich der TV-Pionier Walter J. Ammann später. *Doch auch sie wurde mit der Zeit mutiger, und bald war man sich einig – man wollte in der reformierten Kirche in Kilchberg bei Zürich einen Fernsehversuch durchführen. Die Vorgabe der Kirchenkommission: Niemand sollte am Bildschirm wiedererkannt werden können. Ich versprach das, verteilte in Kilchberg Flugblätter, damit möglichst viele Leute in den Gottesdienst kämen und versteckte eine Kamera in den Sträuchern und eine auf der Empore.*

Auch in Kilchberg selber sorgte das Ereignis für böses Blut, wie Greti ihrer Schwester Käti berichtete. *In der Kirchenpflegesitzung vom Dienstag setzte es einen furchtbaren Krach ab, dass der Präsident von sich aus die Erlaubnis für den Fernsehgottesdienst gegeben. Am Schluss kam dann heraus, dass ein (Kirchen-)Pfleger, Gianin und Schweingruber ein Flugblatt verfassen sollten, das in alle Haushaltungen verteilt werden solle, damit die Gemeinde beruhigt werde. Im Unterricht aber sagte er den Konfirmandinnen, wenn sie oder ihre Eltern Hemmungen haben, in die Kirche zu kommen, sollten sie ja nicht kommen. (...) Einige Mädchen reagierten negativ auf den Fernsehgottesdienst, was natürlich nicht leicht war für Gianin. Aber am Samstag Abend brachten die Buben einen wundervollen Blumenstock und einen lieben Brief, was uns fast zu Tränen rührte. Kurz bevor ich ins Bett ging, überlegte ich noch einmal, ob es wirklich recht gewesen, aber Gianin hatte es ja nicht gesucht, und als er von Widerständen in der Gemeinde hörte, hatte er versucht, es abzublasen. (...) Wir wussten gar nicht, ob überhaupt und wie viele Leute kommen würden. Die Kirche war gestossen voll. Und nachher hatten wir von den Kirchgängern und von verschiedenen Fernsehern das Echo, es sei wunderschön gewesen. Am Montagmorgen aber kam ein Telefon von der Organistin, Schweingruber habe angeläutet, es sei schrecklich gewesen, ihr Spiel sei schlecht gewesen. Man habe sie und Pfr. Caprez gesehen!! Die Kirche sei zu prunkvoll, die Orgelpfeifen hätten zu hell geleuchtet, alles sei zu pomphaft gewesen.*

Im Gegensatz zu Pfarrer Eduard Schweingruber gefiel die Aufnahme des Kilchberger Gottesdienstes den Zuständigen der reformierten Kirche. Fernsehregisseur Ammann: *Die Kirchenkommission sah sich die Sendung an und meinte: «So könnten wir es vielleicht riskieren!» Von da an übertrug das Fernsehen jeden zweiten Monat einen reformierten Gottesdienst. Wir kamen aber manchmal an Orte, wo es hiess «Achtung, s'Fernseh chunnt, packed zämme. Nöd dass üs nachär öppis fählt!»* (Achtung, das Fernsehen kommt, packt zusammen! Nicht, dass uns nachher etwas fehlt!) *Sie behandelten uns wie Künstler, Zigeuner oder Zirkusleute. Und so haben wir uns auch genannt: «Wanderzirkus».*

Als das Schweizer Fernsehen 1958 Gretis SAFFA-Predigt übertrug, waren Gottesdienste am Bildschirm längst zur Normalität geworden. Den Schlussberichten zur Ausstellung war die Sendung keine Notiz wert. Hingegen zogen sowohl die SAFFA-Frauen wie auch die Theologinnen eine begeisterte Bilanz von der ersten Kirche in einer Schweizer Ausstellung. Insgesamt 45 000 Menschen hatten zwischen Mitte Juli und Mitte September an den Gottesdiensten teilgenommen. Der Theologinnenverband freute sich über den geglückten Versuch, *die Menschen mitten im Getriebe einer Ausstellung unter das Wort Gottes und zum Gebet zu rufen.* Dabei waren verschiedene Fragen aufgekommen, wie die der Amtskleidung: *Talar, Fantasietalar, schwarzes Kleid, Jackettkleid? Da in der gleichen Kirche innerhalb so kurzer Zeit so verschiedene Theologinnen wirkten, ist diese Frage der Kleidung von aussen an uns gestellt worden, und wir wollen sie an der Generalversammlung einmal besprechen.*

Nach dem Erfolg der SAFFA hofften die Frauen umso mehr, die Männer würden ihnen nun das Stimmrecht zugestehen. Im Vorfeld der Abstimmung vom 1. Februar 1959 organisierten Feministinnen im Zürcher Börsensaal eine Kundgebung mit Voten des Stadtpräsidenten Emil Landolt und von fünf engagierten Frauen. Im Publikum sassen Greti und ihre neunzehnjährige Tochter Margreth. *Es war überwältigend. Sie sprachen so schlicht, überzeugend und gut. Sie wirkten so fraulich und mütterlich,* schrieb Greti ihrem Erstgeborenen Gian Andrea, der sich damals gerade in Indien aufhielt. *Die letzte war eine zwölffache Grossmutter, ich kannte sie von der Gruppenzeit her: eine prächtige Frau. Spontan kam der Gedanke auf, man möchte am Freitag Abend in der Stadt einen Fackelzug machen, nachdem nun im Börsensaal über tausend Frauen anwesend waren. So gingen Fräulein Rosa Widmer, Margreth und ich auch hin, nicht sehr begeistert, aber wir wollten doch die Treue halten. Auch genierten wir uns ein wenig.*

Es wurde dann ein langer, langer Zug, das Limmatquai hinaus und die Bahnhofstrasse hinunter. Es war die Parole ausgegeben worden, schweigend zu gehen und auf Anwürfe nicht zu antworten. Und die Anrufe kamen auch: «Wiberherrschaft pfui.» «Frauenstimmrecht pfui.» Wir schritten kurz vor dem Band: «Auch wir bezahlen Steuern.» Die einen nickten und sagten: «Ja, das ist eigentlich wahr»; andere aber: «Ja, dafür habt ihr auch Wohnungen.» Oder: «Dafür dürft Ihr auch Kinder haben» oder: «So, das ist mir neu.»

Da stand aber auch ein Herr und zog den Hut und grüsste eine jüngere Frau in der zweiten Reihe hinter uns: «Guten Abend, Fräulein Doktor.» Es stand auch eine Inderin am Wegrand und fragte nach der Bedeutung des Umzuges. (Indien führte das Frauenstimmrecht 1950 auf nationaler Ebene ein.)

Einmal traf es mich: Diese jungen Schnaufer, die uns da aushöhnen, können nun Nein sagen dazu, dass ich, die ich studiert habe, Pfarrer in einer Gemeinde war, sechs Kinder erzogen und heute noch so viel leiste, Mitverantwortung nehme im öffentlichen Leben. Aber ich ging in der Fürbitte. Und da war ich plötzlich nicht mehr allein mit diesen vielen Schwestern, sondern Christus ging mit uns.

Aber ich glaube, es war schon eindrücklich, dieser lange, stille Zug von Frauen mit brennenden Lichtern, alte Frauen im weissen Haar, junge, hübsche Gesichter, Frauen aus allen Ständen und Berufen. Am Schluss wurden die Fackeln zu einem hell lodernden Feuer zusammengeworfen. Margreth und ich nahmen sie mit, zur Erinnerung für unsere Enkel und Urenkel, wenn sie der Zeiten gedenken, da die Frau noch ein Mensch minderen Rechtes war.

Greti ahnte es: Die Zeit war noch nicht gekommen, da die Schweizer Männer den Frauen dasselbe Recht zugestanden. Zwei Tage nach dem Fackelumzug durch die Zürcher Bahnhofstrasse, am 1. Februar 1959, lehnten sie das Frauenstimmrecht mit 66,9 Prozent Nein ab. 1963 trat die Schweiz dem Europarat bei, ohne die Europäische Menschenrechtskonvention (EMRK) zu unterzeichnen, denn dies hätte die Einführung des Frauenstimmrechts erfordert.

Immerhin bewegte sich nun endlich die reformierte Kirche. Schon in den Jahren zuvor hatten alle Kantone Theologinnen zu pfarramtlichen Diensten gerufen, als Stellvertreterinnen, Pfarrhelferinnen oder Spitalseelsorgerinnen. Die Basler Landeskirche war 1956 die erste in der Deutschschweiz gewesen, die (ledige) Frauen zum vollen Pfarramt zuliess, es folgten Solothurn (1959) und St. Gallen (1962). In Graubünden durften Frauen seit Gretis Zeit als Anstaltspfarrerin immerhin als Stellvertreterinnen arbeiten. Mittlerweile hatte sich Tochter Margreth auch zu einem Theologiestudium entschieden. 1960 stellte sie der Bündner Landeskirche ein Gesuch um ein Stipendium. 33 Jahre zuvor hatte ihr Grossvater Joos Roffler dasselbe Gesuch für seine Tochter Greti vorgebracht – und war damit erfolgreich gewesen. Erst später hatte man im Kirchenrat gemerkt, dass die Auflage an Stipendiaten, nach dem Studium im Kanton Graubünden ein Pfarramt zu übernehmen, für Studentinnen wie eine Verheissung wirken musste, und bewilligte keine Stipendien für Frauen mehr.

> Margreth Härdi-Caprez, geb. 1939,
> Theologin, Tochter von Greti

Irgendwie war ich da schon in den Schuhen der Mutter: «Das gibt es doch nicht, da muss man kämpfen!» Das Stipendiengesuch stellte ich auf ihren Befehl hin. Ich schrieb, ich sei gern auch bereit, dann fünf Jahre Dienst im Kanton zu tun. Dann kam der Brief zurück, rot unterstrichen, mit diesen Sätzen: Das sei nicht möglich, im Kanton Dienst zu tun, und darum könnten sie mich auch nicht zulassen.

Im Sommer 1963 diskutierte die Bündner Synode erneut über die Zulassung von Theologinnen zum Pfarramt – drei Jahrzehnte nach der schweizweit ersten Abstimmung, damals, als Greti Pfarrerin in Furna war. Diesmal schloss die Vorlage auch verheiratete Theologinnen mit ein.

Ebenfalls 1963 führte die Zürcher Landeskirche das volle Frauenpfarramt ein – allerdings mit einer massiven Einschränkung:

Frauen durften nur in Kirchgemeinden mit mindestens zwei Pfarrstellen gewählt werden. Noch immer hielt man eine Frau nicht für fähig, allein ein Pfarramt zu führen. *Pfarrerinnen ja, aber nur ledige* oder *Ja, aber nur, wenn ein Mann die Führung hat* – auch in den 1960er-Jahren galt eine Frau im Pfarramt nicht gleichviel wie ein Mann. Die alten Bilder wirkten fort: Nur einem Mann traute man zu, die Rolle der Autoritätsperson im Pfarrhaus und in der Gemeinde auszufüllen. Zwar hatten Frauen traditionell durchaus ihren Platz im Pfarrhaus, aber nicht als Theologin, sondern als Pfarrfrau, die alle weiblichen Aufgaben in der Gemeinde übernahm: Seelsorgebesuche bei Alten und Kranken, die Organisation von Bibelstunden, Mütterkreisen und Gemeindefesten. Pfarrer und Pfarrfrau ergänzten einander, er galt als Vater, sie als Mutter der Gemeinde. Zog eine Theologin als Pfarrerin ins Pfarrhaus ein, dann bevorzugte man eine ledige, denn Mann und Kinder würden sie nur vom Amt abhalten, so die Meinung. War die Theologin mit einem Pfarrer verheiratet, der das Amt führte, duldete man sie als Pfarrfrau mit erweiterten Kompetenzen – als hoch qualifizierte, kostenlose Arbeitskraft.

Diese Erfahrung machte Kunigund Feldges-Oeri, die im Pfarrhaus von Oberbipp im Kanton Bern lebte. In den *Mitteilungen an die Schweizer Theologinnen* beschrieb sie Anfang der 1940er-Jahre ihre Arbeit und die damit verbundene Mehrfachbelastung. *Ich kam hierher ohne jegliche Ansprüche, ganz in abwartender Haltung. Die Arbeit in dieser Riesengemeinde ist aber für einen Einzigen fast zu viel. Dies wusste der Kirchgemeinderat und begann deshalb, mich aufzumuntern, meinem Mann in der Gemeinde zu helfen. Ich hielt nun vertretungsweise Kinderlehre, Unterricht und etwa einmal Filialpredigt in Schulhäusern. Da erhöhte der Kirchgemeinderat unsere Gemeindezulage, «damit wir uns ein besseres Mädchen leisten könnten». Er erlaubte mir von sich aus (wozu er nicht die Kompetenz hatte und was er rückgängig machen musste) zu taufen. (...)*

Die Verwaltung der Sakramente, Trauungen und Beerdigungen zu halten sind mir nicht erlaubt. Allerdings: In erster Linie verlangt die

Gemeinde doch von mir die oben erwähnten typischen Pfarrfrauenaufgaben, die für die Theologinnen nur Randaufgaben sind. Sie verschlingen unsere Abende. Und der Tag? Es braucht eine grosse Überwindung und Konzentration zur Arbeit, wenn drei kleine wilde Büblein durchs Haus lärmen. Der Vater kann die Studierzimmertür vorriegeln, die Mutter aber muss bei jeder Arbeit ein Ohr offen haben für Haus und Kinder. Der Zeitmangel ist oft katastrophal (...). Die Zerrissenheit ist gross. Die eigene Gesundheit leidet vielleicht darunter. Mann und Kinder werden es spüren. Und doch kann man Vieles, wenn man will.

Margreth Härdi-Caprez, geb. 1939,
Theologin, Tochter von Greti

Ich hatte nie den Ehrgeiz, selber eine Gemeinde zu übernehmen, im Gegensatz zu Mami. Mein Mann war als Pfarrer angestellt, und es war selbstverständlich, dass ich als Pfarrerin mitwirkte in der Gemeinde und auch auswärts in den Nachbarsgemeinden überall, wenn jemand krank ist. Dort kriegte ich auch die Entlöhnung. In der eigenen Gemeinde nicht, da war es klar, dass ich das für den Mann mache. Ich als Theologin durfte arbeiten. Aber wehe wenn eine andere Pfarrfrau, die auch noch Ärztin war, eine Praxis haben wollte, da hiess es: «Er wird wohl genug verdienen! Sie muss jetzt nicht auch noch Doktorin sein daneben. Sie soll gescheiter als Pfarrfrau ihre Pflichten erfüllen.» Man erwartete ganz selbstverständlich, dass eine Pfarrfrau das Telefon abnimmt, zur Türe geht, für die Leute da ist, Sonntagsschule gibt, den Frauenverein leitet, anstatt einen eigenen Beruf zu haben, wo sie auch noch Geld kriegt. Und bei mir hiess es: «Als Pfarrerin macht sie ja nichts anderes.»

Die Theologinnen, teils selber verhaftet in alten Vorstellungen, zeigten wenig Kampfeslust und wehrten sich kaum gegen die Klauseln, die ihnen die Heirat verboten oder sie einem Mann unterstellten. Bescheiden freuten sie sich über das Erreichte – insbesondere auch darüber, dass Frauen an vielen Orten endlich zur Ordination zugelassen wurden. Die Weihe durch eine Landeskirche stellte den wichtigsten symbolischen Schritt auf dem Weg zur Gleichberechtigung dar. In Zürich waren ja schon 1918 die beiden Theologinnen Rosa Gutknecht und Elise Pfister ordiniert worden. Als das Bundesgericht jedoch verbot, sie als reguläre Pfarrerinnen zu beschäftigen, ordinierte die Zürcher Landeskirche darauf keine weiteren Theologinnen.

Nun, 1963, war es endlich so weit: Nach der Einführung des Frauenpfarramts beschloss der Kirchenrat, alle Frauen, die an der Universität Zürich ein Theologiestudium abgeschlossen hatten und im Kanton arbeiteten, zu ordinieren. Und so kam es, dass an einem Mittwoch im Kilchberger Pfarrhaus ein Brief von Pfarrer Robert Ackeret, dem Sekretär des Kirchenrats, eintraf, der Gretis Stimmung schlagartig aufhellte. Tags darauf setzte sie sich an die Schreibmaschine.

KILCHBERG, 12. SEPTEMBER 1963

Sehr geehrter Herr Pfarrer,
mein Mann gab mir gestern freudestrahlend Ihren Brief. Und ich muss gestehen, als ich ihn las, kamen mir die Tränen! Dass ich das – in meinen alten Tagen und als fünffache Grossmutter – noch erleben darf! (...)

Der bündnerische Kirchenrat hat mir zwar einmal den Pfarrertitel gegeben, aber ordiniert bin ich nie worden. Als ich die Gemeinde im Prättigau etliche Jahre versah, wurde meiner Gemeinde zur Strafe, dass sie mich nicht entlassen wollten, das Kirchenvermögen weggenommen. Im Thurgau eine Predigt zu halten und dort mein Enkelkind zu taufen, ist mir heute noch verwehrt. Darum freue ich mich so, nun im Kanton Zürich ordiniert zu werden. Vielleicht kann das auch im Kanton Graubünden noch einmal eine Bedeutung bekommen.

Mit freundlichen Grüssen
Greti Caprez-Roffler

Nachdem man die ersten Einladungen verschickt hatte, meldeten auch Theologinnen, die in Zürich studiert hatten, aber inzwischen weggezogen waren, Interesse an einer Ordination an. Der Kirchenrat lud sie kurzerhand ebenfalls ein. Der historischen Bedeutung des Ereignisses wurde man sich überhaupt erst sehr spät bewusst. Fünf Tage vor der Feier informierte der Kirchenratssekretär die Zürcher Frauenzentrale, und gar erst zwei Tage vor der Zeremonie lud er den zuständigen Regierungsrat ein.

Als am Sonntag, 17. November 1963, die Glocken das freudige Ereignis einläuteten, strömten Hunderte von Gästen ins Grossmünster in der Zürcher Altstadt. Kirchenratspräsident Robert Kurz leitete den Festgottesdienst. In den Bänken sassen nebst geladenen Würdenträgern und neugierigen Kirchenmitgliedern die Familienangehörigen der zwölf Ordinierten, darunter auch Gretis vierjährige Enkelin. Kirchenratspräsident Robert Kurz wählte für seine Predigt den Korinther 5, 18–21 und sprach ausgerechnet über das Pfarramt als *Dienst der Versöhnung.* Ob er hoffte, dass die Pfarrerinnen der Kirche nicht grollten, die sie so lange missachtet hatte? *Versprechet ihr, als treue Diener der evangelisch-reformierten Kirche, das Evangelium unseres Heilandes Jesu Christi auf Grund der Heiligen Schrift mit Überzeugung und Hingebung zu verkündigen und die heiligen Handlungen, Taufe und Abendmahl, nach der kirchlichen Ordnung zu vollziehen? Versprechet ihr auch, dem Worte der Wahrheit gemäss zu leben und also die Lehre des Heils durch euern Wandel zu bekräftigen? Gelobet ihr dies zu tun? So sprechet: Ja.*

Eine offizielle Entschuldigung für den Ausschluss der Frauen vom Pfarramt sprach die Kirche nie aus. Doch Greti hielt sich nicht mit Bitterkeit auf. Sie war erfüllt vom Glück, nun ordinierte Pfarrerin zu sein – wenn auch ohne eigene Kanzel.

Die Ordination wurde auch zum Medienevent: Nicht nur der Kirchenbote, auch die NZZ, die noch junge Boulevardzeitung *Blick*, der Winterthurer *Landbote* und die liberale Zeitung *Die Tat* berichteten darüber und druckten ein Foto der zwölf Theologinnen im Kreis um den Altar ab. Was nicht allen gefiel. Ein Winterthurer

Pfarrer schickte dem Kirchenrat eine erbitterte Reklamation. Er verwies auf das kirchenrätliche Kreisschreiben No. 11 aus dem Jahr 1937, betreffs Verbot des Fotografierens kirchlicher Amtshandlungen. *Es scheint mir der Würde unserer kirchlichen Handlungen abträglich zu sein, wenn sie ins Kreuzfeuer der Blitzlichter und des Apparatesurrens von einem oder auch mehrerer Reporter gerät. Radio- und Fernsehgottesdienste stehen hier als eine besondere Dienstleistung der Kirche nicht zur Diskussion.* Der Pfarrer warnte vor *einer gefährlichen Konzession an die moderne Zeit* und sah das Vertrauen in den Kirchenrat in Gefahr.

Verantwortlich für das Bild war der Chefredaktor des Kirchenboten Hans Heinrich Brunner, Pfarrer in Zürich Höngg und Sohn des Theologieprofessors Emil Brunner. Tatsächlich hatte ihn der Sekretär des Kirchenrats schon vor der Publikation telefonisch aufgefordert, sich an das Fotoverbot zu halten, doch Brunner – mit einem untrüglichen Sinn für die Macht von Bildern und die Bedeutung des Augenblicks – hatte sich ihm widersetzt. *Ich hoffe, der Hohe Kirchenrat sei mir nicht allzu böse darüber, dass ich trotz väterlicher Vermahnung im Kirchenboten das Bild von der Ordination der Theologinnen publiziert habe. (...) Alles in allem gerechnet wird der Schaden, der dieses Bild u. U. anrichten könnte, minim sein im Vergleich zum Nutzen, der darin besteht, dass dieses Bild doch sehr plastisch auf den wichtigen Schritt für unsere Kirche hinzuweisen vermag.*

Für die katholische Feministin Gertrud Heinzelmann war die Ordination im Grossmünster das Zeichen einer *nicht mehr aufzuhaltenden Bewegung*. Ein Jahr zuvor hatte sie am Zweiten Vatikanischen Konzil die Frauenordination in der römisch-katholischen Kirche gefordert. Der Erfolg der reformierten Theologinnen bestärkte sie in ihrem Kampf. Die katholische *Schweizerische Kirchenzeitung* ignorierte die Ordination im Grossmünster geflissentlich, was Heinzelmann mit einer Mischung aus Empörung und Triumph zur Kenntnis nahm. *Das klare Ja der reformierten und protestantischen Kirchen zum Vollpfarramt der Frauen und zu deren Ordination ist der katholischen Kirche je länger je mehr ein Dorn im Auge. In der heutigen Situation lässt sich das ökumenische Gespräch über die Wiedervereinigung der Christen gar nicht mehr führen, ohne der Gleichberechtigung der Frau im Dienst der Kirche zu Gedenken (...).*

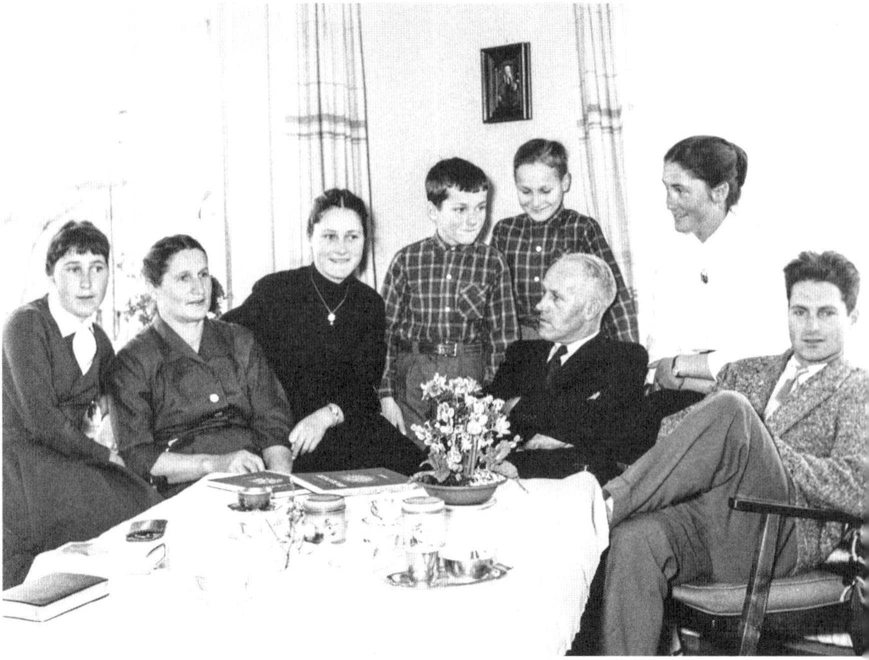

Kilchberg,
25. März 1956

Ein besonderer Tag: Margreth, die vierte unter den Pfarrkindern, ist soeben konfirmiert worden. Fürs Foto hat sich die Familie hinter dem Tisch aufgereiht. Mittendrin, strahlend, die Konfirmandin. Den Oberkörper wendet sie der Mutter zu, die Hand berührt vertraulich deren Arm – doch ihr Blick geht in die Ferne. Als sie neunjährig war, hielt Greti fest: *Margreth sagt, sie wolle Frau Pfarrerin werden und auch aussehen wie ich!!* Gian Andrea, der Älteste, ganz rechts im Bild, schaut als einziger in die Kamera. Die andern blicken in ganz unterschiedliche Richtungen. Acht Individuen mit einer eigenen Perspektive, Teil derselben Familie. Gian, der Vater, nimmt am wenigsten Platz ein, fast scheint er in der Familie unterzugehen. Er und Elsbeth, die Zweitälteste, richten ihre Aufmerksamkeit auf Greti. Ganz links hat Christina Platz genommen, das dritte Kind, von der Mutter *Quecksilber* genannt, weil sie nicht stillsitzen kann. Die beiden jüngsten, Gaudenz und Christian, mit identischen karierten Hemden, wirken noch kindlich im Vergleich zu den fast erwachsenen Geschwistern. Über fünfzehn Jahre liegen zwischen dem ersten und dem sechsten Kind.

Kinderstimmen

Furna, Sonntag, 13. Juli 2014, in der Stube des Bodenhauses, wo die Familie sich seit Generationen trifft. An der Wand, die mit Arvenholz getäfert ist, tickt eine Pendeluhr. Vom Fenster geht der Blick auf einen Kirschbaum, weiter hinten lassen sich die Zacken des Rätikons ausmachen. Vieles ist noch so, wie es war, als Gian und Greti nach der Pensionierung 1970 hierher zogen. Den Kachelofen hat Tochter Margreth durch einen Specksteinofen ersetzt, sie lebt hier seit ihrer Pensionierung als Pfarrerin. Um den Ecktisch nehmen vier Frauen und zwei Männer Platz (es fehlt Gian Caprez, der Erstgeborene, Ingenieur, ledig und kinderlos, verlor sein Leben 1982 bei einem Lawinenunglück):

Elsbeth Schmid-Caprez, geb. 1933
Gretis älteste Tochter, in Furna als zweites Kind geboren, gelernte Pflegefachfrau, hat ihren Kilchberger Jugendschatz geheiratet und mit ihm eine Grosstierarztpraxis im Thurgau geführt. Vier Kinder, verwitwet. Bis heute Mitglied der reformierten Kirche – im Gegensatz zu ihren Geschwistern.

Christina Caprez, geb. 1937
Das dritte der sechs Kinder, in Zürich geboren, gelernte Schneiderin, ging mit neunzehn als Au-pair in die USA, wo sie ein Sprachstudium abschloss. Zweifache Mutter, geschieden, entdeckte mit sechzig Jahren Yoga für sich und unterrichtet es bis heute.

Margreth Härdi-Caprez, geb. 1939
Die vierte im Bund, in Flerden geboren, trat in die Fussstapfen der Mutter, studierte Theologie und heiratete einen Kommili-

tonen. Pfarrerin und Pfarrfrau an verschiedenen Orten in Graubünden, vierfache Mutter, verwitwet. Zog nach der Pensionierung nach Furna und begann, sich intensiv mit der mütterlichen Prägung auseinanderzusetzen. Findet rückblickend, ihre Mutter habe sie gedrängt, Pfarrerin zu werden. Hätte lieber einen musischen Beruf gewählt.

Christian Caprez, geb. 1942
Nummer fünf in der Geschwisterfolge, in Chur geboren als Christ Josias. Forderte die Eltern als Kind durch seinen Ungehorsam heraus, wurde wegen Schwänzen und mangelnder Leistungen von der Schule verwiesen. Studierte später Tiermedizin. Vierfach geschieden, adoptierte den Sohn seiner fünften Frau.

Gaudenz Caprez, geb. 1946
Das jüngste Kind, in Chur während Gretis Lebenskrise geboren. Verbrachte als Jugendlicher ein Jahr im ökumenischen Männerorden Taizé. Neuropsychologe, verheiratet, zwei Kinder.

Christina Caprez, geb. 1977
Drittjüngste Enkelin von Greti, Tochter von Gaudenz. Soziologin, Journalistin, Autorin des vorliegenden Buches. Mutter eines Kindes, lebt in einer Wohngemeinschaft bei Zürich.

Gaudenz, der oft für das leibliche Wohl der Geschwister sorgt, hat Lasagne gekocht, eine Fleisch- und eine Gemüsevariante, dazu reicht Margreth einen Tee aus selbst gesammelten Kräutern.

Christina (Enkelin): *Mich interessiert das Verhältnis von öffentlicher und privater Figur, als Ehefrau, Mutter, Mensch, eure subjektiven Erinnerungen. Ich bin an Widerspruch interessiert. Als erstes würde ich gern wissen, warum ihr euch bereit erklärt habt, an diesem Gespräch teilzunehmen.*
Christian (lacht): *Wegen des Honorars!*

Margreth: *Für mich ist dieses Gespräch unter uns Geschwistern sehr wichtig, damit ich meine Mutter auch aus anderen Perspektiven sehe. Ich habe die Mutter lange vergöttert, dann verdammt. Jetzt will ich die verschiedenen Facetten sehen und stehen lassen.*

Elsbeth: *Wahrscheinlich auch, weil wir die Mutter als eine spezielle und interessante Persönlichkeit erlebt haben.*

Margreth: «*Wir*» ...!

Elsbeth: *Entschuldigung: Ich!*

Gaudenz: *Ich habe überhaupt keine Erwartung, eine neue Perspektive von Mami zu sehen. Für mich ist das abgeschlossen.*

Christian: *Wir Jüngeren waren nicht mehr so konfrontiert mit ihr als Pfarrerin. Sie war eigentlich nur noch daheim, hat ab und zu einen Vortrag gehalten.*

Elsbeth: *Ich habe sie in Flerden und in Chur schon im Beruf erlebt. Das war für mich selbstverständlich. Als Kind hast du natürlich nicht gewusst, dass das ...*

Christian: *... nicht normal ist in der Zeit ...*

Elsbeth: *... ja, dass das die andern nicht so machen.*

Christina (Tochter): *Ich habe es sehr gespürt, dass ich eine Pfarrerstochter bin. Man schaute im Dorf: Was die Pfarrerstochter darf, das durfte man auch. Darum durfte ich nie Jeans tragen, das hätte ja nicht gut ausgesehen, wenn die Pfarrerstochter Jeans trägt. Da litt ich sehr darunter, ich wollte doch eine rassige sein.*

Gaudenz: *Ich führte zwei verschiedene Leben. Drinnen und draussen.*

Christian: *Es schlug sich natürlich auch in der Sprache nieder. Wir durften daheim kein Zürichdeutsch reden. Ich habe immer umgeschaltet: I dä Schuel han ich Züritütsch gschnuret gopfertori siech – und denn bin i hei kho und han Bündnertütsch gredat.* (In der Schule sprach ich Zürichdeutsch, verdammt nochmal – und dann kam ich nach Hause und redete Bündnerdeutsch.)

Christina (Tochter): *Das Schlimme war, wenn du jemanden heimgebracht hast. Dann wusstest du nicht: Soll ich jetzt Züritütsch oder Bündnertütsch reden?*

Christian: *Eben drum habe ich nie jemanden nach Hause gebracht!*

Ich wollte immer möglichst beweisen, dass ich nicht Pfarrerssohn bin. Ich machte immer das Gegenteil von dem, was von mir erwartet wurde, um mich zu lösen vom Pfarrerssohndruck.

Gaudenz: *Für mich haben sie sich eigentlich nicht interessiert. Was ich werde, was ich mache. Ich war in der Schule, und es hat geschüttet. Sehr viele Mütter kamen, um ihr Kind abzuholen, und ich fühlte mich als Einziger, der nicht abgeholt wurde. Der Vorteil war, dass wir enorm früh selbständig wurden. Ich bin als Primarschüler allein nach Pontresina gefahren, habe Velotouren gemacht mit Klassenkameraden ...*

(Schweigen, man hört die Uhr ticken. Lautes Schniefen von Margreth.)

Christina (Enkelin, leise): *Was ist denn los, Margreth?*

Margreth (seufzt): *Ich habe das Gefühl, ich sei in alles hineingeschubst worden, von klein auf. Ich wurde in die Ferien ins Kinderheim geschickt – ich wurde gar nicht gefragt. Ich habe gelitten wie ein ... – Wahnsinn, ich hatte Heimweh, ich weiss nicht warum, ich hatte ja nicht Heimweh nach Mami, so, wie sie war. Ich hätte gewünscht, dass sie mich mal in die Arme nimmt und mich fragt, was ich will.*

Gaudenz: *War dir das damals schon bewusst?*

Margreth: *Nein. Ich habe einfach gelitten.*

Elsbeth: *Du hast gelitten und ich scheinbar nicht. Ich wurde auch in den Ferien ins Welsche geschickt, das wollte ich sicher nicht, aber ich bin gegangen und habe das nicht so schlimm empfunden. Das ist der grosse Unterschied.*

Margreth: *Das ist der grosse Unterschied.*

Christina (Tochter): *Als ich in Amerika war, hat sie meinem Verlobten Bill einen langen Brief geschrieben, um ihm zu erklären, warum ich keinen Lippenstift verwenden solle. Ich hätte so schöne Augen. Und der Lippenstift lenke von meinen Augen ab. In den Flitterwochen gab uns Ätti grosszügig das Auto für eine Reise durch Italien und Frankreich. Ich wollte natürlich schön sein und hatte rote Fingernägel. Und als ich heimkam abends, dachte ich, ups, die sollte ich abnehmen, die Eltern waren ja so grosszügig und haben mir das Auto gegeben – ich weiss, es* regt Mami auf, es tut ihr weh. Ich dachte, morgen gehe ich in die Apotheke und kaufe Nagellackentferner. Dann sassen wir um den Tisch in Kilchberg, und Mami steht auf und verschwindet. Da sagte der Ätti, ich soll ins Studierzimmer und mich bei ihr entschuldigen. Die roten Fingernägel, das hätte ich nur gemacht, um sie zu ärgern. Dann bin ich hinauf, und sie fragte: Warum hast du das gemacht? Ich sagte: Ich wollte es morgen wegnehmen, ich weiss ja, dass ...

Gaudenz: *Da warst du erwachsen und verheiratet ...?*
Christina (Tochter): *Ja! 22 Jahre alt.*
Margreth: *Als ich ins Gymnasium ging, hat sie für mich einen Vortrag geschrieben. Wir mussten immer zum Pro und Kontra eines Themas Vorträge halten. Sie hat für mich entschieden, dass ich über das Schminken rede. Und ich Lappi habe über mich bestimmen lassen. Sie benutzte mich als Sprachrohr. Das Schminken richte sich gegen die Schöpfung. Wenn wir uns schminken, so heisst das ja, Gott hat uns nicht richtig geschaffen. Später, als Zwanzigjährige, sollte ich an der Jungbürgerfeier in Kilchberg eine Rede halten. Mami hat auch diesen Vortrag für mich geschrieben, und ich Dumme habe ihn abgelesen.*

Christian (lacht): *Da wäre ich noch so froh gewesen!*
Margreth: *Das war ich vielleicht auch. Sie schrieb ihn für das Frauenstimmrecht. Ich wurde absolut nicht selbständig.*
Gaudenz: *Das ist wirklich das Gegenteil von dem, was ich erlebt habe. Ich hätte gewünscht, sie hätte einmal irgendetwas mit mir gemacht.*
Christian: *Ja. Absolut. Verrückt.*
Christina (Tochter): *Und wie erklärt ihr euch das? Weil ihr jünger seid oder weil ihr Buben seid?*
Christian: *Erstens, weil wir die Jüngeren sind. Sie waren schon verbraucht mit sechs Kindern. Und dann lief Margreth in ihren Fussstapfen, sie hat dann ja auch Theologie studiert.*
Christina (Tochter): *Ich war sowieso hoffnungslos, aber Margreth hat das alles mitgemacht, da wurde sie das Opfer.*
Margreth: *Kommt noch dazu, dass sie gegen die Männer war. Sie hat mir einmal gesagt, weisst du, an meinen drei Töchtern habe ich grosse Freude, aber mit den Söhnen kann ich nichts anfangen.*

Gaudenz lacht.

Margreth: *Das hat sie einmal gesagt.*

Gaudenz: *Das hat man gemerkt.*

Elsbeth: *Aber deswegen musst du ja nicht einen allgemeinen Männerhass haben ...*

Gaudenz: *Das müssen wir nicht verallgemeinern, gesagt ist gesagt.*

Christina (Tochter): *Und was wir empfunden haben, haben wir empfunden. Wenn man sie fragt, ist es etwas ganz anderes. Aber so haben wir es empfunden.*

Margreth: *Ich kann Beispiele erzählen, die mich zutiefst getroffen haben. Ich war in Kilchberg im Garten und habe einen Schneemann gemacht, in einer Freude. Dann kommt Mami raus und sagt: Mach lieber etwas Gescheiteres. Da kommt der Ätti und sagt: Lass sie doch. Aber mir war die Freude genommen, ich habe nicht mehr weiter gemacht. Das andere Beispiel war, dass Mami einmal sagte, Gott wird über jede unnütze Minute, die du hier auf der Welt gelebt hast, Rechenschaft von dir fordern.*

Christina (Tochter): *Das habe ich auch so erlebt. Und weisst du, wie ich darüber hinweg gekommen bin? Mami war für mich eine, die zwei, drei Sachen aufs Mal machen konnte. Und ich bin wie Ätti gerne mal faul, aber dann hast du immer diese Stimme im Rücken: Solltest du nicht dieses und jenes noch erledigen? Da sagte ich mir: Es gibt Milliarden von Menschen auf der Welt. Jeder macht die Arbeit eines Menschen, und Mami arbeitet für zwei oder drei. Ja nu, ich mache einfach die Arbeit von einem.*

Margreths Katzen haben es sich auf der Ofenbank gemütlich gemacht und dösen. Die Sonnenstrahlen fallen nun weniger steil zum Fenster herein. Jedes Mal, wenn sich die Geschwister treffen, ist Greti das Gesprächsthema. Ihre Vorstellungen der richtigen Lebensführung sitzen bis heute tief, dringen in nahezu jede Alltagsverrichtung ein. Zum Abwaschen eine zweite Schürze aus Plastik über die Leinenschürze ziehen! Licht löschen und Wasserhahn richtig zudrehen, *mir zu lieb!* Jeder am Tisch darf und muss gleich viele Knödel essen! Seltene Momente des Widerstands blitzen auf. Sie reichen bis ins Erwachsenenalter. So erinnert sich Margreth, wie ihr Mann einmal statt der zugeteilten fünf nur vier Knödel nahm. Und als Greti irritiert fragte, wem der übrige Knödel gehöre, vergnügt schwieg. Oder wie Margreth ein andermal mit dem Vater die Küche aufräumte, kichernd wie Kinder, weil sie keine Plastikschürzen anzogen.

Margreth: *Ich habe sie ja auch als Amtsperson erlebt, als Pfarrerin an der Synode und an der Pfarrfrauentagung. Dort war sie eine ganz andere Person. Einfühlsam, empfindsam, mit Leib und Seele. Da konnte sie auch lachen und war nicht so stur – «jetzt muss ich noch das und das, und du musst auch das und das, und möglichst zwei, drei Sachen miteinander, und wenn du auf dem WC sitzt und Zähne putzt, bravo, so ist gut!» –, da war sie gelöst. Beim Diskutieren mit den Pfarrfrauen, da konnte sie völlig aufgehen.*

Gaudenz: *Ihre moralische Einstellung war unglaublich fortschrittlich. Sie befürwortete zum Beispiel die Abtreibung in gewissen Situationen. Das fand man unglaublich, in einer Zeit, in der das ganz tabu war.*

Christina (Tochter): *Sie sagte mir, kein ungewünschtes Kind sollte auf die Welt kommen.*

Gaudenz: *Oder das Erlebnis mit meinem Schwiegervater. Der kam aus einem stockkatholischen Haus, war aber areligiös. Wir haben nicht in der Kirche geheiratet. Da ruft der Schwiegervater meine Mutter an und fragt, was sie als Pfarrerin sage, dass wir nicht in der Kirche heiraten. Da sagte Mami, das sei gar nicht nötig, wir lebten doch schon lange wie Mann und Frau zusammen. Das fand ich unglaublich.*

Christina (Enkelin): *Wie habt ihr eure Mutter denn in Bezug auf das Thema Sexualität erlebt?*

Christian: *Meine Eltern hatten eine ganz enge Beziehung, eine sexuelle Beziehung, sie hielten einander, sie waren herzlich zueinander, sie hatten Sex bis ins hohe Alter, sie giggelten im Bett. Ich wollte immer eine Ehe haben wie sie – es ist mir einfach nie gelungen.*

Elsbeth: *Die Sexualität war für sie fast etwas Heiliges.*

Christian: *Aber Sex ausserhalb der Ehe konnte sie nicht akzeptieren.*

Gaudenz: *Sie musste aber auch immer gegen ihre Triebe kämpfen. Sie hatte auch andere Wünsche, ausserhalb der Ehe.*

Margreth: *Eine gewisse Form von Sexualität durfte einfach nicht sein, die war nicht heilig.*

Christina (Enkelin): *Ich finde das interessant, dass ihr den Begriff «heilig» benutzt in Bezug auf die Sexualität.*

Margreth: *Sie hat uns die Sexualität als etwas sehr Heiliges und Hochstehendes beigebracht.*

Elsbeth: *Das war damals natürlich etwas Besonderes, dass sie die Sexualität als so wertvoll angeschaut hat. Das haben andere Frauen wahrscheinlich nicht so empfunden.*

Christina (Tochter): *Ich habe immer gedacht, sie haben eine sehr gute Ehe, aber die Rollen waren verdreht, dass Mami mehr das Männliche war und er mehr das Weibliche ...*

Gaudenz: *Ausser im Haushalt!*

Christina (Tochter): *... dass sie mehr Sex wollte und er mehr mitmachte.*

Gaudenz: *Es geht darum, wer Autorität hat, wer Entscheidungen trifft.*

Christina (Tochter): *Darum hatten sie eine gute Ehe, weil der Ätti mehr nachgegeben hat. – Sie hat mir auch die positive Einstellung zur Religion mitgegeben. Ich hatte nie das Gefühl, es sei ...*

Christian: *... indoktriniert worden.*

Christina (Tochter): *Es war nie: «Du musst Angst haben, und Jesus muss dir vergeben.»*

Gaudenz: *Aber wir hatten die Moral im Hinterkopf. Das wurde nicht ausgesprochen, nicht verbalisiert, das musste sie gar nicht, das hatten wir internalisiert, ohne dass es ausgesprochen wurde.*

Christina (Enkelin): *Also war es doch auch ein böser Gott?*

Elsbeth: *Nein, nein, nein!*

Christian: *Doch, doch, doch! Widerspruch, Widerspruch. Meine*

Mutter wollte mir den Kontakt zu meiner Freundin verbieten. Ich bin dann mit der Freundin und einem Kollegen abends auf ein Motorboot auf den Zürichsee, das seinem Vater gehörte. Es war Abend, und der Kollege sass am Steuer. Da war ein unbeleuchtetes Ruderboot, und das hat er nicht gesehen. Jemand ist zu Tode gekommen. Mami hat dann gesagt, das sei die Strafe Gottes, weil ich mit diesem Mädchen verbotenerweise die Beziehung weiter aufrecht erhalten habe, die von der falschen Familie war.

Margreth: *Was es für sie aber nicht gab, waren Hölle und Teufel.*

Christian: *Doch, ein bisschen schon, sie hatte das Gefühl, in mir stecke der Teufel.*

Mehr als eine Stunde sitzen die fünf Geschwister nun zusammen. Oft fallen sie einander ins Wort, manchmal in heftigem Ton, sie ringen um die richtige Sichtweise auf die Mutter, verteidigen die eigene Position. Doch sie schaffen es auch immer wieder, die Differenzen mit Humor zu überbrücken. Ironie, die zum Sarkasmus tendiert, ist Heilmittel und Familienkrankheit zugleich. Sie hilft, Spannungen zu lösen, dient aber auch dazu, Gefühle auf Distanz zu halten.

Gaudenz steht auf und bietet an, Kaffee zu machen. Bei Greti hätte es Instantkaffee und Schümlibiscuits aus der Migros gegeben. In Margreths Küche steht eine Espressomaschine mit biologisch abbaubaren Kapseln, dazu gibt es Basler Leckerli. Auf dem Kühlschrank prangt eine Postkarte mit dem Spruch: *Alle wollen nur mein Bestes, aber ich lasse es mir nicht nehmen!*

Gaudenz: *Margreth, du hast ja auch Vorträge über Mami gehalten, ich war da an einem, der sehr toll war, in Furna, da habe ich gedacht: Wie kommst du darauf, so etwas zu machen, in deiner Situation, das ist ja unglaublich!*

Margreth: *Das sind eben die zwei Seiten. Alle die historischen Berichte, die ich auch zum Teil begutachten musste, da habe ich geschmunzelt. Ich fand: Ja, ja, so sind die historischen Berichte! Total einseitig,* schön, und der Fokus nur auf der Pfarrerin, der starken Frau, der Ersten. Alles andere ist unter dem Teppich. Da weiss niemand etwas davon. Von der ganzen Leidensgeschichte, die andere durchgemacht haben, sie selber auch.

Christian: *Ja, aber du hast das Spiel mitgemacht. In deinem Vortrag.*

Margreth: *Ich habe es nicht als Spiel mitgemacht, sondern ich habe gesehen, sie hatte diese Seite auch, und die Leute wollten das hören. Darum bin ich sehr gespannt auf dein Buch, Christina. Nicht, dass es unbedingt Negatives drin haben muss, sondern es muss leben. Es soll nicht einfach nur so ein blöder historischer Bericht sein. Ich glaube keinem mehr etwas!*

Christina (Tochter): *Mein Mann Bill sagte: Immer wenn die Caprez-Geschwister zusammen kommen, schimpfen sie über ihre Mutter. Warum eigentlich? Wieso habt ihr euch nicht gewehrt, als ihr kleiner wart, wenn ihr ja immer so schimpft? Aber das kam gar nicht in Frage, das kam uns gar nicht in den Sinn.*

Gaudenz: *Das war tabu.*

Christina (Tochter): *Das war tabu! Später hatte ich ein esoterisches Erlebnis. Ich konnte sie annehmen und spürte eine ganz tolle Verbindung, als Seele oder als Energie, also nicht als Mami, wie sie früher war.*

Christina (Enkelin): *Was mich erstaunt: In eurer Erinnerung spielt ihr Kampf um das Pfarramt eine sehr kleine Rolle. Liegt das daran, dass sich das abspielte, als ihr noch sehr klein oder gar nicht geboren wart? Aber es gab ja immer wieder politische Kämpfe, für das Stimmrecht oder die Aufnahme in die Synode – eigentlich hat sie an jedem Ort wieder darum gekämpft, arbeiten zu dürfen. Habt ihr das überhaupt nicht mitbekommen?*

Gaudenz: *Das haben wir schon mitbekommen, aber es war relativ konfliktfrei. Ihr Beruf war selbstverständlich, der gehörte zu ihrem Leben. Und unsere Knörze mit ihr bleiben viel eher in Erinnerung.*

Margreth: *Wenn wieder einmal über das Frauenstimmrecht abgestimmt wurde und der Suppentopf ein schwarzes Bändeli dran hatte, dann wussten wir, es ist abgelehnt worden. Und als es dann angenommen wurde, band sie ein farbiges dran.*

Gaudenz: *Die Sozialisierung als Sohn einer Feministin, das hat schon eine Rolle gespielt. Mich hat das geprägt, die Art, wie ich Mann geworden bin. Nicht nur, dass ich gelernt habe zu stricken, zu sticken, zu kochen. (Zu Christina, Enkelin) Auch dein Grosswerden als emanzipierte Frau hängt sicher mit meiner Mutter zusammen.*

Christina (Enkelin): *Ich würde gern noch mehr dazu hören, wie ihr aufgewachsen seid in Bezug auf Geschlechterrollen.*

Christian: *Es war ganz selbstverständlich, dass es keine Unterschiede gab, was Buben oder Mädchen tun. Konkret heisst das, dass wir jede Arbeit gemacht haben wie die Mädchen auch, stricken, kochen, nähen, abwaschen ...*

Gaudenz: *Abgewaschen hat das Dienstmädchen. Abends las Mami eine Geschichte vor, das war ganz toll. Das war der Moment, wo sie sich doch mit uns beschäftigte, sie las uns viele Bücher vor, die «Schwarzen Brüder» oder die «Turnachkinder». Wir strickten dann dazu, und Margreth spielte im Hintergrund «Alla Turca» auf dem Klavier. Das ist eine schöne Erinnerung.*

Christina (Enkelin): *Und wie war das für euch zwei Buben, ihr wart ja sicher die einzigen in der Schule, die stricken konnten?*

Gaudenz: *Das wusste niemand!*

Christian: *Später als Erwachsene waren wir die Helden, wenn wir im Zug strickten. Oder wenn ich einer Frau das Strickzeug aus der Hand nahm. Da machten sie Fotos!*

Gaudenz: *Einmal war Mami eine ganze Woche weg, und ich musste für den Ätti kochen. Ich habe Reisring gemacht: weissen Reis gekocht und eine Büchse Erbsen geöffnet. Dass der Ätti kocht, kam gar nicht in Frage.*

Christina (Enkelin): *Und wie erklärt ihr euch das?*

Gaudenz: *Es gibt einen interessanten Briefwechsel zwischen Mami und ihrer Schwiegermutter. Sie hatten Krach, und Mami musste schon vor der Hochzeit beteuern, dass sie trotz Blaustrumpf eine gute Hausfrau ist. Die Schwiegermutter hat ihren Sohn nur unter der Bedingung freigegeben, dass sie gut für ihn sorgt.*

Christian: *Mami hat das dann extrem perfektioniert, indem sie das*

Menu eine Woche im Voraus aufgestellt hat. Montag war Waschtag, da gab es Ravioli aus der Büchse. Am Mittwoch gab es immer ...

Gaudenz (lacht): *Wähe!*

Christian: ... Wähe. Am Freitag gab es immer Polentaschnitten mit Sardinen aus der Büchse. Wir assen sehr viel Fastfood.

Margreth: *Jetzt sind wir abgeschweift. Du hast ja gefragt, warum sie ihren Mann nicht wie die Söhne aufgefordert hat, im Haushalt zu helfen. Ich glaube, das hat mit ihrem Verständnis von Sozialisation zu tun: Es gibt keinen Unterschied zwischen Buben und Mädchen. Alle Unterschiede sind anerzogen. Das heisst aber auch: Ihren Mann konnte sie nicht mehr ummodeln, den konnte sie nicht mehr erziehen. Aber ihre Kinder, die sollen wirklich gleichberechtigt aufwachsen.*

Gaudenz: *Ich habe mich als Bub eigentlich immer als Aussenseiter gefühlt. Ich spielte nicht Fussball, ich integrierte mich nicht in eine Bubenclique. Du vergleichst dich ja immer mit den Peers. Entsprichst du der Norm oder nicht? Bevor ich hierher kam, sagte Gisela (Gaudenz' Frau): Ihr müsst nicht nur immer über eure Mutter reden. Welche Rolle hatte denn der Vater? Das ist interessant, dass man das praktisch ausblendet.*

Christina (Tochter): *Ich habe ihn einfach idealisiert, weil er meistens nicht da war. Und was hast du für ein Bild von ihm?*

Gaudenz: *Ich habe keins. Er ist verblasst.*

Elsbeth: *Nein, nein, nein!*

Christina (Tochter): *Wart, lass ihn fertig reden! Also, verblasst und?*

Gaudenz: *Die einzige erwachsene Person in der Familie, die vorgegeben hat, wie man zu leben hat, war die Mutter. Sogenannt männliche Charakterzüge oder Tätigkeiten oder Verhaltensweisen hat mir mein Vater im Alltag nicht vorgelebt.*

Elsbeth: *Das habe ich ganz anders erlebt. Auf den Touren, die ich mit ihm allein gemacht habe, da habe ich ihn als Mann erlebt, und er hat mir die Freude für die Natur und fürs Wandern mitgegeben.*

Gaudenz: *Aber du bist eine Frau!*

Elsbeth: *Was heisst das?*

Gaudenz: *Um ein Mann zu werden, brauchst du den alltäglichen Kontakt zum Vater, ein Vorbild, wie er den Alltag bewältigt als Mann.*

Christian: *Mir geht es wie Gaudenz. Das ist wahrscheinlich auch der Grund, warum wir jetzt nur über Mami reden, sie war der einzige Angriffspunkt, diejenige, die uns geformt hat. Der Vater hat uns weder negativ noch positiv geformt, höchstens negativ, in dem Sinn, dass er seine Rolle nicht erfüllt hat.*

Margreth: *Ein Mann hat doch auch eine gewisse Verantwortung in der Familie. Und er hat sich aus jeder Verantwortung als Vater, als Mann zurückgezogen und hat das der Mutter überlassen. Er ist – hui! – ins Studierzimmer rauf, und wenn wir etwas von ihm wollten, mussten wir klopfen, wir durften sonst nicht ins Zimmer. Sämtlichen Konflikten in der Erziehung ist er aus dem Weg gegangen, und dann haben wir mit Mami gekämpft. Darum kämpfen wir jetzt noch mit ihr.*

Elsbeth: *Darum war es für sie aber wahrscheinlich auch schwierig, sie musste fast diese Rolle übernehmen!*

Mehrere Geschwister: *Ja!*

Margreth: *Also ich hatte schon sehr früh eine Wut auf den Vater.*

Gaudenz: *Ich hatte gar keine Gefühle! Du hattest wenigstens Gefühle dem Vater gegenüber!*

Christian: *Ich hatte keine Wut, nichts. Er hat einfach nicht existiert.*

Gaudenz: *Für mich war das normal, ich wusste ja nicht, wie es sonst ist.*

Elsbeth: *Aber heute gehen die Väter doch um sechs Uhr aus dem Haus und sind nicht einmal zum Mittagessen daheim. Der Ätti war wenigstens mittags da.*

Margreth: *Er war nicht da. Er war überhaupt nicht da. Er sass zuoberst am Tisch und sagte kein Wort. Und wir kämpften und stritten mit der Mutter, hin und her, sie musste sich mit uns rumschlagen, uns zurechtweisen. Erst, wenn es ihr zu bunt wurde, sagte sie zu ihm: Bitte sag jetzt du mal etwas!*

Christina (Enkelin): *Mir ist erst kürzlich aufgegangen, dass sie ja nur in Furna eine eigene Pfarrstelle hatte. Die folgenden Stellen verdankte sie der Tatsache, dass er Pfarrer war und sie mitarbeiten konnte. Das heisst, wenn er sich nicht dazu entschlossen hätte, Theologie zu studieren, dann hätte sie ihren Beruf wohl nicht ausüben können.*

Christian: *Man fragt sich dann: Warum haben sie die Stelle in Kilchberg überhaupt angenommen?*

Gaudenz: *Genau! Sie wussten ja von Anfang an, der Konkurrent will Mami nicht dabei haben. Und komischerweise hat Ätti die Stelle angenommen. So war seine Frau ausgeschaltet und er allein der King. Er hätte genauso gut sagen können: «Das kommt gar nicht in Frage. Ich gehe an einen Ort, wo meine Frau auch predigen kann.» Unbewusst hat das vielleicht eine Rolle gespielt für den Ätti. Er hätte sich ja nie getraut zu sagen: «Ich will eine Gemeinde ohne dich, ich will brillieren!» In Kilchberg war er der tolle Hecht, Mami war ja nicht sehr beliebt in der Gemeinde.*

Christina (Enkelin): *Und wie habt ihr sie als Pfarrerin erlebt?*

Christian: *Ich habe sie als Pfarrerin als sehr interessant erlebt. Ihre Predigten waren lebendiger als die meines Vaters.*

Elsbeth: *Es ist lustig, ich habe sie nicht so als Pfarrerin erlebt. Den Ätti habe ich als Pfarrer erlebt. Am Samstagnachmittag sass er zwei, drei Stunden im Studierzimmer und lernte seine Predigt auswendig, damit er frei reden konnte. Er hat auch ganz viel farbig unterstrichen, verschiedenfarbig. Sie habe ich mehr bei Vorträgen erlebt.*

Christina (Tochter): *Mami habe ich auch nie als Pfarrerin gesehen.*

Christian: *Ich erinnere mich, wie sie einander die Grabreden von früher vorlasen, in der Nacht. Ich schlief nebenan, und sie giggelten die ganze Nacht. Als ich am nächsten Morgen fragte: «Wieso habt ihr so gelacht?» Sagten sie: «Wir haben einander Grabreden vorgelesen.» Sie fanden beide, was das für eine Heuchelei sei, alles so schön, das war herrlich. Und ich habe auch gehört, wie sie Sex hatten. Sie waren über achtzig.*

In einem Punkt täuscht die Erinnerung der Geschwister: Vier von ihnen konfrontierten ihre Mutter sehr wohl schon zu Lebzeiten mit ihrer Kritik. Nur hatte die kein Gehör dafür. Den Anfang machte der Älteste, Gian Andrea, mit 22 Jahren. Auf den Vorwurf der Mutter, er öffne sich den Eltern zu wenig und habe ihnen nicht von einer Liebschaft erzählt, antwortete er: *Hast Du Dir schon*

Sorgen gemacht, das Mädchen könnte nicht sauber sein? Traust Du mir nicht mehr zu? Nimm es mir nicht übel, aber siehst Du, ich möchte zuerst ganz für mich allein entscheiden, ob mir ein Mädchen gefällt oder nicht. (...) Ich will Euch nichts vorwerfen. Aber siehst Du, wir haben in unserer Familie zu wenig Kontakt miteinander. (...) Ich glaube, dass wir uns nicht fast ausschliesslich nur mit religiösen Problemen beschäftigen sollten, (...) sondern wir sollten uns auch mit irdischen Dingen, ja, ich möchte fast sagen, mit oberflächlichen Dingen zusammen beschäftigen (...). Denn ich glaube, dass es auch diese Dinge braucht, um einander näherzukommen.

Gaudenz, der nach der Matura mit dem Mönchsdasein liebäugelte, dann jedoch beschloss, fern der Eltern in Genf Psychologie zu studieren, warf Gian und Greti vor, sie hätten sich nicht genügend um ihre Kinder gekümmert und seien zu wenig zärtlich gewesen. Seine Briefe hat Greti nicht aufbewahrt, nur ihre Antwort, in der sie den Spiess kurzerhand umdrehte. Gaudenz habe ihre Zärtlichkeiten immer abgelehnt, schrieb sie. Und was die andern Geschwister betreffe: *Warum haben sie nichts dagegen unternommen? Es zum mindesten gesagt?* Überhaupt sei es nicht der Kontakt mit Menschen, sondern die Beziehung zu Gott, die Gaudenz wohl vermisse.

Christina, die als junge Erwachsene in die USA ausgewandert war, beklagte sich, sie habe die Liebe der Mutter nur dann gespürt, wenn sie sich ihr angepasst habe. *Wieso kommt das anpassen und opfern immer und immer wieder hervor in unserer Familie?* Auf Christinas Bitte, die Eltern möchten ihr getrennt antworten, antwortete der Vater: *Meinen unabhängig von Mami verfassten Brief wirst Du nicht bekommen, denn es steht fast buchstäblich dasselbe drin wie in Mamis, so sehr sehen wir es gleich. (...) Es ist mir unverständlich, wie Du Mami mit solchen Vorwürfen überschütten konntest.* Christian seinerseits schleuderte den Eltern entgegen: *Um uns nach Eurem Bilde zu schaffen, habt Ihr vor nichts – ausser wirklicher Liebe – zurück-*

geschreckt, und gerade deshalb ist der Versuch so erbärmlich misslungen.

Nur Elsbeth und Margreth übten keine Kritik. Elsbeth hatte die Mutter anders erlebt, und Margreth konnte sich erst nach Gretis Tod von ihr distanzieren.

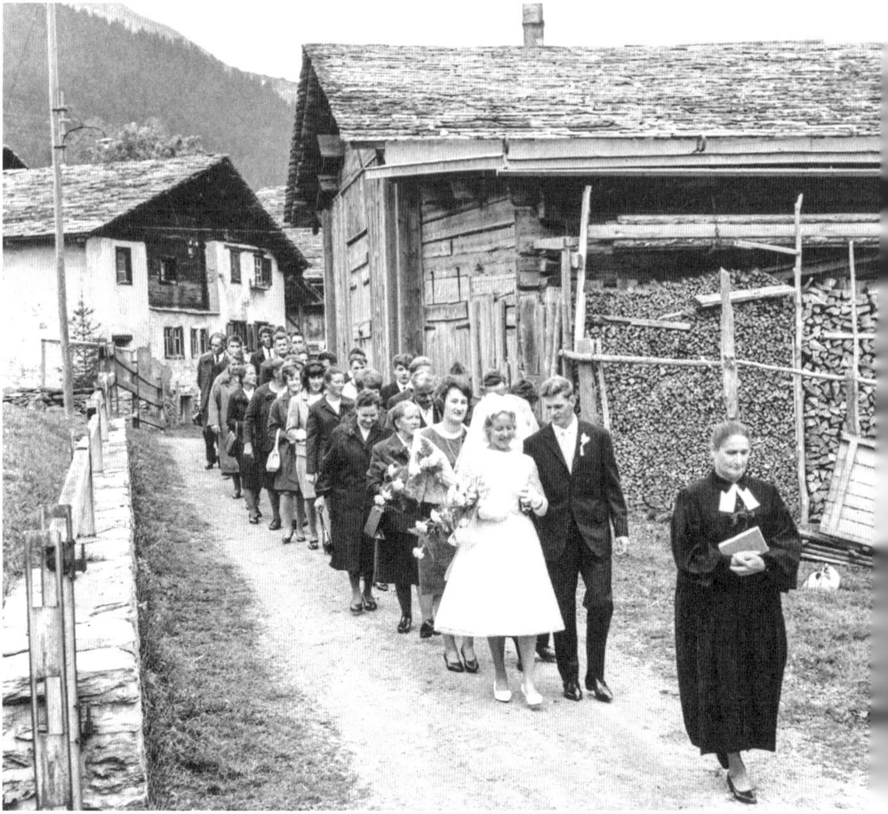

Nufenen,
6. Oktober 1966

Hochzeit im Bergdorf. Wie es der Brauch will, holt die Gesellschaft die Braut im Elternhaus ab und geht mit ihr zur Kirche. Vorneweg läuft Greti im Talar, in einiger Distanz zum Rest der Gesellschaft. Zügig ihr Schritt, feierlich ihr Gesichtsausdruck. Der Bräutigam raunt der Braut etwas zu, sie lächelt. Alle haben ihren Platz in der Prozession: Links die Männer, rechts die Frauen. Die Föhnfrisuren verraten die 1960er-Jahre, die Frauen tragen zum Festtag spitze Ballerinas, einen hohen Absatz erlaubt das Natursträsschen nicht. *Die Frau Pfarrer hat eine bewegende Predigt gehalten,* erinnert sich die Braut Agatha Gasner-Trepp fünfzig Jahre später. *Von einer Frau getraut zu werden, war für mich selbstverständlich schön. Ich hätte gern eine Postlehre gemacht, aber die Eltern verboten es mir. Dass sie den Mut hatte zu studieren und aufzutreten! Ich schätzte sie sehr.*

Heimkehr

Kilchberg, 1965. Im Pfarrhaus sassen nun abends nur noch Gian und Greti in der grossen Stube. Margreth, das vierte der sechs Kinder, hatte vor kurzem ihr Theologiestudium abgeschlossen. Gaudenz, den Jüngsten, hätte Greti ebenfalls gern als Pfarrer gesehen, zu ihrem Leidwesen beschloss er jedoch, Ordensbruder in Taizé zu werden. *Wir beide einsam gewordenen alten Eltern,* seufzte Greti, als sie an Weihnachten eine grosse, weisse Kerze anzündete und mit Gian die Direktübertragung des Gottesdiensts zu Gaudenz' Aufnahme ins Kloster am Westschweizer Radio mitverfolgte.

Pfarrer Gian Caprez war in Kilchberg äusserst beliebt, bei den Bestätigungswahlen holte er jeweils die meisten Stimmen, und auch die *Gaben zur freien Verfügung,* Spenden aus der Kirchgemeinde, flossen ihm reichlich zu.

Auch Greti hatte einen Erfolg verbuchen können: Seit einiger Zeit durfte sie im Kilchberger Sanatorium, einer psychiatrischen Klinik, predigen. Nach dem Rücktritt des dortigen Seelsorgers hatten sich die beiden Ortspfarrer und der Pfarrhelfer geweigert, seine Arbeit unter sich aufzuteilen, allen voran Eduard Schweingruber: Er habe schon genug zu tun und traue sich die Arbeit mit Gemütskranken – trotz umfassender akademischer Beschäftigung mit der Psyche des Menschen – nicht zu. Gian hielt später in der Familienchronik fest: *Die Kirchenpflege findet eine salomonische Lösung: Frau Pfarrer Caprez übernimmt zwei von drei Predigtsonntagen, Pfr. Caprez den dritten und die Seelsorge an den Patienten.*

Nach Gretis Ordination hatte ihr Kirchenpfleger Richard Weber einen Brief geschrieben und ihr gratuliert: *Die Kilchberger Kirchenpflege hat Ihnen noch eine ganz grosse Schuld wieder gutzumachen. Denken Sie nicht, dass es uns am Mut fehlt. Am liebsten hätte ich es schon längstens lanciert. Man muss oft eine gewisse Zeit leiden. Aber der Tag wird kommen, und er ist nicht mehr so weit.* 1964 wurde Amtskollege Schweingruber pensioniert. *Wir atmen auf. Wie rasch sind diese Jahre verflogen! Wir haben den Trabanten siebzehn Jahre zu wichtig genommen,* hielt Gian in der Familienchronik fest.

Nun wagte sich Greti in der Gemeindearbeit vor. Sie begann, Vortragsabende für Frauen zu organisieren und fasste gar einen gemeinsamen Familiengottesdienst mit Gian ins Auge. An der Kirchenpflegesitzung, die ihr die Erlaubnis dazu geben sollte, kam Kirchenpfleger Weber dem Versprechen allerdings nicht nach. Er äusserte seine Skepsis gegenüber einem solchen *mutigen Schritt* und gab zu Bedenken, die *Angelegenheit Pfarrer Schweingruber* sei in der Gemeinde nicht beigelegt. Tatsächlich lebte Eduard Schweingruber nach wie vor im Dorf. Er hatte damit die ungeschriebene Regel gebrochen, wonach ein Pfarrer bei der Pensionierung den Ort zu verlassen hatte, um die Bahn für den Nachfolger frei zu machen.

Zur selben Zeit flatterte ein Brief der Pfarrerin Marie Speiser ins Pfarrhaus – ausgerechnet von Gretis früherer Gegenspielerin im Theologinnenverband. Ein Brief mit einer grossen Verheissung. *Liebe Marie,* antwortete Greti aufgeregt. *Ich trage Deinen Brief nun schon eineinhalb Tage im Schosssack herum. Er knistert von Zeit zu Zeit. In meinem Herzen knistert er aber noch mehr. Aber bei meinem Ehekameraden knistert es nicht. Und ich habe seinerzeit in der Kirche zwar nicht versprochen, dass es bei uns gleich knistere, aber dass ich ihn nicht verlasse.* Marie Speiser hatte im Sommer vertretungsweise in den Kirchgemeinden des Rheinwalds geamtet und fragte Greti und Gian, ob sie gemeinsam das dortige Pfarramt übernehmen wollten. Splügen, Sufers und Medels waren schon drei Jahre, Nufenen und Hinterrhein zwei Jahre ohne eigenen Pfarrer. Greti sah die Gelegenheit, ihren Lebenstraum zu erfüllen: zurück ins Gemeindepfarramt, als gleichberechtigte Gefährtin ihres Ehemanns, und erst noch in Graubünden, in einem Walsertal!

Das Rheinwald war ein Hochtal zwischen dem Schams und der

Quelle des Hinterrheins. Die Dörfer lagen in einer Höhe von tausendvierhundert bis tausendsechshundert Metern entlang des Rheins. Auch im Sommer ging oft ein kalter Wind – harte Lebensbedingungen selbst für die Viehwirtschaft. Im Juli und August erklommen Frauen und Männer noch die höchsten Alphänge für die *Wildheuet,* um die Kühe durch die langen Winter zu bringen. Seit je profitierte die Bevölkerung vom Verkehr über die beiden Pässe Splügen und San Bernardino, historisch als Säumer und Gastwirtinnen, später als Laden- und Tankstellenbetreiber. Doch seit dem Krieg blieben die Passstrassen im Winter zu, das Tal wurde zur Sackgasse und war durch den Schnee manchmal wochenlang vom Rest der Welt abgeschnitten.

Die 1960er-Jahre verhiessen den grossen Wandel: Im ganzen Tal fuhren Baumaschinen auf, die Tag und Nacht lärmten. Man fieberte der Eröffnung des San Bernardino Tunnels entgegen, die für 1967 geplant war. Es herrschte Aufbruchstimmung, der Fernseher hielt auch in den Stuben der Bergbauernfamilien Einzug, reichere Dorfbewohner leisteten sich gar ein Telefon oder ein Auto. Die Tradition, sich an den Sommerabenden auf dem Dorfplatz zu Schwatz und Gesang zu treffen, bröckelte – und auch die Beteiligung am kirchlichen Leben liess zu wünschen übrig. *Bei dem heutigen gewaltigen Zug der Bevölkerung nach den Verkehrszentren (…) ist es besonders wichtig, einen Pfarrer zu gewinnen, der fähig ist, das geistige Leben zu wecken und zu erhalten,* schrieb der Hinterrheiner Kirchgemeindepräsident 1965 einem Zürcher Pfarrer, den er für das Pfarramt im Rheinwald gewinnen wollte.

Mittlerweile hatte das reformierte Bündner Stimmvolk das Frauenpfarramt mit grosser Mehrheit angenommen. Voller Genugtuung verglich Greti die Resultate der beiden Abstimmungen: *1932: 6482 Ja, 11 111 Nein, 1965: 11 083 Ja, 1302 Nein.* Wenig später nahm die Bündner Synode die beiden ersten Pfarrerinnen auf, was in anderen Kantonen der Ordination entsprach. Beide Theologinnen hatten schon seit Jahren mit eingeschränkten Kompetenzen im Gemeindepfarramt gearbeitet: Yvette Mayer seit 1957 ausgerechnet in Igis, in der Kirche von Gretis Vater, Doris Voegelin seit 1960 in Silvaplana.

Die Zulassung von Theologinnen fiel in eine Zeit, da die Kirche insgesamt an Macht einbüsste. Angesichts der leeren Kirchenbänke fragte man sich auch in Graubünden, wie sich Gottesdienst und Seelsorge wandeln müssten, um wieder mehr Menschen zu erreichen. *Die Jugend kann mit unsern Predigten im allgemeinen nicht viel anfangen,* hielt ein Bericht der Landeskirche fest und fügte selbstkritisch hinzu, *dass die Jugendlichen zwischen sechzehn und zwanzig am Evangelium nicht etwa desinteressiert sind. Die überlieferte Form der Verkündigung sagt ihnen jedoch nicht zu. Das Berieseln mit biblischen Wahrheiten wird abgelehnt. Man fordert die Verkündigung in der Form des Dialogs, das Forum. Man möchte «auch einmal etwas dazu sagen».* Diesem neuen Bild eines zugewandten, dialogbereiten Pfarrers schien eine Frau ebenso gut – wenn nicht sogar besser – zu entsprechen als ein Mann. Vielleicht hatte die Kirche auch gehofft, die Pfarrerinnen könnten seelsorgerische Macht erneuern.

Auch im Rheinwald war das Bild einer Frau auf der Kanzel keine Neuheit mehr, seit Marie Speiser dort in einem Sommer vorübergehend geamtet hatte. Nun schien auch Gretis Rückkehr nach Graubünden und ihre Aufnahme in die Synode in greifbare Nähe gerückt. Wenn sie nur ihren Ehekameraden für ihren Plan gewinnen konnte! *Gian geht es hier so gut,* schrieb Greti Marie Speiser aus Kilchberg. *Er hat in der Schule nicht die kleinste Schwierigkeit. Die Konfirmanden bitten ihn, länger zu machen. Weitaus die Mehrzahl der Taufen und der Hochzeiten kommen zu ihm. Er hat am laufenden Band Konvertiten. Ich finde, das alles sei gerade ein Grund zu gehen, aber ihn bindet es. Ich habe es mir so gedacht: Gian übernehme Splügen und ich Nufenen. Wir würden mit den Predigten abwechseln, er würde in allen Gemeinden die Ober- und ich die Unterschulstufe übernehmen. Dem allem würde nichts im Wege stehen – ich bin ja ordiniert – aber Gian spürt keinen Ruf in sich. Er ist zu sehr an Kilchberg gebunden.*

Gian, der sonst stets seiner Frau gefolgt war, eröffnete ihr nun: *Ich könnte den Abschied von Kilchberg nicht überleben.* Dann schwieg er nur noch. Was Greti kaum aushielt. *Ich verzweifelte schier. Denn ich meinte, ein Nein wäre besser als nichts. Heute ist es mir klar: Er durfte nicht Nein sagen, und er konnte nicht Ja sagen.* Wochen später hatte sie ihn überredet: Die beiden bewarben sich offiziell als Pfarrerehepaar im Rheinwald – unter der Bedingung, dass jeder eine eigene Gemeinde betreuen und alternierend in der Kirche des andern predigen dürfte. Hauptwohnsitz wäre das Pfarrhaus in Gians Gemeinde Splügen, wobei Greti unter der Woche im Nufener Pfarrhaus wohnen und von dort aus ihre beiden Dörfer betreuen würde. Die zuständigen Kirchgemeinden waren mit dieser Lösung sehr zufrieden und wählten das Pfarrerehepaar mit über achtzig Prozent Stimmbeteiligung und keiner Gegenstimme.

Gian setzte seine Hoffnung nun in den Bündner Kirchenrat. Möglicherweise würde er ihre Bedingungen ablehnen. Vergeblich: Auch aus Chur kam grünes Licht. *Nun versuche ich eine zweite Ausrede: mein Herz,* ironisierte Gian die Situation später in der Familienchronik. *Professor Spühler eröffnet mir, dass ich drei Herzfehler habe, und «wenn ich Suizid machen wolle, solle ich nach Splügen gehen». Er schickt mich zu Professor Senning, dem grossen Herzchirurgen, der seine Diagnose stellt: «Mit diesem Herzen können Sie noch vierzehn Jahre leben, wenn Sie nicht vorher an etwas anderem sterben.»*

An diesem Punkt hatte Gian keine Argumente mehr, und auch der Kilchberger Kirchgemeindevorstand, der den geliebten Seelsorger um jeden Preis halten wollte, fand bei Greti kein Gehör. Am 12. Juni 1966 verabschiedete man den Pfarrer und seine Frau mit einem grossen Festgottesdienst. Der Kirchenchor sang, ein Streichquartett spielte, und anschliessend gab es ein Bankett im Restaurant *Oberer Mönchhof.* Nicht zur Feier geladen war alt Pfarrer Eduard Schweingruber.

Der Abschied war jedoch getrübt durch eine Nachricht des Bündner Kirchenrats. Was Gian und Greti planten, war für die Landeskirche ein Novum, und ein Pfarrer hatte erfolgreich Einspruch erhoben. Laut Zivilgesetzbuch musste die Ehefrau den Wohnsitz des Mannes annehmen, gemäss ungeschriebenem Kirchengesetz hatte der Pfarrer in seiner Gemeinde zu leben. Gegen eines dieser Gesetze verstiess Greti als Pfarrerin von Nufenen und Hinterrhein und Ehefrau des Splügener Pfarrers unweigerlich. Allenfalls könne sie ihre beiden Gemeinden von Splügen aus als Provisorin bedienen, natürlich bei entsprechend kleinem Lohn, schlug der Kirchenrat vor. Auch zum Kanzeltausch fand er klare Worte: *Für voll bezahlten Dienst ist auch je der volle Dienst persönlich zu tun.* Hielten die Pfarrer dieselbe Predigt in der eigenen Gemeinde und am darauffolgenden Sonntag im Nachbardorf, so sei dies kein voller Dienst, entschied der Kirchenrat kurz vor dem Umzug des Ehepaars ins Rheinwald. *Gian befand, nun könne ich alles wieder auspacken. Dabei hatte ich in wochenlanger, mühsamer Arbeit das grosse Haus mit elf Zimmern und zwanzig Nebenräumen entleert und zum Verteilen: Furna, Splügen, Nufenen gerüstet. «Schlafen wir noch eine Nacht darüber», bat ich. Anderntags aber wurde uns deutlich, dass wir nun doch die fünf Rheinwalder Gemeinden nicht im Stich lassen könnten.*

Gian und Greti zogen also ins Rheinwald, und kurz darauf fuhren sie nach Samedan zur Synode, wo Greti in den Kreis der Bündner Pfarrer aufgenommen werden sollte. (Gian war schon seit den 1930er-Jahren Mitglied, seit der Zeit in Flerden.) Doch der ungelöste Konflikt mit der Landeskirche lag wie ein Schatten über der Zeremonie, die Greti so lang herbeigesehnt hatte. Ausgerechnet in Pontresina sollte Greti ihre Probepredigt halten. Vermutlich sass auch ihre bald neunzigjährige, noch kerngesunde Schwiegermutter in der Kirche. *Aetti (Gian) war auf meine Predigt hin nervöser als ich,* berichtete Greti ihrer Tochter Christina. *Aber mein Herz pumpte dann doch heftig bis zu dem Moment, da ich die hohe Kanzelstiege hinaufstieg. Es ging mir dann so gut, dass Aetti sagte, meine Predigt sei von allen die beste gewesen. Ich war natürlich sehr froh darüber. Um halb sechs Uhr mussten wir sieben Kandidaten die Synode verlassen, denn es wurde nun über unsere Aufnahme diskutiert. (...) Wir mussten anderthalb Stunden ! warten. Einige der jungen Kandidaten wurden immer* unruhiger. *Schliesslich kam einer und sagte zu Aetti, es sei unseretwegen hart zugegangen. Wir wurden dann hineingerufen. Ich war dem Weinen nahe, und als der Dekan uns mitteilte, dass wir aufgenommen seien, war ich nahe daran, zu erklären, ich begehre nicht in eine Synode aufgenommen zu werden, die mich nicht gern aufnehmen wolle. (...) Vielleicht liegt die Schwierigkeit darin, dass die Synodalen finden, es sei eine Ehre, dass wir aufgenommen werden, und wir meinen es sei eine Ehre, dass sie uns aufnehmen dürfen. Lege (Margreth) sagte, das Umgekehrte wäre viel besser. Dann würden wir einander um den Hals fallen.*

Wie schon 35 Jahre zuvor Furna hielt auch das Rheinwald an der Wahl fest. Die Bevölkerung hatte Erfahrung im Kampf gegen Autoritäten: In den 1940er-Jahren hatte man sich erfolgreich gegen ein gigantisches Wasserkraftprojekt gewehrt, das das halbe Tal überflutet hätte. Für das Wohnsitzproblem des Pfarrerpaares fanden die Kirchenvorstände nun eine kreative Lösung: *Da wir in Nufenen die Pfarrerwohnung bereitstellen – wir haben an Heizung und Sanitäranlagen Verbesserungen vorgenommen –, schrieben wir in die Verträge als Wohnsitz für Frau Pfarrer Nufenen und nicht Splügen ein. Gleichzeitig vereinbarten wir mit der politischen Gemeinde Splügen, dass die Frau Pfarrer wohl in Splügen Niederlassung nimmt, dass sie jedoch einen Wohnsitzausweis für Nufenen erhält, und so sollen auch die Gemeindesteuern von ihr in Nufenen verbleiben.* Dass der Kirchenrat nun seine Zusagen widerrufe, sei nicht akzeptabel. *Die anwesenden Vorstandsmitglieder sind darüber offen empört. Sie betrachten es als eine Einmischung in die inneren Angelegenheiten der Rheinwalder. Dies umso mehr, als der Kirchenrat uns, was die Pfarreranstellung betrifft, zwei und mehr Jahre buchstäblich im Stich gelassen hat.* Die alternierenden Predigten wolle man nach zwei Monaten nicht mehr missen. *Gerade der Wechsel zwischen einer Frau und einem Mann ist für uns bereichernd. Wir ziehen aber daraus auch einen weitern Gewinn, indem die Pfarrersleute so mehr Zeit frei haben für Hausbesuche, die wir nun so lange entbehren mussten.* Schliesslich lenkte der Kirchenrat ein und genehmigte den Kanzeltausch. Wie geplant wohnte Greti unter der Woche im Pfarrhaus von Nufenen.

> Oskar Meuli, geb. 1928, Bauer in Nufenen
>
> *Ich hatte sie gern. Sie hielt flotte Predigten, die Hand und Fuss hatten und auch in unsere Bauerngemeinde passten. Sie betreute die Gemeinde mit Leib und Seele. Sie machte den Dienst wie ein männlicher Pfarrer. Sie war gross und passte auf die Kanzel, sie hatte eine gute Stimme. Sie trug einen Talar, da sah man nicht, dass sie eine Frau ist. Wir waren froh, überhaupt einen Pfarrer zu haben und alle Sonntage eine Predigt.*

> Ida Stoffel-Schmid, 1928–2017,
> Bäuerin in Hinterrhein
>
> *Ob die Leute es in den 1960er-Jahren hier komisch fanden, dass eine Frau Pfarrerin ist? Nein, so etwas habe ich nie gehört. Die Bauernfrauen hatten auch wenig Zeit für ihre Kinder, die mussten sich auch selber beschäftigen.*

Noch Jahrzehnte später erzählen ältere Talbewohnerinnen mit leuchtenden Augen von den Seelsorgebesuchen der Pfarrerin, die ihre Erfahrungen als Frau und Mutter in die Gespräche einbrachte, spontan im Haushalt half, lebenspraktische Ratschläge gab und Trost spendete. *Man konnte ihr das Schwere erzählen. Die Frau des jetzigen Pfarrers ist katholisch. Sie kommt nicht zu uns, das ist schade,* bedauert eine Rheinwalderin und verwechselt die Rollen von Pfarrerin und Pfarrfrau. Tatsächlich war Greti beides, die gewählte Pfarrerin der Gemeinden Nufenen und Hinterrhein und die Frau des Pfarrers von Splügen, Medels und Sufers. Für die Kirchenmitglieder war es wohl oft nicht klar, in welcher Rolle sie nun vor ihnen stand – und vermutlich war es für sie auch gar nicht relevant. Bei Beerdigungen, die Gian durchführte, lief Greti bei den Frauen der Trauerfamilie mit, wie dies traditionell die Pfarrfrauen taten. Umgekehrt nahm Gian in den Amtshandlungen seiner Frau nicht die Rolle der Pfarrfrau ein.

Wie eine Pfarrfrau führte Greti auch den Haushalt allein, in ihrem Fall sogar zwei Haushaltungen. Wenn sie zu Konfirmations-

oder Taufessen eingeladen wurde, freute sie sich, dass sie nicht kochen musste. *Die Aufgaben des Pfarrers sind doch mannigfacher Art!*, frotzelte Greti. *Vom Theaterregisseur, Lehrer, Seelsorger, Prediger zum Fürsorger. Dazu bin ich noch Köchin, Wäscherin, Glätterin, Flickerin, Zimmermädchen, Putzerin, etc.* Das Ehepaar Caprez-Roffler teilte sich die Arbeit – auf Gretis Vorschlag hin – gemäss der Geschlechterhierarchie auf: Er amtete im Hauptort des Tales, in Splügen, sie im kleineren Nufenen, er übernahm im Religionsunterricht die Oberstufenschüler, sie die Unterstufe. Der Predigttausch klappte offenbar gut, und auch bei kirchlichen Ritualen wie Hochzeiten oder Taufen halfen die beiden einander ganz selbstverständlich aus. Allerdings scheint es zwischen ihnen auch eine Konkurrenz gegeben zu haben. Als Gian die Tochter des Kirchgemeindepräsidenten von Nufenen – Gretis Gemeinde – trauen durfte, war das für sie *ein wenig eine bittere Pille.*

Gian und Greti gelang es, im Rheinwald die kirchliche Gemeinschaft zu neuem Leben zu erwecken. Sie hielten ihre Predigten nah am Alltag der Bergbevölkerung. Auch physisch wollte Greti näher bei den Gottesdienstbesuchern sein und nicht *wie ein Schwalbennest an der Diele oben* kleben, und regte darum an, die Kanzeln ein Stück nach unten zu versetzen. In Nufenen gelang es ihr, die Gemeinde im Zuge einer Kirchenrenovation von ihrem Vorhaben zu überzeugen, in Hinterrhein blieb die Kanzel an ihrem Ort. Den Sonntagsgottesdienst hielten Greti und Gian vermehrt am Abend ab, damit die Bäuerinnen und Bauern tagsüber im Sommer heuen und im Winter Ski fahren konnten. Mit den Jugendlichen übten sie ein Theaterstück ein.

Johann Egger-Bianchi, geb. 1956,
Bauer und Wirt in Hinterrhein

Wir gingen gern zu ihr. Sie war auch offen für Neues. Damals kam gerade der Hit «Grüezi wohl, Frau Stirnimaa» auf, den fand sie auch gut. Sie lud uns Hinterrheiner Kinder auch zum Mittagessen ein, wenn es schneite und der Bus nicht fuhr, damit wir von

Nufenen, wo die Schule war, nicht heimlaufen mussten. Ihrem Nachfolger dagegen spielten wir Streiche. Sie hatte Autorität, aber geschlagen hat sie uns nie.

Christian Stoffel-Alig, geb. 1954,
Bauer in Hinterrhein

Wir sehnten die Stunden bei ihr richtiggehend herbei: Religion wurde das Fach, wo man etwas lernte. Sie war nicht schulmeisterlich; wir redeten ganz entspannt miteinander, wie in der Familie, wir wurden nicht aufgerufen. Konfirmandenunterricht hatte ich dann bei ihrem Mann. Zur Konfirmationsreise fuhren wir nach Kilchberg, das war speziell, denn vorher waren wir höchstens mal auf Schulreise im Unterland gewesen. Wir durften die Schokoladenfabrik besichtigen, und wir gingen auch in eine Synagoge. Er wollte uns den anderen Glauben zeigen.

Trudi Trepp-Burckhardt, geb. 1945,
Bäuerin in Nufenen

Ihre Predigten waren persönlich. Sie hat das Thema aufs Leben übertragen. Einmal sprach sie vom Kochen: «Wenn ich für meine Familie koche, schaue ich auch auf die Farben, die Zusammenstellung. Das muss man im Leben auch tun.»

Von einem demokratischen Amtsverständnis war Greti allerdings weit entfernt. Zeitzeuginnen erzählen, wie sich die Pfarrerin in die Haushaltsführung einmischte und dabei so weit ging, bei einem Seelsorgebesuch gegen den Willen der Hausherrin einen Gummibaum zurückzustutzen. In der Küche einer anderen Rheinwaldnerin hob sie den Pfannendeckel, worauf die Frau sie zurechtwies: *Schau du in die Bibel und nicht in die Pfanne!* Um am Sonntag rechtzeitig zu Fuss von Nufenen nach Hinterrhein zu kommen, liess sie kurzerhand die Kirchenuhr um fünf Minuten vorstellen. *So gehen im Rheinwald sogar die Uhren nach unsern Köpfen!*

Bei ihren Seelsorgebesuchen machte sich Greti auch immer wieder Notizen zu den Geschlechterrollen in den Familien. Sie sah sexuellen Missbrauch und Männer, die Frauen wie Mägde behandelten. Hatte sie 35 Jahre zuvor in Furna die bäuerliche Arbeitsgemeinschaft von Mann und Frau noch als gleichberechtigte Kameradschaft idealisiert, war sie nun kritischer: *Es ist überall bei diesen Bauern dasselbe: Die Männer, alt und jung, sitzen am Tisch und «vermüfarand» [rühren] sich nicht, als ob sie angeleimt wären. Die Frauen und Mädchen müssen die Arbeit allein machen. Darum sind die Bauern sehr erpicht darauf, ihre Sklavinnen nicht zu verlieren. Also auch wir haben unser Negerproblem.* Ihre frauenrechtlerische Haltung tat Greti offen kund und stritt auch für das Frauenstimmrecht. Sie sprach auf der Kanzel von Maria Magdalena und bestärkte begabte Schülerinnen, aufs Gymnasium zu gehen.

Als häufig schwierig beschrieb sie das Zusammenleben von Schwiegermüttern und Schwiegertöchtern. In der patrilinearen bäuerlichen Gesellschaft zog die Braut nach der Hochzeit zur Familie des Bräutigams und musste sich bei der Arbeit im Haushalt und im Bauernbetrieb der Mutter ihres Mannes fügen. *Das ist das bitterste Problem (...), die Schwiegermütter und -töchter, die zusammen wohnen müssen. Aber es ist schön für mich, dass ich einfach so in jedes Haus hineingehen darf und mit «hineinmischen».* In einem schwerwiegenden Konflikt zwischen einer Frau, ihrem Ehemann und dessen Mutter, die die Frau wie eine Magd behandelte, versuchte die Pfarrerin immer wieder zu schlichten. Mit Humor, als die Frau in ihrer Verzweiflung Geschirr zerschlug – *Ich bot ihr an, ihr altes Geschirr von mir zu diesem Zweck zu bringen* –, mit längeren Aussprachen mit den Eheleuten, und schliesslich riet sie der Frau sogar zur Scheidung. Das kam für die junge Ehefrau und Mutter allerdings nicht in Frage. Die Schande im Dorf wäre zu gross gewesen, und die Frau hatte Angst, die Schwiegereltern könnten ihr das Kind streitig machen.

Agatha Gasner-Trepp, geb. 1937,
Hausfrau und Mutter in Nufenen

Die Männer waren gegen die Pfarrerin. Sie sagte auch, was ihr nicht gefiel. Und das haben nicht alle gern. Wenn jemand die Frauen als minderwertig hinstellte, dann sagte sie: «Was meinst du, wo du wärst ohne die Frauen?»

Elisabeth Hasler-Stoffel, geb. 1954,
Germanistin in Zürich und Hinterrhein

Eine Erinnerung aus dem Jahr 1993 (Greti lebte damals im Altersheim in Chur) ist mir noch sehr präsent. Bei einer Abdankung im Familienkreis in Chur war auch Greti dabei. Ich hatte die Matur auf dem zweiten Bildungsweg gemacht und dann studiert. Für Hinterrhein war das aussergewöhnlich: Frauen machten höchstens das Lehrerinnenseminar. Greti gratulierte mir zur bestandenen Lizentiatsprüfung – in Anwesenheit der Verwandten am Trauermahl – mit träfen Worten. Sie sagte etwas Frauenrechtlerisches: Es sei super, dass ich es aus diesem kleinen Dorf an die Uni geschafft hätte. Wir Frauen müssten uns wehren, sie habe auch das Leben lang gekämpft. Ich weiss noch, wie die Leute neben mir stutzten, die Frau Pfarrer Caprez sagt so etwas!

Ihr positives Verständnis von Sexualität vertrat Greti auch im Rheinwald. Als zwei Schüler eine nackte Frau an die Wandtafel zeichneten, ignorierte sie die Provokation. In der darauffolgenden Lektion erzählte sie ihrer Klasse, dass Nacktheit nicht unanständig, da von Gott geschaffen sei, und zeigte zur Veranschaulichung Michelangelos Bilder von Adam und Eva aus der Sixtinischen Kapelle. In der Predigt sprach sie davon, *dass Christus den menschlichen Körper gewürdigt habe, Mittel zu werden, um zu uns zu kommen.*

Eine Aufgabe des Pfarrers war es traditionell, an der Rheinwalder Landsgemeinde eine Rede zu halten. Der Splügener und der Nufener Pfarrer wechselten sich damit ab, wobei 1967 Gian an der Reihe war. *Die nächste Landsgemeinde ist in zwei Jahren. Dann ist der*

Nufner Pfarrer daran. Ob die Pfarrerin das tun darf?? Als es so weit war, wollte sich der Rheinwalder Kreispräsident nicht die Finger verbrennen und überliess den Pfarrersleuten die Wahl, wer den Gottesdienst übernehme. Natürlich wollte die Pfarrerin. Die Landsgemeinde war nicht nur ein politischer Anlass, sondern auch ein Volksfest mit Tanz, Blechmusik und Grillwürsten. Weil es in Strömen regnete, verlegte man die Reden in die Kirche. *Ich hatte natürlich den Schlotter, aber ich freute mich doch, wahrscheinlich die erste Frau zu sein, die an einer schweizerischen Landsgemeinde die Rede hielt. Nachher war ich auch die einzige Frau, die mit den «Honorationen» beim Festessen sass.*

1970 erreichte Gian das Pensionsalter, und das Paar kündigte im Rheinwald. Weil immer noch Pfarrermangel herrschte, suchten Greti und Gian einen Nachfolger für ihre Gemeinden – mit Erfolg. Wieder packte Greti wochenlang Kisten. Diesmal galt es, zwei Pfarrhäuser zu räumen, um den Umzug nach Furna ins Bodenhaus vorzubereiten. Kurz zuvor war das Dorf endlich ans Stromnetz angeschlossen worden. Greti freute sich so sehr über den Fortschritt, dass sie allen Furnerinnen ein grosszügiges Geschenk machen wollte: Eine Hofer-Waschmaschine. Doch die Frauen winkten ab. Sie wollten das Modell lieber selber wählen – und Greti auch nichts schuldig sein.

Als Greti und Gian nach Furna zogen, war die Gemeinde wieder einmal pfarrerlos, und die Suche gestaltete sich ähnlich schwierig wie 1931. So liessen sich die beiden frisch Pensionierten überzeugen, noch einmal einzuspringen. Zwei Jahre lang predigte das Paar abwechselnd in der Furner Kirche. Greti machte Seelsorgebesuche, Gian übernahm den Religionsunterricht.

Am 7. Februar 1971, endlich, führten die Schweizer Männer an der Urne das eidgenössische Frauenstimmrecht ein. Kurz vor der Abstimmung hielt Greti in Furna einen Vortrag. *Es kamen ziemlich viele Leute (…), aber die Furner Frauen begehren das Stimmrecht gar nicht.* Auch die Furner Männer waren mehrheitlich dagegen: 22 legten ein Nein, 13 ein Ja in die Urne. Was für eine Enttäuschung!

Als das Dorf fünf Monate später über das Gemeindestimmrecht abstimmte, weibelte Gian im Vorfeld bei den Furner Männern für ein Ja. An der schwach besuchten Versammlung stimmten schliesslich sieben zu, sechs lehnten ab.

Andris Bärtsch-Clavadetscher, geb. 1943,
Bauer aus Furna

An die Versammlung kann ich mich noch erinnern. Gianin redete sehr positiv: Es würde sich schon gut machen, wenn wir ja sagten. Er sagte, jetzt ist es an der Zeit, jetzt wollen wir da einen Strich drunter machen. Die Stimmung war gelöst. Dass es so weit ist, hat glaube ich schon jeder gesehen. Wenn man das heute anschaut, ist das ja ganz verrückt, dass das so lang ging. Warum? Ich kann es mir nicht vorstellen.

Betti Willi-Bärtsch, geb. 1934, Hausfrau in Furna

Jemand sagte mir, wir Frauen hätten dem Gianin zu danken. Ihm zu lieb hätten sie ja gesagt. Ich war richtig froh. Früher musste ich Andris oder Ätti fragen: «Was ist gelaufen an der Gemeindeversammlung?» Auch als Frau musste man doch etwas wissen.

Lisa Erhard-Clavadetscher, geb. 1931,
Bäuerin aus Furna, erster Täufling von Greti

Ich sage es jetzt geradeheraus: Mich hat das Frauenstimmrecht überhaupt nicht interessiert. Ich fand einfach, das gehöre den Männern und nicht den Frauen. Das ärgert mich, wenn Frauen überall zuerst sein wollen und die Männer auf die Seite schieben. Ich bin bis heute dieser Meinung. Aber ja nu, mir kann es ja gleich sein. Umgekehrt habe ich auch noch erlebt, dass die Frauen nur folgen mussten, sie mussten extrem auf das Männervolk hören, das war dann schon auch nicht recht.

Im Frühling 1978 reisten Greti und Gian in die USA und besuchten Gretis Kantonsschulliebe Hildi Anacker-Hügli und ihren Mann.

Alle vier waren mittlerweile über siebzig Jahre alt. Greti wunderte sich, dass die Wohnung neblig war vom Tabakrauch, es erst nachmittags um halb vier Mittagessen gab und Hildi und Robert bis spät in die Nacht fernsahen. Trotz offensichtlicher Distanz hielt sie fest: *Meine Freundin und ich hatten einander auch sehr viel zu erzählen.*

Im selben Jahr besuchten zwei Theologiestudentinnen Greti in Furna und befragten die Pionierin zu ihrem Leben. Beeindruckt von ihren Berichten, baten sie sie, ihre Erinnerungen zu veröffentlichen. *Die Pfarrerin. Lebenserinnerungen der ersten Bündner Theologin* nannte Greti ihr hundertseitiges Bändlein, das 1981 erschien.

Gians Herz schlug bis ins hohe Alter, auch dank medizinischen Fortschritten. *Liebstes, eu gosto muito do vossè* (ich liebe dich sehr), schrieb er seiner Ehekameradin vor einer Herzoperation aus dem Krankenhaus. Als er einige Zeit später wieder im Spital lag, schickte sie ihm sehnsuchtsvolle Grüsse. *Mein Geliebter, Wie schön, wenn man das nach 53 Ehejahren noch sagen kann!*

1987 zogen sie nach Chur ins Altersheim. Kurz darauf wurde Greti als Ehrengast an die Universität Zürich eingeladen, zur Jubiläumsfeier hundertzwanzig Jahre Frauenstudium. *Ich sagte zu, falls ich nicht reden müsse. Wir waren unser fünf, die Aula gestossen voll. Ich sah fünf grosse Blumensträusse gerüstet und dachte: «Ich schaue dann, wie die andern reagieren, und mache es dann nach.» Aber oh weh! Ich wurde als Erste aufgerufen. Eine Medizinstudentin drückte mir einen der Sträusse in den Arm. Was nun? Zögernd stand ich auf, wandte mich gegen das Publikum und machte eine steife Bündner Verbeugung. Darauf grosser Applaus. Die Studentin war eine Enkelin meiner Schwester Elsi.* Greti erlebte es nicht mehr, wie ebendiese «Enkelin» sich Jahre später als Mann outete – und damit in die Fussstapfen der Grossmutter Elsi trat. Hatte nicht deren Vater Joos Roffler die Geburt seiner dritten Tochter einst mit dem Satz *Unser Bub ist angelangt, und es heisst Elsi* quittiert?

Am 1. Januar 1988 stand *ein gediegener Herr mit einer schneeweissen Mähne* vor der Alterswohnung: Ernst Bener, Gretis einstiger

Liebhaber aus der Zeit an der Universität. *Als ich zum Essen Schinkengipfeli auftischte und bemerkte, sie stammen von einer Verehrerin von Gian, sagte er mit seinem hübschen Lächeln: Und die Basler Leckerli – die er gebracht hatte – von einem Verehrer von Dir.*

Ihren 85. Geburtstag im August 1991 verbrachte Greti in Furna, auf dem Maiensäss Ried, das ihrem Grossvater gehört hatte. Sie schaute zurück auf ihr Leben und sprach immer öfter vom Tod.

16. Februar 1992. Ich beginne mit Vorlesen aus alten Tagebüchern und Briefen (…). Wir vernichten einen grossen Teil der Briefe.

9. April 1993. Eine unbekannte Frau spricht mich auf der Strasse an: «Sie müssen sich wärmer ankleiden, sonst erkälten Sie sich und laufen Gefahr zu sterben!» Ich antwortete ihr: «Oh, das wäre auch nicht schade.»

Am 19. März 1994 starb Greti. Wenige Wochen später folgte ihr Gian.

Margreth Härdi-Caprez, geb. 1939,
Theologin, Tochter von Greti

Als meine Eltern im Altersheim waren, bestimmte Mami: «Wir werden dann einmal in Furna beerdigt.» Ätti hing ja sehr an Pontresina. Doch es stand nie zur Diskussion, dass er dort im Familiengrab beerdigt wird, und sie schon gar nicht, sie war so sehr Furnerin. Er sagte dazu nur: «Es ist mir gleich, wo ich begraben werde, ich will nur dort, wo Greti will.» Als sie gestorben war, hatte er abends einen Koller. Tagsüber war Holdrio, aber am Abend sagte er: «Weisst du, ich vermisse Greti, sie nahm mich im Bett in die Arme, und dann war der Tag in Ordnung.»

Andris Bärtsch-Clavadetscher, geb. 1943, Bauer aus Furna

Als Greti und Gian nach der Pensionierung wieder in Furna lebten, luden sie uns einmal zum Abendessen ein. Da erzählte Greti, sie freue sich sehr auf den Tod. Sie wolle endlich wissen, was nachher komme.

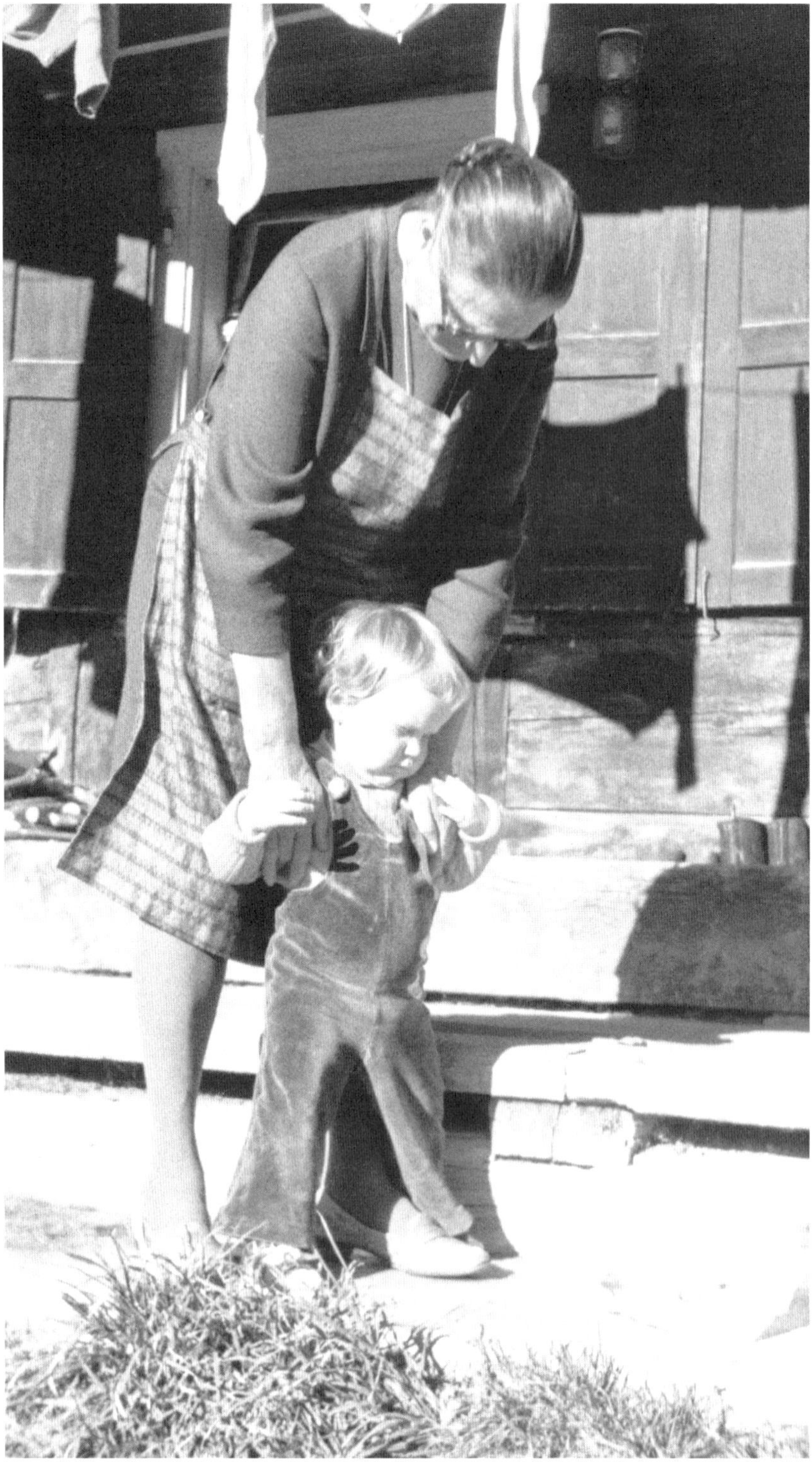

Furna,
19. November 1978

Die ersten Farbfotos im Nachlass! Greti, 72-jährig, trägt wie meist ein Kleid mit Schürze, darunter blickdichte Strümpfe. Zwischen ihren Beinen macht ihre Enkelin (es ist Nummer elf) die ersten Schritte. Konzentriert schauen die alte Frau und das Kind zu Boden. Sie hält nicht die Hände, sondern drückt die Schultern des Kindes zurück. Es soll innerhalb ihrer Beine laufen, aber es tritt hinaus, über ihren Fuss. Der Blondschopf in der Plüschlatzhose, zeitgemäss in den Unisexfarben dunkelblau und senfgelb – das bin ich: Christina Caprez, die Tochter von Gretis jüngstem Sohn Gaudenz. Dass ich früh reden, aber spät laufen lernte, hat mir meine Mutter immer wieder erzählt. Dass mir meine Grossmutter dabei den Weg wies, sehe ich jetzt erst.

Grossmutter

Furna, im Juli 2019. Ich sitze mit meinem Laptop auf der Terrasse des Bodenhauses, in der Nase den Geruch von frisch geschnittenem Gras, im Ohr das Zirpen der Grillen und von Fern das Brummen eines Traktors. Die Nachbarin muss sich beeilen, hinter den Bergen donnert es schon. Ein letztes Mal ziehe ich mich hierher zurück, um in Ruhe zu schreiben. Sechs Jahre sind vergangen, seit ich mit einem leeren Koffer herkam. Tante Margreth holte stapelweise Briefe, Tagebücher und Fotos aus dem Estrich. *Nimm alles mit*, sagte sie. *Ich bin froh, wenn die Sachen nicht mehr bei mir liegen.* Gemeinsam schauten wir die alten Dokumente durch, und ich entdeckte einen Zettel in der Handschrift meiner Grossmutter: *Für eine evt. Theologin unter meinen Enkelinnen und Enkeln.* Theologin bin ich zwar nicht. Aber da die Familientradition mit Tante Margreth endete und von uns dreizehn Enkelkindern niemand Pfarrer oder Pfarrerin wurde, nahm ich die Notiz meiner Grossmutter als Gruss an mich.

Nani und *Neni* nannten wir unsere Grosseltern, wie es im Prättigau üblich ist. Als Kind verbrachte ich mit meiner Schwester einige Male Ferien in Furna. Wir schliefen im Guckfensterzimmer unter dem Dach, wo die Betten in die Dachschrägen gezimmert sind und sich am Kopfende ein Fenster in Form eines Viertelkreises öffnet, wie in einer gemütlichen Schiffskajüte, mit Sicht auf die Sterne. Im Winter gab uns Nani einen *Chriesimaa* ins kalte Bett, ein mit Kirschsteinen gefülltes Stoffkissen, das sie zuvor im Fach des Kachelofens gewärmt hatte. Tagsüber liebten wir es, uns auf der Schaukel im *Tenn*, dem langgezogenen Dachboden, hoch ins Gebälk zu schwingen. Der abgestandene Geruch dort ruft jene Zeit in Sekundenschnelle zurück.

Meine Grossmutter schien mir streng mit ihren eulenhaften Augen und ihrem grau melierten Haar, das sie immer zu einem straffen Knoten band. Jeden Abend befreite sie die langen Strähnen, nahm die Bürste und zählte hundert Striche ab. Ich sass neben ihr und sah fasziniert zu. Ihr Essen schmeckte uns Kindern nicht immer – doch beim Tellerleermachen kannte sie kein Pardon. Ich erinnere mich, wie meine Schwester die Griessspeise einmal nicht hinunterbrachte und ich ihr die Meringue, die es zum Dessert gab, heimlich unter dem Tisch zuschob.

Nach dem Mittagessen setzten sich Gian und Greti mit Kaffee und *Guatali* (Keksen) in die Stube und beteten für Menschen in ihrem Umfeld. Nani hatte dazu ein Heft mit allen Namen von Personen, die ein Gebet nötig hatten. Danach löste sie Wörterrätsel oder spielte Patience. Neni war der weitaus Lustigere der beiden. Er brachte uns mit kleinen Kartentricks zum Lachen, oder er knotete aus einem Stofftaschentuch eine Maus, die ihm aus der Hand hüpfte. Zu meinem fünften Geburtstag schickte er mir eine selbst gezeichnete Karte mit einer haushohen roten Fünf, auf der Kinder allerlei Spässe trieben.

Als meine Grosseltern starben, war ich sechzehn Jahre alt. In meinen Erinnerungsfetzen verschmelzen die beiden Abdankungsfeiern. Nach dem Gottesdienst sassen wir im getäferten Sääli eines Restaurants in Chur. *Die auf den Herrn hoffen, empfangen immer neue Kraft, dass ihnen Schwingen wachsen wie Adlern, dass sie laufen und nicht müde werden.* Mit dem Propheten Jesaia, Kapitel 40, Vers 31, begann Pfarrerin Yvette Mayer ihre Trauerrede in der Regulakirche. *Greti Caprez hatte in ihrem Leben Grund genug gehabt, nach dem Warum zu fragen, angefangen bei der grossen Anfechtung, dass ihr als Frau während dreissig Jahren nicht das volle Pfarramt zugestanden wurde. (...) Doch es war nicht die Art von Greti Caprez, sich in Fragen zu vergraben. Sie handelte, sie kämpfte – und dann ging sie ihren Weg im Vertrauen auf die Zusage Gottes (...). Dem Leben entgegensehen: Ist das nicht das Vermächtnis, das Greti Caprez uns mit auf unsern Weg gibt? (...) Es hat sich seit den Dreissigerjahren, als Greti Caprez zu wirken anfing, vieles geändert. Es ist vieles möglich geworden. Dass wir Frauen uneingeschränkt ein Pfarramt ausüben dürfen, dazu hat Greti Caprez uns den Weg gebahnt, und das macht uns zutiefst dankbar.*

Dass meine Grossmutter eine Pionierin war, hat mich immer beeindruckt. Doch explizit mit ihr darüber gesprochen habe ich nie. Als Jugendliche interessierte mich die Geschichte der Familie meiner Mutter, die 1945 kurz vor Kriegsende in der Nähe von Köln auf die Welt kam, mehr als das Leben der Pfarrerin. Ich besuchte eine entfernte Verwandte, die mit ihrer Familie aus Schlesien vertrieben worden war, und fragte sie über ihre Flucht aus. Heute erstaunt es mich, dass ich damals nicht das Gespräch mit meiner Schweizer Grossmutter gesucht habe. Schliesslich verstand ich mich schon mit vierzehn als Feministin. Wie sehr das mit ihr zu tun hatte, war mir damals nicht so klar.

Mein Vater war von Beginn weg ein präsenter Elternteil. Zwar arbeitete er hundert Prozent als Neuropsychologe in einer Klinik, während meine Mutter als Hausfrau daheim blieb. Er verbrachte dennoch viel Zeit mit mir und meiner Schwester, wickelte und tröstete uns, kochte, bastelte, baute Hütten und erfand Gutenachtgeschichten. Zu meinen ersten Kindheitserinnerungen gehört die Erfahrung, wie wir Mädchen von Buben gejagt wurden, aus Spass. Ich höre noch meine Kindergartenlehrerin, die uns zuredete: *Wartet nur, in ein paar Jahren wollen sie euch nicht mehr schlagen, sondern küssen.* In der Primarschule hatte ich einen Traum. Ich gehörte zu einer Gruppe von Zwergen, die auf dem Schulareal von Riesen verfolgt wurden. Mein Vater deutete den Traum für mich: *Die Zwerge seid ihr Mädchen, die Riesen die Buben.* Als ich acht Jahre alt war, reduzierte mein Vater sein Pensum auf achtzig Prozent (später gar auf sechzig) und war in der Familie noch präsenter – leisten konnte er sich dies auch dank dem Erbe seines Pontresiner Grossvaters.

Im Sommerferienlager war es so weit: Die Buben wollten uns lieber küssen als schlagen. Da ich von zu Hause keine Pakete mit Süssigkeiten bekam, tauschte ich Küsse gegen Schokolade. In der Schule fand ich es total unzeitgemäss, dass wir Mädchen in die

Handarbeit, die Buben ins Werken mussten – schliesslich erlebte ich in meinem Elternhaus eine andere Rollenteilung. Erst recht wütend wurde ich, als mit vierzehn noch vier Lektionen Hauswirtschaft für uns Mädchen hinzu kamen. Obligatorisch. Hingegen durfte ich Physik, Geografie und Geschichte abwählen – Fächer, die im Hinblick auf das Gymnasium wichtig waren.

Auch mein Vater entrüstete sich ob dieser Diskriminierung im Jahr 1991, zehn Jahre nach der Verankerung des Gleichstellungsartikels in der Bundesverfassung, und erhob Einsprache bei der Schulpflege. Kurz darauf, am 14. Juni, verweigerten in der Schweiz eine halbe Million Frauen die Arbeit. Der erste nationale Frauenstreik war die grösste politische Demonstration seit dem Landesstreik von 1918. Auch wir Schülerinnen blieben dem Unterricht fern. In der Eingangshalle unserer Schule stellten wir einen Stand auf und kritisierten den ungerechten Lehrplan. Ich verteilte den Buben Flugblätter, mit denen ich sie dazu aufrief, Emotionen zu zeigen: *Wir haben euch dann nicht weniger lieb, im Gegenteil!*

Die Schulpflege hatte meinem Vater inzwischen eine Absage erteilt, worauf er seine Einsprache bis zum Kanton weiterzog. Solange der Fall hängig war, musste ich nicht in die Hauswirtschaft. Fast ein Jahr dauerte das Ping Pong mit den Behörden. Regierung und Erziehungsdepartement schoben sich die heisse Kartoffel hin und her. Mein Vater lief zur Hochform auf, zitierte Gesetzestexte und Bundesgerichtsurteile und schaltete auch die Medien ein. *Der Grund meines Engagements liegt in meiner Familienbiografie,* schrieb er der Zeitschrift *Beobachter: Meine Mutter (Jahrgang 1905) hat einen jahrzehntelangen frauenpolitischen Kampf hinter sich, dessen Tradition nun weitergeht. Sie war in den Zwanzigerjahren das erste Mädchen in der Kantonsschule Chur (natürlich ohne Hauswirtschaft), eine der ersten reformierten Theologiestudentinnen und die erste Frau der Schweiz, die eine eigene Pfarrstelle erhielt – gegen massive Opposition des Kirchenrates in den Dreissigerjahren. Sie hat auch die Buben der sechsköpfigen Familie «koeduziert» (Lismen, Kochen ...). Ich selbst bin vier Tage Hausmann in der Woche.*

Am 7. Mai 1992, kurz vor Ende des Schuljahrs, traf der Entscheid des Erziehungsdepartementes ein: Dispens vom obligatorischen Hauswirtschaftsunterricht. Im nachfolgenden Jahrgang lernten auch die Buben kochen, was allerdings kein Verdienst meines Vaters ist: Der Lehrplan wäre endlich sowieso angepasst worden. Greti nahm vom Kampf ihres Sohnes für die Enkelin Notiz. Beim nächsten Besuch überreichte sie ihm einen Zettel, auf dem sie seine Fehler im Brief an den Beobachter korrigierte, unter anderem ihr Geburtsjahr.

Als ich begann, die Briefe und Tagebücher meiner Grossmutter zu lesen, ahnte ich nicht, welcher Schatz sich darin verbirgt. Ich hatte keine Idee davon, dass ihre Selbstzeugnisse weit über den Kampf um das Pfarramt hinausgehen und fast das ganze Zwanzigste Jahrhundert umfassen, vom Ersten Weltkrieg bis in die 1990er-Jahre, und dass sie Themen ansprechen, die mich heute ebenso beschäftigen: Wie bringe ich Berufung, Liebe, Sexualität und Familie zusammen? Wie lebe ich eine Liebesbeziehung auf Augenhöhe? Wie sehr folge ich dem, was die Gesellschaft mir vorgibt, und wo finde ich einen eigenen Weg? Und was ist der Preis für den Widerstand?

Meine erste Fantasie eines erwachsenen Lebensentwurfs noch als Primarschülerin klingt aus meiner heutigen Perspektive fast bieder: Ich wollte Lehrerin werden, mit meinem Mann ein Pensum teilen und gemeinsam Kinder grossziehen. Mit Anfang zwanzig merkte ich, dass ich nicht nur Männer, sondern auch Frauen begehre – und ganz besonders Menschen, die irgendwie zwischen den Geschlechtern stehen. Als ich meinem Vater davon erzählte, meinte der: *Warum sagst du uns das? Das spielt für uns doch keine Rolle!* Ich war enttäuscht, empfand seine Reaktion als distanziert, hätte mir eine emotionale Regung – von *das haben wir schon immer gedacht* bis *das befremdet mich* – erhofft. Heute weiss ich, dass er auf keinen Fall wie seine Mutter sein wollte. Nur kein Urteil fällen über die Lebensweise der eigenen Kinder, sie damit einschränken – und gar verlieren.

Mit Anfang dreissig, während einer längeren Singlephase, wuchs mein Kinderwunsch und gleichzeitig die Skepsis, ihn in einer konventionellen Zweierbeziehung zu realisieren. Mich deprimierte die Aussicht, nach der Geburt allein mit einem Säugling in einer Wohnung zu sitzen und später zu wenig Zeit für mich, den Beruf und die Liebe zu haben. Die Kleinfamilie dünkte mich eng, ich wünschte mir mehr Bezugspersonen, für mich und meine Kinder. Bei den Recherchen zum Buch *Familienbande* entdeckte ich eine ganze Palette des Zusammenlebens: Patchworkfamilien, Gross-WGs und Co-Eltern-Familien, bei denen Erwachsene eine Familie gründen, die nicht in einer Liebesbeziehung miteinander leben.

Zur selben Zeit machte mich eine Freundin mit zwei Menschen bekannt, die meine Fantasien beflügeln sollten. Die beiden Männer, ein Paar, standen kurz davor, ihren Traum zu realisieren: Sie hatten ein grosses fünfhundertjähriges Haus am Stadtrand von Zürich gefunden, es mit einer Gruppe von Gleichgesinnten umgebaut und wollten in Kürze dort einziehen. Schon bei der ersten Begegnung im sommerlichen Garten des noch leeren Hauses sah ich mich mit den beiden eine Familie gründen. Anderthalb Jahre später, wir hatten mittlerweile Freundschaft geschlossen, erzählte ich ihnen von meiner Fantasie – und es stellte sich heraus, dass sie sie teilten. Heute leben wir mit unserer vierjährigen Tochter und sechs weiteren grossen und kleinen Mitbewohner*innen in diesem Haus.

Während ich Mutter wurde, tauchte ich in meine Familiengeschichte ein, las atemlos in den Briefen meiner Grossmutter und erkannte allmählich, wie viel Greti in mir steckt. Ich fand mich wieder in ihrem Hunger auf das Leben, in der Sehnsucht, den eigenen Wünschen unabhängig von Konventionen nachzugehen – aber auch in der unbedingten Direktheit, die zum Taktlosen tendiert, und im naiven Glauben an Gerechtigkeit, der einen gegen Mauern anrennen lässt. Ich bin in einer anderen Zeit gross geworden, musste für meinen Lebensentwurf nicht denselben Preis bezahlen wie meine Grossmutter, sondern ernte eher Bewunderung für meinen Mut.

Die Auseinandersetzung mit meiner Grossmutter wurde mir nie langweilig. Immer wieder entdeckte ich neue Aspekte. Facetten, die mich faszinierten – ihre radikalfeministischen Positionen als junge Frau, ihr positives Verhältnis zur Sexualität, ihr Interesse für das, was wir heute *Polyamorie* nennen –, wie auch Seiten, die ich schwierig fand oder nicht nachvollziehen konnte – ihre fromme Wende, ihre mangelnde Empathie und ihre Dominanz. Allerdings machte genau diese Widersprüchlichkeit die Erforschung ihres Lebens so spannend. Und vermutlich sind sowohl die plötzliche Frömmigkeit wie auch der harsche Charakter im Kontext ihres Kampfes zu sehen. Der Glaube half Greti, die unzähligen Rückschläge zu akzeptieren. Alles war Gottes Wille. Auch wenn sie im Moment den Sinn nicht erkannte: Gott wusste, was er mit ihr vorhatte. Die strenge Art, die keinen Widerspruch zuliess, hatte sie von ihrem Vater. Ohne diesen Zug hätte sie die vielen Kämpfe wohl nicht durchgestanden, und umgekehrt trugen die Niederlagen sicher eher zu einer Verhärtung bei. Wer von aussen permanent gesagt bekommt, dass sie nicht richtig liegt, verlässt sich entweder nur noch auf sich selber oder beginnt sich zu hinterfragen. Dass Greti zum Ersten tendierte, ist auch ein Glück für den Kampf um das Pfarramt für Frauen. Oder in den Worten einer Zeitzeugin: *Sie war dominant. Wenn sie das nicht gewesen wäre, wäre sie wohl nicht Pfarrerin geworden. Eine andere hätte längst aufgegeben.*

Nachwort

Greti Caprez-Roffler führte ihr Leben lang Buch. Sie erschloss sich die Welt schreibend. Als gute Protestantin legte sie über ihre Lebensführung Rechenschaft ab. In jungen Jahren war es vor allem ihre Innenwelt, die sie auf Papier in eine Ordnung zu bringen suchte, ihre Glaubenszweifel und ihren Liebeskummer, die Suche nach einer Berufung und nach einem Sinn des Lebens. Später, im Erwachsenenalter, kam sie weniger zum Tagebuchschreiben. Statt dessen hielt sie ihre Gedanken und Erlebnisse aus dem Alltag in Briefen an Verwandte, Weggefährtinnen und Mentoren fest. Manche scheinen mehr für die eigene Lebenschronik geschrieben zu sein als für das konkrete Gegenüber. Ein Grossteil der sechs mit *Tagebuch* beschrifteten Bände in ihrem Nachlass enthält Briefentwürfe anstelle von Tagebuchnotizen. Greti, die immer die Zeit im Blick hatte, schlug so zwei Fliegen auf einen Schlag: Sie tauschte sich mit Verwandten und Bekannten aus und hatte für sich einen Überblick über die wichtigsten Ereignisse in ihrem Leben und ihre Gedanken darüber.

Im Alter ordnete sie ihren Nachlass. Sie sortierte aus und warf weg, was in ihren Augen wenig interessant oder zu intim war. In ihrer krakeligen Altersschrift kommentierte sie manches, fügte Daten oder Namen hinzu, um das Geschriebene für die Nachwelt zu erschliessen. Sie kontrollierte so, was über sie erhalten ist. Der Nachlass ist umso mehr ihr Sprachrohr, als er vorwiegend ihre eigenen Briefe und Briefentwürfe versammelt, während die Antworten ihrer Gegenüber nur teilweise erhalten sind. Meine Grossmutter betrachtete ihre Briefe als Chronik ihres Lebens und somit als ihr Eigentum. Sie forderte ihre Töchter auf, sie für sie aufzubewahren und verlangte im Alter die gesammelte Korrespondenz zurück. Die Töchter erhielten im Gegenzug die eigenen Briefe wieder. (Von den Söhnen sind wenige Briefe bekannt und überliefert.) Aus der Korrespondenz mit ihrem Ehekameraden sind überproportional viele Briefe von ihr erhalten und nur wenige von ihm, was nicht nur mit seiner grösseren Schreibfaulheit zu tun hatte. Sie muss seine Briefe weggeworfen haben. So ertönt aus dem Nachlass fast ausschliesslich die Stimme von Greti Caprez-Roffler – eine aussergewöhnliche Quellensammlung.

In der Geschichtsschreibung galten die Biografien von Frauen oft als zu wenig interessant und relevant für die Nachwelt, um ihre Spuren aufzubewahren. Diese Einschätzung teilten oft auch die Frauen selbst. Demgegenüber kümmerten sich bei Männern nicht (nur) sie selbst, sondern auch ihre Frauen und die Nachgeborenen um eine angemessene Überlieferung. Dank dem Sammeleifer und der Egozentrik meiner Grossmutter begegnete mir als Historikerin nicht das Problem mangelnder Quellen, sondern eher die Herausforderung, die Lücken in der Sammlung wahrzunehmen und auch anderen Stimmen Raum zu geben. Deshalb reiste ich an die Schauplätze ihres Lebens, grub in Archiven nach Zeugnissen und sprach mit vielen Menschen, die sie kannten. Dennoch konnte ich einige Fragen nicht beantworten. Welcher Natur die Beziehung von Greti zu ihrem Vater war – ob tatsächlich ein sexuelles Verhältnis bestand, wie es Zeitzeuginnen suggerieren –, lässt sich heute nicht mehr mit Sicherheit sagen. Auch über meinen Grossvater hätte ich gern mehr erfahren: Was war sein Antrieb, was waren seine Wünsche und Ängste?

Besonders berührend waren für mich die Begegnungen mit Zeitzeug*innen. Die Erinnerung an meine Grossmutter war auch Jahrzehnte danach noch lebendig. Manche Menschen öffneten mir Tür und Herz, als ob fünfzig Jahre später die Pfarrerin selber erneut bei ihnen klopfte. Bei diesen Besuchen habe ich erfahren, was es heisst, Seelsorgerin zu sein. Einer alten Frau, die mir ihr Herz ausschüttete, stand ich hilflos gegenüber – nur ein offenes Ohr konnte ich ihr bieten.

Was mir bei meinen Recherchen besonders auffiel: Wie präsent in diesen Frauenleben das Thema sexueller Missbrauch ist. Mit welcher Selbstverständlichkeit Männer wie Gretis Vater Joos Roffler oder der Theologieprofessor Ludwig Köhler die sexuelle Verfügbarkeit junger, von ihnen abhängiger Frauen einforderten. Ausgerechnet zwei Männer, die sich in der Öffentlichkeit für die Gleichstellung einsetzten! Hätte die Me-Too-Debatte ein paar Jahre früher eingesetzt, wäre ich vielleicht nicht so überrascht gewesen. Als ich der Theologin Christina Tuor davon erzählte, zeigte sie sich wenig erstaunt. Sie hat schon ähnliche Geschichten aus reformierten Pfarrhäusern gehört. Schliesslich waren Pfarrer Autoritätspersonen mit einem enormen Einfluss in der eigenen Familie wie auch in der Gemeinde. Und schliesslich geht es bei sexuellen Übergriffen um Macht. Während die katholische Kirche am Pranger stehe, gebe es bei den Reformierten noch wenig Auseinandersetzung mit dem Thema Missbrauch, so Christina Tuor. Aufarbeitung und Sensibilisierung täten auch da Not.

Wichtig war mir von Anfang an, mich so weit wie irgend möglich in meine Grossmutter, ihr Umfeld und ihre Zeit hineinzuversetzen. Was war ihre Motivation, so oder anders zu denken und handeln? Was waren die Rahmenbedingungen, unter denen sie lebte, was ihr Handlungsspielraum, und wie versuchte sie ihn zu erweitern? Ich wollte ein gut lesbares Buch schreiben und keine wissenschaftliche Abhandlung. Darum habe ich in dieser Publikation auf Fussnoten verzichtet und die Zitate der heutigen Rechtschreibung angepasst. Gleichzeitig wollte ich nichts erfinden oder auch nur ausschmücken – auch wenn mir bewusst ist, dass es die eine Wahrheit nicht gibt. Jede Biografie erfindet.

Greti Caprez-Roffler war die erste Frau, die in der Schweiz eigenständig ein Gemeindepfarramt mit allen Amtshandlungen ausübte. Sie war allerdings nicht die erste Frau, die in einer Gemeinde als Theologin arbeitete. Von ihren Wegbegleiterinnen – Rosa Gutknecht, Elise Pfister und Henriette Schoch in Zürich sowie Marianne Kappeler in Zollikon ZH, Mathilde Merz in Lenzburg, Marie

Speiser in Oberwil BL und Zuchwil SO, Verena Pfenninger-Stadler in Brig – unterscheidet sie sich insofern, als jene nicht als *Pfarrerin*, sondern als *Pfarrhelferin* angestellt waren und einen männlichen Pfarrer zur Seite hatten bzw. als *Pfarrfrau* ihrem Mann zudienen sollten. In ihrem Selbstverständnis und in der Wahrnehmung der Gemeindemitglieder waren sie *Frau – oder Fräulein – Pfarrer*, und manche von ihnen durften alle Amtshandlungen wie ein männlicher Pfarrer ausüben. Peter Aerne, der sich jahrelang mit der Geschichte der Zulassung von Frauen zum Pfarramt befasst hat und auf dessen Forschung dieses Buch aufbauen konnte, vertritt die Position, diese Pionierinnen seien als *Pfarrerinnen* zu würdigen, eine andere Lesart reproduziere die Diskriminierung, die ihnen damals widerfahren sei. Ebenso sei Greti Caprez-Roffler nicht als *illegale Pfarrerin* zu bezeichnen, weil dieser Begriff die herrschende Rechtsauslegung der Landeskirche stütze anstatt die Interpretation der Kirchgemeinde Furna, die sich auf ihr Recht berief, die Pfarrperson selber zu wählen.

Ich habe in diesem Buch versucht, die ersten Theologinnen angemessen zu würdigen, aber auch die Verletzungen, die sie von Pfarrerkollegen und Landeskirchen erfuhren, als solche zu benennen. Es ist nicht dasselbe, ob eine Frau sich einem männlichen Kollegen unterordnen und den Titel *Helferin* tragen muss, oder ob sie selbstständig agieren kann und als einzige religiöse Autorität in einem Dorf anerkannt ist. Wie zentral dieser Unterschied ist, zeigt die Tatsache, dass die Zürcher Landeskirche noch 1963, im Jahr der Ordination der zwölf Theologinnen im Grossmünster, an der so genannten *Pfarrstellenklausel* festhielt, die besagte, dass eine Frau nur in Kirchgemeinden mit mindestens zwei Pfarrstellen gewählt werden durfte. Vier Jahre später wurde diese Bestimmung sogar noch verschärft: In jeder Kirchgemeinde musste mindestens eine der Pfarrpersonen ein Mann sein. Noch immer traute man(n) einer Frau nicht zu, das Haupt einer Gemeinde zu sein, so wie es Greti Caprez-Roffler Anfang der 1930er-Jahre in Furna war.

Chronologie

17.8.1906	Geburt in St. Antönien, erste Lebensjahre in Chur. Eltern: Joos und Betty Roffler-Luk.
1911	Umzug der Familie ins Pfarrhaus von Igis. Aufwachsen mit drei jüngeren Geschwistern: Käti, geb. 1910, Elsi, geb. 1911 und Christa (Christian), geb. 1916.
1925–1929	Studium zunächst der Altphilologie an der Universität Zürich, dann Wechsel zur Theologie. Wintersemester 1928/29 in Marburg.
26.1.1926	Bündnerball im Kaufleuten Zürich. Begegnung mit Gian Caprez (geb. am 5. Mai 1905 in Pontresina).
24.6.1928	Erste Predigt als Studentin in Brütten ZH, weitere Predigten in Seuzach, Brüttisellen, Igis und Furna.
8.9.1929	Hochzeit mit Gian Caprez in Igis.
1929–1930	Ein Jahr in São Paulo, wo Gian am Polytechnikum als Ingenieur arbeitet und Greti auf ihr Schlussexamen lernt.
Oktober 1930	Schlussexamen an der Theologischen Fakultät der Universität Zürich.
24.1.1931	Geburt von Gian Andrea in Igis.
13.9.1931	Wahl zur Pfarrerin von Furna GR: Erstes volles Gemeindepfarramt einer Frau in der Schweiz. Greti zieht mit Gian Andrea und Häushälterin ins Pfarrhaus, Gian arbeitet in Pontresina und Zürich als Ingenieur.
24.4.1932	Volksabstimmung über die Zulassung lediger Theologinnen zum Pfarramt in Graubünden (die erste in Europa, Frauen dürfen ebenfalls abstimmen): 63,4% Nein, 36,5% Ja.
31.5.1932	Konfiszierung des Kirchgemeindevermögens von Furna durch den Evangelischen Kleinen Rat. Die Kirchgemeinde hält zu Greti, sie bleibt bis Ende 1934 als Pfarrerin in Furna.
28.12.1933	Geburt von Elsbeth Cilgia.
1935–1938	Die Familie lebt in Zürich, wo Gian Theologie studiert und Greti in der Region Gastpredigten hält.
15.12.1937	Geburt von Christina Turitea.

1938–1941	Gian wird Pfarrer von Flerden, Urmein und Tschappina, Greti Pfarrfrau. Sie darf nur aushilfsweise in Urmein und Tschappina predigen.
30.12.1939	Geburt von Margreth Ursula.
1941–1947	Gian und Greti übernehmen die Gefängnis- und Spitalseelsorge im Kantonsspital, im Frauenspital Fontana, in der Strafanstalt Sennhof und der Psychiatrie Waldhaus in Chur, darüber hinaus in der Anstalt Realta im Domleschg.
21.12.1942	Geburt von Christ Josias.
15.11.1944	Tod des Vaters, danach verschiedene schwere Krankheiten aller fünf Kinder. Beginn einer Lebenskrise, die zur Aufgabe der Berufstätigkeit führt.
11.3.1946	Geburt von Gaudenz Curdin.
1947–1966	Gian wird Pfarrer in Kilchberg ZH, Greti Pfarrfrau. Sie darf in Kilchberg nicht auf die Kanzel. Sie hält Gastpredigten in anderen Gemeinden und tourt mit Vorträgen.
17.11.1963	Ordination von zwölf Theologinnen (darunter Greti Caprez-Roffler) im Grossmünster in Zürich.
14.2.1965	Zweite Volksabstimmung über die Zulassung von Theologinnen zum Pfarramt in Graubünden: 89,4 % Ja, 10,6 % Nein.
1966–1970	Das Paar übernimmt die Pfarrämter im Rheinwald: Gian betreut Splügen, Sufers und Medels, Greti Nufenen und Hinterrhein.
26.6.1966	Aufnahme in die Bündner Synode.
1970	Pensionierung und Umzug nach Furna, wo Greti und Gian aushilfsweise noch zwei Jahre das Pfarramt versehen.
1987	Umzug nach Chur ins Altersheim.
19.3.1994	Tod von Greti Caprez-Roffler.
12.4.1994	Tod von Gian Caprez-Roffler.

Literatur- und Quellenverzeichnis

Wer sich für die einzelnen Nachweise interessiert oder selber weiterforschen möchte, kann die wissenschaftliche Edition mit allen Anmerkungen als E-Book beziehen über die üblichen Kanäle: epub: ISBN 978-3-03855-193-5, mobi: ISBN 975-3-03855-194-2.

Der Nachlass geht nach Abschluss des Projekts in das Staatsarchiv Graubünden.

Nachlass Greti Caprez-Roffler

3. Tagebuch, 1924 – April 1928 (darin: lose Blätter aus dem 1. und 2. Tagebuch)
4. Tagebuch, Mai 1928–1954
5. Tagebuch, 1955–1966
6. Tagebuch, 1967–1993

Briefwechsel 1926–1930, 5 Hefte (mit Heli Baltensberger, Ernst Bener, Margr. Brunner, Christina Caprez-Lendi, Elisabeth Caprez, Gian Caprez, Otto Haeusler, Hildi Hügli, Ludwig Köhler, Albert Löschhorn, Claudio Melcher, Gretly Puorger, Betty Roffler, Elsi Roffler, Joos Roffler, Paul Schmid, Henriette Schoch, Päuli Sidler, Emmy Sonderegger, Stiny Spiess, Verena Stadler, Paul Thürer, Kläri Welti)

Briefwechsel mit Käti Roffler 1926–1927
Briefe an Tochter Christina Caprez 1966–1992
Heft *Illustrationen einer Studentenliebe, Gian und Greti Caprez*
Curriculum Vitae, vermutlich im Frühling 1925 entstanden, 2 Hefte
Aus dem Leben eines Erstgeborenen: Gian Andrea Caprez
Heft mit Berichten über die Kinder (Masstabellen, Kindertagebücher)

Gerufen zu Ehe und Beruf, Typoskript für das Buchprojekt *Ehen schaffender Menschen* von Marianne Beth sowie Korrespondenz mit Marianne Beth 1932–1933
Briefwechsel mit Eltern und Schwiegereltern 1928–1934
Briefwechsel mit Gian Caprez 1926–1983
Briefwechsel mit Emil Brunner 1935–1947 (weitere Briefentwürfe im Tagebuch 1951 und 1962)
Briefwechsel mit Dora Zulliger-Nydegger 1934–1969
Briefwechsel mit Verena Pfenninger-Stalder 1928–1936
Briefwechsel mit dem Kirchenrat 1929, 1931, 1934, 1938
Typoskript *Der Kampf um das Pfarramt in der Berggemeinde Furna und erste Erfahrungen im Pfarramt.* Vortrag, gehalten im Kreise der Zürcher Akademikerinnen, 1.6.1932
Heft 1 *Gehört die Frau auf die Kanzel?* September 1927 – Mai 1932 (gesammelte Zeitungsausschnitte)
Heft 2 *Gehört die Frau auf die Kanzel?* Mai 1932 – Februar 1965 (gesammelte

Zeitungsausschnitte, Briefwechsel mit dem Bündner Kirchenrat und dem Evangelischen Kleinen Rat, Emanuel Bangerter, Peter Paul Cadonau, Jeanne Eder-Schwyzer, Mathilde Jess, Emanuel Jung, Adrienne Kägi, Cesare Lardelli, Pfarrer Müller, Elise Pfister, Annemarie Rübens, Henriette Schoch, Hans Simmen, Stiny Spiess, Peter Walser (Andeer))

Tonbandkassette mit der Predigt von Gian und Greti Caprez-Roffler an der SAFFA, 24.8.1958, sowie einem Interview mit Greti Caprez-Roffler am 27.6.1993 in der Sendung Campanile auf Radio Grischa.

Quellenbestände

Frauenkulturarchiv Graubünden
Tätigkeitsbericht Junge Bündnerinnen

Gosteli-Stiftung – Archiv zur Geschichte der schweizerischen Frauenbewegung
Archiv der Reformierten Theologinnen Schweiz
Archiv des Schweizerischen Verbands der Akademikerinnen (SVA)
Mappe Greti Caprez
Nachlass Verena Pfenninger-Stadler

Kirchgemeindearchiv Furna
Pfrundfond, Kassabuch
Protokollbücher der Vorstandssitzungen und Kirchgemeindeversammlungen
Verzeichnisse der Taufen, Konfirmationen, Trauungen und Bestattungen

Kirchgemeindearchiv Kilchberg
Dossier Caprez
Protokollbücher der Vorstandssitzungen und Kirchgemeindeversammlungen

Kirchgemeindearchiv Landquart
Protokollbücher der Vorstandssitzungen und Kirchgemeindeversammlungen

Kirchgemeindearchiv Rheinwald
Korrespondenzen
Protokollbücher der Vorstandssitzungen und Kirchgemeindeversammlungen
Verzeichnisse der Taufen, Konfirmationen, Trauungen und Bestattungen

Kreisarchiv Jenaz
Vermittlerprotokolle

Staatsarchiv des Kantons Graubünden
Bericht über die Anstalten Waldhaus und Realta an den Kleinen Rat des Kantons Graubünden, 3.10.1945

Staatsarchiv des Kantons Zürich
Akten und Drucksachen der Oxfordbewegung in der Schweiz
Dossier zur Frauenordination 1963
Nachlass Emil Brunner (darin u.a. Briefwechsel mit Greti Caprez-Roffler)
Protokolle der theologischen Fakultät

Stadtarchiv Zürich
Wohnsitzkarten

Synodal- und Kirchenratsarchiv Graubünden
Akten des Evangelischen Grossen Rates
Akten kirchliches Frauenstimmrecht
Akten Zulassung der Frau zum Pfarramt
Berichte über den sittlich-religiösen Zustand der Gemeinden 1964 und 1974
Dossier Furna
Protokolle der Synode
Protokolle des Kirchenrats
Synodalberichte
Synodalpropositionen

UZH Archiv
Dekanatsakten der Theologischen Fakultät
Matrikelkarten

Periodika

Der freie Rätier
Die Frau (Deutschland)
Fögl d'Engiadina
Graubündner General Anzeiger
Kirchenblatt für die reformierte Schweiz
National-Zeitung
Neue Bündner Zeitung
Neue Zürcher Zeitung
Prättigauer Zeitung
Reformierte Kirchenzeitung (Deutschland)
Schweizer Frauenblatt
Schweizer Illustrierte
Schweizerische Kirchenzeitung

Literatur mit Quellencharakter

(s.n.): Nachruf auf Pfarrer J. Roffler, In: Pro Senectute 22, 1944, 110–115.

Alt, Albrecht: Festschrift für Ludwig Köhler zu dessen 70. Geburtstag. In: Schweizerische Theologische Umschau 3/4, 1950.

Beth, Marianne: Leben und Arbeiten. In: Elga Kern. Führende Frauen Europas. München 1933, 194–215. (Erstausgabe 1928)

Brunner, Emil: Meine Begegnung mit der Oxforder Gruppenbewegung. In: Kirchenblatt für die reformierte Schweiz, 3.11.1932 und 17.11.1932.

Caprez-Roffler, Greti: Zur Theologinnenfrage. In: Schweizer Frauenblatt, 11.12.1931.

Caprez-Roffler, Greti: Tagebuch einer Anstaltspfarrerin. In: Reformierte Schweiz 9, 1944, 25–30.

Caprez-Roffler, Greti: Vom Haushalten und Wohnen. Formen und Probleme – gestern, heute und morgen. In: Industrielle Organisation. Schweizerische Zeitschrift für Betriebswirtschaft 1, 1957, 15–18.

Caprez-Roffler, Greti: Die Pfarrerin. Lebenserinnerungen der ersten Bündner Theologin. Separatdruck aus den Bündner Jahrbüchern 1980 und 1981. Chur 1981.

Caprez-Roffler, Greti: Von Gebet und Introspektion. In: Werner Kramer und Hugo Sonderegger (Hg.): Emil Brunner in der Erinnerung seiner Schüler. Zürich 1989, 86–89.

Heinzelmann, Gertrud: Die Staatsbürgerin. Zeitschrift für politische Frauenbestrebungen. 1964, 7f.

Hubacher-Constam, Annemarie: Gottesdienstraum SAFFA 1958, In: Bauen + Wohnen 12, 1958.

J. B. G.: Nachruf auf Alt-Rektor Paul Bühler. Bündner Schulblatt 4, 1944–1945, 223–225.

Koch, Diether (Hg.): Karl Barth. Offene Briefe 1909–1935, Zürich 2001.

Köhler, Ludwig: Die Frau als Theologin. In: Frauenbestrebungen. Organ der deutsch-schweizerischen Frauenbewegung, 1.3.1916.

Köhler, Ludwig: Sinnliche und Sittliche Liebe. Zürich 1920.

Köhler, Ludwig: Nöte und Pflege des inneren Lebens. Ein Versuch in Seelsorge. Zürich 1945.

Maag, Victor: Professor Ludwig Köhler. Nachruf im Jahresbericht der Universität Zürich 1956/57, 99–101.

Pfenninger-Stadler, Verena: Darf die Frau, auch die verheiratete, das volle Pfarramt fordern? In: Schweizer Frauenblatt, 4.12.1931.

Roten, Iris von: Frauen im Laufgitter. Offene Worte zur Stellung der Frau. Mit einem Nachwort von Elisabeth Joris. Bern 1996. (5. Auflage, 1. Auflage 1958 erschienen.)

Ruegg, Gertrud; Kupli, Emmy; Ragaz, Clara: Aus der Arbeit. In: Neue Wege: Beiträge zu Religion und Sozialismus 21, 1927.
Saffa 1958: 2. Ausstellung. Die Schweizerfrau, ihr Leben, ihre Arbeit in Zürich, 17. Juli – 15. September 1958, Schlussbericht. Zürich 1960.
Salis-Marschlins, Meta von: Der Prozess Farner-Pfrunder in Zürich. Nach Akten und nach dem Leben mitgeteilt. St. Gallen 1893.
Schweizerischer Verband der Akademikerinnen: Das Frauenstudium an den Schweizer Hochschulen. Zürich 1928.
Schwöbel, Christoph (Hg.): Karl Barth – Martin Rade. Ein Briefwechsel. Gütersloh 1981.
Sellheim, Hugo: Schonende Entbindung. Archiv für Gynäkologie, Sonderdruck. Berlin 1930.
Sererhard, Nicolin: Einfalte Delineation aller Gemeinden gemeiner dreyen Bünden. Neu bearbeitet von Prof. Dr. O. Vasella, Fribourg. Chur 1994. (Originalausgabe 1742)
Stopes, Marie Carmichael: Das Liebesleben in der Ehe. Zürich 1920.
Stopes, Marie Carmichael: Glückhafte Mutterschaft. Ein Buch für alle, die an der Zukunft schaffen. Zürich 1927. (Erstausgabe 1924)
Truog, Jakob Rudolf: Die Pfarrer der evangelischen Gemeinden in Graubünden und seinen ehemaligen Untertanenlanden. In: Jahresbericht der Historisch-Antiquarischen Gesellschaft von Graubünden 75, 1945, 113–147.
Vogelsanger, Peter: Erinnerungen an Ludwig Köhler. In: Reformatio. Zeitschrift für Evangelische Kultur und Politik 1, 1957, 27–38.
Wolff, Joachim: Die Pfarrer der evangelischen Gemeinden in Graubünden 1945–1987. In: Jahrbuch der Historisch-Antiquarischen Gesellschaft von Graubünden 117, 1987.

Mündliche Quellen

Margrit Aebli, Interview vom 18.7.2016.
Elsi Aliesch-Nett, Interview vom 16.12.2014.
Walter Aschmann, Telefongespräch vom 18.7.2017.
Andris Bärtsch-Clavadetscher und Betti Willi-Bärtsch, Interview vom 1.12.2014.
Andres Bärtsch-Mathis, Annali Bärtsch-Mathis und Hans Tanner-Herter, Gruppeninterview vom 2.12.2014.
Greti Bärtsch, Interview vom 16.2.2016.
Leonhard (Lientsch) und Mariabethi Bärtsch-Buol, Christian Berry-Flury, Greta Burger-Erhard, Lisa Erhard-Clavadetscher, Margreth Klaas-Roffler, Anni Roffler, Hansueli Rupp-Thöny, Maja Züst-Lippuner, Gruppengespräch vom 2.12.2014.
Susi Brändli, Telefongespräch vom 18.7.2017.
Anna Bühler (Name anonymisiert), Interview vom 10.1.2014.
Christian (Christ Josias), Christina und Gaudenz Caprez, Margreth Härdi-Caprez und Elsbeth Schmid, Gruppeninterview vom 13.7.2016.
Christian (Christ Josias) Caprez, Interview vom 26.5.2017.
Christina Caprez, Interview vom 13.7.2016.
Gaudenz Caprez, Interview vom 7.11.2016.
Lisa und Rolf Eigenmann-Erhard, Interview vom 2.12.2014.
Lisbeth Eschmann, Interview vom 21.7.2017.
Elsi Fehr (Name anonymisiert), Interview vom 22.7.2016.
Hans Flury-Kessler und Valentin Züst-Kessler, Interview vom 2.12.2014.
Trudi Frank-Bachofner, Interview vom 24.7.2017.

Elsi Franz-Holenstein, Interview vom 22.10.2014.
Agatha Gasner-Trepp, Interview vom 19.7.2016.
Margreth Härdi-Caprez, Interviews vom 2.9.2013, 1.12.2014 und 16.12.2014.
Verena Hartmann-Roffler und Joos Kessler, Interview vom 8.11.2016.
Elisabeth Hasler-Stoffel, Interview vom 18.7.2016.
Hermann Hirs, Interview vom 20.7.2017.
Annette Hügle-Nägeli, Telefongespräch vom 18.7.2017.
Martin Keller, Telefongespräch vom 2.6.2017.
Nina Lechner, Interview vom 20.7.2016.
Maria Lorez-Lorez, Interview vom 21.7.2016.
Gertrud und Hermann Lorez-Thöny, Interview vom 20.7.2016.
Hans Luzius Marx-Stüssi, Interview vom 8.11.2016.
Maria und Oskar Meuli-Meuli und Philipp Meuli, Gruppeninterview vom 19.7.2016.
Maria Metz-Kessler, Interview vom 18.4.2018.
Tina Münger, Interview vom 14.1.2014.
Ursula Noethiger-Herzer, Interview vom 20.7.2017.
Domenica Pfenninger, Interview vom 3.8.2019.
Betti Roffler-Flury, Elsbeth Sonderegger-Roffler und Hanspeter Sonderegger-Roffler, Gruppeninterview vom 1.12.2014.
Elsbeth Schmid-Caprez, Interview vom 31.10.2014.
Ursula Schürch-Pfenninger, Interview vom 15.9.2016.
Georg Sprecher, Interview vom 22.7.2016.
Christian Stoffel-Alig, Interview vom 21.7.2016.
Ida Stoffel-Schmid, Interview vom 18.7.2016.
Irma und Johann Trepp, Interview vom 21.7.2016.
Trudi und Christian Trepp-Burckhardt, Interview vom 19.7.2016.
Jean-François Tschopp, Interview vom 19.7.2016.

Literatur

Aerne, Peter: «In 100 Jahren wird man es nicht verstehen, dass unsere Zeit so zurückhaltend war.» Greti Caprez-Roffler als Pfarrerin in Furna 1931–1934 und der Weg zum Frauenpfarramt in der reformierten Bündner Kirche. In: Bündner Monatsblatt 5, 2003, 411–447.
Aerne, Peter: «Die dagegensprechenden Argumente sind nur gefühlsmässiger Art und aus der Tradition erwachsen.» Der lange Marsch der Frauen ins Pfarramt. In: Argovia. Jahresschrift der Historischen Gesellschaft des Kantons Aargau, 116, 2004, 35–74.
Aerne, Peter: «Ich kann mich nur freuen, wenn Theologinnen zum Pfarramte zugelassen werden.» Der beschwerliche Weg von der Pfarrhelferin zum vollen Pfarramt für Frauen in der reformierten Kirche Basel-Stadt (1914–1976). In: Basler Zeitschrift für Geschichte und Altertumskunde 105, 2005, 197–233.
Aerne, Peter: Eine Hetze gegen die Religiös-Sozialen? Der Landesstreik von 1918 in Graubünden und die religiös-sozialen Pfarrer. In: Bündner Monatsblatt 1, 2007, 39–57.
Aerne, Peter: Frauen auf der Kanzel. Frauenordination und Frauenpfarramt in den reformierten Kirchen der Schweiz. Zürich, im Erscheinen.
Angehrn, Céline: Arbeit am Beruf. Feminismus und Berufsberatung im 20. Jahrhundert. Basel 2019.

Belzen, Jacob A.: Pionierin der Religionspsychologie. Marianne Beth (1890–1984). In: Archive for the Psychology of Religion 32, 2010, 125–145.

Bolliger, Silvia: Ruhm der Liberalität? Eine historisch-kritische Untersuchung über die ersten 20 Jahre Frauenstudium an der Philosophischen Fakultät I der Universität Zürich (1875–1895). Lizentiatsarbeit. Zürich 2003.

Bollinger, Andrea; Trenkle, Franziska (Hg.): Meta von Salis-Marschlins. Briefwechsel 1863–1929. Kommentierte Regestausgabe. Basel, im Erscheinen.

Brodbeck, Doris: Frauenordination im reformierten Kontext. Beispiele theologischer Argumentation und kirchlicher Praxis. In: Buser, Denise; Loretan, Adrian (Hg.). Gleichstellung der Geschlechter und die Kirchen. Ein Beitrag zur menschenrechtlichen und ökumenischen Diskussion. Freiburg 1999, 129–151.

Brodbeck, Doris (Hg.): Unerhörte Worte. Religiöse Gesellschaftskritik von Frauen im 20. Jahrhundert. Wettingen 2003.

Bruckner-Eglinger, Ursula; Hagenbuch, Bernadette: «Heute war ich bey Lisette in der Visite.» Die Tagebücher der Basler Pfarrersfrau Ursula Bruckner-Eglinger 1816–1833. Basel 2014.

Buhofer, Ines; Gysel Irene (Hg.): Rosa Gutknecht, Pfarrhelferin am Grossmünster 1919–1953. Eine Dokumentation. Helferei Heft 5, Zürich 1995.

Camichel Bromeis, Cornelia: «Durchhalten und Standhalten». Zur Erinnerung an Pfarrerin Yvette Mayer 1926–2001. In: Bündner Jahrbuch 47, 2005, 137–144.

Caprez, Christina; Nay, Yv: Frauenfreundschaften und lesbische Beziehungen: zur Geschichte frauenliebender Frauen in Graubünden. In: Redolfi, Silke; Hofmann, Silvia; Jecklin, Ursula (Hg.): FremdeFrau. Frauen- und Geschlechtergeschichte Graubünden. Zürich 2008, 232–361.

Caprez, Christina: Familienbande. 15 Porträts. Zürich 2012.

Caprez, Christina; Recher, Alecs: Rechte für Kinder, die das Recht nicht vorgesehen hat. In: Bannwart, Bettina et al. (Hg.). Keine Zeit für Utopien? Perspektiven der Lebensformenpolitik im Recht. Zürich 2013, 219–246.

Caprez, Christina; Kronenberg, Heidi; Lehmann, Martin: Familienvielfalt in der katholischen Kirche. Geschichten und Reflexionen. Hg. von Bünker, Arndt; Schmitt, Hanspeter. Zürich 2015.

Caprez, Christina: Die ersten Pfarrerinnen. Pionierinnen auf steinigem Grund. Perspektiven (Radiosendung). Radio SRF 2 Kultur, 15.11.2015. Abrufbar unter http://www.srf.ch/sendungen/perspektiven/die-ersten-pfarrerinnen-pionierinnen-auf-steinigem-grund (Stand 4.8.2019).

Caprez, Christina: «Die Schande, ein Weib zu sein.» Grossmutter, die erste Pfarrerin. Passage (Radiosendung). Radio SRF 2 Kultur, 20.11.2015. Ausgezeichnet mit dem Publikumspreis des «sonOhr Radio & Podcast Festival» 2018. Abrufbar unter http://www.srf.ch/sendungen/passage/greti-caprez-roffler-die-erste-pfarrerin (Stand 4.8.2019).

Caprez, Christina: Greti Caprez: La plevonessa «illegala». Marella (Radiosendung). RTR, 30.8.2015. Abrufbar unter http://www.rtr.ch/emissiuns/marella/greti-caprez-la-plevonessa-illegala (Stand 4.8.2019).

Caprez, Christina: Greti Caprez-Roffler, Kämpferin für die Gleichberechtigung. In: Mitteilungen. Publikation des Vereins für Kulturforschung Graubünden 2016. Abrufbar unter http://kulturforschung.ch/wp-content/uploads/mitteilungen-2016.pdf (Stand 4.8.2019)

Caprez, Christina: 50 onns San Bernardin – il tunnel che collia e separa. Marella (Radiosendung). RTR, 1.10.2017. Abrufbar unter https://www.rtr.ch/emissiuns/marella/50-onns-san-bernardin-il-tunnel-che-collia-e-separa (Stand 4.8.2019).

Caprez, Christina: Die Pfarrerin als Vorbotin einer neuen Zeit? Greti Caprez-Roffler im Rheinwald 1966–1970. In: Schweizerische Zeitschrift für Religions- und Kulturgeschichte SZRKG 111, 2017, 195–213. Abrufbar unter https://www.e-periodica.ch/cntmng?pid=zfk-002:2017:111::519 (Stand 25.8.2019).

Conzett, Silvia; Lenz, Anna: Bergdorf Hinterrhein. Erlebt, erinnert, erzählt. Baden 2005.

Eidg. Kommission für Frauenfragen (Hg.): Frauen Macht Geschichte. Bern 2009. Abrufbar unter https://www.ekf.admin.ch/ekf/de/home/dokumentation/geschichte-der-gleichstellung-frauen-macht-geschichte/frauen-macht-geschichte-18482000.html (Stand 4.8.2019).

Finze-Michaelsen, Holger: Reformiert im Prättigau. Gemeinden – Gestalten – Kirchen – Geschichte. Glarus 2017.

Franc, Andrea: Im Namen des Vaters, im Namen der Tochter. Die Basler Pfarrerin Marie Speiser (1901–1986). Seminararbeit. Basel 2001.

Frank, Richard: Die Kirche auf dem Berg war der Anfang. Kleine Kilchberger Kirchengeschichte. Kilchberg 2011.

Gallus, Manfred; Vollnhals, Manfred (Hg.): Mit Herz und Verstand: Protestantische Frauen im Widerstand gegen die NS-Rassenpolitik. Göttingen 2013.

Gasser, Albert: Kirche, Staat und Gesellschaft. In: Handbuch der Bündner Geschichte Band 3, 19. und 20. Jahrhundert. Chur 2000, 229–241.

Gebhardt, Miriam: Die Angst vor dem kindlichen Tyrannen. Eine Geschichte der Erziehung im 20. Jahrhundert. München 2009.

Gredig, Hansjürg: Elektrizität und «Fortschritt». Der Einfluss von Tourismus und städtischem Energiehunger auf die frühe Elektrifizierung in Graubünden. In: Histoire des Alpes – Storia delle Alpi – Geschichte der Alpen 12, 2007, 115–130.

Gugerli, David: Zwischen Pfrund und Predigt. Die protestantische Pfarrfamilie auf der Zürcher Landschaft im ausgehenden 18. Jahrhundert. Zürich 1988.

Hacker, Hanna: Frauen* und Freund_innen. Lesarten «weiblicher Homosexualität»: Österreich, 1870–1938. Wien 2015.

Hahn, Alois: Identität und Selbstthematisierung. In: Hahn, Alois; Knapp, Volker. Selbstthematisierung und Selbstzeugnis. Bekenntnis und Geständnis. Frankfurt am Main, 9–24.

Hildenbrand, Katrin: «... dass ich die treue Gehilfin meines lieben Mannes bin.» Geschlechterkonstruktionen im Pfarrhaus. In: Mantei, Simone; Sommer, Regina; Wagner-Rau, Ulrike: Geschlechterverhältnisse und Pfarrberuf im Wandel. Stuttgart 2013, 115–133.

Institut für Sozialethik des SEK (Hg.): Frauen im Pfarramt gleichgestellt? Bern 1997.

Isler, Simona: Politiken der Arbeit. Perspektiven der Frauenbewegung um 1900. Basel 2019.

Jecklin, Ursula: Das Frauenstimmrecht in der protestantischen Kirche. In: Hofmann, Silvia; Jecklin, Ursula; Redolfi, Silke (Hg.): frauenRecht. Frauen- und Geschlechtergeschichte Graubünden, Band 1. Zürich 2003, 157–174.

Kienzle, Claudius: Mentalitätsprägung im gesellschaftlichen Wandel. Evangelische Pfarrer in einer württembergischen Wachstumsregion der frühen Bundesrepublik. Stuttgart 2012.

Kienzle, Claudius: Das evangelische Pfarrhaus im protestantischen Milieu der frühen Bundesrepublik. Erwartungshaltungen und Selbstverortungen am Beispiel Württembergs. In: Schwarzmaier, Hansmartin; Wennemuth, Udo; Krüger, Jürgen (Hg.): Das evangelische Pfarrhaus im deutschsprachigen Südwesten. Ostfildern 2014, 271–298.

Klein, Christian: Grundlagen der Biographik. Theorie und Praxis des biographischen Schreibens. 2002.

Kopp, Barbara: Die Unbeirrbare. Wie Gertrud Heinzelmann den Papst und die Schweiz das Fürchten lehrte. Zürich 2003.

Kramm, Reinhard: Die (illegale) Pfarrerin. Vor 70 Jahren lehnten die Bündner das Frauenpfarramt ab. In: Bündner Kirchenbote 2, 2002, 1–3.

Kuhlmann, Helga: Protestantismus, Frauenbewegung und Frauenordination. In: Hermle, Siegfried; Lepp, Claudia; Oelke, Harry. Umbrüche. Der deutsche Protestantismus und die sozialen Bewegungen in den 1960er und 70er-Jahren. Göttingen 2007, 147–162.

Lechmann, Gion; Braschler, Karl: 200 Jahre Bündner Kantonsschule 1804–2004. Chur 2004.

Lepp, Claudia; Oelke, Harry; Pollack, Detlef (Hg.): Religion und Lebensführung im Umbruch der langen 1960er-Jahre. Göttingen 2016.

Liebig, Sabine: Pfarrfrauen im deutschen Südwesten im 20. Jahrhundert: Fremdbilder – Selbstbilder – Veränderungen. In: Schwarzmaier, Hansmartin; Wennemuth, Udo; Krüger, Jürgen (Hg.). Das evangelische Pfarrhaus im deutschsprachigen Südwesten. Ostfildern 2014.

Marx, Hans Luzius: 80 Jahre kirchliches Frauenstimmrecht in Graubünden. In: Informationsblatt der Evangelisch-reformierten Landeskirche Graubünden 77, Juni 1999, 15–18.

Marx, Hans Luzius: Die evangelische Bündnerkirche. Ihre Entwicklung und rechtliche Eigenart von der Reformation bis zur gegenwärtigen Kirchenverfassung. In: Schweizerisches Jahrbuch für Kirchenrecht, Band 6, Bern 2001, 42–64.

Nydegger, Jolanda: «Und die ist auch Schuld gewesen, dass wir dann schon Skihosen gehabt haben.» Wie die erste Bündner Theologin in den 1930er-Jahren die Skihose für Mädchen im mittleren Prättigau einführte. Eine Zeitzeugin erinnert sich. In: Schweizerische Zeitschrift für Geschichte 57, 2007, 457–464.

Nydegger, Jolanda: Zwischenwelten. Handlungsräume und Beziehungspflege von Frauen im Mittleren Prättigau in der ersten Hälfte des 20. Jahrhunderts. Vier Frauen erzählen aus ihrem Leben. Eine Oral History Studie. Dissertation. Zürich 2015.

Offenberger, Ursula: Stellenteilende Ehepaare im Pfarrberuf. Empirische Befunde zum Verhältnis von Profession und Geschlecht. In: Mantei, Simone; Sommer, Regina; Wagner-Rau, Ulrike. Geschlechterverhältnisse und Pfarrberuf im Wandel. Stuttgart 2013, 201–215.

Rietmann, Tanja: Fürsorgerische Zwangsmassnahmen. Anstaltsversorgungen, Fremdplatzierungen und Entmündigungen in Graubünden im 19. und 20. Jahrhundert. Quellen und Forschungen zur Bündner Geschichte, Band 34. Chur 2017.

Röösli, Lisa: Umbruch im Bergdorf. In: Röösli, Lisa; Risi, Marius. Lebensbilder – Bilderwandel. Zwei ethnografische Filmprojekte im Alpenraum. Basel 2010.

Rupp, Horst F. (Hg.): Peter Paul Cadonau 1891–1972. Theologe und Seelsorger in bewegter Zeit. Zürich 2019.

Sallmann, Martin: Umstrittene Erweckung. Die Oxfordgruppe in der Schweiz (1932–1938). In: Theologische Zeitschrift 65, 2009, 1–21.

Sammet, Kornelia: Frauen im Pfarramt. Berufliche Praxis und Geschlechterkonstruktion. Würzburg 2005.

Sauer, Barbara: Beth, Marianne. In: Ilse Korotin (Hg.). biografiA, Lexikon österreichischer Frauen, Band 1 A-H. Wien 2016, 290–291.

Schaser, Angelika: Bedeutende Männer und wahre Frauen. Biographien in der

Geschichtswissenschaft. In: Querelles 6, 2001, 137–152.

Schatz-Hurschmann, Renate: Kleider machen Pfarrerinnen. Die Talarfrage als kirchenhistorisches Lehrstück über Geschlecht und Macht. In: Frauenforschungsprojekt zur Geschichte der Theologinnen Göttingen (Hg.). Querdenken. Beiträge zur feministisch-befreiungstheologischen Diskussion. Festschrift für Hannelore Erhart zum 65. Geburtstag. Pfaffenweiler 1993, 290–306.

Smith-Rosenberg, Carol: Meine innig geliebte Freundin! Beziehungen zwischen Frauen im 19. Jahrhundert. In: Honegger, Claudia; Heintz, Bettina (Hg.). Listen der Ohnmacht. Zur Sozialgeschichte weiblicher Widerstandsformen. Frankfurt am Main 1981, 357–392.

Sommer, Sarah: Rehe vor die Pflüge spannen? Der lange Weg der Frauen ins Pfarramt. Reformierte Kirche Kanton Zürich, 100 Jahre Frauenordination. Zürich 2018.

Stettler, Niklaus: Demoskopie und Demokratie in der Nachkriegsschweiz. Die «Volksumfrage 1946» der Neuen Helvetischen Gesellschaft als demokratische Herausforderung. Schweizerische Zeitschrift für Geschichte 47, 1997, 730–758.

Steuwer, Janosch; Graf, Rüdiger: Selbstreflexionen und Weltdeutungen. Tagebücher in der Geschichte und der Geschichtsschreibung des 20. Jahrhunderts. Göttingen 2015.

Stump, Doris: Meta von Salis-Marschlins: Die unerwünschte Weiblichkeit. Autobiographie, Gedichte, feministische Schriften. Thalwil 1988.

Verein Feministische Wissenschaft Schweiz (Hg.): «Ebenso neu als kühn.» 120 Jahre Frauenstudium an der Universität Zürich. Zürich 1988.

Vincenz, Bettina: Biederfrauen oder Vorkämpferinnen? Der Schweizerische Verband der Akademikerinnen (SVA) in der Zwischenkriegszeit. Baden 2011.

Wirz, Tanja: Gipfelstürmerinnen. Eine Geschlechtergeschichte des Alpinismus in der Schweiz 1840–1940. Baden 2007.

Wolter, Gundula: Hosen, weiblich. Kulturgeschichte der Frauenhose, Marburg 1994.

Bildnachweis

Alle Rechte konnten nicht im Detail geklärt werden, allfällige Rechteinhaber melden sich gerne beim Verlag.

Seiten 8, 20, 34, 62, 74, 86, 96, 110, 126, 134, 144, 158, 180, 194, 206, 218, 228, 254, 264, 278, 288, 326, 344, 362: Nachlass Greti Caprez-Roffler
Seite 54: Barbieri-Schüler im Hörsaal des Photographischen Instituts im Naturwissenschaftlichen Gebäude der ETH Zürich, 1916–1926, ETH-Bibliothek Zürich, Bildarchiv / Fotograf: Barbieri, Johannes / Ans_02471-009 / Public Domain Mark
Seite 178: Privatarchiv Domenica Pfenninger-Stadler
Seite 218: Hermann Brühlmeier / Österreichische Nationalbibliothek / Bildarchiv 201856D
Seite 244: Keystone / Photopress-Archiv / Prisnitz
Seite 312: Keystone

Die Autorin

Christina Caprez, geboren 1977, Soziologin und Historikerin, war Redaktorin bei Radio SRF 2 Kultur und arbeitet heute als freie Journalistin und Autorin. Radio-, Film und Buchprojekte sowie Moderationen im Bereich Familie, Migration, Religion, Geschlecht, Sexualität. Im Limmat Verlag ist das Buch «Familienbande. 15 Porträts» lieferbar. Christina Caprez lebt bei Zürich.

Parallel zum Buch «Die illegale Pfarrerin» hat Christina Caprez eine Hörausstellung für Kirchenräume und einen Dokumentarfilm über das Leben ihrer Grossmutter geschaffen. Informationen rund um das Projekt, zu Lesungen und Ausstellungsterminen, finden sich auf www.dieillegalepfarrerin.ch.

Dank

Das Institut für Kulturforschung Graubünden (ikg) ermöglichte es mir mit einer zweijährigen Forschungsanstellung, tief zu graben und vielfältige Fährten zu verfolgen. Meine Arbeit konnte auf den jahrelangen Forschungen von Peter Aerne zum Kampf der Theologinnen um das Pfarramt in der Schweiz aufbauen. Er hat in diesem Bereich Unermessliches geleistet und mir sein unveröffentlichtes Manuskript zur Verfügung gestellt. Dank grosszügiger Lektoratsbeiträge des ikg und des Aargauer Kuratoriums begleiteten gleich zwei Lektorinnen die Entstehung dieses Buches. Die Arbeit mit ihnen war für mich enorm inspirierend. Regula Bochsler brachte mir bei, historische Szenen zu recherchieren und dabei Orte und Personen stark zu machen. Angelika Overath ermutigte mich dazu, Bilder genau anzuschauen und eine eigene Stimme zu finden. Den Titel dieses Buches hat Reinhard Kramm inspiriert, der einen Artikel zu Greti Caprez-Roffler 2002 im Bündner Kirchenboten mit *Die (illegale) Pfarrerin* überschrieb. Die vergangenen Jahre waren nicht nur für mich, sondern auch für meine Verwandten eine intensive Zeit. Sie schenkten mir ihr Vertrauen, ohne zu wissen, worauf sie sich einlassen. Sie teilten ihre Erinnerungen mit mir, trugen mir Quellen zu und vermittelten mir Gesprächspartner*innen. Sie halfen mir, dicke Stapel Briefe zu transkribieren, Stenografie und alte Handschriften zu entziffern. Und schliesslich akzeptierten sie, dass in diesem Text ganz unterschiedliche Deutungen über Greti Caprez-Roffler nebeneinander stehen. Ihnen und den zahlreichen weiteren Zeitzeug*innen gilt mein grösster Dank. Ohne sie wäre dieses Buch nicht möglich gewesen.

Christina Caprez
Familienbande
15 Porträts. Mit drei Experteninterviews mit Ingeborg Schwenzer, Heidi Simoni und Simon Teuscher und Fotografien von Judith Schönenberger

Ein Drittel der Familien lebt heute als traditionelle Kernfamilie. Und die andern? Es gibt Patchworkfamilien aufgrund von Scheidung, aber immer mehr Familien starten bereits unkonventionell: Lesben und Schwule, die sich zusammentun, um eine Familie zu gründen. Single-Frauen, die nicht länger auf den Traummann warten wollen, um ein Kind zu bekommen, Eltern, die in unkonventionellen Arrangements Entlastung und Bereicherung finden. «Familienbande» erzählt von der Vielfalt dieser neuen Wege, Kinder grosszuziehen. Eltern wie Kinder kommen zu Wort, sie erzählen, wie sie zu der betreffenden Familienform gekommen sind und wie sie den Alltag in ihrer Familie erleben, was die Sonnen- und Schattenseiten der gewählten Familienform sind und wie das gesellschaftliche Umfeld auf sie reagiert. In drei Experteninterviews geben ein Historiker, eine Juristin und eine Psychologin Auskunft zu den durch die Porträts aufgeworfenen Fragen.

«Christina Caprez hat in einfühlsamen Porträts so ziemlich alle kombinatorischen Möglichkeiten der ‹sozialen Reproduktion› abgebildet: Nicht nur schwule Väter und lesbische Mütter mit ihren jeweiligen Kindern, sondern auch Kinder, die mit drei Vätern aufwachsen, Grossfamilien, die nicht miteinander verwandt sind, komplizierte Patchwork-Familien mit Kindern aus mehreren Beziehungen – alles gibt es. Und es funktioniert, wenn man die Bedingungen des Zusammenlebens achtet: Rücksicht und Zurücknahme, gegenseitiger Respekt.» *Aargauer Zeitung*

www.limmatverlag.ch

Barbara Kopp
Laure Wyss
Leidenschaften einer Unangepassten

Laure Wyss (1913–2002) führte das Leben einer alleinerziehenden, berufstätigen Frau zu einer Zeit, als dieser Lebensentwurf nicht vorgesehen war. Sie wehrte sich gegen die Benachteiligung als Mutter eines ausserehelichen Kindes, als Journalistin kämpfte sie für die Selbstbestimmung und Gleichberechtigung der Frauen. Sie wurde zu einer Medienpionierin und Wegbereiterin der heutigen Gesellschaft.
Brillant erzählt Barbara Kopp den Werdegang dieser leidenschaftlichen Frau, die durchlebte, worüber sie schrieb. Ihre Biografie zeigt ein exemplarisches Frauenleben und zugleich ein Stück Schweizer Medien- und Mentalitätsgeschichte seit dem Zweiten Weltkrieg.

«Was Barbara Kopp mit ihrer glänzend geschriebenen Arbeit präsentiert, ist mehr als nur der Gang durch die Jahre einer bedeutenden Journalistin und Autorin. Zum Lesevergnügen trägt wesentlich bei, dass Barbara Kopp die Stationen dieses Lebens immer wieder in scharf konturierte Tableaus unterteilt und gekonnt inszeniert. Daraus werden gleichsam Momentaufnahmen einer Epoche, die enorme Veränderungen erlebt hat.» *Neue Zürcher Zeitung*

«Es ist ein weiteres Highlight von Barbara Kopps Biografie, wie sie Laure Wyss' vermittelnde Rolle zwischen den altgedienten Kämpferinnen fürs Frauenstimmrecht und den neuen Feministinnen subtil nachzeichnet.» *Basler Zeitung*

www.limmatverlag.ch

Simone Müller
«Alljährlich im Frühjahr schwärmen unsere jungen Mädchen nach England»
Die vergessenen Schweizer Emigrantinnen. 11 Porträts
Mit Fotografien von Mara Truog

In der Zwischenkriegszeit gingen sie zu Hunderten, in den späten Vierziger- und Fünfzigerjahren zu Tausenden. Sie hiessen Emma, Bertha oder Marie und kamen aus Wilderswil, Urnäsch oder Bellinzona. Sie arbeiteten als Hausangestellte, Kindermädchen oder Gesellschafterinnen in Liverpool oder London und auf Landgütern von Adligen.

Sie gingen, obwohl die Medien warnten: vor dem britischen Wetter, vor dem englischen Klassendünkel, vor unerwünschten Schwangerschaften. Ein Massenexodus von Frauen, wie er in der Schweizergeschichte wohl kein zweites Mal vorkam. Und wenn sie in England geblieben sind, dann fast immer deshalb, weil genau das passierte, wovor sie so eindringlich gewarnt worden sind: Sie verliebten sich, wurden schwanger, haben geheiratet.

Simone Müller erzählt elf beispielhafte Lebensgeschichten dieser Frauen, die heute fast ganz aus dem öffentlichen Gedächtnis verschwunden sind. Und sie erzählt auch von einer der grössten Repatriierungsaktionen der Schweiz, als fast tausend Frauen zu Beginn des Zweiten Weltkrieges zurückgeholt wurden.

«Simone Müller hat elf Frauen in fesselnden Porträts festgehalten, die Erzähltext und O-Ton locker miteinander verbinden und ein Stück Zeit- und Mentalitätsgeschichte vermitteln.» *Der Bund*

«Die Geschichten der ‹vergessenen Emigrantinnen› sind voller Leben und Witz.» *NZZ am Sonntag*

www.limmatverlag.ch

Daniela Kuhn
Ledig und frei
12 Porträts von Frauen, die nicht geheiratet haben
Mit Fotografien von Annette Boutellier

Hanni Stube blickt mit 99 Jahren auf vergangene Lieben zurück, Adelheid Senn arbeitete als Laborantin während des Bürgerkriegs im Jemen, und Eva Wohnlich hat ihre Freundin, mit der sie 32 Jahre lang das Leben geteilt hat, durch ein Inserat in der Annabelle kennengelernt: Zwölf Frauen, geboren in Küssnacht am Rigi, Berlin oder St. Gallen, die ihren Lebensabend im Zürcher Altersheim Klus Park verbringen, erzählen, wieso sie selbstständig und berufstätig geblieben sind und wie es früher war, als ‹Fräulein› zu leben.

«Mitten in der politischen Diskussion um Engpässe in der Alterspflege setzt das Buch einen Kontrapunkt: Daniela Kuhn lässt darin Frauen zu Wort kommen, die in Kriegszeiten gross geworden sind und trotz materiellem und gesellschaftlichem Druck nie geheiratet haben.» *Neue Zürcher Zeitung*

«Schilderungen aus einer Zeit, in der für Frauen ein selbstbestimmtes Leben noch nicht selbstverständlich war, der Begriff Emanzipation noch nicht existierte.» *Schweizer Illustrierte*

«Das Buch gibt Einblick in eine vergangene Welt, in ein anderes Denken und Handeln. Es widerlegt dabei das gängige Vorurteil, wonach ‹Fräuleins› eigenbrötlerische, alte Jungfern seien, die einsam und zurückgezogen lebten. Im Gegenteil, diese Frauen zeichnen sich durch Offenheit und Kontaktfreudigkeit aus.» *Tages-Anzeiger*

www.limmatverlag.ch

Herausgegeben vom Institut für Kulturforschung Graubünden.
Der Text entstand im Rahmen eines Forschungsprojekts des Instituts für
Kulturforschung Graubünden. www.kulturforschung.ch

Autorin und Verlag danken folgenden Geldgebern für ihre grosszügige
Unterstützung: Lotteriefonds des Kantons Zürich, Aargauer Kuratorium,
Interfeminas Förderbeitrag, Schweizerische Reformationsstiftung, Verein
Frauenzentrum Zürich, Fonds für Frauenarbeit des SEK, Adolf-Streuli-
Stiftung, Willi Muntwyler-Stiftung, Stadtverband der reformierten Kirche
Zürich, Evangelisch-reformierte Landeskirche Graubünden, Kulturförderung
Graubünden/SWISSLOS, Evangelisch-reformierte Landeskirche des Kantons
Zürich, Reformierte Kirchgemeinde Kilchberg, Anne Casty-Sprecher-
Stiftung, Stiftung für Erforschung der Frauenarbeit.

LOTTERIEFONDS KANTON ZÜRICH **AARGAUER KURATORIUM** **sek·feps** Schweizerischer Evangelischer Kirchenbund

Kulturförderung Graubünden. Amt für Kultur
Promoziun da la cultura dal Grischun. Uffizi da la cultura
Promozione della cultura dei Grigioni. Ufficio della cultura
SWISSLOS

frauenzentrum zürich
www.verein-frauenzentrum.ch

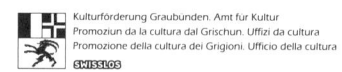

Im Internet
› Informationen zu Autorinnen und Autoren
› Hinweise auf Veranstaltungen
› Links zu Rezensionen, Podcasts und Fernsehbeiträgen
› Schreiben Sie uns Ihre Meinung zu einem Buch
› Abonnieren Sie unsere Newsletter zu Veranstaltungen
und Neuerscheinungen
www.limmatverlag.ch

Das *wandelbare Verlagsjahreslogo* auf Seite 1 zeigt Kekinowin-Zeichen der
nordamerikanischen Ojibwa. Die Ideogramme sind mit Gedanken und Ideen
verknüpft, die das gesamte kulturelle Leben der Ojibwa umfassen. Die Zeichen
sind reine Gedächtnisstützen, um Dinge aus der Erinnerung abrufen zu
können wie Überlieferungen, Zeremonien, Rituale, Gesänge, Tänze, Zauber-
sprüche und dergleichen, hier: «Meda» (Prophetin).

Der Limmat Verlag wird vom Bundesamt für Kultur mit einem
Strukturbeitrag für die Jahre 2016–2020 unterstützt.

Das Umschlagfoto zeigt Greti Caprez an ihrem 25. Geburtstag am 17. August 1931.
Typographie und Umschlaggestaltung von Trix Krebs

2. Auflage 2019

© 2019 by Limmat Verlag, Zürich
ISBN 978-3-85791-887-2